党的政治建设论

——中国共产党政治建设的理论与实践

张忠军　著

中信出版集团 | 北京

图书在版编目（CIP）数据

党的政治建设论：中国共产党政治建设的理论与实践 / 张忠军著 . -- 北京：中信出版社，2022.2（2023.2 重印）
ISBN 978-7-5217-3147-7

Ⅰ . ①党… Ⅱ . ①张… Ⅲ . ①中国共产党—政治建设—研究 Ⅳ . ① D26

中国版本图书馆 CIP 数据核字（2022）第 021461 号

党的政治建设论——中国共产党政治建设的理论与实践
著者： 张忠军
出版发行：中信出版集团股份有限公司
（北京市朝阳区东三环北路 27 号嘉铭中心 邮编 100020）
承印者： 河北鹏润印刷有限公司

开本：787mm × 1092mm 1/16 印张：27 字数：367 千字
版次：2022 年 2 月第 1 版 印次：2023 年 2 月第 5 次印刷
书号：ISBN 978-7-5217-3147-7
定价：79.00 元

服务热线：400-600-8099
投稿邮箱：author@citicpub.com

目录

前 言

旗帜鲜明讲政治、把党的政治建设摆在更加突出的位置，是党的十八大以来，以习近平同志为核心的党中央治国理政、管党治党的一个鲜明特色。习近平总书记以马克思主义政治家、思想家、战略家的深刻洞察力、敏锐判断力、理论创造力和战略定力，立足中华民族伟大复兴的战略全局和世界百年未有之大变局，着眼于全面建设社会主义现代化强国、实现中华民族伟大复兴，着眼于推进新时代党的自我革命和新的伟大社会革命，就旗帜鲜明讲政治、加强党的政治建设发表了一系列重要论述，创造性地提出了一系列新思想新观点新论断，对党的政治建设理论做出了原创性、时代性贡献，丰富和发展了马克思主义党建理论，实现了马克思主义党建理论的新飞跃，开拓了马克思主义党建理论的新境界，标志着我们党对自身建设规律的认识达到了新高度，为新时代推进党的政治建设以及党的建设新的伟大工程，提供了理论指导和行动指南。

习近平总书记关于党的政治建设重要论述，是习近平新时代中国特色社会主义思想的重要组成部分。学懂弄通做实这些重要论述，是党员、干部的基本功、必修课和看家本领。我在学习中有些思考收获，并发表了一些研究成果，也曾经以“习近平总书记关于党的政治建设重要论述”“领导干部要着力提高政治能力”等作为讲题，为一些党政机关、国有企业的党委（党组）理论学习中心组和一些党校、干部教育培训机构授课。

在对习近平总书记关于党的政治建设重要论述进行理论研究和教学的过程中，不仅我个人有不少感到困惑的问题，有些党员、干部包括党校学员同样有不少需要解疑释惑的问题。比如，为什么党的十八大以来，习近平总书记如此强调并重视党的政治建设？旗帜鲜明讲政治的“政治”是什么，中国共产党人应当讲什么样的政治、如何讲政治？为什么政治问题是根本性的大问题？为什么党的政治建设是党的根本性建设？我们党长期以来把思想建设摆在首位，为什么现在把党的政治建设摆在首位？党的政治建设和中国特色社会主义事业“五位一体”总体布局中的政治建设之间，是什么关系？如何以党的政治建设为统领全面推进党的各项建设？党的政治建设的根本目的和总体要求是什么？什么是党的全面领导？为什么党的领导制度是我国的根本领导制度？为什么要做到“两个维护”，如何做到“两个维护”？坚定政治信仰与党的政治建设是什么关系？为什么坚定政治信仰，就是做到坚定马克思主义信仰、坚持共产主义远大理想和中国特色社会主义共同理想、坚定执行党的政治路线和坚决站稳政治立场？为什么要净化政治生态？如何把握严肃党内政治生活、严明党的政治纪律和政治规矩、发展积极健康的党内政治文化、突出政治标准选人用人、永葆清正廉洁的政治本色？什么是政治能力？如何把握政治能力的科学内涵？为什么政治能力是第一位能力？如何提高政治判断力、政治领悟力、政治执行力？提高政治能力的路径是什么？

以上都是和党的政治建设密切相关、最基本的问题，涉及党的政治建设的基本概念、基本原理、基本要求。以上问题的答案在哪里？应该在马克思主义经典作家和中国共产党的主要领导人的重要论述中，在党和国家的重要文献中，在我们党百年非凡历程、加强党的政治建设的宝贵经验中，在党的十八大以来坚持和加强党的全面领导、全面从严治党的实践和新鲜经验中，特别是在习近平总书记关于党的政治建设重要论述中。

循着这个思路，我认真学习思考、领会感悟，并努力尝试对上述问题做出回答，形成了《党的政治建设论》这一成果。全书主体框架是“1+7”，即绪论加七章内容。绪论是《党的政治建设的理论指导和行动指南——学习习近平总书记关于党的政治建设重要论述》。七章分别是：第一章《政治问题是根本性大问题》，第二章《旗帜鲜明讲政治》，第三章《党的政治建设是根本性建设》，第四章《坚持和加强党的全面领导》，第五章《坚定政治信仰》，第六章《净化政治生态》，第七章《提高政治能力》。

本书努力在以下三个方面进行探索尝试。一是力求准确领会和把握习近平总书记关于党的政治建设重要论述的核心要义、精神实质、丰富内涵、重大意义、实践要求，做到知其言更知其义、知其然更知其所以然，进一步感悟新思想的伟力，增强用党的创新理论武装头脑的政治自觉。二是力求准确领会和把握马克思主义经典作家、中国共产党的主要领导人关于党的政治建设重要论述，以及党和国家重要文献关于党的政治建设相关规定，坚持尊重历史、敬畏历史，坚持原汁原味、原原本本，回顾领会我们党百年非凡历程中加强政治建设的优良传统和宝贵经验，感悟马克思主义的真理力量和实践力量，借以启迪智慧、增强自信。三是力求把握政治建设的“大本大源”，坚持立足本源、立足常识，坚持把握规律、追求真理，努力把握党的政治建设问题的本质和关键，厘清党的政治建设的基本观念，讲清党的政治建设的道理学理，廓清关于党的政治建设的一些认识误区，从而立足现实，把握好党的政治建设内在规律和发展趋势，做好当下的事情。

尽管付出了艰辛努力，希望能够在一定程度上做到“解疑释惑”，但由于个人水平有限，目前的研究尚是初步的，肯定存在诸多不足，敬请读者批评指正。

在撰写本书的过程中，党校部分学员以及我的领导、同事、同学和亲朋好友给予了极大的支持帮助，我在此向他们表示衷心的感谢！我也参阅、引用了党的政治建设领域的一些研究成果，这些大多在引用时已有注明，我在此向这些成果的作者致以诚挚的谢意！

感谢中信出版社王斌社长、阅读事业部蒋永军总经理以及刘丹妮等编辑，他们的鼓励支持和高质量工作让我进一步理解专业敬业乐业的含义。

张忠军

2021 年 4 月 8 日

绪　论

党的政治建设的理论指导和行动指南

——学习习近平总书记关于党的政治建设重要论述

党的十八大以来，习近平总书记从党和国家事业全局出发，站在统揽推进伟大斗争、伟大工程、伟大事业、伟大梦想的战略高度，就旗帜鲜明讲政治、坚持不懈推进党的政治建设发表了一系列重要论述，系统回答了新时代为什么加强党的政治建设、加强什么样的党的政治建设、如何加强党的政治建设等重大理论和实践问题，创造性地提出了一系列新思想新观点新论断，对党的政治建设理论做出了原创性、时代性贡献，为新时代推进党的政治建设提供了理论指导和行动指南。习近平总书记关于党的政治建设重要论述，是习近平新时代中国特色社会主义思想的重要组成部分，立意高远、内涵丰富、思想深邃、博大精深，需要认真学习、深刻领会，并切实贯彻落实。

一、习近平总书记关于党的政治建设重要论述形成的理论渊源与时代背景

马克思在《哲学的贫困》中深刻指出：“每个原理都有其出现

的世纪。”[①] 习近平总书记提出党的政治建设这个重大命题，把党的政治建设摆在更加突出的位置，做出一系列新的重大判断、新的理论概括、新的部署安排，是在中华民族伟大复兴的关键时期和世界处于百年未有之大变局的时代背景下形成的，具有深刻的理论渊源、深邃的理论洞见和深远的战略考量。

（一）党的政治建设：马克思主义政党的根本要求

政治从本质上看，是国家政权及其维护的利益问题，事关国家政权由谁掌握、如何运作、最终为谁的利益服务等根本性问题。政党本质上是围绕一定的政治纲领、按照一定的政治路线、为实现一定的政治目标而组织起来、集中代表特定阶级或阶层利益的政治组织。任何政党无论如何宣示其意识形态、纲领、宗旨和行动方针，都旨在获得执政地位、执掌国家政权、实现执政使命，最终要维护和实现其所代表的阶级或阶层的利益。因此，政治属性是政党内在的、与生俱来的第一位属性。

政党基于这种政治属性而开展的政治建设就成为政党建设的内在要求。马克思主义政党与其他政党有不同的政治纲领、政治立场、政治使命，因而呈现出不同的政治属性，党的政治建设要求也必然不同。

马克思、恩格斯在长期的理论探索和革命实践中撰写《共产党宣言》以及其他重要论著，形成了丰富的政党建设思想，包括党的政治建设的思想。他们于 1847 年创立的共产主义者同盟，是第一个国际性的无产阶级政党；1848 年为共产主义者同盟起草的《共产党宣言》，是马克思主义政党的第一个纲领性文件，系统阐述了

① 马克思：《哲学的贫困》，《马克思恩格斯全集》第 4 卷，人民出版社 1958 年版，第 148 页。

马克思主义政党的性质、特点、基本纲领、策略原则。比如，在政治立场方面，他们指出："无产阶级的运动是绝大多数人的，为绝大多数人谋利益的独立的运动。"[①] 共产党"没有任何同整个无产阶级的利益不同的利益"[②]。在党的政治理想方面，他们强调，共产党的一切观点、主张及其实践活动的根本目的，是《共产党宣言》关于建立自由人的联合体的著名论断："代替那存在着阶级和阶级对立的资产阶级旧社会的，将是这样一个联合体，在那里，每个人的自由发展是一切人的自由发展的条件。"[③] 共产党的最高目标是实现共产主义、实现人的自由而全面的发展。马克思、恩格斯还非常强调马克思主义政党对革命运动的领导权、指导思想、组织原则和纪律性等。

列宁在创建俄国布尔什维克党、建立共产国际，以及在十月革命后为加强执政党建设的斗争中，形成了完整的政党建设思想。比如，在理论武装方面，列宁提出："没有革命的理论，就不会有革命的运动。"[④] 无产阶级政党必须以革命的理论为指导，确定正确的纲领、路线、斗争策略和活动方式。在政治领导方面，列宁强调，党要在政治上领导无产阶级，并且通过无产阶级领导全体劳动群众。党是无产阶级组织的最高形式，是无产阶级专政和社会主义建设的领导力量。在维护党的团结统一方面，列宁强调："无产阶级在争取政权的斗争中，除了组织，没有别的武器。"[⑤] 无产阶级政党必须按民主集中制原则组织起来，必须有严密的组织和统一的纪律。在

---

① 马克思、恩格斯：《共产党宣言》，人民出版社 2014 年版，第 39 页。

② 同上，第 41 页。

③ 同上，第 51 页。

④ 列宁：《怎么办？》（1901 年秋—1902 年 2 月），《列宁选集》第 1 卷，人民出版社 2012 年版，第 311 页。

⑤ 列宁：《进一步，退两步》（1904 年 2—5 月），《列宁选集》第 1 卷，人民出版社 2012 年版，第 526 页。

维护党的领袖权威方面，列宁提出，党必须正确处理领袖、政党、阶级和群众的相互关系。群众是划分为阶级的，阶级通常是由政党来领导的；政党通常是由最有威信、最有影响、最有经验、被选出担任最重要职务而称为领袖的人们所组成的比较稳定的集团来主持的。[①] 列宁强调："历史上，任何一个阶级，如果不推举出自己善于组织运动和领导运动的政治领袖和先进代表，就不可能取得统治地位。"[②] 列宁指出，领袖不是自封的，而是在群众的斗争实践中涌现出来并为群众所公认的。列宁还强调，密切联系群众是党不可战胜的力量源泉，党必须保持同群众的密切联系，等等。在列宁政党建设思想指导下，布尔什维克党取得了十月革命的胜利，开辟了社会主义新纪元。

（二）中国共产党重视党的政治建设的优良传统

中国共产党自 1921 年 7 月成立以来，始终坚持以马克思主义为指导，在领导中国革命、建设、改革进程中坚持把马克思主义基本原理同中国具体实际相结合、同中华优秀传统文化相结合，不断推进马克思主义中国化时代化，不断开辟马克思主义新境界。中国共产党坚持马克思主义政党建设思想，一以贯之坚持旗帜鲜明讲政治要求，历来注重从政治上建设党。

毛泽东早在 1929 年的古田会议上提出思想建党、政治建军原则。1939 年，毛泽东在《〈共产党人〉发刊词》中首次把一直"进行之中"的党的建设称为"伟大的工程"，提出"建设一个全国范

① 列宁:《共产主义运动中的"左派"幼稚病》(1920 年 4—5 月),《列宁选集》第 4 卷，人民出版社 2012 年版，第 151 页。

② 列宁:《我们运动的迫切任务》(1900 年 11 月初),《列宁选集》第 1 卷，人民出版社 2012 年版，第 286 页。

围的、广大群众性的、思想上政治上组织上完全巩固的布尔什维克化的中国共产党”①。1945 年党的七大提出，毛泽东同志的正确的建党路线“首先着重在思想上、政治上进行建设，同时也在组织上进行建设”②。新中国成立后，毛泽东提出“没有正确的政治观点，就等于没有灵魂”③等重大论断。改革开放后，邓小平强调“到什么时候都得讲政治”④，要善于从政治上观察和处理问题。江泽民强调：我们搞现代化建设，“必须有政治保证，不讲政治、不讲政治纪律不行”⑤。胡锦涛强调：“在各项工作中要贯穿讲政治的要求。”⑥

在党的政治建设实践中，我们党注重通过党章、其他党内法规和党的规范性文件对贯彻执行党的政治纲领和政治路线、坚定政治信仰、加强党的政治领导、夯实党的政治根基、维护党的团结统一、规范党的政治生活、严肃党的政治纪律等做出规定，提出要求。比如，1941 年中共中央政治局通过的《关于增强党性的决定》、1945 年党的七大通过的《中国共产党章程》、1948 年党中央《关于健全党委制》的决定、1954 年党的七届四中全会通过的《关于增强党的团结的决议》、1980 年党的十一届五中全会通过的《关于党内政治生活的若干准则》等，对于加强党的政治建设发挥

---

① 毛泽东：《〈共产党人〉发刊词》（1939 年 10 月 4 日），《毛泽东选集》第 2 卷，人民出版社 1991 年版，第 602 页。

② 刘少奇：《论党》（1945 年 5 月 14 日），《刘少奇选集》上册，人民出版社 1981 年版，第 330 页。

③ 毛泽东：《关于正确处理人民内部矛盾的问题》（1957 年 2 月 27 日），《毛泽东文集》第 7 卷，人民出版社 1999 年版，第 226 页。

④ 邓小平：《视察天津时的谈话》（1986 年 8 月 19 日—21 日），《邓小平文选》第 3 卷，人民出版社 1994 年版，第 166 页。

⑤ 江泽民：《领导干部一定要讲政治》（1995 年 9 月 27 日），《江泽民文选》第 1 卷，人民出版社 2006 年版，第 458 页。

⑥ 胡锦涛：《唱响主旋律，打好主动仗》（2000 年 1 月 11 日），《胡锦涛文选》第 1 卷，人民出版社 2016 年版，第 387 页。

了重要作用。

习近平总书记强调指出："我们党领导人民进行革命、建设、改革的历史进程反复证明了一个道理：政治上的主动是最有利的主动，政治上的被动是最危险的被动。"[①] 注重从政治上建设党是我们党不断发展壮大、从胜利走向胜利的重要保证。正是因为把党的政治建设作为一个永恒课题，坚持政治纲领的先进性、政治方向的正确性、政治立场的坚定性、政治纪律的严明性，有力地统一了全党意志，凝聚了全党力量，保证全党上下同心同德，保持党同人民群众的血肉联系，不断克服前进道路上的艰难险阻，胜利完成各个时期的任务。加强党的政治建设，是我们党立党兴党强党，不断创造伟大奇迹、开创美好未来的关键所在。可以说，我们党是靠政治建设起家的，是靠政治建设立身的，是靠政治建设实现自身发展壮大的，也要靠政治建设完成党的历史使命。

正因如此，习近平总书记深刻指出："历史经验表明，我们党作为马克思主义政党，必须旗帜鲜明讲政治。""讲政治，是我们党补钙壮骨、强身健体的根本保证，是我们党培养自我革命勇气、增强自我净化能力、提高排毒杀菌政治免疫力的根本途径。什么时候全党讲政治、党内政治生活正常健康，我们党就风清气正、团结统一，充满生机活力，党的事业就蓬勃发展；反之，就弊病丛生、人心涣散、丧失斗志，各种错误思想得不到及时纠正，给党的事业造成严重损失。"[②]

---

① 习近平：《总结党的历史经验　加强党的政治建设》，《求是》2021 年第 16 期。

② 习近平：《在省部级主要领导干部学习贯彻党的十八届六中全会精神专题研讨班开班式上的讲话》（2017 年 2 月 13 日），《习近平关于"不忘初心、牢记使命"论述摘编》，党建读物出版社、中央文献出版社 2019 年版，第 107—108 页。

（三）习近平总书记关于党的政治建设重要论述形成的时代背景

习近平总书记关于党的政治建设重要论述，是在中国特色社会主义进入新时代，世情国情党情发生复杂深刻变化的历史条件下形成和发展起来的，具有鲜明的时代特点。

当今世界正处于百年未有之大变局而且是加速演变期，我国正处于实现中华民族伟大复兴最为关键的历史时期。实现中华民族伟大复兴，是近代以来中国人民最伟大的梦想。习近平总书记深刻指出："中国共产党一经诞生，就把为中国人民谋幸福、为中华民族谋复兴确立为自己的初心使命。一百年来，中国共产党团结带领中国人民进行的一切奋斗、一切牺牲、一切创造，归结起来就是一个主题：实现中华民族伟大复兴。"[①] 历经一代代中国共产党人矢志不渝、接续奋斗，我们比历史上任何时期都更接近、更有信心和能力实现中华民族伟大复兴的目标，我们比历史上任何时期都更有信心和能力为世界和平和人类进步做出更大贡献。船到中流浪更急，人到半山路更陡。我们面对的任务、风险、挑战异常地艰巨复杂，形势环境变化之快、改革发展稳定任务之重、矛盾风险挑战之多、对我们党治国理政考验之大前所未有，特别是要遭遇各种敌对势力的遏制、围堵、打压。与各种敌对势力和各方面风险挑战之间的斗争将伴随中华民族伟大复兴的全过程，而且斗争只会越来越激烈、越来越尖锐、越来越复杂。

办好中国的事，关键在党。我们党要团结带领中国人民有效应对重大挑战、抵御重大风险、克服重大阻力、解决重大矛盾，不断创造人类历史上新的发展奇迹，实现中华民族伟大复兴，比以往任

---

① 习近平：《在庆祝中国共产党成立 100 周年大会上的讲话》（2021 年 7 月 1 日），《求是》2021 年第 14 期。

何时期都更加需要坚持和加强党的全面领导，把党建设得更加坚强有力，确保我们党在世界形势深刻变化的历史进程中始终走在时代前列，在应对国内外各种风险挑战的历史进程中始终成为全国人民的主心骨，在坚持和发展中国特色社会主义的历史进程中始终成为坚强领导核心，为实现中华民族伟大复兴的中国梦提供坚强政治保证。

在深入推进党的建设新的伟大工程的实践中，我们党清醒认识到，党面临的执政环境是复杂的，影响党的先进性、弱化党的纯洁性的因素也是复杂的，具有很强的危险性和破坏性。党内存在的思想不纯、政治不纯、组织不纯、作风不纯等突出问题尚未得到根本解决。党面临的“四大考验”即执政考验、改革开放考验、市场经济考验、外部环境考验是长期的、复杂的，“四种危险”即精神懈怠危险、能力不足危险、脱离群众危险、消极腐败危险是尖锐的和严峻的。管党治党上存在“宽松软”问题，一些党组织和党员干部忽视政治、淡化政治、不讲政治的问题比较突出，有的甚至存在偏离中国特色社会主义方向的严重问题。特别是党内存在“七个有之”问题，即“一些人无视党的政治纪律和政治规矩，为了自己的所谓仕途，为了自己的所谓影响力，搞任人唯亲、排斥异己的有之，搞团团伙伙、拉帮结派的有之，搞匿名诬告、制造谣言的有之，搞收买人心、拉动选票的有之，搞封官许愿、弹冠相庆的有之，搞自行其是、阳奉阴违的有之，搞尾大不掉、妄议中央的也有之，如此等等。有的人已经到了肆无忌惮、胆大妄为的地步”[①]。

党内存在的很多问题都同政治问题相关联，管党治党上的“宽松软”根子上是政治上的“宽松软”，是因为党的政治建设没有抓

① 习近平：《在中共十八届四中全会第二次全体会议上的讲话》（2014 年 10 月 23 日），《习近平关于严明党的纪律和规矩论述摘编》，中央文献出版社、中国方正出版社 2016 年版，第 22 页。

紧、没有抓实。从根本上解决党内存在的突出问题，必须把加强党的政治建设作为治本之策。

党的十八大以来，习近平总书记以高度的自觉自信、怀着强烈的忧患意识，带领全党进行伟大自我革命，从一开始就把系统解决党内各种问题提高到党的政治建设的战略高度上来，坚持旗帜鲜明讲政治，形成了鲜明的政治导向，把党的政治建设摆在更加突出的位置，在坚定政治信仰，增强“四个意识”即政治意识、大局意识、核心意识、看齐意识，维护党中央权威和集中统一领导，严明党的政治纪律和政治规矩，加强和规范新形势下党内政治生活，净化党内政治生态，正风肃纪、反腐惩恶等方面取得明显成效，从根本上扭转了党的领导弱化、党的建设缺失、从严治党不力的状况，党内政治生活气象更新，党内政治生态明显好转，党的面貌、党在人民群众中的形象发生了历史性变化，党的政治建设取得重大历史性成就，党在革命性锻造中更加坚强，焕发出新的强大生机活力。

在推进党的政治建设不断取得重大历史性成就的进程中，习近平总书记关于党的政治建设重要论述孕育产生并不断丰富发展。这是坚持和加强党的全面领导、坚持全面从严治党的理论总结和思想结晶，是党自我净化、自我完善、自我革新、自我提高的重要成果，深化了对共产党执政规律、党的自身建设规律的认识，实现了马克思主义政党建设思想的伟大创新。

二、习近平总书记关于党的政治建设重要论述的核心要义和原创性贡献

习近平总书记关于党的政治建设重要论述，运用马克思主义立

场观点方法，坚持和发展马克思主义政党建设思想，深刻总结我们党加强党的政治建设的优良传统和宝贵经验，立足新时代世情国情党情的新形势新要求，系统深刻回答了党的政治建设的科学定位、根本原则、首要任务、生命线、价值取向、基础性工作、安全底线、关键力量等问题。这些富有原创性、时代性、战略性的内容，建构了一个关于党的政治建设的理论体系，对马克思主义政党建设思想做出了原创性贡献，推动了马克思主义中国化进程，为新时代坚持和加强党的全面领导、深入推进全面从严治党，特别是加强党的政治建设提供了理论指导和行动指南。

（一）坚持把党的政治建设作为党的根本性建设，是党的政治建设的科学定位

习近平总书记创造性地提出“党的政治建设是党的根本性建设”“把党的政治建设摆在首位”“以党的政治建设为统领”等重要论述。习近平总书记指出：“马克思主义政党具有崇高政治理想、高尚政治追求、纯洁政治品质、严明政治纪律。如果马克思主义政党政治上的先进性丧失了，党的先进性和纯洁性就无从谈起。这就是我们把党的政治建设作为党的根本性建设的道理所在。”他强调：“我们党历来重视提高党员的政治觉悟。1927 年 10 月毛泽东同志亲自撰写的‘牺牲个人，努力革命，阶级斗争，服从组织，严守秘密，永不叛党’入党誓词，句句都是共产党人政治觉悟的生动写照。总结我们党的历史经验特别是党的十八大以来加强党的全面领导和全面从严治党实践取得的成效，党的十九大旗帜鲜明把党的政治建设摆在首位，并强调要以党的政治建设为统领。”[①]“新的征程上，

① 习近平：《推进党的建设新的伟大工程要一以贯之》（2018 年 1 月 5 日），《习近平关于“不忘初心、牢记使命”重要论述选编》，党建读物出版社 2019 年版，第 308—309 页。

我们要牢记打铁必须自身硬的道理，增强全面从严治党永远在路上的政治自觉，以党的政治建设为统领，继续推进新时代党的建设新的伟大工程”，“确保党在新时代坚持和发展中国特色社会主义的历史进程中始终成为坚强领导核心”！[①]

这些重要论述是对党的建设理论与实践布局的重大创新，深刻揭示了党的政治建设在党的建设总体布局中的科学定位，赋予党的政治建设以更加丰富的内涵，抓住了全面从严治党的根本性问题。

党的建设是一个系统工程，党的建设总体布局是一个战略性、全局性问题，涵盖党的政治建设、思想建设、组织建设、作风建设、纪律建设、制度建设等各个方面。党的政治建设是党的根本性建设，意味着政治建设是党的建设的灵魂，在党的建设总体布局中具有本源、根基性质，居于统领、核心、管总地位，发挥高屋建瓴、统揽全局、纲举目张的作用，决定着党的建设的方向和效果。党的政治建设抓好了，政治方向、政治立场、政治原则、政治大局把握住了，党的建设就立了根、铸了魂。

坚持发挥党的政治建设对党的各项建设的统领作用。党的政治建设的标准和要求自始至终贯穿于党的建设的全过程和各个方面、各个环节，以政治上的加强带动党的建设质量全面提高。党的其他方面的建设都要围绕党的政治建设来进行，都要服从、服务于党的政治建设，都要体现和反映党的政治建设的要求。党的其他各项建设的成效，最终要以政治建设的实际效果作为检验标准。

坚持发挥党的政治建设对党和国家事业发展的统领作用。党的政治建设内嵌于国家治理体系和治理能力现代化的进程中，贯穿于党和国家事业发展的各个方面。要自觉把党的政治建设融入党和国

---

① 习近平：《在庆祝中国共产党成立100周年大会上的讲话》（2021年7月1日），《求是》2021年第14期。

家重大决策部署的制定和落实全过程，做到党的政治建设与各项业务工作特别是中心工作紧密结合、相互促进，确保党和国家各项事业始终沿着正确方向前进。

（二）坚持和加强党的全面领导，是党的政治建设的根本原则

习近平总书记创造性地提出“党的领导制度是我国的根本领导制度”的重要论述，深刻阐明了坚持和加强党的全面领导的根本原则，为确保我们党始终成为中国特色社会主义事业的坚强领导核心、带领全国人民实现中华民族伟大复兴中国梦提供了强有力的理论支撑。

习近平总书记指出，党政军民学，东西南北中，党是领导一切的。中国特色社会主义最本质的特征是中国共产党领导，中国特色社会主义制度的最大优势是中国共产党领导，党是最高政治领导力量。必须坚持和完善党的领导体制机制，确保党始终总揽全局、协调各方。习近平总书记强调：“没有党的领导，民族复兴必然是空想。历史和人民把我们党推到了这样的位置，我们就要以坚强有力的政治领导承担起应该承担的政治责任。”①

这些重要论述坚持马克思主义基本原理，弘扬党的光荣传统，第一次从党的领导角度阐明了中国特色社会主义质的规定性，阐明了坚持和加强党的全面领导对于坚持和发展中国特色社会主义的重要意义，阐明了党的领导在我国国家治理体系中的领导核心地位。

党的全面领导，是指党作为中国特色社会主义事业的领导核心，按照总揽全局、协调各方的原则，对改革发展稳定、内政外交国防、

① 习近平：《增强推进党的政治建设的自觉性和坚定性》（2018 年 6 月 29 日），《习近平谈治国理政》第 3 卷，外文出版社 2020 年版，第 94 页。

治党治国治军等管党治党和治国理政的各领域各方面各环节等一切工作的领导。党的全面领导不是抽象的、空洞的，而是具体的、明确的，是党对国家和社会一切工作的全面系统、集中统一、坚强有力的实质性领导。

党的领导核心地位，是历史的选择、人民的选择，是中国革命、建设、改革的一条根本经验，是由中国共产党作为马克思主义政党的先进性和纯洁性所决定的。历史和现实都告诉我们，中国共产党是风雨来袭时中国人民最可靠的主心骨，我国社会主义制度是抵御风险挑战的最有力制度保证。有了中国共产党领导，是中国、中国人民、中华民族的一大幸事。坚持党的全面领导是党和国家的根本所在、命脉所在，是全国各族人民的利益所系、幸福所系，是中华民族的命运所系，是我国政治稳定、经济发展、民族团结、社会稳定的根本点。党和国家各项事业发展，都必须建立在坚持党的领导这个基础之上，都必须根植于党的领导这个最本质特征和最大优势。

党的政治建设必须坚持党的领导这个根本制度，时刻不能游离、偏离，必须突出党的领导制度在中国特色社会主义制度和国家治理体系中的统领地位，把党的领导切实贯彻到治国理政全部活动之中，体现到经济建设、政治建设、文化建设、社会建设和生态文明建设各领域各方面，贯穿于各项工作全过程。

（三）坚决做到“两个维护”，是党的政治建设的首要任务

习近平总书记创造性地提出“保证全党服从中央，坚持党中央权威和集中统一领导，是党的政治建设的首要任务”的重要论述，深刻揭示了坚持和加强党的全面领导的最高原则，阐明了党的政治建设最为重要的任务要求。

事在四方，要在中央。习近平总书记深刻指出，党的历史、新中国发展的历史都告诉我们：“要治理好我们这个大党、治理好我们这个大国，保证党的团结和集中统一至关重要，维护党中央权威至关重要。”[①]“只有党中央有权威，才能把全党牢固凝聚起来，进而把全国各族人民紧密团结起来，形成万众一心、无坚不摧的磅礴力量。”“党的政治建设的首要任务，就是保证全党服从中央，坚持党中央权威和集中统一领导，绝不能有丝毫含糊和动摇。”[②]“保证全党服从中央，维护党中央权威和集中统一领导，是党的政治建设的首要任务，必须常抓不懈。”[③]

坚持和加强党的全面领导，最重要的是坚决维护党中央权威和集中统一领导；坚决维护党中央权威和集中统一领导，最关键的是坚决维护习近平总书记党中央的核心、全党的核心地位。这“两个维护”，是党的十八大以来我们党的重大政治成果和宝贵经验，是全党在革命性锻造中形成的共同意志，是中国人民和中华民族根本利益的体现，是具有党章效力的根本性要求，是全体党员共同遵守的义务规则，是全党的最高政治原则和共同的政治责任，也是最重要的政治纪律和政治规矩。“两个维护”，归根结底就是维护中华民族伟大复兴的光明前景，维护党和国家长治久安，维护国家富强、民族振兴、人民幸福，维护中国人民和中华民族的根本利益。

党和国家大政方针的决定权在党中央，必须确保党中央一锤定音、定于一尊的权威。要实现党在思想上的统一、政治上的团结、行动上的一致，把各方智慧和力量有力有效地组织起来、凝聚起

---

① 《中共中央政治局召开民主生活会　对照贯彻落实党的十八届六中全会精神　研究加强党内政治生活和党内监督措施》，《人民日报》2016 年 12 月 28 日。

② 习近平：《推进党的建设新的伟大工程要一以贯之》（2018 年 1 月 5 日），《习近平关于“不忘初心、牢记使命”重要论述选编》，党建读物出版社 2019 年版，第 309 页。

③ 习近平：《在党史学习教育动员大会上的讲话》（2021 年 2 月 20 日），《求是》2021 年第 7 期。

来，汇聚起实现民族复兴的磅礴伟力，必须保证党的团结和集中统一，必须坚持党中央权威和集中统一领导。否则，群龙无首、各自为政、各行其是，党就会变成一盘散沙，什么事情都干不成。党的十八大以来党和国家事业之所以能够取得历史性成就、发生历史性变革，最根本的就是形成和确立了习近平总书记党中央的核心、全党的核心地位，坚持了党中央权威和集中统一领导。

做到“两个维护”，不仅要有鲜明的态度，更要有扎实的行动，体现在坚决贯彻党中央决策部署的行动上，体现在履职尽责、做好本职工作的实效上，体现在党员、干部的日常言行上。要牢固树立“四个意识”，自觉在思想上政治上行动上同党中央保持高度一致，自觉向党中央看齐，向党的理论和路线方针政策看齐，向党中央决策部署看齐，做到党中央提倡的坚决响应、党中央决定的坚决执行、党中央禁止的坚决不做。要以正确的认识、正确的行动坚决做到“两个维护”，坚决防止和纠正一切偏离“两个维护”的错误言行，不得搞任何形式的“低级红”“高级黑”，决不允许对党中央阳奉阴违做两面人、搞两面派、搞“伪忠诚”。

（四）坚持把准政治方向，是党的政治建设的生命线

习近平总书记创造性地提出“政治方向是党生存发展第一位的问题”的重要论述，深刻阐明了政治方向事关党的前途命运和事业兴衰成败。方向涉及根本、关系全局、决定道路、影响长远。政治方向正确，才能不犯颠覆性错误，才能行稳致远、实现目标。

习近平总书记深刻指出：“党领导人民治国理政，最重要的就是坚持正确政治方向，始终保持我们党的政治本色，始终沿着中国特色社会主义道路前进。中央政治局的同志要找准坐标、选准方位、瞄准靶心，善于从政治上观察和处理问题，使讲政治的要求从外部

要求转化为内在主动。”[①] 他强调指出：“我们所要坚守的政治方向，就是共产主义远大理想和中国特色社会主义共同理想、‘两个一百年’奋斗目标，就是党的基本理论、基本路线、基本方略。”[②] 他反复强调，革命理想高于天。“马克思主义政党不是因利益而结成的政党，而是以共同理想信念而组织起来的政党。建设坚强的马克思主义执政党，首先要从理想信念做起。”[③]“坚定理想信念，坚守共产党人精神追求，始终是共产党人安身立命的根本。对马克思主义的信仰，对社会主义和共产主义的信念，是共产党人的政治灵魂，是共产党人经受住任何考验的精神支柱。”[④]

加强党的政治建设，就是要发挥政治指南针作用，确保始终坚持正确的政治方向。一是坚持用党的科学理论武装头脑，教育引导党员、干部坚定政治信仰。坚持马克思主义指导地位，坚持用习近平新时代中国特色社会主义思想武装全党，牢固树立共产主义远大理想和中国特色社会主义共同理想，坚定“四个自信”即中国特色社会主义道路自信、理论自信、制度自信、文化自信，廓清思想迷雾，澄清模糊认识，排除各种干扰，把全党智慧和力量凝聚到新时代坚持和发展中国特色社会主义伟大事业中来。二是坚持党的领导和社会主义制度。凡是有利于坚持党的领导和我国社会主义制度的事就坚定不移做，凡是不利于坚持党的领导和我国社会主义制度的事就坚决不做！党员、干部只有牢牢把握正确政治方向，才能不断增强政治信念的坚定性，不断增强政治鉴别的敏锐性，不

---

① 习近平：《总结党的历史经验　加强党的政治建设》，《求是》2021 年第 16 期。

② 习近平：《增强推进党的政治建设的自觉性和坚定性》（2018 年 6 月 29 日），《习近平谈治国理政》第 3 卷，外文出版社 2020 年版，第 93 页。

③ 习近平：《推进党的建设新的伟大工程要一以贯之》（2018 年 1 月 5 日），《习近平关于“不忘初心、牢记使命”论述摘编》，党建读物出版社、中央文献出版社 2019 年版，第 307 页。

④ 习近平：《紧紧围绕坚持和发展中国特色社会主义学习宣传贯彻党的十八大精神》（2012 年 11 月 17 日），《习近平谈治国理政》，外文出版社 2014 年版，第 15 页。

断增强对党忠诚的绝对性，才能在波谲云诡的形势面前做到头脑清醒、明辨是非，才能在重大政治原则和大是大非问题上毫不含糊、毫不动摇。三是要把坚持正确政治方向贯彻到谋划重大战略、制定重大政策、部署重大任务、推进重大工作的实践中去，经常对表对标，及时校准偏差，坚决纠正偏离和违背党的政治方向的行为，确保党和国家各项事业始终沿着正确政治方向发展。要把各级党组织建设成为坚守正确政治方向的坚强战斗堡垒，教育广大党员、干部坚定不移沿着正确政治方向前进。对在政治方向上有问题的人，必须严肃批评教育，问题严重的要依照党纪进行处理。

（五）坚持紧扣民心这个最大的政治，是党的政治建设的根本价值取向

习近平总书记创造性地提出“坚持以人民为中心”“紧扣民心这个最大的政治”等重要论述，深刻阐明了我们党的根本政治立场，彰显了人民创造历史、人民是真正英雄的唯物史观，以人为本、人民至上的根本价值取向。

习近平总书记指出：“我们党来自于人民，党的根基和血脉在人民。为人民而生，因人民而兴，始终同人民在一起，为人民利益而奋斗，是我们党立党兴党强党的根本出发点和落脚点。”“江山就是人民，人民就是江山，人心向背关系党的生死存亡。赢得人民信任，得到人民支持，党就能够克服任何困难，就能够无往而不胜。”[①]

为什么人、靠什么人的问题，是检验一个政党、一个政权性质的试金石。人民性是马克思主义最鲜明的品格。始终同人民在一起，

① 习近平：《在党史学习教育动员大会上的讲话》（2021 年 2 月 20 日），《求是》2021 年第 7 期。

为人民利益而奋斗，是马克思主义政党同其他政党的根本区别。我们党作为马克思主义政党，始终坚持人民至上，始终把人民放在心中最高位置。中国共产党人是中国人民最忠实的“信徒”。人民立场是我们党的根本立场，全心全意为人民服务是我们党的根本宗旨，群众路线是我们党的生命线和根本工作路线。全心全意为人民服务是共产党人存在的目的、意义和最高价值追求。

人民群众是我们党的力量源泉，是决定党和国家前途命运的根本力量。一个政党、一个政权，其前途和命运最终取决于人心向背。如果我们脱离群众，失去人民拥护和支持，最终也会走向失败。人民群众始终是党的坚实执政基础。只要永不脱离群众，党就能无往而不胜。我们党来自人民、植根人民、服务人民，自成立之日起，始终坚持人民群众是历史的创造者的历史唯物主义观点，始终胸怀“为人类求解放”的崇高政治理想和高尚政治追求，把人民对美好生活的向往作为奋斗目标。我们党除了工人阶级和最广大人民群众的利益，没有自己特殊的利益，任何时候都把人民群众利益放在第一位，始终同人民在一起，为人民利益而奋斗。

党的一切工作，必须以最广大人民根本利益为最高标准。加强党的政治建设，就是要坚持全心全意为人民服务的最高价值取向，牢记我们党为中国人民谋幸福、为中华民族谋复兴的初心和使命，始终坚持以人民为中心的发展思想。要紧扣民心这个最大的政治，把赢得民心民意、汇集民智民力作为重要着力点，尊重人民群众首创精神，依靠人民群众创造伟业。坚持群众路线这一党的生命线和根本工作路线，始终保持党同人民群众的血肉联系。坚持把人民拥护不拥护、赞成不赞成、高兴不高兴、答应不答应作为衡量一切工作得失的根本标准，不断增强人民群众的获得感、幸福感、安全感，不断厚植党执政的政治根基。

（六）坚持营造良好政治生态，是党的政治建设的基础性工作

习近平总书记创造性地提出“营造风清气正的良好政治生态”的重要论述，深刻阐明了严肃党内政治生活、净化党内政治生态的重大意义，以及涵养政治生态的重要途径。

习近平总书记指出：“严肃党内政治生活、净化党内政治生态是伟大斗争、伟大工程的题中应有之义，是我们党坚持党的性质和宗旨的重要法宝，是我们党实现自我净化、自我完善、自我革新、自我提高的重要途径。抓住了这个点，我们党就能更好凝心聚魂、强身健体。”[①]“政治生态好，党内就会正气充盈；政治生态不好，党内就会邪气横生。”“营造良好政治生态是一项长期任务，必须作为党的政治建设的基础性、经常性工作，浚其源、涵其林，养正气、固根本，锲而不舍、久久为功。”[②]习近平总书记还创造性地阐述了政治文化、政治生活和政治生态的关系，指出政治文化是政治生活的灵魂，对政治生态具有潜移默化的影响。[③]这些重要论述抓住了党的政治建设的基础性、深层次问题。

政治生态是党风、政风和社会风气的综合体现。政治生态正常健康，可以春风化雨，润物无声，形成良好风尚，充满生机活力，党和人民事业就会蓬勃发展。反之，如果政治生态恶化，就会人心涣散、弊病丛生，“劣币驱逐良币”，形成恶性循环，给党和人民事业造成严重损害。

营造风清气正的政治生态，是旗帜鲜明讲政治、坚决维护党中

---

① 习近平：《在十八届中央政治局第三十三次集体学习时的讲话》（2016 年 6 月 28 日），《习近平关于全面从严治党论述摘编》，中央文献出版社 2016 年版，第 38 页。

② 习近平：《增强推进党的政治建设的自觉性和坚定性》（2018 年 6 月 29 日），《习近平谈治国理政》第 3 卷，外文出版社 2020 年版，第 95—96 页。

③ 习近平：《在党的十八届六中全会第二次全体会议上的讲话（节选）》（2016 年 10 月 27 日），《求是》2017 年第 1 期。

央权威和集中统一领导的政治要求，是持之以恒正风肃纪、推动全面从严治党向纵深发展的迫切需要，是锻造优良党风政风、确保改革发展目标顺利实现的重要保障。严肃认真的党内政治生活、健康洁净的党内政治生态，是党的优良作风的生成土壤，是党的旺盛生机的动力源泉，是保持党的先进性纯洁性、提高党的创造力凝聚力战斗力的重要条件，是党团结带领全国各族人民完成历史使命的有力保障。

政治生态和自然生态一样，既需要营造，也需要保护。一是严肃党内政治生活，尊崇党章，严格执行《关于新形势下党内政治生活的若干准则》，增强党内政治生活的政治性、时代性、原则性、战斗性，着力提高党内政治生活质量，让党员、干部在党内政治生活中经常接受政治体检，打扫政治灰尘，净化政治灵魂，增强政治免疫力。二是严明党的政治纪律，把坚决做到“两个维护”作为首要政治纪律。党员、干部要始终对党忠诚老实，决不允许在重大政治原则问题上、大是大非问题上同党中央唱反调，搞自由主义。三是发展积极健康的党内政治文化，让党所倡导的理想信念、价值理念、优良传统深入党员、干部思想和心灵。要弘扬社会主义核心价值观，弘扬和践行忠诚老实、公道正派、实事求是、清正廉洁等价值观。四是把树立正确选人用人导向作为重要着力点。选人用人是风向标，直接影响着政治生态走向。突出政治标准选人用人，坚持党管干部原则，贯彻新时期好干部标准，始终把政治标准放在第一位，对政治不合格的干部实行“一票否决”。五是坚决反对腐败，建设廉洁政治，是涵养政治生态的必要条件和重要任务。必须以永远在路上的坚定和执着，坚决把反腐败斗争进行到底，坚持一体推进不敢腐、不能腐、不想腐，永葆清正廉洁的政治本色。

（七）坚持防范政治风险，是党的政治建设的安全底线

习近平总书记创造性地提出“防范政治风险”的重要论述。他要求全党同志特别是各级领导干部必须增强风险意识，提高防范政治风险能力。他指出：“要把维护国家政治安全特别是政权安全、制度安全放在第一位，提高对各种矛盾问题预测预警预防能力。”[①]这些重要论述充分彰显了坚持底线思维的高度自觉、统筹发展与安全的坚定信心。

我们党在内忧外患中诞生，在磨难挫折中成长，在战胜风险挑战中壮大，始终有着强烈的忧患意识、风险意识。中华民族伟大复兴，绝不是轻轻松松、敲锣打鼓就能实现的。前进道路不可能一帆风顺，面临的风险考验只会越来越复杂，甚至会遇到难以想象的惊涛骇浪。越是取得成绩的时候，越是要有如履薄冰的谨慎，越是要有居安思危的忧患，绝不能犯战略性、颠覆性错误。

我们党要巩固长期执政地位，领导人民实现中华民族伟大复兴的伟业，保证人民安居乐业，必须一以贯之增强忧患意识、防范风险挑战，特别是有效防范各种政治风险。防范政治风险，最为重要的是维护国家政治安全。政治安全是国家安全的根本和首要问题，在国家安全体系中居于核心地位和最高层次。政治安全的核心是政权安全和制度安全，最根本的是坚持党的领导和中国特色社会主义制度不动摇，为国家安全提供根本政治保证。

防范政治风险，必须发扬斗争精神、增强斗争本领。凡是危害中国共产党领导和我国社会主义制度的各种风险挑战，凡是危害我国主权、安全、发展利益的各种风险挑战，凡是危害我国核心利益

① 《习近平对政法工作作出重要指示强调　全面提升防范应对各类风险挑战的水平　确保国家长治久安人民安居乐业》，《人民日报》2017 年 1 月 13 日。

和重大原则的各种风险挑战，凡是危害我国人民根本利益的各种风险挑战，凡是危害我国实现“两个一百年”奋斗目标、实现中华民族伟大复兴的各种风险挑战，只要来了，都必须进行坚决斗争，而且必须取得斗争胜利。

加强党的政治建设，必须坚持以维护政治安全为底线。善于从政治上把握大局、看问题，善于从政治上谋划、部署、推动工作，切实增强政治敏锐性和政治鉴别力，头脑特别清醒、立场特别坚定，做到眼睛亮、见事早、行动快，敢于亮剑、敢于斗争，及时消除各种政治隐患，有效防范和化解各种政治风险挑战，坚决巩固党的长期执政地位，坚决维护国家核心利益。

（八）坚持提高政治能力，是党的政治建设的关键

习近平总书记创造性地提出“提高政治能力”的重要论述，深刻指明了各级领导干部作为党的政治建设的依靠力量，应当充分发挥“关键少数”的示范引领和组织推动作用。

习近平总书记指出：“党的政治建设落实到干部队伍建设上，就要不断提高各级领导干部特别是高级干部把握方向、把握大势、把握全局的能力，辨别政治是非、保持政治定力、驾驭政治局面、防范政治风险的能力。”[①] 他强调：“我们党要始终做到不忘初心、牢记使命，把党和人民事业长长久久推进下去，必须增强政治意识，善于从政治上看问题，善于把握政治大局，不断提高政治判断力、政治领悟力、政治执行力。”[②]

---

① 习近平：《增强推进党的政治建设的自觉性和坚定性》（2018 年 6 月 29 日），《习近平谈治国理政》第 3 卷，外文出版社 2020 年版，第 97 页。

② 《中共中央政治局召开民主生活会强调　加强政治建设提高政治能力坚守人民情怀　不断提高政治判断力政治领悟力政治执行力》，《人民日报》2020 年 12 月 26 日。

政治能力是党员、干部对党的政治使命、政治目标、政治宗旨和政治纲领等的深刻领悟、由衷认同与坚定信仰的能力，是对党的基本理论、基本路线、基本方略和中央决策部署的自觉遵循、坚定践行和创造性贯彻落实的能力。在干部干好工作所需的各种能力中，政治能力是第一位的。这要求党员、干部必须在政治上站得稳、靠得住，善于从政治上观察和处理问题，做到观察分析形势要把握政治因素，筹划推动工作要落实政治要求，处理解决问题要防范政治风险，要身体力行“四个意识”“四个自信”，做到“两个维护”。

党员、干部应当提高政治判断力，以国家政治安全为大、以人民为重、以坚持和发展中国特色社会主义为本，增强科学把握形势变化、精准识别现象本质、清醒明辨行为是非、有效抵御风险挑战的能力。要做到在重大问题和关键环节上头脑特别清醒、眼睛特别明亮，善于从一般事务中发现政治问题，善于从倾向性、苗头性问题中发现政治端倪，善于从错综复杂的矛盾关系中把握政治逻辑，坚持政治立场不移、政治方向不偏。应当提高政治领悟力，对党中央精神深入学习、融会贯通，对“国之大者”了然于胸，明确自己的职责定位，坚持用党中央精神分析形势、推动工作，始终同党中央保持高度一致。应当提高政治执行力，经常同党中央精神对表对标，切实做到党中央提倡的坚决响应、党中央决定的坚决执行、党中央禁止的坚决不做，坚决维护党中央权威和集中统一领导，做到不掉队、不走偏，不折不扣抓好党中央精神贯彻落实。

党员、干部必须牢固树立政治理想，正确把握政治方向，坚定站稳政治立场，严格遵守政治纪律，加强政治能力训练和政治实践历练，自觉把讲政治贯穿于党性锻炼全过程，努力做到信念过硬、政治过硬、责任过硬、能力过硬、作风过硬，使自己的政治能力与担任的领导职责相匹配。特别是炼就一双政治慧眼，不畏浮云遮望眼，切实担负起党和人民赋予的政治责任，履行好党和人民赋予的职责使命。

三、习近平总书记关于党的政治建设重要论述的科学指导和实践伟力

实践是检验真理的唯一标准。新时代催生新思想，新思想引领新时代、指导新实践。习近平总书记关于党的政治建设重要论述，深刻把握党的政治建设规律，坚持问题导向和目标导向的统一，加强前瞻性思考、全局性谋划、战略性布局、整体性推进，在指导和引领新时代党的政治建设的实践中发挥出巨大威力，推动党的政治建设不断取得新的成就。

（一）坚持新思想引领

坚持以科学理论引领、用科学理论武装全党，是推进党的政治建设的基础性工作。党的十八大以来，我们党先后开展群众路线教育实践活动、“严以修身、严以用权、严以律己，谋事要实、创业要实、做人要实”专题教育、“学党章党规、学系列讲话，做合格党员”学习教育、“不忘初心、牢记使命”主题教育、党史学习教育等，都旨在继续发扬彻底的自我革命精神，把我们党建设得更加坚强有力，并以新时代党的自我革命引领新的伟大社会革命。贯穿这些集中性学习教育的一条主线，就是坚持马克思主义指导地位，坚持用习近平新时代中国特色社会主义思想武装全党，教育引导全党坚定不移向党中央看齐，不断提高政治判断力、政治领悟力、政治执行力，切实增强“四个意识”、坚定“四个自信”、做到“两个维护”，自觉在思想上政治上行动上同党中央保持高度一致，确保全党上下拧成一股绳，心往一处想、劲往一处使。

通过集中性学习教育，广大党员、干部经历严肃的党内政治生

活锻炼，思想政治受到洗礼和锤炼，进一步坚定政治信仰、把准政治方向、站稳政治立场、提高政治能力、强化政治担当、永葆政治本色；全党在革命性锻造中进一步加强团结和集中统一，进一步统一意志、统一行动、步调一致向前进。

（二）加强顶层设计

党的十九大报告对加强党的政治建设做出战略谋划、提出明确要求。2019 年 1 月，中央政治局会议审议通过《中共中央关于加强党的政治建设的意见》（以下简称《意见》），这是我们党的历史上第一个以党的政治建设为主题的中央文件。《意见》深入贯彻落实习近平新时代中国特色社会主义思想、习近平总书记关于党的政治建设重要论述和党的十九大精神，对新形势下加强党的政治建设各方面工作做出重大决策部署，为加强党的政治建设提供基本遵循。

《意见》通篇贯彻和体现“两个维护”这一根本要求，将其作为加强党的政治建设的首要任务，着力提高党的政治建设的政治性、时代性、针对性，推动各级党组织和党员、干部始终在政治立场、政治方向、政治原则、政治道路上同党中央保持高度一致。《意见》明确，加强党的政治建设目的是坚定政治信仰，强化政治领导，提高政治能力，净化政治生态，实现全党团结统一、行动一致，这四个方面构成了加强党的政治建设的重点任务。

（三）健全体制机制

加强党的政治建设的各项举措和任务要求，需要落实到治国理政的方方面面，落实到各级各类组织的履职尽责之中。为此，需要从体制机制上，完善党和国家机构职能体系，为推进党的政治建设提供保障。

2018 年 2 月，党的十九届三中全会审议通过《中共中央关于深化党和国家机构改革的决定》。2018 年 3 月，中共中央印发《深化党和国家机构改革方案》。这次党和国家机构改革，以加强党的全面领导为统领，以国家治理体系和治理能力现代化为导向，以推进党和国家机构职能优化协同高效为着力点。通过对党和国家组织结构和管理体制进行的系统性、整体性重构，建立健全党对重大工作的领导体制机制，加强党对涉及党和国家事业全局的重大工作的集中统一领导，优化党中央决策议事协调机构，加强和优化党对深化改革、依法治国、经济、农业农村、纪检监察、组织、宣传思想文化、国家安全、政法、统战、民族宗教、教育、科技、网信、外交、审计等工作的领导。强化党的组织在同级组织中的领导地位，更好发挥党总揽全局、协调各方作用。优化党的组织、宣传、统战、政法、机关党建、教育培训等部门职责配置，更好发挥党的职能部门作用。根据坚持党中央集中统一领导的要求，统筹设置党政机构。

这些改革举措，构建系统完备、科学规范、运行高效的党和国家机构职能体系，进一步从体制机制上发挥党的领导这个最大优势，健全维护党的集中统一领导机构职能体系，推进党和国家机构履职更加顺畅高效，确保党的领导全覆盖，确保党的领导更加坚强有力，确保党长期执政和国家长治久安。

（四）坚持法治推进

加强党的政治建设，需要把建章立制贯穿全过程各方面，建立健全长效机制，形成系统完备、有效管用的政治规范体系，实现党的政治建设有章可循、有据可依。通过完善相关党内法规、健全宪法法律、在各类章程中明确提出有关要求，健全坚持和加强党的全面领导、保障“两个维护”的制度机制，推进党的政治建设的法治化、规范化。这是加强党的政治建设的重大举措。

2017 年 10 月，党的十九大通过的党章修正案，在党的建设基本要求第四项坚持民主集中制中，增写牢固树立政治意识、大局意识、核心意识、看齐意识，坚定维护以习近平同志为核心的党中央权威和集中统一领导，加强和规范党内政治生活，增强党内政治生活的政治性、时代性、原则性、战斗性，发展积极健康的党内政治文化，营造风清气正的良好政治生态等内容。同时，将总纲原第二十八自然段第一句修改为：“中国共产党的领导是中国特色社会主义最本质的特征，是中国特色社会主义制度的最大优势。党政军民学，东西南北中，党是领导一切的。”做这样的修改，旨在加强党的政治建设、强化“两个维护”，更加明确党在中国特色社会主义各项事业中的领导地位。

2018 年 3 月，第十三届全国人大一次会议通过的《中华人民共和国宪法修正案》第三十六条规定：宪法第一条第二款“社会主义制度是中华人民共和国的根本制度”后增写一句，内容为：“中国共产党领导是中国特色社会主义最本质的特征。”做这样的修改，把党的领导写进总纲规定国家根本制度的条款，把党的领导和社会主义制度内在统一起来。《中华人民共和国宪法修正案》第四十五条规定：宪法第七十九条第三款“中华人民共和国主席、副主席每届任期同全国人民代表大会每届任期相同，连续任职不得超过两届”修改为“中华人民共和国主席、副主席每届任期同全国人民代表大会每届任期相同”。这是从全局和战略高度完善党和国家领导体制的重大举措，体现了中国特色社会主义政治优势和制度优势。党章对党的中央委员会总书记、党的中央军事委员会主席，宪法对中华人民共和国中央军事委员会主席，都没有做出“连续任职不得超过两届”的规定。这样修改，有利于维护以习近平同志为核心的党中央权威和集中统一领导，有利于加强和完善国家领导体制，有利于保证党和国家长治久安。

《中国共产党廉洁自律准则》《关于新形势下党内政治生活的若干准则》《中共中央关于加强党的政治建设的意见》《中国共产党中央委员会工作条例》《中共中央政治局关于加强和维护党中央集中统一领导的若干规定》《中国共产党党组工作条例》《中国共产党重大事项请示报告条例》《中国共产党纪律处分条例》《中国共产党党内监督条例》《中国共产党巡视工作条例》《党政领导干部选拔任用工作条例》《党政领导干部考核工作条例》《中国共产党问责条例》《中国共产党宣传工作条例》《中国共产党政法工作条例》等党内法规，以及《中共中央关于加强对“一把手”和领导班子监督的意见》等，从不同方面对做到“两个维护”、强化政治监督政治巡视、严肃党内政治生活、严明党的政治纪律和政治规矩、净化政治生态等做出规定，进一步健全保障党的政治建设的制度机制，推进党的政治建设高质量发展，取得显著成效。

（五）坚持示范引领

中央和国家机关离党中央最近，服务党中央最直接，掌握着“印把子”“笔杆子”“刀把子”“钱袋子”“官帽子”等，在党和国家治理体系中处于特殊重要位置，是推动党中央治国理政、管党治党决策部署贯彻落实的领导机关，肩负特殊的政治使命，具有鲜明的政治属性。中央和国家机关党的建设关系党中央权威和集中统一领导，关系党中央决策部署的贯彻落实，关系最广大人民根本利益的实现。如果党的理论和路线方针政策在这里失之毫厘、出现偏差，到了基层就可能谬以千里，如果贯彻落实的第一棒就掉了链子，最终就可能落空。所以，中央和国家机关更应该牢固树立政治机关意识，在加强党的政治建设方面走在全国前列、做出表率、发挥示范引领作用。

习近平总书记对推进中央和国家机关党的政治建设高度重视，提出明确要求。他强调指出："中央和国家机关首先是政治机关，必须旗帜鲜明讲政治，坚定不移加强党的全面领导，坚持不懈推进党的政治建设。希望中央和国家机关各级党组织和广大党员干部牢固树立'四个意识'，坚定'四个自信'，带头维护党中央权威和集中统一领导，在深入学习贯彻新时代中国特色社会主义思想上作表率，在始终同党中央保持高度一致上作表率，在坚决贯彻落实党中央各项决策部署上作表率，建设让党中央放心、让人民群众满意的模范机关。"①

2019 年 3 月，党中央印发《关于加强和改进中央和国家机关党的建设的意见》，强调把党的政治建设摆在首位，带头做到"两个维护"，严明党的政治纪律和政治规矩，严肃党内政治生活，培育积极健康的党内政治文化，提高党员、干部政治能力。

中央和国家机关工委认真贯彻落实习近平总书记重要指示，于 2018 年 7 月 12 日召开中央和国家机关党的政治建设推进会，2020 年印发《关于在中央和国家机关开展强化政治机关意识教育的工作方案》《关于在中央和国家机关开展"灯下黑"问题专项整治的工作方案》《中央和国家机关全面推进党支部标准化规范化建设工作方案》等文件，组织中央和国家机关深入开展政治机关意识教育工作，持续推动中央和国家机关党的建设高质量发展。

① 《对推进中央和国家机关党的政治建设作出的指示》（2018 年 7 月 8 日），《习近平关于"不忘初心、牢记使命"论述摘编》，党建读物出版社、中央文献出版社 2019 年版，第 122 页。

（六）抓住“关键少数”

党员、干部作为党的理论和路线方针政策的贯彻者、执行者，是推动党和国家事业发展的关键力量，不管从事什么样的业务工作，都是具有政治属性的工作，直接关系着党和国家的前途命运、关系着人民群众的根本利益。因此，必须坚持马克思主义政治观、坚持旗帜鲜明讲政治，在推进党的政治建设中肩负起应有职责。

一是落实领导责任。建立健全推进党的政治建设工作责任制，各级党委（党组）要切实负起本地区本部门党的政治建设工作主体责任，将其纳入党委（党组）工作总体布局，摆在首要位置来抓，认真研究部署、大力推进落实。党委（党组）书记要认真履行第一责任人职责，对党的政治建设重要工作亲自部署、重要问题亲自过问、重大事件亲自处置。党委（党组）其他成员要根据职责分工，按照“一岗双责”要求，抓好分管部门和领域党的政治建设工作。各级党的建设工作领导小组要发挥统筹协调的职能作用，各级纪检监察机关和党委有关部门要各司其职、各负其责，履行推进党的政治建设工作相关职责。

二是坚持抓“关键少数”和管“绝大多数”相结合，重点是抓住领导机关和领导干部，发挥其示范引领作用。各级领导干部特别是高级干部要深刻认识自己在加强党的政治建设中的特殊重要性和肩负的重大责任，职位越高越要自觉严格要求自己，注重加强政治历练、积累政治经验、增进政治智慧，做到信念如磐、意志如铁，政治坚定、绝对忠诚，清正廉洁、担当负责，坚决做到“两个维护”，成为坚定的马克思主义者。

习近平总书记关于党的政治建设重要论述，坚持守正与创新相统一，继承马克思主义关于党的政治建设思想，具有深厚的马克思主义理论渊源。这一重要论述对党的全面领导的坚守、对党的政治信仰的执着、对党的政治建设优良传统的弘扬，都深刻体现着马克思主义的理论品格。同时，这一重要论述形成于全面推进新时代党的建设新的伟大工程的实践中，是在运用马克思主义基本原理对世情国情党情进行深入分析基础上做出的理论探索和创新，已经在指导我们党的政治建设的伟大实践中得到成功运用和检验，拓展了党的政治建设的定位、视野、格局，深化了党的政治建设的目标、任务、内容，创新了党的政治建设的方法、路径、举措，丰富和发展了马克思主义关于党的政治建设思想，将马克思主义建党学说提升到一个新境界。这一重要论述必将在坚持和加强党的全面领导、坚持全面从严治党的实践中展现出更有说服力的真理力量，焕发出新的强大生机活力。

第一章

政治问题是根本性大问题

在现代社会，政治与每个人息息相关。党员、干部要旗帜鲜明讲政治，做政治上的明白人、老实人，必须从根本上把握政治的内涵以及政治问题为什么是根本性的大问题。本章重点分析政治的基本含义、如何把握马克思主义经典作家和中国共产党的主要领导人关于政治的重大论断、如何认识政治在根本上是国家政权及其维护的利益问题。

一、政治与每个人息息相关

政治是人类社会主要的社会现象，是人类社会的主要活动之一。在现代社会，每个人都生活在政治之中，都需要与政治打交道，都离不开政治，甚至一切事物都与政治密切关联。亚里士多德说，人是天生的政治动物。其意是指，人必须在政治社会组织中，始能实现人之所以为人，否则不能成为人，无异一堆肉，俗谚所谓行尸走肉而已。

人们对于政治这一概念，是既熟悉又陌生。熟悉，是因为人们要经常使用政治这个概念，特别是随着新时代党的建设新的伟大工程的深入推进，党员、干部的政治意识不断强化，涉及政治的词汇成为高频词，出现在党员、干部的工作生活中。陌生，是因为要准确把握政治这个概念的核心要义并不容易。

在现实生活中，与政治有关的词汇随处可见，比如，与“坚定政治信仰”相关的概念，有政治理想、政治信念、政治意识形态、政治忠诚、政治意识、政治灵魂、政治立场、政治方向、政治原则、政治站位、政治自觉、政治品质、政治本色、政治气节、政治风骨、政治使命、政治追求、政治文化、政治教育、政治偏差、政治灰尘、政治是非等；与“党的政治领导”相关的概念，有政治纲领、政治引领、政治标准、政治原则、政治路线、政治道路、政治导向、政治使命、政治权力、政治职责、政治任务、政治局面、政治基础、政治根基、政治动员、政治保证等；与“党的政治生态”相关的概念，有政治清明、廉洁政治、政治生活、政治文化、政治仪式、政治生日、政治纪律、政治规矩、政治巡视、政治监督、政治体检、政治把关、政治底线、政治蜕变等；与“政治能力”相关的概念，有政治素质、政治本领、政治信仰力、政治判断力、政治领悟力、政治执行力、政治鉴别力、政治自制力、政治免疫力、政治定力、政治站位、政治实践、政治行为、政治担当、政治责任、政治勇气、政治经验、政治智慧、政治历练、政治自律、政治敏锐性、政治隐患、政治风险、政治安全、政治效果等。

人们使用政治这个概念时，在不同的语境下有不同的含义。

组织人事部门选人用人，一直坚持德才兼备、以德为先，强调把政治标准作为首要标准，突出政治标准选拔干部。在对某些干部进行肯定性评价时，往往会用到“政治立场坚定”“政治上坚定”“政治意识强”“政治上清醒”“政治过硬”“政治素质好”“富有政治智慧”“敢于政治担当”“善于驾驭政治局面”等语词。在对某些干部做出否定性评价时，则可能用到“政治上不成熟”“政治幼稚”“不讲政治”“不懂政治”等语词。

组织人事部门在选人用人方面，不能在政治上不设防、不把关，让一些政治有问题的人混进领导班子。对于政治不合格的，实行一票否决，而且要把政治上蜕变的“两面人”及时辨别出来、清除出去。何谓“两面人”？习近平总书记指出：“有的修身不真修、信仰不真信，很会伪装，喜欢表演作秀，表里不一、欺上瞒下，说一套、做一套，台上一套、台下一套，当面一套、背后一套，手腕高得很；有的公开场合要党员、干部坚定理想信念，背地里自己不敬苍生敬鬼神，笃信风水、迷信‘大师’；有的口头上表态坚定不移反腐败，背地里对涉及领导干部的问题线索不追问、不报告；有的张口‘廉洁’、闭口‘清正’，私底下却疯狂敛财。这种口是心非的‘两面人’，对党和人民事业危害很大。”①

党员、干部出问题首先是政治上出问题。纪检监察部门在通报被立案查处的违法违纪干部时，首先进行政治上的评价，强调违反政治纪律方面的问题，经常看到的用语是：某某“毫无政治信仰”“毫无政治意识”“毫无政治纪律和政治规矩意识”“政治信仰缺失”“政治上蜕化变质”“政治品质恶劣”“严重违反党的政治纪律和政治规矩”“搞政治投机”“捞取政治资本”“有政治野心”等等。

在实践中，为了强调某项工作或某项事物的极端重要性，往往用“最大的政治”来强调。比如，“做到‘两个维护’是当前最大的政治”，“实现中华民族伟大复兴是最大的政治”，“抗击新冠肺炎疫情是最大的政治”，“抗洪救灾是最大的政治”，等等。

党员、干部如果推进某项工作、布置某项任务遇到阻力，在给

---

① 习近平：《全面从严治党，核心是加强党的领导》（2016 年 1 月 12 日），《论坚持党对一切工作的领导》，中央文献出版社 2019 年版，第 125 页。

下属做思想政治工作时，往往会强调“某某同志，一定要讲政治”。此时的“政治”，主要强调的是党员、干部个体要坚决服从组织的决定。对于党的组织做出的决定，党员、干部必须坚决贯彻执行，不得讨价还价，这是严肃的纪律问题。对此，邓小平曾形象地说：“思想不通，组织服从。”[①]

党员、干部的一项基本功，就是善于做思想政治工作，也就是做政治动员。毛泽东在 1938 年《论持久战》中深刻阐述了政治动员的基本方法。什么是政治动员呢？毛泽东指出：“首先是把战争的政治目的告诉军队和人民。必须使每个士兵每个人民都明白为什么要打仗，打仗和他们有什么关系。抗日战争的政治目的是‘驱逐日本帝国主义，建立自由平等的新中国’，必须把这个目的告诉一切军民人等，方能造成抗日的热潮，使几万万人齐心一致，贡献一切给战争。其次，单单说明目的还不够，还要说明达到此目的的步骤和政策，就是说，要有一个政治纲领。现在已经有了《抗日救国十大纲领》，又有了一个《抗战建国纲领》，应把它们普及于军队和人民，并动员所有的军队和人民实行起来。没有一个明确的具体的政治纲领，是不能动员全军全民抗日到底的。其次，怎样去动员？靠口说，靠传单布告，靠报纸书册，靠戏剧电影，靠学校，靠民众团体，靠干部人员。……其次，不是一次动员就够了，抗日战争的政治动员是经常的。不是将政治纲领背诵给老百姓听，这样的背诵是没有人听的；要联系战争发展的情况，联系士兵和老百姓的生活，把战争的政治动员，变成经常的运动。这是一件绝大的事，战争首先要靠它取得胜利。”[②] 这段论述形象生动地揭示了做好思想政治工

① 邓小平：《在党的十一届六中全会闭幕会上的讲话》（1981 年 6 月 29 日），《邓小平文选》第 2 卷，人民出版社 1994 年版，第 383 页。

② 毛泽东：《论持久战》（1938 年 5 月），《毛泽东选集》第 2 卷，人民出版社 1991 年版，第 481 页。

作的要点和路径，对于今天的党员、干部依然具有重要的启示意义。

尽管人人都离不开政治，但有些党员、干部对政治置若罔闻、漠不关心、认识存在偏差甚至错误的情况也是客观存在的。有的党员、干部政治意识薄弱，忽视政治、淡化政治；有的对政治毫无兴趣，认为这是高级领导干部的事，与己无关；有的认为自己是业务干部，和政治没关系，只关心技术、业务，不关心政治，政治与业务两张皮、相脱节；有的认为，政治就是整人，是玩手段、弄权谋、搞斗争，把政治当作“棍子”“幌子”“帽子”“绳子”；有的把讲政治随意化、庸俗化，出现损害党中央形象的“低级红”“高级黑”情况；有的高喊政治口号，做“空头政治家”，搞虚无政治；有的当面一套、背后一套，上有政策、下有对策，搞阳奉阴违的虚假政治、投机政治；有的对错误言行缺乏政治敏锐性、政治鉴别力和斗争精神；有的无视党的政治纪律和政治规矩，奉行潜规则，把商品交换原则运用到党内；等等。这些不讲政治、不会讲政治、乱讲政治的情况有极大的危害性，必须予以准确鉴别并着力解决。

所以，准确把握政治的核心要义，辨清不讲政治的各种表现及其危害，对于党员、干部旗帜鲜明讲政治，做政治上的明白人、老实人，讲正确的政治，把正确的政治讲好，都是至关重要的。

旗帜鲜明讲政治，既要反对把讲政治随意化、平淡化、娱乐化、庸俗化，也要坚决纠正政治虚无主义倾向。党员、干部需要牢固树立政治思维，善于从政治上把大局、看问题，善于从政治上谋划、部署、推动工作，坚定自觉把讲政治落实到党的领导、党的建设、党和国家各项工作中去。要坚决防止和克服忽视政治、淡化政治、削弱政治的倾向，坚决防止和克服政治警惕放松、政治标准降低、政治敏锐性迟钝、政治鉴别力削弱、政治上模糊甚至政治上糊涂等现象，坚决防止和克服政治信念动摇、政治方向走偏、政治本色丧失、政治纪律失守等情况。

二、政治的基本含义

什么是政治？古往今来，人们从不同角度有不同的解释和界定。

季康子曾经问政于孔子。孔子回答说："政者正也。子帅以正，孰敢不正？"孔子还提出如下观点："苟正其身矣，于从政乎何有？不能正其身，如正人何？""其身正，不令而行；其身不正，虽令不从。"孔子理解的"政"有公正、正派、正直、正义等含义，主要是指行为端正。自己首先做到端正，谁还敢不端正？如果自己言行端正，治理国家、管理政事还有什么困难的呢？如果自己言行不能端正，又怎么能要求他人端正呢？如果自身端正，无须下命令，老百姓也会按照他的意旨去做；如果自身不端，即使三令五申，百姓也不会服从。在孔子看来，修身以正人，实为事至简、收效至速、成功至伟之治术。①

孟子提出："枉己者，未有能直人者也。"这是孟子教育弟子陈代的话，把自己弄得弯曲起来，扭曲了人格，怎么可能去让别人正直呢？这与孔子的论断"不能正其身，如正人何"有异曲同工之妙。

《墨子·公孟》中提出："政者，口言之，身必行之。今子口言之，而身不行，是子之身乱也。子不能治子之身，焉能治国政？子姑亡，子之身乱之矣。"意思是，为政者必须言行一致，以身作则。你连自己都管不好，哪里能治理国家呢？墨子认为"言义而弗行，是犯明也"，即明知故犯。墨子从修身的角度对治国者提出要求，一个人如果言而不行，便不能治身，而不能治身也就不能治国。

孔子、孟子、墨子等关于"政"的解释，一定程度上回答了作为治国理政人员的正当性、合法性问题。对于今天党员、干部的启

① 萧公权：《中国政治思想史》，商务印书馆 2011 年版，第 71 页。

示是，要“为政以德”，以身作则，率先垂范，正人先正己，珍惜名节、注重操守、干净为官，给下级带个好头。要求别人做到的，自己率先做到；要求别人不做的，自己坚决不做。此所谓“善禁者，先禁其身而后人”。

孙中山先生曾给政治做出界定。他指出：“政治两字的意思，浅而言之，政就是众人的事，治就是管理，管理众人的事便是政治。”①

不同的阶级、政党以及政治家和理论家，由于立场不同、看问题的角度不同以及时代的变化，对政治有不同的分析和解释，从总体上看，可以分为马克思主义政治观和非马克思主义政治观两大类。

非马克思主义政治观关于政治的看法，代表性的观点有国家说、权力说、分配说、管理说等。“国家说”认为政治就是国家的运作。有的学者指出，政治领域可以和国家领域等同，政治乃是对于国家的统治，以及对于国家权力的获得、行使和维持。②“权力说”认为政治是对权力的获得和运用。16 世纪意大利思想家马基雅维利认为，“政治是夺取权力、掌握权力的必要方法的总和”。因此，政治的目的不过是获取并保持权力，政治的手段则是玩弄权术。德国社会学家马克斯·韦伯认为，政治“意指力求分享权力或力求影响权力的分配”③。

还有一些学者认为，政治是政治制度的运作，是人们在其公共事务范围内的意志和利益的一种活动；是制定公共政策和执行公共政策活动等。如美国政治学家杰弗里·庞顿和彼得·吉尔认为：“政治是与社会事务的治理以及个人和群体对这种治理所具有的控制力

---

① 孙中山：《三民主义》，《孙中山选集（下）》，人民出版社 2011 年版，第 661 页。

② 转引自李元书：《什么是政治——政治涵义的再探讨》，《学习与探索》1997 年第 5 期。

③ 转引自王浦劬等著：《政治学基础》，北京大学出版社 2014 年版，第 4 页。

的相关的制度安排。”[①]

上述定义从不同角度揭示了政治某一方面的含义，有些在一定程度上涉及了政治的一部分特性。但是，由于学者们所处的时代以及立场的局限性，这些论述未能深刻揭示政治的本质特性。

三、马克思主义经典作家关于政治的重大论断

政治现象的产生、发展自有其客观规律。现象是复杂、多变的，而本质是稳定的。要把握什么是政治，必须透过现象，从根本上进行分析研判，发现其最本质的东西，掌握其内在规律。

马克思、恩格斯、列宁运用辩证唯物主义和历史唯物主义，结合不同时期的社会政治实际，从不同角度论述过政治的含义，提出许多关于政治的重大论断，深刻揭示了政治的内涵及本质，形成了马克思主义关于政治问题的总看法、总观念，构成了马克思主义政治观。

（一）政治是经济的最集中的表现

列宁的这一论断揭示了政治的基本特征。没有离开政治的经济，也没有离开经济的政治。经济与政治之间存在复杂的互动关系。一方面，应当从社会经济运动的规律性上认识政治。政治的产生和发展的根源是社会的经济基础，政治的本质、内容、形态和方式从根本上是由社会经济关系决定的，有什么样的经济基础，就有什么样

① ［美］杰弗里·庞顿、彼得·吉尔：《政治学导论》，张定淮等译，社会科学文献出版社 2003 年版，第 9 页。

的政治观点和政治制度。另一方面，政治在本质上体现了社会经济发展的利益要求和客观过程，反映了社会经济生活中各个阶级、阶层的根本利益和利害冲突，没有纯粹的政治活动和政治关系。在阶级社会里，一个阶级最根本、最重要、最有决定作用的经济利益，必然集中地在政治上表现出来，并通过政治来得到满足、维护和保证。[①]各阶级、阶层的根本经济利益，必然表现为一定的政治观点，通过一定的政治活动或政治斗争，用一定的政治设施、措施和手段来保障和实现。因此，政治的本质特征就是：一定社会生产关系中经济上占主导地位的集团的权威性统治。[②]

（二）政治就是各阶级之间的斗争

这是从阶级属性的意义上论述政治，政治的基本属性就是它的阶级性。马克思鲜明指出："一切阶级斗争都是政治斗争。"[③]

---

① 黄红发、胡社华：《邓小平对马克思主义经济政治观的丰富和发展》，《理论观察》2002 年第 1 期。

② 王沪宁主编：《政治的逻辑——马克思主义政治学原理》，上海人民出版社 2004 年版，第 5 页。

③ "一切阶级斗争都是政治斗争"是马克思提出的著名命题之一。对此，马克思在多篇文章中均有表述。如"阶级同阶级的斗争就是政治斗争"（马克思：《哲学的贫困》，《马克思恩格斯全集》第 4 卷，人民出版社 1958 年版，第 196 页），"一切阶级斗争都是政治斗争"（马克思、恩格斯：《共产党宣言》，人民出版社 2014 年版，第 37 页），"一切阶级运动本身必然是而且从来就是政治运动"（马克思：《马克思致保 · 拉法格》（1870 年 4 月 19 日），《马克思恩格斯全集》第 32 卷，人民出版社 1974 年版，第 662 页）。与此相关，马克思还有另一个著名命题"一切政治斗争都是阶级斗争"。这两个命题看似不一致，但并不矛盾。"一切阶级斗争都是政治斗争"强调了即使在现代资本主义经济型社会，权力也必然具有政治的形式；而"一切政治斗争都是阶级斗争"则强调现代资本主义社会中权力的经济实质，即现代政治权力只能是一种阶级特权。恩格斯在《路德维希 · 费尔巴哈和德国古典哲学的终结》中的一句话很好地把这两个命题结合起来。恩格斯写道："任何政治斗争都是阶级斗争，而任何争取解放的阶级斗争，尽管它必然地具有政治的形式（因为任何阶级斗争都是政治斗争），归根到底都是围绕着经济解放进行的。"（恩格斯：《路德维希 · 费尔巴哈和德国古典哲学的终结》，《马克思恩格斯全集》第 21 卷，人民出版社 1965 年版，第 345 页）恩格斯在马克思逝世之后，根据形势变化对过去的理论进行了丰富，使马克思主义政治观更加完备和科学。

马克思从较早的《哲学的贫困》第二章到《共产党宣言》，以及之后的一些政治通信，坚持并反复强调的观点就是：无产阶级的阶级斗争必须是政治斗争。列宁更加明确地指出："政治就是各阶级之间的斗争，政治就是无产阶级为争取解放而与世界资产阶级进行斗争的关系。"[①] 在私有制和阶级社会中，人们在生产活动中由于对生产资料的关系不同而形成的阶级关系必然会集中反映到政治中来。各阶级为了维护自己最根本的利益，彼此之间必然展开激烈的阶级斗争，最终都会上升为政治斗争，表现为政治领域中激烈的权力较量。因此，在阶级社会，阶级对抗是政治斗争的根源，而政治斗争则是阶级对抗发展的必然。[②] 阶级斗争是阶级社会政治的核心内容和集中体现。恩格斯深刻指出：阶级斗争"首先是为了经济利益而进行的，政治权力不过是用来实现经济利益的手段"[③]。

当然，政治关系的内涵远大于阶级关系，还包含着许多非阶级关系的内容。列宁指出："什么是'政治'？（1）无产阶级先锋队对本阶级群众。（2）无产阶级对农民。（3）无产阶级（和农民）对资产阶级。"[④] 这就意味着，不仅阶级之间，而且同一阶级内部也存在政治。政治的本质由社会主要矛盾决定。只有在阶级对立的社会中，主要阶级之间的对抗才是社会的主要矛盾，政治的本质也才是各阶级之间的斗争。在不存在阶级对抗的社会，社会的主要矛盾已

---

① 列宁：《在全俄省、县国民教育局政治教育委员会工作会议上的讲话》（1920 年 11 月 3 日），《列宁选集》第 4 卷，人民出版社 2012 年版，第 308 页。

② 王沪宁主编：《政治的逻辑——马克思主义政治学原理》，上海人民出版社 2004 年版，第 6 页，第 66 页。

③ 恩格斯：《路德维希·费尔巴哈和德国古典哲学的终结》，《马克思恩格斯全集》第 21 卷，人民出版社 1965 年版，第 344 页。

④ 列宁：《〈论粮食税〉的几个提纲》（1921 年 3—4 月），《列宁全集》第 41 卷，人民出版社 2017 年版，第 385 页。

经转化，就不能把政治与阶级斗争画等号，尤其是不能为了“政治”而人为地制造没有现实基础的“阶级斗争”。[①]

（三）政治就是参与国家事务，给国家定方向，确定国家活动的形式、任务和内容

这是从政治基本内容的角度论述政治的含义。恩格斯在《卡尔·马克思》一文中指出：“在全部纷繁和复杂的政治斗争中，问题的中心始终是社会阶级的社会和政治的统治，即旧的阶级要保持统治，新兴的阶级要争得统治。”[②]任何阶级要实现阶级的政治统治，必须掌握国家政权，控制国家机器，这样才能实行本阶级对整个社会的政治统治。由此，国家政权是一个社会政治活动最集中的场所，是政治上层建筑的核心部分。在国家存在的情况下，一切政治活动、政治关系、政治现象都与国家政权有关，都是以国家政权的活动为中心的。[③]所以，马克思主义认为，政治的中心问题是国家问题，这“是全部政治的基本问题，根本问题”[④]。正是在这个意义上，列宁指出：“政治就是参与国家事务，给国家定方向，确定国家活动的形式、任务和内容。”[⑤]一切政治活动的中心问题，都围绕国家政权问题展开。国家政权活动的主要目的是维持统治阶级的统治，维护统治阶级的根本利益。因此，讲政治就是讲统治阶级的根本利益，讲事关统治阶级最核心、最重大的利

① 王沪宁主编：《政治的逻辑——马克思主义政治学原理》，上海人民出版社2004年版，第66页。
② 恩格斯：《卡尔·马克思》，《马克思恩格斯全集》第3卷，人民出版社1960年版，第121—122页。
③ 王沪宁主编：《政治的逻辑——马克思主义政治学原理》，上海人民出版社2004年版，第6页。
④ 列宁：《论国家》（1919年7月11日），《列宁选集》第4卷，人民出版社2012年版，第25页。
⑤ 列宁：《关于〈关于国家的作用问题〉一文提纲》（1916年11月18日〔12月1日〕以后），《列宁全集》第31卷，人民出版社2017年版，第128页。

益问题。凡是与统治阶级利益、与国家政权相关的具有全局、战略、根本利益意义的，就是具有政治意义的。

（四）政治是一门科学，是一种艺术

这是从政治作为一种有规律的社会现象的意义上论述政治的含义。列宁在《共产主义运动中的“左派”幼稚病》中提出了马克思主义政治观的一条重要原理：“政治是一门科学，是一种艺术。”[①]

马克思主义认为，政治现象和其他一切社会现象一样，本质上是社会运转过程中的一种客观的社会现象，其产生、运动、发展、变化不是偶然的和任意的，是受社会物质的运动过程制约的，是有规律可循的。人们可以用科学的方法来研究政治，找出政治的规律性。[②]正是在这个意义上，列宁指出，政治有它内在的逻辑。因此，政治是一门科学。

政治具有很强的实践性，面对错综复杂的现实政治问题，需要自觉、主动、灵活地运用政治活动的普遍规律和基本原则，掌握处理和把握政治问题的策略和方法，坚持具体问题具体分析，以推动社会发展和进步。人们在认识和掌握政治规律的基础上，发挥人的主观能动性，这就是政治的艺术性。从这个意义上讲，政治也是一种艺术。说政治是一门科学，也是一种艺术，这并不矛盾，它是政治特点全面真实的反映。

---

① 列宁：《共产主义运动中的“左派”幼稚病》（1920 年 4—5 月），《列宁选集》第 4 卷，人民出版社 2012 年版，第 189 页。

② 王沪宁主编：《政治的逻辑——马克思主义政治学原理》，上海人民出版社 2004 年版，第 281 页。

四、中国共产党的主要领导人关于政治的重大论断

中国共产党作为马克思主义政党，始终坚持马克思主义政治观，并丰富和发展马克思主义政治观。毛泽东、邓小平、江泽民、胡锦涛、习近平等中国共产党的主要领导人，关于政治有许多经典的重大论断。

（一）毛泽东关于政治的重大论断

毛泽东始终把讲政治作为关系党的前途命运的根本问题来抓，强调政治具有灵魂以及政治的统率作用。他鲜明指出："我们共产党人从来不隐瞒自己的政治主张。"① 早在 1929 年中共红四军第九次代表大会即古田会议上，毛泽东就创造性地提出"党内生活政治化"这一命题，强调"中国的红军是一个执行革命的政治任务的武装集团"②，明确要求"从教育上提高党内的政治水平"，"主要是教育党员使党员的思想和党内的生活都政治化，科学化"。③

毛泽东在 1938 年《论持久战》中，深刻阐述了政治与战争关系、决定战争的政治因素，提出许多重要论断。比如，"战争就是政治，战争本身就是政治性质的行动，自古以来没有不带政治性质

① 毛泽东：《论联合政府》（1945 年 4 月 24 日），《毛泽东选集》第 3 卷，人民出版社 1991 年版，第 1059 页。

② 毛泽东：《中国共产党红军第四军第九次代表大会决议案》（1929 年 12 月），《毛泽东文集》第 1 卷，人民出版社 1993 年版，第 78 页。

③ 毛泽东：《关于纠正党内的错误思想》（1929 年 12 月），《毛泽东文集》第 1 卷，人民出版社 1993 年版，第 80 页，第 92 页。

的战争”；“政治是不流血的战争，战争是流血的政治”。[①]

1938 年 6 月 14 日，毛泽东从平民教育工作角度对政治问题进行了深刻论述。他说：政治是最基本的、最主要的。平民教育工作的大规模发展，必须有为平民的政治，一切推行的方法，还在其次。政治的问题主要是对人民的态度，看你是想和老百姓做朋友还是要站在老百姓的头上压迫他们。只要和他们接近，和他们打成一片，他们自然相信你。[②]

1942 年在《在延安文艺座谈会上的讲话》中，毛泽东指出：“还有，我们所说的文艺服从于政治，这政治是指阶级的政治、群众的政治，不是所谓少数政治家的政治。”[③]

1957 年在《关于正确处理人民内部矛盾的问题》中，毛泽东提出“没有正确的政治观点，就等于没有灵魂”[④]的论断。1958 年在《工作方法六十条（草案）》中，他进一步强调政治的统率作用，指出：“政治与业务，政治与军事，政治与经济，政治与技术，政治总是头，政治总是率领军事、率领经济、率领业务、率领技术的。”“红与专、政治与业务的关系，是两个对立物的统一。一定要批判不问政治的倾向。一方面要反对空头政治家，另一方面要反对迷失方向的实际家。”他特别强调，如果“不注意思想和政治，成天忙于事务，那会成为迷失方向的经济家和技术家，很危险”。“思想工作和政治工作，是完成经济工作和技术工作的保证，它们是为

---

① 毛泽东：《论持久战》（1938 年 5 月），《毛泽东选集》第 2 卷，人民出版社 1991 年版，第 479—480 页。

② 中共中央文献研究室编：《毛泽东年谱（1893—1949）修订本》中卷，中央文献出版社 1993 年版，第 79 页。

③ 毛泽东：《在延安文艺座谈会上的讲话》（1942 年 5 月），《毛泽东选集》第 3 卷，人民出版社 1991 年版，第 866 页。

④ 毛泽东：《关于正确处理人民内部矛盾的问题》（1957 年 2 月 27 日），《毛泽东文集》第 7 卷，人民出版社 1999 年版，第 226 页。

经济基础服务的。思想和政治又是统帅，是灵魂。只要我们的思想工作和政治工作稍为一放松，经济工作和技术工作就一定会走到邪路上去。”[①]

在革命战争年代，毛泽东强调“革命的政治工作是革命军队的生命线”。到社会主义建设时期，他提出“政治工作是一切经济工作的生命线。在社会经济制度发生根本变革的时期，尤其是这样”[②]。

对于领导干部如何讲政治，毛泽东明确要求领导干部要努力成为无产阶级政治家。他指出：“使我们的干部不但能治党，而且能治国，要懂得向全中国与全世界人民讲话，并为他们做事，要有远大的政治眼光与政治家的风度。”[③] 他要求“所有的省委书记、市委书记、地委书记以及中央各部门的负责同志，都要奋发努力，在提高马克思列宁主义水平的基础上，使自己成为精通政治工作和经济工作的专家。一方面要搞好思想政治工作，一方面要搞好经济建设”[④]。

（二）邓小平关于政治的重大论断

邓小平作为中国改革开放的总设计师，一再强调领导干部要十分重视讲政治，善于从政治上观察和处理问题。“到什么时候都得讲政治”是他的一贯思想。邓小平在 1979 年理论工作务虚会上指

---

① 毛泽东：《工作方法六十条（草案）》（1958 年 1 月），《毛泽东文集》第 7 卷，人民出版社 1999 年版，第 351 页。

② 毛泽东：《〈严重的教训〉一文按语》，《毛泽东文集》第 6 卷，人民出版社 1999 年版，第 449 页。

③ 毛泽东：《目前抗战形势与党的任务报告提纲》（1937 年 10 月），《毛泽东文集》第 2 卷，人民出版社 1993 年版，第 60 页。

④ 毛泽东：《在中国共产党全国代表会议上的讲话》（1955 年 3 月 31 日），《毛泽东文集》第 6 卷，人民出版社 1999 年版，第 396 页。

出："我这里说的政治，是国内外阶级斗争的大局，是中国人民和世界人民在现实斗争中的根本利害。不能设想，离开政治的大局，不研究政治的大局，不估计革命斗争的实际发展，能成为一个马克思主义的思想家、理论家。"①

在改革开放初期，为了推动全党解放思想，把全党工作的着重点转移到社会主义现代化建设上来，邓小平反复强调经济建设、现代化建设是最大的政治，"离开这个主要的内容，政治就变成空头政治，就离开了党和人民的最大利益"②。他曾经提出的重大论断有："社会主义现代化建设是我们当前最大的政治，因为它代表着人民最大的利益、最根本的利益。"③"经济工作是当前最大的政治，经济问题是压倒一切的政治问题。"④"就我们国内来说，什么是中国最大的政治？四个现代化就是中国最大的政治。"⑤

政治方向对于中国共产党来说是最根本的，关系到党的命运和国家兴衰。邓小平在提出"建设社会主义现代化"不久，便提出坚持四项基本原则这个十分重大的政治问题。1979 年 3 月 30 日，邓小平发表《坚持四项基本原则》的重要讲话。他说："我们要在中国实现四个现代化，必须在思想政治上坚持四项基本原则。这是实现四个现代化的根本前提。""今天必须反复强调坚持四项基本原则，因为某些人（哪怕只是极少数人）企图动摇这些基本原则。这是决

---

① 邓小平：《坚持四项基本原则》（1979 年 3 月 30 日），《邓小平文选》第 2 卷，人民出版社 1994 年版，第 179 页。

② 邓小平：《解放思想，实事求是，团结一致向前看》（1978 年 12 月 13 日），《邓小平文选》第 2 卷，人民出版社 1994 年版，第 140 页。

③ 邓小平：《坚持四项基本原则》（1979 年 3 月 30 日），《邓小平文选》第 2 卷，人民出版社 1994 年版，第 150 页，第 163 页。

④ 邓小平：《关于经济工作的几点意见》（1979 年 10 月 4 日），《邓小平文选》第 2 卷，人民出版社 1994 年版，第 194 页。

⑤ 邓小平：《社会主义也可以搞市场经济》（1979 年 11 月 26 日），《邓小平文选》第 2 卷，人民出版社 1994 年版，第 234 页。

不许可的。每个共产党员，……决不允许在这个根本立场上有丝毫动摇。如果动摇了这四项基本原则中的任何一项，那就动摇了整个社会主义事业，整个现代化建设事业。”[①] 1986 年，他视察天津时，提出这样一个观点：“改革，现代化科学技术，加上我们讲政治，威力就大多了。到什么时候都得讲政治，外国人就是不理解后面这一条。”[②] 这些重要论述表明，邓小平始终把政治方向放到任何事情的首位。

党的政治路线，也是党的基本路线，是党的纲领的具体体现，决定着党在一定历史时期的行动方向，也决定着党的建设的方向。邓小平高度重视党的政治路线的制定和贯彻执行。他不仅提出了“一个中心，两个基本点”基本路线，即以经济建设为中心、坚持四项基本原则、坚持改革开放，而且强调要坚定不移贯彻党的政治路线，特别是他在 1992 年南方谈话中语重心长地强调：“基本路线要管一百年，动摇不得。只有坚持这条路线，人民才会相信你，拥护你。谁要改变三中全会以来的路线、方针、政策，老百姓不答应，谁就会被打倒。”[③]

（三）江泽民关于政治的重大论断

江泽民高度重视政治建设，反复强调领导干部一定要讲政治，在政治问题上，一定要头脑清醒。

1995 年，他在党的十四届五中全会上指出：“我们搞现代化建

---

① 邓小平：《坚持四项基本原则》（1979 年 3 月 30 日），《邓小平文选》第 2 卷，人民出版社 1994 年版，第 164 页，第 173 页。

② 邓小平：《视察天津时的谈话》（1986 年 8 月 19 日—21 日），《邓小平文选》第 3 卷，人民出版社 1993 年版，第 166 页。

③ 邓小平：《在武昌、深圳、珠海、上海等地的谈话要点》，《邓小平文选》第 3 卷，人民出版社 1993 年版，第 370—371 页。

设，中心任务是发展经济，但必须有政治保证，不讲政治、不讲政治纪律不行。”[①]“我这里所说的政治，包括政治方向、政治立场、政治观点、政治纪律、政治鉴别力、政治敏锐性。”[②]

1996 年 3 月，江泽民在参加八届全国人大四次会议、全国政协四次会议的党员负责同志会议上的讲话中强调：“坚持讲政治，是党的基本理论和基本路线的必然要求，是建设中国特色社会主义伟大事业的必然要求。”[③]

1999 年 6 月，江泽民在纪念中国共产党成立七十八周年座谈会上的讲话中指出：“讲学习、讲政治、讲正气，三者是紧密相连和相互统一的，核心是讲政治。一个政党，就是围绕自己的政治纲领、按照自己的政治路线、为实现自己的政治目标而组织起来的政治集团。不讲政治，离开了自己的政治纲领、政治路线、政治目标，也就不成其为一个政党了。我们党是马克思主义政党，必须坚持讲马克思主义的政治，讲建设中国特色社会主义的政治，讲实现、维护、发展人民群众利益的政治。”[④]对于如何讲政治，江泽民强调：要坚定正确的理想信念，善于从政治上正确认识和判断形势，在路线方针政策上始终保持政治上的清醒和坚定，自觉坚持党的民主集中制原则，全心全意为人民谋利益。[⑤]

---

① 江泽民：《领导干部一定要讲政治》（1995 年 9 月 27 日），《江泽民文选》第 1 卷，人民出版社 2006 年版，第 458 页。

② 同上，第 457 页。

③ 江泽民：《关于讲政治》（1996 年 3 月 3 日），《江泽民文选》第 1 卷，人民出版社 2006 年版，第 517 页。

④ 江泽民：《“三讲”教育是加强党的建设的新探索》（1999 年 6 月 28 日），《江泽民文选》第 2 卷，人民出版社 2006 年版，第 360—361 页。

⑤ 同上，第 361—365 页。

（四）胡锦涛关于政治的重大论断

胡锦涛反复强调讲政治的极端重要性，对为什么讲政治、如何讲政治有许多重要论断，强调全党同志特别是各级领导干部要讲政治、顾大局、守纪律。

1997 年 4 月，胡锦涛在全国机关党建工作座谈会上的讲话中指出："讲学习、讲政治、讲正气是一个完整的统一的要求，彼此紧密相连，不可分割。学习是基础，政治是大局，正气是保证。"①他强调："我们讲的政治，是马克思主义的政治，是建设中国特色社会主义的政治。……讲政治，最根本的就是要全面、正确、积极贯彻执行党的基本路线，无论遇到什么困难、出现什么干扰，都不能有丝毫动摇。贯彻党的基本路线不能动摇，贯彻党的基本方针和基本政策也不能动摇。离开了党的基本路线和方针政策，离开了社会主义现代化建设这个大局，就谈不上讲政治。"②他还深刻指出："政治问题，从根本上说，是同人民群众的关系问题，是对人民群众的态度问题。……人民拥护我们的党和政府，从根本上说，是他们真正感到党的路线反映了他们的利益和愿望、党领导的政权为他们办了好事。"③

在 2000 年 1 月全国宣传部长会议上，胡锦涛鲜明提出："在各项工作中要贯穿讲政治的要求，增强原则性、系统性、预见性和创造性，立场坚定，旗帜鲜明，始终坚持正确的方向。"④

讲政治，必然要求坚持党的基本路线。他强调："党的基本路

---

① 胡锦涛：《做讲学习、讲政治、讲正气的表率》（1997 年 4 月 27 日），《胡锦涛文选》第 1 卷，人民出版社 2016 年版，第 253 页。

② 同上，第 255—256 页。

③ 同上，第 257 页。

④ 胡锦涛：《唱响主旋律，打好主动仗》（2000 年 1 月 11 日），《胡锦涛文选》第 1 卷，人民出版社 2016 年版，第 387 页。

线是党和国家的生命线，是实现科学发展的政治保证。”[①] 深入贯彻落实科学发展观，必须始终坚持党的基本路线，统一于发展中国特色社会主义的伟大实践，任何时候都决不能动摇。

胡锦涛将政治素质作为党政领导干部最重要的素质，他强调“要大力提高政治素质。要坚持正确政治方向、政治立场、政治观点，不断提高政治鉴别力和政治敏锐性”[②]。

（五）习近平关于政治的重大论断

党的十八大以来，习近平总书记站在党和国家事业发展全局的战略高度，以马克思主义政治家、理论家、战略家的深刻洞察力、敏锐判断力和战略定力，以非凡的政治智慧、顽强的意志品质、强烈的责任担当，就旗帜鲜明讲政治发表了一系列重要论述，提出了一系列重大论断。诸如：“政治问题，任何时候都是根本性的大问题。”[③]“我们党作为马克思主义政党，讲政治是突出的特点和优势。没有强有力的政治保证，党的团结统一就是一句空话。……共产党不讲政治还叫共产党吗？”[④]“民心是最大的政治。”“党的政治建设是党的根本性建设。”“历史经验表明，我们党作为马克思主义政党，必须旗帜鲜明讲政治，严肃认真开展党内政治生活。”“讲政治，是我们党补钙壮骨、强身健体的根本保证，是我们党培养自我革命勇

---

① 胡锦涛：《高举中国特色社会主义伟大旗帜，为夺取全面建设小康社会新胜利而奋斗》（2007年10月15日），《胡锦涛文选》第2卷，人民出版社2016年版，第625页。

② 胡锦涛：《开创新世纪新阶段外交工作新局面》（2003年8月25日），《胡锦涛文选》第2卷，人民出版社2016年版，第100页。

③ 习近平：《全面从严治党，核心是加强党的领导》（2016年1月12日），《论坚持党对一切工作的领导》，中央文献出版社2019年版，第124页。

④ 习近平：《当前工作中需要注意的几个问题》（2014年10月23日），《习近平关于全面从严治党论述摘编》，中央文献出版社2016年版，第80页。

气、增强自我净化能力、提高排毒杀菌政治免疫力的根本途径。什么时候全党讲政治、党内政治生活正常健康，我们党就风清气正、团结统一，充满生机活力，党的事业就蓬勃发展；反之，就弊病丛生、人心涣散、丧失斗志，各种错误思想得不到及时纠正，给党的事业造成严重损失。”①

2018 年 6 月 29 日，习近平总书记在主持第十九届中共中央政治局第六次集体学习时的讲话，集中阐述了党的政治建设的理论和实践问题。他强调，要把准政治方向，坚持党的政治领导，夯实政治根基，涵养政治生态，防范政治风险，永葆政治本色，提高政治能力，为我们党不断发展壮大、从胜利走向胜利提供重要保证。②

加强党的政治建设的关键是提高各级领导干部的政治能力。习近平总书记要求领导干部做政治上的明白人、要注重提高政治能力。比如，他在 2018 年 6 月 29 日第十九届中共中央政治局第六次集体学习时的讲话中指出：“党的政治建设落实到干部队伍建设上，就要不断提高各级领导干部特别是高级干部把握方向、把握大势、把握全局的能力，辨别政治是非、保持政治定力、驾驭政治局面、防范政治风险的能力。”③他 2020 年 12 月 24 日至 25 日在中央政治局民主生活会上强调：“我们党要始终做到不忘初心、牢记使命，把党和人民事业长长久久推进下去，必须增强政治意识，善于从政治上看问题，善于把握政治大局，不断提高政治判断力、政治

---

① 习近平：《在省部级主要领导干部学习贯彻党的十八届六中全会精神专题研讨班开班式上的讲话》（2017 年 2 月 13 日），《习近平关于“不忘初心、牢记使命”论述摘编》，党建读物出版社、中央文献出版社 2019 年版，第 107—108 页。

② 习近平：《增强推进党的政治建设的自觉性和坚定性》（2018 年 6 月 29 日），《论坚持党对一切工作的领导》，中央文献出版社 2019 年版，第 250—258 页。

③ 同上，第 257—258 页。

领悟力、政治执行力。”①

习近平总书记关于旗帜鲜明讲政治、加强党的政治建设的一系列重大论述，系统而深刻地回答了新时代为什么加强党的政治建设、加强什么样的党的政治建设、如何加强党的政治建设等重大理论和实践问题，创造性地提出了一系列新思想新观点新论断，对党的政治建设理论做出了原创性、时代性贡献，丰富和发展了马克思主义党建理论，实现了马克思主义党建理论的新飞跃，开拓了马克思主义党建理论的新境界，标志着我们党对自身建设规律的认识达到了新高度，为新时代推进党的政治建设提供了理论指导和行动指南，为新时代推进党的建设新的伟大工程，继续推进党的自我革命指明了前进路径和努力方向，具有重大的政治意义、理论意义、实践意义和时代意义。

五、政治在根本上是国家政权及其维护的利益问题

马克思、恩格斯、列宁以及毛泽东、邓小平、江泽民、胡锦涛、习近平等关于政治的重要论断，尽管表述有所不同，但在本质上是一致的，都是从不同角度揭示了关于政治的本质内容和规律性认识，这就是马克思主义政治观所揭示的关于政治的深刻内涵。

马克思主义政治观内容丰富，从广义上看，包括马克思主义阶级观、国家观、政党观、群众观、民族观、民主观、法治观、人权观、权力观等诸多方面。马克思主义政治观的核心内容强调：政治

① 《中共中央政治局召开民主生活会强调　加强政治建设提高政治能力坚守人民情怀　不断提高政治判断力政治领悟力政治执行力》（2020 年 12 月 24 日至 25 日），《人民日报》2020 年 12 月 26 日。

是根源于经济基础的上层建筑，政治关系归根到底是由经济关系决定的，经济关系的实质是物质利益关系。在阶级社会中，政治的实质是阶级关系，政治的核心是政治权力，政治权力的中心是国家政权。国家政权及其所维护的利益问题是政治的主要和根本问题。

马克思深刻指出："人们奋斗所争取的一切，都同他们的利益有关。"[①] 也就是说，物质利益是人们活动的根本目的。辨别利益是洞察一切事物真相的不二法则，也是洞察政治本质的不二法则。无论政治现象多么复杂、善变，只要看清、看透这些现象的背后都站着哪些人，看清、看透政权运作、政治决策、政治行为究竟是为谁代言、为了谁的利益服务，就可以刺破各种面纱，直击政治的本质、要害。

政治关乎国家政权，关乎不同阶级、阶层的根本利益，而不同阶级、阶层之间的利益客观上存在矛盾冲突，这导致不同阶级、阶层之间的竞争、纷争。所以，讲政治就需要时时刻刻分立场、分是非、分高下，甚至是分敌我，就需要强调斗争。在涉及根本性、原则性问题时，这种斗争是尖锐对立甚至是你死我活的。

马克思主义政治观所讲的政治，归根到底是国家政权及其所维护的利益问题，事关国家政权由谁掌握、如何运转、为谁的利益服务等根本性问题。因此，讲政治就是讲事关人民最核心、最根本、最重大的利益问题，就是讲国家政权及其活动，以及如何维护人民利益的问题。

政治问题关乎党的领导、社会主义制度、人民当家作主、中国人民和中华民族根本利益等原则性问题，关乎党的政治纲领、政治路线、政治立场、政治方向、政治原则等大是大非问题，关乎中国共产党的全面领导和长期执政地位，关乎中国特色社会主义制度的

---

① 《马克思恩格斯全集》第 1 卷，人民出版社 1956 年版，第 82 页。

巩固，关乎人民民主专政的国家政权的长治久安，关乎中华民族的前途命运，关乎中国人民的最根本利益。这些都是方向性、根本性、全局性、战略性的问题，都是政治性质的问题，必须从政治高度、运用政治逻辑和政治思维加以认识和处理。

坚持马克思主义政治观，必须牢固树立政治意识。关于政治意识，应当从两个层面把握。

一是在中国共产党治国理政层面，所谓政治意识，重点包括“五个必须”：必须坚持中国共产党坚强领导、坚持和巩固中国共产党的长期执政地位；必须坚持人民当家作主的国家政权长治久安；必须坚持和巩固中国特色社会主义制度；必须坚持马克思主义的指导地位，坚持社会主义的意识形态；必须坚持人民利益至上，推动人的全面发展和全体人民共同富裕。

二是在中国共产党自身建设方面，政治意识就是党性意识。习近平总书记指出：“讲政治最根本就是要讲党性，在思想政治上讲政治立场、政治方向、政治原则、政治道路，在行动实践上讲维护党中央权威、执行党的政治路线、严格遵守党的政治纪律和政治规矩。”[①] 讲政治就是讲党性，意味着每个党员、干部必须增强“四个意识”，坚定“四个自信”，做到“两个维护”；必须坚定政治信仰，坚持和加强党的全面领导，把握政治方向，承担政治责任，提高政治能力，严守政治纪律和政治规矩，自觉在政治立场、政治方向、政治原则、政治道路上同以习近平同志为核心的党中央保持高度一致。

---

① 习近平：《推进党的建设新的伟大工程要一以贯之》（2018 年 1 月 5 日），《习近平关于“不忘初心、牢记使命”重要论述选编》，党建读物出版社 2019 年版，第 309 页。

第二章

旗帜鲜明讲政治

旗帜鲜明讲政治，是中国共产党作为马克思主义政党的根本要求，是中国共产党的优良传统和宝贵经验，也是中国共产党能成为百年大党、创造世纪伟业的关键所在。本章重点探讨政党的政治属性、马克思主义政党以及中国共产党的本质属性、旗帜鲜明讲政治的科学内涵，重点回答中国共产党人讲什么样的政治等问题。

一、政党的政治属性

政党是围绕一定的政治纲领、按照一定的政治路线、为实现一定的政治目标而组织起来、集中代表特定阶级或阶层利益的政治组织。任何政党都有自己的政治使命、政治目标、政治追求、政治动员和政治纪律。

政治属性是政党与生俱来的第一位属性。任何政党无论如何宣示其意识形态、纲领、宗旨和行动方针，都旨在获得执政地位、实现执政使命。要动员和组织自己的政治力量，通过合法的或非法的、和平的或暴力的、议会内的或议会外的政治斗争，影响国家政治生活，获得执政地位、控制和执掌国家政权。

政党获得执政地位后，如何执掌国家政权，如何在执政的实践中实现本党的执政理念、执政方略？这就是执政方式问题。执政方式是执政党介入、领导和控制国家政权的形式，即执政党通过掌握、运用和控制国家政权实现执政目标的体制、机制、方式和方法，比较重要的是三个方面工作。一是通过立法，把本党的政治纲领、政治主张转变为国家立法以及治国理政的方针政策，使自己所代表的阶级、阶层的意愿上升为国家意志，成为全体公民遵守的法律规则，并以国家权力向社会推行，对国家和社会政治生活产生影响。二是向国家政权机关派驻自己的党员代表。这些党员代表通过法定程序成为国家政权机关的领导人，具体执掌、行使国家权力，贯彻落实政党的执政要求。三是对国家、社会和民众发挥领导作用，通过政党政治主张和路线、方针、政策，吸引、影响、动员、号召、凝聚社会民众，巩固和扩大政党执政的社会基础。

需要指出的是，政党执政的最终目的，是维护和实现其所代表的阶级或阶层的利益。政党只有执掌国家政权，才最有可能和最有条件为其所代表的阶级或阶层利益提供最有价值的服务。

政党之所以是该政党而不是其他政党，这是由政党的本质属性所决定的，它通过政党的纲领、立场、宗旨、组织构成、阶级基础、目标使命等表现出来。不同政党由于不同的政治立场、政治纲领，特别是其代表和维护不同的阶级、阶层的利益，因而呈现出不同的政治属性。为了谁、依靠谁、代表谁，这是把握政党政治属性的关键所在，也是区别不同政党的基本标志。

二、马克思主义政党的本质属性

马克思主义政党是无产阶级和广大劳动人民的利益代表者和先锋队组织，是在无产阶级和资产阶级的阶级斗争中产生和发展起来的。1847年，马克思和恩格斯创立了共产主义者同盟，这是第一个国际性的无产阶级政党。1848年，马克思、恩格斯合作撰写《共产党宣言》，为共产主义者同盟起草纲领。这是马克思主义政党的第一个纲领性文件，标志着马克思主义的诞生。《共产党宣言》第一次全面阐述科学社会主义原理，科学洞见人类社会发展规律，第一次向全世界深刻阐述一种全新的世界观，这就是马克思主义的科学世界观，即唯物史观，为人们提供了认识自然、认识人类社会的科学思想武器。《共产党宣言》第一次系统地论述了马克思主义政党的性质、特点、基本纲领、策略原则，是共产党人第一次"向全世界公开说明自己的观点、自己的目的、自己的意图"。[①]《共产党宣言》充满斗争精神、批判精神、革命精神，秉持人民立场，坚持为人民大众谋利益、为全人类谋解放，为共产党人认识世界、改造世界提供了强大思想武器，为世界社会主义指明了正确前进方向。

（一）马克思主义政党的先进性和阶级性

在《共产党宣言》中，马克思、恩格斯通过考察阶级斗争的历史，指出只有无产阶级才能够担负解放全人类的历史使命。马克思、恩格斯认为，无产阶级要实现自己的历史使命，依靠分散的、自发的力量是不可能的。它必须在无产阶级政党的指引和领

① 马克思、恩格斯：《共产党宣言》，人民出版社2014年版，第26页。

导下才能前进。为了把无产阶级团结起来，使工人阶级由分散的力量变成统一的力量，由自发的力量成为自觉的力量，就需要先进分子组成政党。无产阶级只有建立这样一个能够代表本阶级利益、体现本阶级意志的政党组织，才能使自己强大起来，从而使无产阶级获得彻底解放。[①]

共产党不是无产阶级一般的政治组织，而是无产阶级的先进政党，是具有先进性的政党。马克思主义认为，党是无产阶级组织的最高形式，是无产阶级的先锋队组织，是无产阶级"最先进的和最坚决的"部分。马克思主义政党的先进性，主要表现在以下三个方面。

第一，党代表着无产阶级的最高利益和最长远的利益，他们比一般无产阶级群众站得更高、看得更远。《共产党宣言》指出："共产党人同其他无产阶级政党不同的地方只是：一方面，在无产者不同的民族的斗争中，共产党人强调和坚持整个无产阶级共同的不分民族的利益；另一方面，在无产阶级和资产阶级的斗争所经历的各个发展阶段上，共产党人始终代表整个运动的利益。"[②]

第二，在理论和实践方面，党是按照科学社会主义的理论建立起来的、最具有彻底革命精神的无产阶级先锋队组织。马克思、恩格斯强调，共产党之所以是无产阶级的先进政党，一方面是因为它是由无产阶级的先进分子所组成的，另一方面是因为它有一个全新的科学的世界观，这就是历史唯物主义的世界观。《共产党宣言》通篇贯穿着历史唯物主义的基本原理。马克思主义政党有这样的科学世界观指导，因此它在理论方面超越其他政党，超越一般的无产阶级群众。正如《共产党宣言》所指出的："在理论方面，他们胜

① 王沪宁主编：《政治的逻辑——马克思主义政治学原理》，上海人民出版社 2004 年版，第 255 页。

② 马克思、恩格斯：《共产党宣言》，人民出版社 2014 年版，第 41 页。

过其余无产阶级群众的地方在于他们了解无产阶级运动的条件、进程和一般结果。”他们更能准确地反映无产阶级的利益和要求。“在实践方面，共产党人是各国工人政党中最坚决的、始终起推动作用的部分。”[①]“共产党人为工人阶级的最近的目的和利益而斗争，但是他们在当前的运动中同时代表运动的未来。”[②]

第三，在成员构成方面，党是由无产阶级的先进分子所组成的，而不是所有工人群众都能参加的。通过严格的入党条件，以保证党的先进性。马克思和恩格斯要求共产党员不能混同于一般无产阶级群众，他们应该是无产阶级群众中具有共产主义觉悟的“最不知疲倦的、无所畏惧的和可靠的先进战士”，“最坚定的共产主义者也是最勇敢的兵士”。[③]

以上三个方面就是马克思主义政党先进性的由来，决定了马克思主义政党在无产阶级革命事业中的领导地位和模范作用。

（二）马克思主义政党的政治立场

《共产党宣言》坚持马克思主义政党的阶级性，旗帜鲜明站在无产阶级和广大人民群众一边，充分肯定人民群众的历史主体地位，热情讴歌人民群众在推动历史前进中的伟大作用，把无产阶级看作先进生产力的代表者、资本主义制度的掘墓人、新社会制度的创造者。《共产党宣言》提出了“两个绝大多数”理论，即“过去的一切运动都是少数人的，或者为少数人谋利益的运动。无产阶级的运

---

① 马克思、恩格斯：《共产党宣言》，人民出版社 2014 年版，第 41 页。

② 同上，第 64 页。

③ 恩格斯：《德国维护帝国宪法的运动》，《马克思恩格斯全集》第 7 卷，人民出版社 1959 年版，第 219 页。

动是绝大多数人的，为绝大多数人谋利益的独立的运动”。[①]《共产党宣言》向全世界公开说明，共产党“没有任何同整个无产阶级的利益不同的利益”。[②]这一鲜明的政治立场，充分彰显了马克思主义政党的根本性质和宗旨。马克思主义政党的根本属性，就是始终同人民在一起，为人民利益而奋斗，为人类求解放。这是马克思主义政党同其他政党的根本区别。

（三）马克思主义政党的崇高理想

实现物质财富极大丰富、人们精神境界极大提高、每个人自由而全面发展的共产主义，是马克思主义最崇高的社会理想。马克思主义政党的最高目标是实现共产主义，实现人的自由而全面的发展是共产主义的本质特征。《共产党宣言》旗帜鲜明地指出了马克思主义政党的一切观点、主张及其实践活动的根本目的，即《共产党宣言》第二章结尾部分关于建立自由人的联合体的著名论断：“代替那存在着阶级和阶级对立的资产阶级旧社会的，将是这样一个联合体，在那里，每个人的自由发展是一切人的自由发展的条件。”[③] 1894年，有人请恩格斯用简短的话表达关于未来社会主义新纪元、新时代的基本思想，恩格斯回答说，除了《共产党宣言》中的这段话以外，“我再也找不出合适的了”[④]。

后来马克思在《资本论》手稿中进一步解释说，这样一个联合体是“建立在个人全面发展和他们共同的、社会的生产能力成为从

---

① 马克思、恩格斯：《共产党宣言》，人民出版社2014年版，第39页。

② 同上，第41页。

③ 同上，第51页。

④《马克思恩格斯全集》第39卷，人民出版社1974年版，第189页。

属于他们的社会财富这一基础上的自由个性”。[①]恩格斯描述了这种共产主义新世界的光辉前景。他指出：“由社会全体成员组成的共同联合体来共同地和有计划地利用生产力；把生产发展到能够满足所有人的需要的规模；结束牺牲一些人的利益来满足另一些人的需要的状况；彻底消灭阶级和阶级对立；通过消除旧的分工，通过产业教育、变换工种、所有人共同享受大家创造出来的福利，通过城乡的融合，使社会全体成员的才能得到全面发展；——这就是废除私有制的主要结果。”[②]

与阶级社会不同，在共产主义社会里，每一个人都能实现自由的发展。每一个人在实现自由而全面发展的同时，又在为其他人的自由发展创造条件，人与人之间的自由发展互为前提、互相促进。每个人的自由发展和由此实现的一切人的自由发展，是贯穿马克思全部理论的根本思想和根本目的，承载了马克思的最高社会理想和价值关怀，为人类文明发展进步提供了根本指向。这样的社会形态，是人类历史上最崇高、最美妙、最理想的社会，是人的最高发展状况。

在马克思之前，社会上占统治地位的理论都是为统治阶级服务的。马克思主义作为人民实现自身解放的思想体系，始终坚持为无产阶级、为绝大多数劳动人民谋利益，始终把全人类解放和人的全面发展作为最高价值追求，这一崇高理想站在了人类道义制高点，在人类历史上第一次站在人民立场上探求人类自由解放的道路，以科学的理论为最终建立一个没有压迫、没有剥削、人人平等、人人自由的理想社会提供了科学理论指导，成为一代又一代共产党人忠贞不渝、坚强不屈的坚定信仰和不惧任何风险、战胜一切困难的精

① 马克思：《1857—1858年经济学手稿》，《马克思恩格斯全集》第46卷（上），人民出版社1979年版，第104页。

② 马克思、恩格斯：《共产党宣言》，人民出版社2014年版，第90页。

神支柱，成为马克思主义政党团结广大人民砸碎旧世界、创造新世界的精神旗帜。

（四）马克思主义政党的纲领

《共产党宣言》指出："共产党人的最近目的是和其他一切无产阶级政党的最近目的一样的：使无产阶级成为阶级，推翻资产阶级的统治，由无产阶级夺取政权。""工人革命的第一步就是使无产阶级上升为统治阶级，争得民主。无产阶级将利用自己的政治统治，一步一步地夺取资产阶级的全部资本，把一切生产工具集中在国家即组织成为统治阶级的无产阶级手中，并尽可能快地增加生产力的总量。"①

这就意味着，共产党的最低纲领是，把无产阶级组织为一个阶级，通过阶级斗争和社会革命推翻资产阶级的统治，建立无产阶级专政；它的最高纲领是，利用自己的政治统治，尽可能快地增加生产力的总量，为逐步消灭阶级创造条件。无产阶级政党的最终目的，是建立一个"没有阶级、没有私有制的新社会"。这个新社会，就是共产主义社会。

在马克思、恩格斯看来，消灭剥削和压迫，获得全人类的解放的真正的自由，实现一切人的自由全面发展是马克思主义的最高命题和终极目标。这是无产者的使命，这是无产者组织起来的共产党的使命，这是所有共产党人永恒的使命。只有由这样具有高度自觉性和责任感的政党来领导，无产阶级才能够夺取政权和巩固政权，才能够战胜资本主义，直到实现共产主义，完成自己的伟大历史使命。

---

① 马克思、恩格斯：《共产党宣言》，人民出版社 2014 年版，第 40—41 页，第 49 页。

（五）马克思主义政党的组织和纪律

任何政党都必须具备一定的组织形式和组织原则。马克思主义政党必须具有严密的组织体系和严格的纪律，才能保障建立一个集中统一的、具有强大战斗力的政党。马克思和恩格斯在为第一个无产阶级政党组织——共产主义者同盟起草的章程中，明确规定了同盟的组织机构和组织制度。

民主集中制是马克思主义政党的组织原则。马克思主义政党强调党内实行民主制度，不能只靠少数人，不能搞个人独裁，必须依靠集体的智慧。同时，马克思主义政党内部强调必须实行集中领导。党必须有统一的纲领和章程，有革命的权威。党内全体成员都必须服从党的一切决议，执行党的纪律。

除了严密的组织形式之外，马克思十分强调马克思主义政党的纪律性。他曾在给恩格斯的信中指出："我们现在必须绝对保持党的纪律，否则将一事无成。"[①]

（六）马克思主义政党的领导权

马克思主义认为，无产阶级政党作为阶级的先锋队组织，必须和无产阶级的一般群众区别开来，走在阶级的前列，坚持对革命运动的领导权。巴黎公社失败后，马克思和恩格斯总结公社失败的教训，认为公社没有统一的无产阶级政党加以领导，"无论哪一派都不知道应该干什么，彼此进行着无谓的斗争，致使公社精力疲惫"，是失败的重要原因之一。[②]为了胜利进行无产阶级的革命运动，就

---

① 马克思：《马克思致恩格斯》（1859 年 5 月 18 日），《马克思恩格斯全集》第 29 卷，人民出版社 1972 年版，第 413 页。

② 王沪宁主编：《政治的逻辑——马克思主义政治学原理》，上海人民出版社 2004 年版，第 273 页。

必须建立有科学理论指导、有组织、有纲领、有纪律的无产阶级政党及其领导权。

无产阶级政党作为无产阶级中最先进、最积极、最觉悟的一部分，是无产阶级的先锋队组织，以马克思主义的科学理论为指导，以无产阶级和广大人民的根本利益为出发点，以共产主义社会为奋斗目标，以严密的组织和纪律为保障，因此，它最有资格、最有能力担任无产阶级革命运动的领导力量。无产阶级政党必须坚持对革命运动的思想、政治、组织领导，才能取得胜利，建立无产阶级政权。

（七）马克思主义政党的国际主义精神

《共产党宣言》对资本主义生产跨越国界、不断开拓世界市场进行了深刻分析，科学预见了物质生产和精神文化生产的世界普遍性趋势，进而指出共产主义不是一种狭隘的地域的运动，无产阶级要获得彻底解放，必须解放全人类。为此，马克思、恩格斯在《共产党宣言》的最后号召："全世界无产者，联合起来！"这句话成为全世界无产阶级及其政党团结战斗的口号，为马克思主义政党胸怀全球、造福人类、共同创造美好世界提供了科学理论依据。

《共产党宣言》发表以来，马克思主义在世界上得到广泛传播，对人类产生了广泛而深刻的影响，不仅深刻改变了世界，也深刻改变了中国。在马克思主义影响下，马克思主义政党在世界范围内如雨后春笋般建立和发展起来，人民第一次成为自己命运的主人，成为实现自身解放和全人类解放的根本政治力量。

三、中国共产党的本质属性

中国共产党成立于1921年7月。这是近代中国政治经济社会发展的必然，是马克思主义与中国工人运动相结合的产物。中国共产党作为马克思主义政党，是《共产党宣言》精神的忠实传人，始终把马克思主义作为自己的行动指南，把实现共产主义作为党的最高理想和最终目标。

中国共产党从来不隐瞒自己的政治主张，从不讳言自己的政治属性、政治理想、政治立场、政治使命、政治纪律。自成立之日起，就坚持《共产党宣言》的科学原理和科学精神，按照《共产党宣言》精神制定了中国共产党的第一部党纲。党的一大纲领明确指出，它的奋斗目标是“推翻资本家阶级的政权”，“承认无产阶级专政”，“党的根本政治目的是实行社会革命”，要“消灭资本家私有制”，使生产资料“归社会公有”。[①]

毛泽东在党的七大所做的政治报告《论联合政府》中明确指出：“我们共产党人从来不隐瞒自己的政治主张。我们的将来纲领或最高纲领，是要将中国推进到社会主义社会和共产主义社会去的，这是确定的和毫无疑义的。我们的党的名称和我们的马克思主义的宇宙观，明确地指明了这个将来的、无限光明的、无限美妙的最高理想。”[②]

中国共产党在革命、建设和改革等不同历史时期，面临的历史任务虽有不同，但中国共产党为中国人民谋幸福、为中华民族谋复

---

① 中共中央文献研究室等编：《中国共产党的第一个纲领》（1921年7月），《建党以来重要文献选编（1921—1949）》第1册，中央文献出版社2011年版，第1页。

② 毛泽东：《论联合政府》（1945年4月24日），《毛泽东选集》第3卷，人民出版社1991年版，第1059页。

兴的初心、使命从未发生变化，中国共产党的马克思主义政党性质从未发生变化，中国共产党的先进性和纯洁性从未发生变化。正如习近平总书记指出的："党的初心和使命是党的性质宗旨、理想信念、奋斗目标的集中体现，激励着我们党永远坚守，砥砺着我们党坚毅前行。从石库门到天安门，从兴业路到复兴路，我们党近百年来所付出的一切努力、进行的一切斗争、作出的一切牺牲，都是为了人民幸福和民族复兴。正是由于始终坚守这个初心和使命，我们党才能在极端困境中发展壮大，才能在濒临绝境中突出重围，才能在困顿逆境中毅然奋起。忘记初心和使命，我们党就会改变性质、改变颜色，就会失去人民、失去未来。"[①]

习近平总书记在庆祝中国共产党成立 100 周年大会上的讲话中指出："一百年前，中国共产党的先驱们创建了中国共产党，形成了坚持真理、坚守理想，践行初心、担当使命，不怕牺牲、英勇斗争，对党忠诚、不负人民的伟大建党精神，这是中国共产党的精神之源。""一百年来，中国共产党弘扬伟大建党精神，在长期奋斗中构建起中国共产党人的精神谱系，锤炼出鲜明的政治品格。历史川流不息，精神代代相传。我们要继续弘扬光荣传统、赓续红色血脉，永远把伟大建党精神继承下去、发扬光大！"[②]伟大建党精神是中国共产党特质的生动写照，既蕴涵我们"从哪里来"的基因，更标定我们"走向何方"的路标。习近平总书记的重要讲话，围绕以史为鉴、开创未来，鲜明提出"九个必须"的根本要求，即必须坚持中国共产党坚强领导、必须团结带领中国人民不断为美好生活而奋斗、必须继续推进马克思主义中国化、必须坚持和发展中国特色社

① 习近平：《持续推动全党不忘初心、牢记使命》（2020 年 1 月 8 日），《习近平谈治国理政》第 3 卷，外文出版社 2020 年版，第 538 页。

② 习近平：《在庆祝中国共产党成立 100 周年大会上的讲话》（2021 年 7 月 1 日），《求是》2021 年第 14 期。

会主义、必须加快国防和军队现代化、必须不断推动构建人类命运共同体、必须进行具有许多新的历史特点的伟大斗争、必须加强中华儿女大团结、必须不断推进党的建设新的伟大工程。这“九个必须”凝聚着中国共产党的百年历史经验，科学回答了党和国家事业发展的领导核心、价值追求、理论指导、战略支撑、外部环境、力量来源等一系列重大问题，深刻揭示了过去我们为什么能够成功、未来我们怎样才能继续成功的深刻道理。

2021 年 11 月，党的十九届六中全会通过的《中共中央关于党的百年奋斗重大成就和历史经验的决议》全面总结了党领导人民进行伟大奋斗的“十个坚持”宝贵历史经验，即坚持党的领导、坚持人民至上、坚持理论创新、坚持独立自主、坚持中国道路、坚持胸怀天下、坚持开拓创新、坚持敢于斗争、坚持统一战线、坚持自我革命。习近平总书记深刻指出：“这十条历史经验，是系统完整、相互贯通的有机整体，揭示了党和人民事业不断成功的根本保证，揭示了党始终立于不败之地的力量源泉，揭示了党始终掌握历史主动的根本原因，揭示了党永葆先进性和纯洁性、始终走在时代前列的根本途径。强调这十条历史经验是经过长期实践积累的宝贵经验，是党和人民共同创造的精神财富，必须倍加珍惜、长期坚持，并在新时代实践中不断丰富和发展。”[①]

习近平总书记关于“九个必须”和“十个坚持”的重要论述，是内在一致、一脉相承的。“十个坚持”的有些表述是对“九个必须”的进一步凝练概括。比如，“必须坚持中国共产党坚强领导”凝练为“坚持党的领导”，“必须团结带领中国人民不断为美好生活而奋斗”凝练为“坚持人民至上”，“必须继续推进马克思主义中国

---

① 习近平：《关于 < 中共中央关于党的百年奋斗重大成就和历史经验的决议 > 的说明》，《人民日报》2021 年 11 月 17 日。

化”凝练为“坚持理论创新”，“必须坚持和发展中国特色社会主义”凝练为“坚持中国道路”，“必须不断推动构建人类命运共同体”凝练为“坚持胸怀天下”，“必须进行具有许多新的历史特点的伟大斗争”凝练为“坚持敢于斗争”，“必须加强中华儿女大团结”凝练为“坚持统一战线”，“必须不断推进党的建设新的伟大工程”凝练为“坚持自我革命”，等等。二者都是一百年来中国共产党团结带领人民，历经千辛万苦、付出巨大代价而得到的宝贵经验，饱含着成功和失败，凝结着鲜血和汗水，充满着智慧和勇毅，是历史发展的结果、历史实践的产物、历史奋斗的结晶，是历史规律的昭示。这些宝贵经验既是“过去我们为什么能够成功”的深刻总结，也是“未来我们怎样才能继续成功”的行动指南，也是从宏阔、深厚的历史维度，生动展现了中国共产党的本质属性，具有根本性和长远指导意义。

认识中国共产党的本质属性，以下十个方面至关重要。

（一）中国共产党的性质：坚持两个先锋队、一个领导核心、“三个代表”

《中国共产党章程》[①]（以下简称《党章》）开宗明义：中国共产党是中国工人阶级的先锋队，同时是中国人民和中华民族的先锋队，是中国特色社会主义事业的领导核心，代表中国先进生产力的发展要求，代表中国先进文化的前进方向，代表中国最广大人民的根本利益。“两个先锋队”“一个领导核心”“三个代表”的论断，从党的阶级性和先进性、党的根本宗旨、党在中国特色社会主义事业中

① 除非特指，本书所称《中国共产党章程》，是指由中国共产党第十九次全国代表大会修改通过的章程。

的地位和作用等方面，深刻地揭示了中国共产党的性质。

中国共产党从成立之日起，就是中国工人阶级的政党，始终坚持工人阶级先锋队的性质，以代表中国先进生产力和先进生产关系的工人阶级作为自己的阶级基础。中国共产党不仅忠诚地为中国工人阶级的利益而奋斗，同样忠诚地为中国人民和中华民族的利益而奋斗。早在抗日战争初期，毛泽东就昭告天下："我们共产党是无产阶级的先锋队，同时又是最彻底的民族解放的先锋队。"①"共产党是为民族、为人民谋利益的政党，它本身决无私利可图。"②

中国共产党从成立之日起，始终以实现中华民族伟大复兴为己任，把自己的命运同中华民族的命运、中国人民的命运紧密联系在一起。习近平总书记深刻指出："一百年来，中国共产党团结带领中国人民进行的一切奋斗、一切牺牲、一切创造，归结起来就是一个主题：实现中华民族伟大复兴。"③实现国家富强、民族振兴、人民幸福，是中国工人阶级的根本利益所在，也是中国人民和中华民族的根本利益所在。中国共产党作为中国人民和中华民族的先锋队，把各个阶层、各个民族优秀分子吸纳到党内来，团结一切可以团结的力量、调动一切可以调动的积极因素，最大限度凝聚起中华民族和全体人民的力量，为实现中华民族伟大复兴的中国梦而共同奋斗。

（二）中国共产党的立场宗旨：坚持全心全意为人民服务

党的宗旨是一个政党存在的根本目的和意图，体现党的政治立

---

① 毛泽东：《论鲁迅》（1937 年 10 月 19 日），《毛泽东文集》第 2 卷，人民出版社 1993 年版，第 42 页。

② 毛泽东：《在陕甘宁边区参议会的演说》（1941 年 11 月 6 日），《毛泽东选集》第 3 卷，人民出版社 1991 年版，第 809 页。

③ 习近平：《在庆祝中国共产党成立 100 周年大会上的讲话》（2021 年 7 月 1 日），《求是》2021 年第 14 期。

场，反映党的最高价值取向。人民立场是中国共产党的根本政治立场，全心全意为人民服务是中国共产党的根本宗旨。习近平总书记指出："江山就是人民、人民就是江山，打江山、守江山，守的是人民的心。中国共产党根基在人民、血脉在人民、力量在人民。中国共产党始终代表最广大人民根本利益，与人民休戚与共、生死相依，没有任何自己特殊的利益，从来不代表任何利益集团、任何权势团体、任何特权阶层的利益。"①

中国共产党始终坚持人民群众是历史的创造者的历史唯物主义观点，始终胸怀"为人类求解放"的崇高政治理想和高尚政治追求，把全心全意为人民服务当作自己的唯一宗旨，在任何时候都把人民群众利益放在第一位，深深植根于人民群众之中，同群众同甘共苦，保持最密切的联系，坚持权为民所用、情为民所系、利为民所谋，不允许任何党员脱离群众，凌驾于群众之上。中国共产党忠实践行以人民为中心的发展思想，坚持一切为了人民、一切依靠人民，坚持为人民执政、靠人民执政，坚持发展为了人民、发展依靠人民、发展成果由人民共享，坚定不移走全体人民共同富裕道路，不断把为人民造福事业推向前进。

（三）中国共产党的指导思想：坚持马克思主义在意识形态领域的指导地位

指导思想是一个政党的精神旗帜，决定着一个政党的立场和方向，也决定着一个政党的言论和行动。中国共产党坚持马克思主义在意识形态领域指导地位的根本制度，以马克思列宁主义、毛泽东

① 习近平：《在庆祝中国共产党成立100周年大会上的讲话》（2021年7月1日），《求是》2021年第14期。

思想、邓小平理论、“三个代表”重要思想、科学发展观、习近平新时代中国特色社会主义思想作为自己的行动指南。

中国共产党始终坚持马克思主义的指导地位，把马克思主义作为立党立国、兴党强国的根本指导思想，把马克思主义作为信仰，在任何时候任何情况下都不曾有丝毫动摇。同时，中国共产党也清醒认识到，马克思主义并没有结束真理，而是开辟了通向真理的道路。马克思主义理论不是教条而是行动指南，必须随着实践发展而发展，必须中国化才能落地生根、本土化才能深入人心。因此，中国共产党坚持以科学的态度对待科学，以真理的精神追求真理，把马克思主义基本原理同中国具体实际相结合、同中华优秀传统文化相结合，坚持实践是检验真理的唯一标准，坚持一切从实际出发，不断推进理论创新、实践创新，赋予马克思主义以新的时代内涵，不断把马克思主义中国化时代化推向前进。

（四）中国共产党的纲领：坚持最高纲领和基本纲领的统一

党的纲领是党的旗帜，是党的奋斗目标和任务的科学而集中的概括。党的最高理想和最终目标是实现共产主义。中国共产党的最高纲领，是实现共产主义的社会制度。

中国共产党追求的共产主义最高理想，只有在社会主义社会充分发展和高度发达的基础上才能实现。当前，我国正处于并将长期处于社会主义初级阶段。党在社会主义初级阶段的基本路线是：把以经济建设为中心同坚持四项基本原则、坚持改革开放这两个基本点统一于中国特色社会主义伟大实践。党的奋斗目标、基本纲领是：把我国建设成为富强民主文明和谐美丽的社会主义现代化强国。

中国特色社会主义是党的最高纲领和基本纲领的统一。它既体现着共产主义远大理想，又体现着党在社会主义初级阶段的基本路线和基本纲领。建设中国特色社会主义，是实现共产主义的必经阶段，中国特色社会主义共同理想是共产主义最高理想在现阶段的具体体现。

中国共产党坚持最高纲领和基本纲领的统一，就是把践行中国特色社会主义共同理想和坚定共产主义远大理想统一起来，坚定不移地把中国特色社会主义事业推向前进，把为实现崇高理想而奋斗的伟大实践推向前进。

（五）中国共产党的领导权：坚持和加强党的全面领导

党政军民学，东西南北中，党是领导一切的。党的领导制度是我国的根本领导制度。中国共产党的领导是中国特色社会主义最本质的特征，是中国特色社会主义制度的最大优势，是党和国家的根本所在、命脉所在，是全国各族人民的利益所系、命运所系。

中国共产党是中国特色社会主义事业的领导核心，是中国人民和中华民族的主心骨，是中华民族伟大复兴征程上的坚强领导核心，是国家政治生活、经济生活乃至全部社会生活的领导者。党是最高政治领导力量，在我国国家治理体系中处于领导核心地位。在我国国家治理体系中，党总揽全局、协调各方的领导制度体系居于统领地位；在国家治理能力中，党的执政能力和领导水平发挥着决定性作用。

没有中国共产党，就没有新中国，就没有中华民族伟大复兴。中国人民和中华民族之所以能够扭转近代以后的历史命运、取得今天的伟大成就，最根本的是有中国共产党的坚强领导。中国共产党的领导地位，是历史的选择、人民的选择，是中国革命、建设、改革的一条根本经验，是由中国共产党作为马克思主义政党的先进性和纯洁性所决定的。历史和现实充分证明，办好中国的事情，关键在党。治理好我们这个世界上最大的政党和人口最多的国家，必须坚持党的全面领导特别是党中央集中统一领导，坚持民主集中制，充分发挥党总揽全局、协调各方的领导核心作用。实现中华民族伟大复兴，必须坚持党的全面领导不动摇，坚决维护党的核心和党中央权威，充分发挥党的领导政治优势，把党的领导落实到党和国家事业各领域各方面各环节，就一定能够确保全党全军全国各族人民团结一致向前进。

（六）中国共产党的组织性：坚持严密的组织体系

严密的组织体系，是中国共产党的光荣传统、独特优势和力量所在，是维护党的团结统一、保证全党令行禁止，确保党发挥总揽全局、协调各方作用的根本组织保障。

党的力量来自组织。党的组织是党赖以生存的物质基础。党是最高政治领导力量，党的全面领导、党的全部工作要靠党的坚强组织体系去实现。党的领导直接表现为组织形态上的领导；离开了党的组织，党的一切领导、一切工作，就无所依托、无所指使。因此，坚持严密的组织体系，其根本目的就是确保把党建设得更加坚强有力，从而实现党的领导坚强有力。

中国共产党是按照马克思主义政党的建党原则、根据自己的纲领和章程、按照民主集中制组织起来的，形成了包括党的中央组织、地方组织、基层组织在内的严密组织体系。党中央是大脑和中枢，党中央必须有定于一尊、一锤定音的权威。党的地方组织的根本任务是确保党中央决策部署贯彻落实，有令即行、有禁即止。党组在党的组织体系中具有特殊地位，要贯彻落实党中央和上级党组织决策部署。每个党员特别是领导干部都要强化党的意识和组织观念，自觉做到思想上认同组织、政治上依靠组织、工作上服从组织、感情上信赖组织。

（七）中国共产党的纪律性：坚持严明党的纪律

我们党是用革命理想和铁的纪律组织起来的马克思主义政党，纪律严明是党的优良传统和政治优势，也是党的力量所在。

党的纪律是党的各级组织和全体党员必须遵守的行为规则，包括政治纪律、组织纪律、廉洁纪律、群众纪律、工作纪律、生活纪律。这是维护党的团结统一、完成党的任务的保证。党的纪律规范的对象是全党，任何组织、任何党员都不能凌驾于党的纪律之上，必须自觉接受党的纪律的约束，都要严格遵守党的纪律，决不允许有令不行、有禁不止、各行其是。

中国共产党始终坚持严明党的纪律，坚持纪律面前一律平等，遵守纪律没有特权，执行纪律没有例外，党内决不允许存在不受纪律约束的特殊组织和特殊党员，确保全党统一意志、统一行动、步调一致前进。

（八）中国共产党的斗争精神：坚持敢于斗争

敢于斗争、敢于胜利，是中国共产党不可战胜的强大精神力量。我们党在内忧外患中诞生、在历经磨难中成长、在攻坚克难中壮大，一出生就铭刻着斗争的烙印，一路走来就是在斗争中求得生存、获得发展、赢得胜利。一百年来，中国共产党带领人民取得的一切成就，不是天上掉下来的，不是别人恩赐的，而是通过不断斗争取得的。中国共产党的建立、中华人民共和国的成立、改革开放的实行、新时代中国特色社会主义事业的推进，都是在斗争中诞生、在斗争中发展、在斗争中壮大的。为了人民、国家、民族，为了理想信念，无论敌人如何强大、道路如何艰险、挑战如何严峻，党总是绝不畏惧、绝不退缩，不怕牺牲、百折不挠。正是在应对各种困难挑战、战胜各种风险考验中，我们党锤炼了不畏强敌、不惧风险、敢于斗争、勇于胜利的风骨和品质，这是我们党最鲜明的特质和特点。我们党依靠斗争走到今天，也必然要依靠斗争赢得未来。

当今世界正经历百年未有之大变局，中华民族伟大复兴正处在关键时期。在前进道路上，我们面临的风险考验只会越来越复杂，甚至会遇到难以想象的惊涛骇浪。要胜利实现我们党确定的目标任务，必须坚定斗争意志，把握斗争方向，坚持斗争原则，掌握斗争规律，发扬斗争精神，提高斗争本领，时刻做好斗争准备，将具有许多新的历史特点的伟大斗争进行到底，勇于战胜一切风险挑战。

（九）中国共产党的革命精神：勇于自我革命

勇于自我革命是中国共产党最鲜明的品格，是中国共产党区别于其他政党的显著标志。习近平总书记深刻指出："我们党历经千锤百炼而朝气蓬勃，一个很重要的原因就是我们始终坚持党要管党、全面从严治党，不断应对好自身在各个历史时期面临的风险考验，确保我们党在世界形势深刻变化的历史进程中始终走在时代前列，在应对国内外各种风险挑战的历史进程中始终成为全国人民的主心骨！"①

中国共产党之所以有自我革命的勇气，是因为肩负着崇高的政治使命，具备大公无私、无私无畏的高尚品格。中国共产党除了工人阶级和最广大人民群众的利益，没有自己特殊的利益，始终与人

① 习近平：《在庆祝中国共产党成立100周年大会上的讲话》（2021年7月1日），《求是》2021年第14期。

民休戚与共、生死相依，从来不代表任何利益集团、任何权势团体、任何特权阶层的利益。不谋私利才能谋根本、谋大利，才能从党的性质和根本宗旨出发，从最广大人民根本利益出发，敢于直面问题，敢于刀刃向内，敢于刮骨疗伤，敢于壮士断腕，防止祸起萧墙。

中国共产党要始终成为时代先锋、民族脊梁，把中华民族伟大复兴的事情办好，把弘扬中华文明的事情办好，把中国特色社会主义的事情办好，最根本的是自身必须始终过硬，能够把中国共产党的事情办好。这就要牢记打铁必须自身硬的道理，增强全面从严治党永远在路上的政治自觉，勇于自我革命，坚持真理、修正错误，坚定不移推进党风廉政建设和反腐败斗争，坚决清除一切损害党的先进性和纯洁性的因素，清除一切侵蚀党的健康肌体的病毒，不断实现自我净化、自我完善、自我革新、自我提高，确保党不变质、不变色、不变味，确保党在新时代坚持和发展中国特色社会主义的历史进程中始终成为坚强领导核心。

（十）中国共产党的人类命运共同体理念：坚持胸怀天下

大道之行，天下为公。中华民族有着悠久的文明历史，和平、和睦、和谐是 5000 多年来一直追求和传承的理念。一百年来，中国共产党既为中国人民谋幸福、为中华民族谋复兴，也为人类谋进步、为世界谋大同，始终以世界眼光关注人类前途命运，始终把为人类做出新的更大的贡献作为自己的使命，以自强不息的奋斗为人类进步事业而奋斗，深刻改变了世界发展的趋势和格局。中国共产党领导人民成功走出中国式现代化道路，创造了人类文明新形态，拓展了发展中国家走向现代化的途径，给世界上那些既希望加快发展又希望保持自身独立性的国家和民族提供了全新选择。

中国共产党从人类发展大潮流、世界变化大格局、中国发展大历史正确认识和处理同外部世界的关系，高举和平、发展、合作、共赢旗帜，奉行独立自主的和平外交政策，坚持走和平发展道路，既通过维护世界和平发展自己，又通过自身发展维护世界和平，同世界上一切进步力量携手前进，不依附别人，不掠夺别人，永远不称霸，推动建设相互尊重、公平正义、合作共赢的新型国际关系，推动构建人类命运共同体，推动共建“一带一路”高质量发展，以中国的新发展为世界提供新机遇。

中国共产党始终是世界和平的建设者、全球发展的贡献者、国际秩序的维护者，坚持同一切爱好和平的国家和人民一道，弘扬和平、发展、公平、正义、民主、自由的全人类共同价值，坚持合作、不搞对抗，坚持开放、不搞封闭，坚持互利共赢、不搞零和博弈，坚持主持公道、伸张正义，站在历史正确的一边，站在人类进步的一边，为解决人类重大问题，建设持久和平、普遍安全、共同繁荣、开放包容、清洁美丽的世界贡献中国智慧、中国方案、中国力量，成为推动人类发展进步的重要力量，推动历史车轮向着光明的前途前进。

综上所述，我们可以把中国共产党的本质属性概括如下：

中国共产党是具有崇高政治理想、高尚政治追求、纯洁政治品质、严明政治纪律，始终走在时代前列、引领社会发展进步、人民衷心拥护、勇于自我革命、经得起各种风浪考验、朝气蓬勃、先进纯洁的马克思主义执政党，是具有重大全球影响力的世界第一大执政党。

四、旗帜鲜明讲政治的科学内涵

中国共产党百年风雨沧桑，一路走来，始终不忘性质宗旨，始终从政治上纯洁自己的本色和属性。旗帜鲜明讲政治，是中国共产党作为马克思主义政党的根本要求，是中国共产党的优良传统和宝贵经验。党的十八大以来，以习近平同志为核心的党中央把党的政治建设摆在更加突出的位置，形成鲜明的政治导向，推动旗帜鲜明讲政治在新时代不断取得重大历史性成就。

中国共产党旗帜鲜明讲政治，就是要求党的各级组织和全体党员坚持马克思主义政治观，坚持和加强党的全面领导，坚持党的政治性质、政治立场、政治理想、政治路线、政治追求、政治品格和政治纪律，永葆党的先进性和纯洁性。

中国共产党所讲的政治，是马克思主义的政治，是坚持和加强党的全面领导的政治，是坚决维护党中央权威和集中统一领导的政治，是坚定马克思主义信仰、坚持共产主义远大理想和中国特色社会主义共同理想的政治，是高举中国特色社会主义伟大旗帜、坚持和发展中国特色社会主义的政治，是坚持以人民为中心、全心全意为人民服务的政治，是坚持人民主体地位、保证人民当家作主的政治，是坚持以严密的组织、严明的纪律、严肃的政治生活做保障的政治。

（一）这是坚持和加强党的全面领导的政治

中国特色社会主义最本质的特征是中国共产党领导，中国特色社会主义制度的最大优势是中国共产党领导。中国共产党的领导，是历史的选择、人民的选择，是由我国国体性质决定的，是由我国宪法明文规定的，是党和国家的根本所在、命脉所在，是全国各族人民的利益所在、幸福所在。

我们党所讲的政治，是坚持发挥党总揽全局、协调各方的领导核心作用，提高党科学执政、民主执政、依法执政水平，保证党领导人民有效治理国家的政治，是坚持和完善中国共产党领导的多党合作和政治协商制度，加强社会各种力量合作协调的政治，不是群龙无首、一盘散沙的政治，不是党争纷沓、相互倾轧的政治。我们党所讲的政治，是坚持民主集中制的制度和原则，促使各类国家机关提高能力和效率、增进协调和配合，形成治国理政强大合力的政治，不是相互掣肘、内耗严重的政治。

坚持和加强党的全面领导，是战胜一切困难和风险的“定海神针”，是做好党和国家各项工作的根本保证，是我国政治稳定、经济发展、民族团结、社会稳定的根本点，是实现中华民族伟大复兴的关键所在。必须牢牢把党放在心中最高位置，牢固树立党的领导是中国特色社会主义最本质特征和中国特色社会主义制度最大优势、党是最高政治领导力量的观点，坚定不移坚持和加强党的全面领导，决不能羞羞答答、遮遮掩掩，决不能有任何含糊和动摇。

（二）这是坚决维护党中央权威和集中统一领导的政治

我们党所讲的政治是坚持党中央权威和集中统一领导的政治。事在四方，要在中央。党和国家大政方针的决定权在党中央，必须确保党中央一锤定音、定于一尊的权威。要实现党在思想上的统一、政治上的团结、行动上的一致，要把各方智慧和力量有力有效地组织起来、凝聚起来，汇聚起实现民族复兴的磅礴伟力，必须保证党的团结和集中统一，必须坚持党中央权威和集中统一领导。否则，群龙无首、各自为政、各行其是，党就会变成一盘散沙，什么事情都干不成。

坚持和加强党的全面领导，必须坚决维护习近平同志党中央的核心、全党的核心地位，坚决维护党中央权威和集中统一领导，确保全党步调一致向前进。“两个维护”是全党在革命性锻造中形成的共同意志，反映了全党全军全国各族人民共同心愿，是中国人民和中华民族根本利益的体现，是具有党章效力的根本性要求，是全体党员共同遵守的义务规则，是全党的最高政治原则和共同的政治责任，也是最重要的政治纪律和政治规矩。

要增强“四个意识”，自觉在思想上政治上行动上同以习近平同志为核心的党中央保持高度一致，自觉向党中央看齐，向党的理论和路线方针政策看齐，向党中央决策部署看齐，做到党中央提倡的坚决响应、党中央决定的坚决执行、党中央禁止的坚决不做。

（三）这是坚定马克思主义信仰、坚持共产主义远大理想和中国特色社会主义共同理想的政治

我们党所讲的政治，是坚持以唯物辩证的科学精神、无私无畏的博大胸怀领导和推动中国革命、建设和改革，为崇高理想和远大目标而奋斗的政治。

我们党是用马克思主义武装起来的政党，始终坚持马克思主义的指导地位，把马克思主义作为立党立国、兴党强国的根本指导思想，始终把为共产主义而奋斗确定为自己的纲领，坚定共产主义远大理想和中国特色社会主义共同理想，不断把为崇高理想奋斗的伟大实践推向前进。无论是处于顺境还是逆境，中国共产党从未动摇对马克思主义的信仰，从未动摇对社会主义和共产主义的信念。中国共产党所讲的政治是建立在崇高理想和远大目标基础上的政治，是一以贯之、坚定不移的政治，不是左摇右摆、举棋不定的政治，更不是翻手为云、覆手为雨的“投机政治”“忽悠政治”。

党员、干部讲政治，必须把对马克思主义的信仰、对社会主义和共产主义的信念作为毕生追求，在改造客观世界的同时不断改造主观世界，解决好世界观、人生观、价值观这个“总开关”问题，保持在理想追求上的政治定力，自觉做共产主义远大理想和中国特色社会主义共同理想的坚定信仰者、忠实实践者，在实现中华民族伟大复兴中国梦的历史进程中充分发挥先锋模范作用。

（四）这是高举中国特色社会主义伟大旗帜、坚持和发展中国特色社会主义的政治

我们党所讲的政治，是坚持科学社会主义基本原则、一以贯之坚持和发展中国特色社会主义的政治。中国特色社会主义是改革开放以来党的全部理论和实践的主题，是党和人民历尽千辛万苦、付出各种代价取得的根本成就，是我们必须推进的伟大事业，是我们开辟未来的根本保证。

中国特色社会主义，是科学社会主义理论逻辑和中国社会发展历史逻辑的辩证统一，是根植于中国大地、反映中国人民意愿、适应中国和时代发展进步要求的科学社会主义。中国特色社会主义道路是创造人民美好生活、实现中华民族伟大复兴的康庄大道，是实现中华民族伟大复兴的正确道路、必由之路。中国特色社会主义理论体系是指导党和人民实现中华民族伟大复兴的正确理论，是立于时代前沿、与时俱进的科学理论；中国特色社会主义制度是当代中国发展进步的根本制度保障，是具有鲜明中国特色、明显制度优势、强大自我完善能力的先进制度；中国特色社会主义文化积淀着中华民族最深层的精神追求，代表着中华民族独特的精神标识，是激励全党全国各族人民奋勇前进的强大精神力量。

走符合中国国情的正确道路，党和人民就具有无比广阔的舞台，

具有无比深厚的历史底蕴，具有无比强大的前进定力。旗帜鲜明讲政治，必须坚定“四个自信”，既不走封闭僵化的老路，也不走改旗易帜的邪路，坚定不移走中国特色社会主义道路，不断把中国特色社会主义伟大事业推向前进，把我国建设成为富强民主文明和谐美丽的社会主义现代化强国。

（五）这是坚持以人民为中心、全心全意为人民服务的政治

人民是历史的创造者，是决定党和国家前途命运的根本力量。中国共产党人的初心和使命，就是为中国人民谋幸福、为中华民族谋复兴。这个初心和使命是激励中国共产党人不断前进的根本动力，是中国共产党始终拥有不竭力量的源泉，是中国共产党战胜一切困难和风险的根本保证。

我们党所讲的政治，是为最广大人民根本利益而奋斗的政治，是代表中国最广大人民根本利益的政治，不是为了某个政党或组织利益服务的“党派政治”，不是为了某个阶层或某个利益集团服务的“权贵政治”，也不是被金钱操纵、控制的“金钱政治”。

民心是最大的政治。我们党自成立之日起，始终坚持人民群众是历史的创造者的历史唯物主义观点，始终胸怀“为人类求解放”的崇高政治理想和高尚政治追求。我们党除了工人阶级和最广大人民群众的利益，没有自己特殊的利益，任何时候都把人民群众利益放在第一位，始终同人民在一起，为人民利益而奋斗。人民立场是我们党的根本立场，全心全意为人民服务是我们党的根本宗旨。要始终把人民放在心中最高位置，把赢得民心民意、汇集民智民力作为重要着力点，把实现好、维护好、发展好最广大人民根本利益，把“人民拥护不拥护、赞成不赞成、高兴不高兴、答应不答应”作为衡量一切工作得失的根本标准，坚持一切为了人民、一切依靠人

民，不断实现人民对美好生活的向往。

（六）这是坚持人民主体地位、保证人民当家作主的政治

中国共产党所讲的政治，是坚持国家一切权力属于人民，既保证人民依法实行民主选举，也保证人民依法实行民主决策、民主管理、民主监督的政治，不是少数人参与主宰的“寡头政治”，不是选举时漫天许诺、选举后无人过问的政治。

我国是工人阶级领导的、以工农联盟为基础的人民民主专政的社会主义国家，国家一切权力属于人民。人民当家作主是社会主义民主政治的本质和核心。人民民主是社会主义的生命。没有民主就没有社会主义，就没有社会主义的现代化，就没有中华民族伟大复兴。必须坚定不移走中国特色社会主义政治发展道路，坚持党的领导、人民当家作主、依法治国有机统一，坚持和完善人民代表大会制度、中国共产党领导的多党合作和政治协商制度、民族区域自治制度、基层群众自治制度，发展社会主义协商民主，巩固和发展最广泛的爱国统一战线，扩大人民群众有序政治参与，保证人民广泛参加国家治理和社会治理，形成生动活泼、安定团结的政治局面。要加强全过程人民民主建设，把人民当家作主具体地、现实地体现到党治国理政的政策措施上来，具体地、现实地体现到党和国家机关各个方面各个层级工作上来，具体地、现实地体现到实现人民对美好生活向往的工作上来。

（七）这是坚持以严密的组织、严明的纪律、严肃的政治生活做保障的政治

中国共产党所讲的政治，是坚持民主集中制、坚决维护党中央

权威、实现全党团结和集中统一的政治，不是各自为政、各行其是的政治；是坚持用铁的纪律从严管党治党、保证强大创造力凝聚力战斗力的政治，不是无政府主义盛行、拉帮结派、组织软弱涣散的政治，是通过严肃认真的党内政治生活开展政治活动和解决党内矛盾的政治，不是尔虞我诈、不择手段的“政客政治”。

我们党之所以能成为中国特色社会主义事业的坚强领导核心，就在于有严密的组织体系和强大的组织能力。组织严密是我们党的光荣传统和独特优势，是维护党的团结统一、保证全党令行禁止，确保党发挥总揽全局、协调各方作用的根本组织保障。严密的组织以严明的纪律做保证。我们党始终严明党的纪律，把纪律挺在前面，用铁的纪律从严治党，党内决不允许存在不受纪律约束的特殊组织和特殊党员，确保全党统一意志、统一行动、步调一致前进。

旗帜鲜明讲政治，是我们党管党治党、避免犯颠覆性错误的根本保证。讲政治的目的在于统一全党意志、凝聚全党力量，为实现党的政治纲领和政治目标而共同奋斗。讲政治，就要坚决贯彻民主集中制，严格党的组织生活制度，坚持不懈用好批评和自我批评这个武器，着力增强党内政治生活的政治性、时代性、原则性、战斗性，着力增强党自我净化、自我完善、自我革新、自我提高能力，着力提高党的领导水平和执政水平、增强拒腐防变和抵御风险能力，着力维护党中央权威、保证党的团结统一、保持党的先进性和纯洁性，努力在全党形成又有集中又有民主、又有纪律又有自由、又有统一意志又有个人心情舒畅生动活泼的政治局面。

第三章

党的政治建设是根本性建设

马克思主义政党具有崇高政治理想、高尚政治追求、纯洁政治品质、严明政治纪律。如果马克思主义政党政治上的先进性丧失了，党的先进性和纯洁性就无从谈起。这就是我们把党的政治建设作为党的根本性建设的道理所在。[①] 本章重点分析党的政治建设的历史沿革、目标任务，探讨如何把握党的政治建设是党的根本性建设、把党的政治建设摆在首位、坚持以党的政治建设为统领全面推进党的建设等问题。

一、新时代党的建设总要求

习近平总书记在党的十九大报告中明确提出新时代党的建设总要求，对推进党的建设新的伟大工程做出顶层设计、战略部署，为新时代党的建设规划蓝图、指明方向。

新时代党的建设的根本原则是“坚持和加强党的全面领导”。

① 习近平：《增强推进党的政治建设的自觉性和坚定性》（2018年6月29日），《习近平谈治国理政》第3卷，外文出版社2020年版，第91页。

党的领导，是历史的选择、人民的选择，是战胜一切困难和风险的“定海神针”，是全国各族人民利益所在、幸福所在。坚持和加强党的全面领导，是根本性的大问题，必须旗帜鲜明、坚定不移，决不能有任何含糊和动摇。

新时代党的建设的指导方针是“坚持党要管党、全面从严治党”。要实现党所肩负的历史使命，就必须把党建设得更加坚强有力，必须坚定不移推进全面从严治党，推进新时代党的建设新的伟大工程。

新时代党的建设的总体思路是“以加强党的长期执政能力建设、先进性和纯洁性建设为主线，以党的政治建设为统领，以坚定理想信念宗旨为根基，以调动全党积极性、主动性、创造性为着力点”。这“四个以”的论断揭示了新时代党的建设的主线、统领、根基、着力点。执政能力建设、先进性和纯洁性建设是党的建设的永恒课题。党的十九大报告在执政能力建设前增加“长期”二字，深刻昭示长期执政条件下加强党的建设永远在路上，必然伴随我们党执政的全过程、伴随中国特色社会主义事业发展的全过程。

新时代党的建设的总体布局是“全面推进党的政治建设、思想建设、组织建设、作风建设、纪律建设，把制度建设贯穿其中，深入推进反腐败斗争”。党的建设的总体布局把政治建设摆在首位，突出了政治建设的统领地位，抓住了新时代党的建设的根本和关键。

新时代党的建设的目标是“不断提高党的建设质量，把党建设成为始终走在时代前列、人民衷心拥护、勇于自我革命、经得起各种风浪考验、朝气蓬勃的马克思主义执政党”。这个目标集中体现了我们党的性质宗旨和使命担当，需要全体党员和党的各级组织为之不懈奋斗。

新时代党的建设总要求的突出亮点是关于党的政治建设的重大

论断。习近平总书记在党的十九大报告中，明确提出党的政治建设这个重大命题，强调党的政治建设是党的根本性建设，把党的政治建设纳入党的建设总体布局并摆在首位，以党的政治建设为统领。这些重大论断明确了党的政治建设在新时代党的建设中的根本性地位，赋予党的政治建设以更加丰富的内涵，把党的政治建设摆在更加突出的位置，抓住了全面从严治党的根本性问题。

二、党的政治建设的历史考察

我们党自成立之日起始终秉持以先进的政治纲领、鲜明的政治路线、坚定的政治立场、严明的政治纪律统一全党意志，凝聚全党力量，保证全党上下同心同德，不断克服前进道路上的艰难险阻，不断从胜利走向胜利。注重从政治上加强党的建设，一直是党的优良传统，贯穿于党在革命、建设和改革各个时期。可以说，我们党是靠政治建设起家立身的，也是靠政治建设实现自身发展壮大的，更是靠政治建设完成不同阶段历史使命的。伴随党的事业发展，对党的政治建设的规律性认识也在不断深化和拓展。

1921 年党的一大通过的《中国共产党纲领》，明确提出了党的政治纲领和政治目标，即领导无产阶级的革命军队，推翻资产阶级的政权，建立无产阶级专政，消灭资产阶级私有制，没收一切生产资料归社会所有，直至消灭阶级差别，最终实现共产主义。这是中国共产党鲜明的政治宣言，彰显了中国共产党政治上的初心和使命。

在 1929 年 12 月的古田会议上，毛泽东提出思想建党、政治建军原则。毛泽东在《关于纠正党内的错误思想》一文中指出要

"提高党内的政治水平"，"加紧官兵的政治训练"。[①] 1939 年 10 月，毛泽东在《〈共产党人〉发刊词》中将马克思列宁主义的建党思想与中国革命的实际情况结合起来，首次把一直"进行之中"的党的建设称为"伟大的工程"，提出"建设一个全国范围的、广大群众性的、思想上政治上组织上完全巩固的布尔什维克化的中国共产党"，[②] 同时强调党在政治上巩固、执行党的政治路线的重要性。

1941 年 7 月，中共中央政治局通过的《关于增强党性的决定》明确指出，面对伟大而艰巨的革命事业，要求我们的党更进一步成为思想上、政治上、组织上完全巩固的马克思列宁主义的党，要求全党党员和党的各个组成部分都在统一意志、统一行动和统一纪律下面，团结起来，成为有组织的整体。《决定》提出了六条办法：一是在党内更加强调全党的统一性、集中性和服从中央领导的重要性。不允许任何党员与任何地方党部，有标新立异，自成系统，及对全国性问题任意对外发表主张的现象。二是更严格地检查一切决议决定之执行，坚决肃清阳奉阴违的两面性的现象。三是要及时发现和纠正错误，对于屡说不改者，必须及时预防，加以纪律制裁。四是要在全党加强纪律的教育。要严格遵守个人服从组织，少数服从多数，下级服从上级，全党服从中央的基本原则。五是要用自我批评的武器和加强学习的方法，来改造自己使适合于党与革命的需要。六是从中央委员以至每个党部的负责领导者，都必须参加支部组织，过一定的党的组织生活，虚心听取党员群众对于自己的批评，增强自己党性的锻炼。《决定》不仅极大提高了抗战时期党员、干部的政治觉悟和政治素质，也为延安整风运动的顺利开展起到了思

① 毛泽东：《关于纠正党内的错误思想》（1929 年 12 月），《毛泽东选集》第 1 卷，人民出版社 1969 年版，第 85 页。

② 毛泽东：《〈共产党人〉发刊词》（1939 年 10 月 4 日），《毛泽东选集》第 2 卷，人民出版社 1991 年版，第 602 页。

想上、政治上的准备作用。

1942 年 9 月，中央政治局通过的《中共中央关于统一抗日根据地党的领导及调整各组织间关系的决定》明确指出："党是无产阶级的先锋队和无产阶级组织的最高形式，他应该领导一切其他组织，如军队、政府与民众团体。"这就确立了党的一元化领导体制，明确了党与军队、政府及其他组织的关系。该《决定》要求："在决定含有全国全党全军普遍性的新问题时，必须请示中央，不得标新立异，自作决定，危害全党领导的统一。"出台这个决定的背景是，解放战争以前的很长时间内，由于我党进行游击战争的特定情况，各根据地和游击区一直处于被分割和独立活动的状态，个人主义、分散主义、自由主义、本位主义等倾向严重存在于许多地区的党组织中，迫切需要加强党的领导。这个决定增强了党的团结，统一了解放区各组织的步调，保证了党的方针政策的正确贯彻执行。

1945 年，党的七大制定了正确的路线、纲领和策略，克服了党内的错误思想，使全党在马克思列宁主义、毛泽东思想的基础上达到了空前的团结。党的七大确定了党的政治路线，将毛泽东思想确定为党的指导思想并写入党章，重申党的民主集中制原则，并在实行民主集中制的基本条件中明确规定："党员个人服从所属党的组织，少数服从多数，下级组织服从上级组织，部分组织统一服从中央。"刘少奇在党的七大上所做的《关于修改党章的报告》指出，毛泽东同志的正确的建党路线，"首先着重在思想上、政治上进行建设，同时也在组织上进行建设"①。

1948 年 1 月，毛泽东为中央起草《关于建立报告制度》的党内指示。1948 年 9 月，中央政治局会议既着眼于全党的集中统一，

① 刘少奇：《论党》（1945 年 5 月 14 日），《刘少奇选集》上册，人民出版社 1981 年版，第 330 页。

通过《中共中央关于各中央局、分局、军区、军委分会及前委会向中央请示报告制度的决议》，又着眼于扩大和建立党内正常的民主生活，通过《中共中央关于召开党的各级代表大会和代表会议的决议》，该决议的最后一段明确对健全党委制做出基本规定。为了强调健全党委制的重要性，在中央政治局会议结束后不久的9月20日，毛泽东亲自写成了中共中央《关于健全党委制》的决定，正式发往全党、全军。邓小平于1956年在党的八大上所做的《关于修改党的章程的报告》指出："中央在一九四八年九月关于健全党委制的决定，对于加强党的集体领导，尤其起了重大的作用。"[①]"这个决定的重要意义，在于它总结了党内认真实行集体领导的成功经验，促使那些把集体领导变为有名无实的组织纠正自己的错误，并且扩大了实行集体领导的范围。"[②]

新中国成立之初，针对党内存在的分散主义倾向，中共中央多次强调必须加强党中央的集中统一领导、增强党的团结统一、实行重大问题请示报告、严明党的政治纪律等。1953年3月，中共中央《关于加强中央人民政府系统各部门向中央请示报告制度及加强中央对于政府工作领导的决定（草案）》明确规定："今后政府工作中一切主要的和重要的方针、政策、计划和重大事项，均须事先请示中央，并经过中央讨论和决定或批准以后，始得执行。"这一安排旨在加强党中央对政府行政事务在政治方向上的严格把控。

1954年，党的七届四中全会通过的《关于增强党的团结的决议》，强调党的团结是党的生命，是马克思列宁主义的基本原则。党的中央委员会和省（市）委员会以上负责同志以及武装部队的高

---

① 邓小平：《关于修改党的章程的报告》（1956年9月16日），《邓小平文选》第1卷，人民出版社1994年版，第229页。

② 同上，第230页。

级负责同志的团结，是全党团结的关键。党的高级干部应遵守六个方面的规定。（1）党的团结的利益高于一切，因此应当把维护和巩固党的团结作为指导自己言论和行动的标准，即有利于党的团结的话就说，不利于党的团结的话就不说，有利于党的团结的事就做，不利于党的团结的事就不做。（2）党是工人阶级先进分子的统一的集中的组织，党的团结的唯一中心是党的中央，因此，必须把任何地区、任何部门的党的组织及其工作看作是在中央统一领导下的整个党及其工作的不可分割的一部分，反对任何派别思想、小团体习气、地方主义、山头主义和本位主义，反对任何妨碍中央统一领导、损害中央的团结和威信的言论和行动。（3）党的团结的重要保证之一是严格遵守民主集中制，严格遵守集体领导的原则，因此必须坚决反对分散主义和个人主义，反对把自己领导的地区和部门当作独立王国，反对把个人放在组织之上，反对不适当地过分地强调个人的作用，反对骄傲情绪和个人崇拜。（4）全党高级干部的重要的政治活动和政治意见应经常向所属的党的组织报告和反映，其关系特别重大者则应直接向党中央的政治局、书记处或中央主席报告和反映；如果避开党的组织和避开中央来散布个人的或小集团的政治意见，这在党内就是一种非法活动，就是违反党的纪律、破坏党的团结的活动，就必须加以反对和禁止。（5）全党高级干部应根据增强党的团结的原则来检查自己的言论和行动，凡是不利于党的团结的言论和行动都必须改正。（6）对于任何有损党的团结的言论和行动应当进行批评和斗争。

1956 年召开的党的八大是党在全国执政后召开的第一次全国代表大会，对社会主义改造基本完成以后的国内主要矛盾做出了科学判断，并在此基础上明确了党领导国家发展的路线方针政策。党的八大的一个突出贡献，是强调执政党建设特别是政治建设，强调要坚持实事求是，坚持群众路线，坚持民主集中制和集体领导制度，反对个人崇拜，将集体领导和个人负责相结合，发展党内民主，加强党和群众的联系，使党的民主原则和群众路线在一切方面都得到贯彻执行。

由于党的指导思想上出现“左”倾错误，自 1957 年全党性整风运动之后，直至 1976 年“文化大革命”结束，党的建设遭遇了重大挫折。

1978 年，党的十一届三中全会重新确立马克思主义的思想路线、政治路线、组织路线，做出把党和国家工作中心转移到经济建设上来、实行改革开放的历史性决策，实现了新中国成立以来党的历史上具有深远意义的伟大转折，开启了改革开放和社会主义现代化的伟大征程。

1980 年，党的十一届五中全会为了坚持并改善党的领导，进一步提高党的战斗力，总结党内政治生活正反两方面经验特别是“文化大革命”的惨痛教训，制定了《关于党内政治生活的若干准则》。这是我们党第一部关于党内政治生活的党内法规。《准则》既针对当时党内存在的突出矛盾和问题提出了解决办法，又把党在长期实践中的宝贵经验进行了系统总结，从十二个方面对党内政治生活做出明确规定。比如，关于党内政治生活的目标和基本准则，关于坚持党的政治路线和思想路线，关于坚持集体领导、反对个人专断，关于维护党的集中统一、严格遵守党的纪律，关于坚持党性、根绝派性，关于要讲真话、言行一致，关于发扬党内民主、正确对待不同意见，关于保障党员的权利不受侵犯，关于选举要充分体现选举人的意志，关于坚决同错误倾向和坏人坏事做斗争，关于正确对待犯错误的同志，关于接受党和群众的监督、不准搞特权，关于努力学习、做到又红又专等。习近平总书记指出：《准则》的实施，“对于当时恢复和健全党内民主、维护党的集中统一、严肃党的纪律、促进党的团结，实现政治上、思想上、组织上、作风上的拨乱反正，实现全党工作中心的转移，发挥了重要历史作用”[①]。“其主要原则和规定今天依然适用。比如，关于党内政治生活的目标和基本准则，关于坚持党的政治路线和思想路线，关于坚持集体领导、反对个人专断，关于维护党的集中统一、严格遵守党的纪律，关于坚持党性，关于要讲真话、言行一致，关于发扬党内民主、正确对待不同意见，关于保障党员权利不受侵犯，关于接受党和群众的监督、不准搞特权，等等。这些都要继续坚持。”[②]

需要指出的是，我们党历来注重从政治上加强党的建设。但是，在 20 世纪 90 年代之前，党内文献较少使用“党的政治建设”这一概念。“党的政治建设”的概念的完整出现，开始于 20 世纪 90 年代。

1990 年，党的十三届七中全会通过的《中共中央关于制定国民经济和社会发展十年规划和“八五”计划的建议》指出：“坚持共产党的领导，不断改善党的领导制度、领导作风和领导方法，加强党的政治、思想、理论和组织建设，使党始终成为社会主义事业的坚强领导核心。”这个文件较早提到“加强党的政治建设”，而且把党的政治建设置于党的思想、理论和组织建设之前。

1992 年党的十四大报告指出：“在新的历史时期，党所处的环境和肩负的任务有了很大变化，党的思想、政治、组织、作风建设都面临许多新情况和新问题。”这里再次使用了党的政治建设的概念。

1994 年党的十四届四中全会通过的《关于加强党的建设几个重大问题的决定》论述了党在思想、理论、政治、组织和作风建设等方面的成绩，其中，“在政治建设方面，制定和执行以经济建设

---

① 习近平：《关于〈关于新形势下党内政治生活的若干准则〉和〈中国共产党党内监督条例〉的说明》，《人民日报》2016 年 11 月 3 日。

② 同上。

为中心、坚持四项基本原则、坚持改革开放的基本路线，增强了在这条路线基础上的全党团结”。该文件总结了党的十一届三中全会以来“党的政治建设”方面的基本经验，但没有阐述党的政治建设方面的举措要求。

2008 年 9 月 1 日，习近平在中央党校秋季学期开学典礼上的讲话，以“改革开放 30 年党的建设回顾与思考”为题目，从七个方面总结改革开放 30 年党的建设取得的成绩和进步，其中第二个方面是“确立和坚持党在社会主义初级阶段的基本路线，在加强党的政治建设上取得重大成绩和进步”。他强调指出：“30 年来，我们党紧紧围绕党的基本路线坚持不懈地加强和改进党的建设，要求党的建设的各项工作都要服从服务于党的基本路线，要求各级党组织和广大党员、干部牢牢把握‘一个中心、两个基本点’之间相互贯通、相互依存、不可分割的关系，坚持把以经济建设为中心同四项基本原则、改革开放这两个基本点统一于发展中国特色社会主义的伟大实践，贯穿于党的思想建设、组织建设、作风建设、制度建设和反腐倡廉建设的全部工作之中。”[①]

党的十八大以来，以习近平同志为核心的党中央全面加强党的领导和党的建设，在推进党的建设新的伟大工程、全面从严治党实践中，旗帜鲜明讲政治，把党的政治建设摆在更加突出的位置，坚持不懈推进党的政治建设，形成了鲜明的政治导向，党的政治建设从理论到实践进入了一个全新的发展阶段。

2016 年 10 月 27 日，党的十八届六中全会通过的《关于新形势下党内政治生活的若干准则》，顺应时代发展变化对全面从严治党提出了新要求，深入阐述党内政治生活的重大作用和历史经

---

① 习近平：《改革开放 30 年党的建设回顾与思考》（习近平 2008 年 9 月 1 日在中央党校秋季学期开学典礼上的讲话），《科学决策》2008 年第 9 期。

验、存在的突出问题、面临的形势任务，对加强和规范党内政治生活的目标要求、重点内容、主要任务、重要举措做出系统部署，明确了坚定理想信念、坚持党的基本路线、坚决维护党中央权威、严明党的政治纪律、保持党同人民群众的血肉联系、坚持民主集中制原则、发扬党内民主和保障党员权利、坚持正确选人用人导向、严格党的组织生活制度、开展批评和自我批评、加强对权力运行的制约和监督、保持清正廉洁的政治本色等十二个方面的具体要求。这是推进全面从严治党、严肃党内政治生活、净化党内政治生态的根本遵循。

2017 年 10 月，习近平总书记在党的十九大报告中明确提出党的政治建设这个重大命题，把党的政治建设纳入新时代党的建设总体布局，提到一个新的高度，强调“以党的政治建设为统领”“把党的政治建设摆在首位”“党的政治建设是党的根本性建设”，对党的政治建设做出新的战略定位和战略部署。在新时代党的建设总体布局中，党的政治建设是最重要的，居于统领、核心地位，决定党的建设的方向和效果，对党的其他建设起到纲举目张的作用。

党的十九大通过的党章修正案，根据习近平总书记在十九大报告中提出的新时代党的建设总要求，在总纲部分对新时代党的建设的总要求做出新表述，强调“以党的政治建设为统领，全面推进党的政治建设、思想建设、组织建设、作风建设、纪律建设，把制度建设贯穿其中，深入推进反腐败斗争，全面提高党的建设科学化水平”。突出党的政治建设的统领地位和作用，是马克思主义党建理论的重大创新，体现了我们党对马克思主义执政党建设规律认识的深化。

2017 年 10 月 27 日，十九届中共中央政治局第一次会议审议通过的《中共中央政治局关于加强和维护党中央集中统一领导的若干规定》强调，党中央集中统一领导是党的领导的最高原则，加强和维护党中央集中统一领导是全党共同的政治责任，首先是中央领导层的政治责任。中央政治局全体同志要牢固树立“四个意识”，坚定“四个自信”，主动将重大问题报请党中央研究，认真落实党中央决策部署并及时报告落实的重要进展。

2018 年 6 月 29 日，习近平总书记在十九届中央政治局第六次集体学习时的讲话，对推进党的政治建设进行了系统深刻阐述，明确提出要把准政治方向、坚持党的政治领导、夯实政治根基、涵养政治生态、防范政治风险、永葆政治本色、提高政治能力等要求。这一系列重大创新论断，把我们党对党的政治建设的规律性认识推进到新的高度。

2019 年 2 月，《中共中央关于加强党的政治建设的意见》立足新时代党的政治建设新要求，坚持问题导向和目标导向，遵循党的政治建设规律和内在逻辑，明确了加强党的政治建设的总体要求和主要任务，对新时代加强党的政治建设做出重大决策部署，旨在坚持和加强党的全面领导，推进全面从严治党向纵深发展，不断提高党的执政能力和领导水平，确保全党统一意志、统一行动、步调一致向前进。这是全面加强党的政治建设的重要文献。

2021 年 7 月 1 日，习近平总书记在庆祝中国共产党成立 100 周年大会上的讲话中强调：“在新的征程上，我们要牢记打铁必须自身硬的道理，增强全面从严治党永远在路上的政治自觉，以党的政治建设为统领，继续推进新时代党的建设新的伟大工程，不断严密党的组织体系，着力建设德才兼备的高素质干部队伍，坚定不移推进党风廉政建设和反腐败斗争，坚决清除一切损害党的先进性和纯洁性的因素，清除一切侵蚀党的健康肌体的病毒，确保党不变质、不变色、不变味，确保党在新时代坚持和发展中国特色社会主义的历史进程中始终成为坚强领导核心！”[1]

2021年11月，《中共中央关于党的百年奋斗重大成就和历史经验的决议》用“十个明确”对习近平新时代中国特色社会主义思想的核心内容做了进一步概括，其中第十个明确是：“明确全面从严治党的战略方针，提出新时代党的建设总要求，全面推进党的政治建设、思想建设、组织建设、作风建设、纪律建设，把制度建设贯穿其中，深入推进反腐败斗争，落实管党治党政治责任，以伟大自我革命引领伟大社会革命。”《决议》指出：“习近平同志强调，打铁必须自身硬，办好中国的事情，关键在党，关键在党要管党、全面从严治党。必须以加强党的长期执政能力建设、先进性和纯洁性建设为主线，以党的政治建设为统领，以坚定理想信念宗旨为根基，以调动全党积极性、主动性、创造性为着力点，不断提高党的建设质量，把党建设成为始终走在时代前列、人民衷心拥护、勇于自我革命、经得起各种风浪考验、朝气蓬勃的马克思主义执政党。”

三、党的政治建设的目标任务

党的政治建设，是党的建设总体布局的重要组成部分，旨在通过政治领导、政治信仰、政治能力、政治生态等方面的建设，保证党的各级组织和全体党员永葆政治本色，实现全党团结统一、行动一致。

---

① 习近平：《在庆祝中国共产党成立100周年大会上的讲话》（2021年7月1日），《求是》2021年第14期。

从党的政治建设的目标任务来看，党的政治建设应当服从和服务于党的建设总目标，要通过自身目标的实现来推动实现新时代党的建设目标，把党建设得更加坚强有力，巩固党的长期执政地位，确保我们党始终成为中国特色社会主义事业的坚强领导核心，实现党的政治使命和政治目标。

党的政治建设不同于党的其他方面的建设，具有自身独特的使命担当。习近平总书记在党的十九大报告中鲜明指出："保证全党服从中央，坚持党中央权威和集中统一领导，是党的政治建设的首要任务。"《中共中央关于加强党的政治建设的意见》明确指出："加强党的政治建设，目的是坚定政治信仰，强化政治领导，提高政治能力，净化政治生态，实现全党团结统一、行动一致。""加强党的政治建设，必须坚持和加强党的全面领导。""坚持和加强党的全面领导，最重要的是坚决维护党中央权威和集中统一领导；坚决维护党中央权威和集中统一领导，最关键的是坚决维护习近平总书记党中央的核心、全党的核心地位。"

可见，党的政治建设的重要目的，就是做到"两个维护"，推动各级党组织和党员、干部始终在政治立场、政治方向、政治原则、政治道路上同以习近平同志为核心的党中央保持高度一致，实现全党团结统一、行动一致，并最终服务于党的建设总目标。

《中共中央关于加强党的政治建设的意见》着眼于党的政治建设的目标要求，就坚定政治信仰、强化政治领导、提高政治能力、净化政治生态四个方面的重点任务做了具体部署。一是坚定政治信仰。这是党的政治建设的思想根基，是政治指南针。要用马克思主义及其中国化的理论成果，特别是用习近平新时代中国特色社会主义思想武装全党、教育人民，坚定马克思主义信仰，坚定共产主义远大理想和中国特色社会主义共同理想，坚定执行党的政治路线，坚决站稳政治立场。二是强化政治领导。这是党的政治建设的根本要求。要坚持和加强党的全面领导，做到“两个维护”，进一步发挥党总揽全局、协调各方的领导核心作用，把党的领导落实到国家治理各领域各方面各环节。三是提高政治能力。这是党的政治建设的关键举措。党的各级组织和党员、干部要提高把握方向、把握大势、把握全局的能力，辨别政治是非、保持政治定力、驾驭政治局面、防范政治风险的能力。四是净化政治生态。这是党的政治建设的基础性、经常性工作。要尊崇党章，严格执行新形势下党内政治生活若干准则，严明党的政治纪律和政治规矩，发展积极健康的党内政治文化，突出政治标准选人用人，坚决反对腐败，永葆共产党人清正廉洁的政治本色。

中国共产党自成立以来，一直高度重视党的团结统一问题，把党的团结看作党的生命，认为党只有团结一致，才能形成强大的力量，也才能永葆党在政治上的先进性和纯洁性。党的团结统一，是由党的政治属性，以及党所肩负的历史任务、政治使命决定的，是党生存、发展和巩固的基本条件。党如果是分裂的，党就不可能生存，更不可能巩固和发展。

党的团结统一不是自然而然实现的。党内矛盾是客观存在的。矛盾的对立统一性，决定了党内矛盾是不可避免的，是不以人们意志为转移的。对于党内矛盾的客观必然性及其产生根源，毛泽东在《矛盾论》中做出了科学分析。他指出，世界上任何事物都充满着矛盾，一切事物都是在自身的矛盾运动中发展的，没有矛盾就没有世界。“党内不同思想的对立和斗争是经常发生的，这是社会的阶级矛盾和新旧事物的矛盾在党内的反映。党内如果没有矛盾和解决矛盾的思想斗争，党的生命也就停止了。”[①] 我们党就是在正视矛盾、解决矛盾中加强自身建设并不断发展壮大的。

① 毛泽东：《矛盾论》（1937 年 8 月），《毛泽东选集》第 1 卷，人民出版社 1991 年版，第 306 页。

党内矛盾是指党内在原则问题上不同意见的分歧、对立。不同的党员个体、党的组织在党的领导工作和党内生活中，有不同的意见、主张，乃至在一些重大原则问题上出现一些分歧和矛盾，是客观的现实存在。党内矛盾既可能是思想认识上的问题，也可能是政治上的问题，但归根结底是政治上的问题，应当从政治上进行分析和研判。

党内既然存在矛盾，影响乃至破坏党的团结统一的因素总是客观存在的。因此，加强党的团结统一，就需要在不断解决矛盾的过程中得以实现。这是党的建设特别是党的政治建设极为重要的任务，是党的政治建设需要着力解决的问题。

刘少奇指出："党的团结必须是在马克思列宁主义基础上的团结，必须是在正确的政治原则和正确的组织原则的基础上的团结。"[①]党的团结统一，不是表面上、形式上的团结统一，而应当是实质上的团结统一，是政治、思想和行动一致上的团结统一，是有原则的团结统一。团结统一的原则不是建立在私人感情基础上的，而是建立在做到"两个维护"的基础上的，是建立在坚定政治信仰、政治立场、政治方向、政治原则、政治道路、政治纪律的基础上的。因此，实现党的团结统一，最为关键的是加强党的政治建设。

四、党的政治建设的根本性地位

党的建设是一个系统工程，涵盖党的政治建设、思想建设、组

① 中共中央文献研究室编:《建国以来重要文献选编》第5册，中央文献出版社1993年版，第121页。

织建设、作风建设、纪律建设、制度建设等各个方面。党的政治建设是党的根本性建设，这一重大论断是对党的建设理论与实践布局的重大创新，深刻揭示了新时代党的政治建设的科学定位。深刻把握这一重大论断的精髓要义，对于推进党的政治建设乃至新时代党的建设都具有重要意义。

（一）党的政治建设为什么是党的根本性建设

党的政治建设是党的根本性建设，是我们党作为马克思主义政党的根本要求。每个成熟的政党都有自己的政治信仰、政治纲领、政治路线、政治方向、政治目标、政治原则、政治纪律等。旗帜鲜明讲政治、注重政治建党是马克思主义政党建设的鲜明特质。我们党是以马克思主义为指导的无产阶级政党，是代表无产阶级根本利益的政治集团。我们党是中国工人阶级的先锋队，同时是中国人民和中华民族的先锋队，党的最高理想和最终目标是实现共产主义。马克思主义政党的先进性集中体现为政治上的先进性，体现在党的政治纲领、政治方向、政治立场、政治原则、政治纪律等各个方面。党的政治建设解决的是党的政治信仰、政治路线、政治立场、政治领导等党的建设的根本性问题，直接决定党在政治上的先进性，进而从根本上决定党的先进性和纯洁性，关乎党的团结统一和前途命运。因此，必须把党的政治建设置于根本性地位、作为根本性任务。

高度重视政治建设是党的建设的优良传统和宝贵经验。在革命、建设和改革各个时期，我们党始终把旗帜鲜明讲政治作为根本要求，通过党章党规和党的文件对贯彻执行党的政治纲领和政治路线、加强党的政治领导、夯实党的政治根基、维护党的团结统一、规范党的政治生活、严肃党的政治纪律等做出规定、提出要求。正是因为高度重视政治建设，坚持政治纲领的先进性、政治路线的正确性、政治立场的坚定性、政治纪律的严明性，有力地统一了全党意志，凝聚了全党力量，保证全党上下同心同德，保持党同人民群众的血肉联系，不断克服前进道路上的艰难险阻，胜利完成各个时期的任务。加强党的政治建设，是我们党不断从胜利走向胜利的重要法宝。

（二）坚持以党的政治建设为统领

党的政治建设是党的根本性建设，这意味着政治建设是党的建设的灵魂，在党的建设总体布局中具有本源、根基性质，居于统领、核心、管总地位，发挥高屋建瓴、统揽全局、纲举目张的作用，决定着党的建设的方向和效果。不抓党的政治建设或背离党的政治建设指引的方向，党的其他建设就难以取得预期成效，甚至可能迷失方向，走上歧路。

坚持以党的政治建设统领推进党的各项建设。所谓统领，就是统帅、引领。党的其他方面的建设都要围绕党的政治建设来进行，都要服从、服务于党的政治建设，都要体现和反映党的政治建设的要求。党的其他各项建设的成效，最终要以政治建设的实际效果作为检验标准。党的政治建设抓好了，政治方向、政治立场、政治原则、政治大局把握住了，党的建设就立了根、铸了魂。因此，应当把政治建设的标准和要求自始至终贯穿于党的建设的全过程和各个方面、各个环节，以政治上的加强带动党的建设质量全面提高。

党的思想建设，是党的基础性建设，旨在通过加强马克思主义理论武装，为党的建设奠定思想基础。党的思想建设的实质是坚定政治信仰，解决世界观、人生观、价值观这个“总开关”问题。党的政治建设对党的思想建设发挥政治指南针作用，教育引导党员、干部坚定理想信念，坚守共产党人精神追求，自觉做共产主义远大理想和中国特色社会主义共同理想的坚定信仰者和忠实实践者。

党的组织建设，主要是坚持新时代党的组织路线，包括民主集中制、党的基层组织、干部队伍和党员队伍建设等内容。坚持民主集中制，重点在于增强“四个意识”、做到“两个维护”，保证全党的团结统一和行动一致。干部队伍建设必须坚持党管干部原则，始终把政治标准放在首位、作为选人用人的首要标准。基层组织建设要以提升组织力为重点，突出政治功能，把基层党组织建设成为宣传党的主张、贯彻党的决定、领导基层治理、团结动员群众、推动改革发展的坚强战斗堡垒。可见，党的组织建设必须聚焦坚持和加强党的全面领导、服务党的政治路线、强化政治引领等政治方面的要求。

党的作风建设，是党的建设的永恒主题，包括思想作风、学风、工作作风、领导作风、干部生活作风等内容。思想作风的核心是坚持党的思想路线，即一切从实际出发，理论联系实际，实事求是，在实践中检验真理和发展真理。理论联系实际，是我们党倡导的马克思列宁主义学风。工作作风的关键是坚持党的群众路线，反对形式主义、官僚主义，敢于斗争、善于斗争。领导作风的关键是坚持理论联系实际、密切联系群众、批评与自我批评。生活作风的关键是坚持艰苦奋斗，反对特权思想和特权现象，反对享乐主义、奢靡之风。党的作风问题本质上是党性问题、政治问题，是关系到党的政治信仰、政治立场、政治宗旨、政治根基的问题，必须紧扣民心这个最大的政治，坚持党的群众路线，不断厚植党执政的政治基础和社会基础。

党的纪律建设，是全面从严治党的治本之策。严明党的纪律，首要的就是严明党的政治纪律。党的政治纪律是各级党组织和全体党员在政治立场、政治方向、政治言论、政治行为方面必须遵守的规矩，是牵头的、管总的纪律。遵守党的政治纪律是遵守党的全部纪律的重要基础。要把政治纪律和政治规矩摆在首位，以提升政治纪律的执行力为重点，带动组织纪律、廉洁纪律、群众纪律、工作纪律、生活纪律严起来，引导党员、干部自觉坚持和加强党的全面领导，自觉同党中央保持高度一致。

党的制度建设以党章为根本，以民主集中制为核心，包括党的组织、党的领导、党的自身建设、党的监督保障等方面的建设。正如习近平总书记指出的："法治当中有政治，没有脱离政治的法治。每一种法治形态背后都有一套政治理论，每一种法治模式当中都有一种政治逻辑，每一条法治道路底下都有一种政治立场。"[①] 制度建设的关键是坚定践行马克思主义的政治观，坚持和加强党的全面领导，坚定维护党中央权威和集中统一领导，遵循党的政治立场、政治方向、政治原则、政治道路的基本要求。

深入推进反腐败斗争，建设廉洁政治，是推进党的建设高质量发展的必然要求。人民群众最痛恨腐败现象，腐败是我们党面临的最大威胁。反腐败斗争，归根结底是重大政治问题，这是一场输不起的斗争。必须坚定不移推进反腐败斗争，持之以恒正风肃纪。

从以上关于党的政治建设和党的其他方面建设的关系分析中，可以看出，党的政治建设像一条主线，把党的各方面建设联系、贯通起来。党的建设的灵魂和根本都是为了贯彻旗帜鲜明讲政治的要求，体现党的政治属性。必须牢牢把握党的政治建设对党的各项建设的统领作用，注重统分结合、纲举目张、系统集成，把政治标准和政治要求贯穿党的各方面建设，以政治上的加强推动全面从严治党向纵深发展，引领带动党的建设质量全面提高，把我们党建设得更加坚强有力。

---

① 习近平：《在省部级主要领导干部学习贯彻党的十八届四中全会精神全面推进依法治国专题研讨班上的讲话》，《习近平关于全面依法治国论述摘编》，中央文献出版社 2015 年版，第 34 页。

五、把党的政治建设摆在首位

（一）关于党的思想建设的科学定位

在党的历史上，党的建设总体布局是一个战略性、全局性问题。围绕党的政治建设、思想建设、组织建设、作风建设等党的建设要素，我们党曾经在不同历史时期有过不同排序，并根据当时实际情况做出把思想建设摆在首位、把思想理论建设摆在首位、把思想作风建设摆在第一位、把思想政治建设摆在首位等论断。比如，1994年9月，党的十四届四中全会《中共中央关于加强党的建设几个重大问题的决定》提出："把党的思想建设放在首位。"2001年9月，党的十五届六中全会《中共中央关于加强和改进党的作风建设的决定》提出："加强和改进党的作风建设，必须把思想作风建设摆在第一位。"2002年11月，党的十六大报告提出："必须把党的思想理论建设摆在更加突出的位置。"2004年9月，党的十六届四中全会《中共中央关于加强党的执政能力建设的决定》提出："坚持把党的思想理论建设放在首位。"

鉴于党的政治建设的重要性，党的文献也曾经出现"党的思想政治建设""把思想政治建设摆在首位"等提法。比如，1997年9月，党的十五大报告提出："要以思想政治建设为重点，把各级领导班子建设成为坚决贯彻党的基本理论和基本路线、全心全意为人民服务、具有领导现代化建设能力、团结坚强的领导集体。"2016年10月，党的十八届六中全会《关于新形势下党内政治生活的若干准则》提出："必须高度重视思想政治建设，把坚定理想信念作为开展党内政治生活的首要任务。"2016年10月，习近平总书记在《关于〈关于新形势下党内政治生活的若干准则〉和〈中国共产党党内监督条例〉的说明》中指出："要解决党内存在的一些突出矛盾和问题，必须把党的思想政治建设摆在首位，营造风清气正的政治生态。"①

党的十九大明确把党的政治建设摆在首位之后，鉴于党的思想建设的重要性，党内法规也有"政治思想建设"的表述。比如2019年4月7日起施行的《党政领导干部考核工作条例》，其中第二章第七条关于领导班子考核内容的第一项是"政治思想建设"，具体内容包括："全面考核领导班子坚决维护习近平总书记党中央的核心、全党的核心地位，坚决维护党中央权威和集中统一领导，坚持和加强党的全面领导，执行党的理论和路线方针政策，增强'四个意识'，做到'四个服从'，遵守政治纪律和政治规矩的情况；用习近平新时代中国特色社会主义思想武装头脑，坚定理想信念，坚定'四个自信'，不忘初心、牢记使命的情况；坚持民主集中制，执行新形势下党内政治生活若干准则，发现和解决自身问题，营造风清气正政治生态的情况；践行新时代党的组织路线，贯彻新时期好干部标准，树立正确选人用人导向的情况。"

我们党长期以来把思想建设摆在首位，这有重要的理论依据和实践依据。

一是从理论上看，这是社会存在和社会意识辩证关系原理的客观要求。社会存在和社会意识的关系问题，是历史唯物主义的一个重要问题。其基本原理认为：社会存在决定社会意识，但社会意识具有相对独立性，对社会存在具有能动的反作用。思想是行动的先导，没有革命的理论就没有革命的运动。科学的理论、先进的思想对经济社会发展进步起到了巨大的推动作用。马克思在《〈黑格

① 习近平：《关于〈关于新形势下党内政治生活的若干准则〉和〈中国共产党党内监督条例〉的说明》，《人民日报》2016年11月3日。

尔法哲学批判〉导言》写道："批判的武器当然不能代替武器的批判，物质力量只能用物质力量来摧毁；但是理论一经掌握群众，也会变成物质力量。理论只要说服人，就能掌握群众；而理论只要彻底，就能说服人。"①这就意味着，理论、精神可以发挥巨大的反作用。革命的理论一旦武装了群众的头脑，并变成改造世界的物质的实践活动，就能成为巨大的物质力量。

鉴于理论和思想的极端重要性，我们党历来高度重视思想政治教育工作、意识形态工作，强调要用党的科学理论武装全党、教育人民。特别是党的十九届四中全会审议通过的《中共中央关于坚持和完善中国特色社会主义制度 推进国家治理体系和治理能力现代化若干重大问题的决定》，强调坚持马克思主义在意识形态领域指导地位的根本制度。这是我们党第一次把马克思主义在意识形态领域的指导地位作为一项根本制度明确提出来，借此不断巩固全体人民团结奋斗的共同思想基础，为新时代坚持和发展中国特色社会主义、实现中华民族伟大复兴的中国梦提供坚强思想保证和强大精神动力。

二是从实践上看，思想建党、理论强党是我们党的重要法宝和优良传统。所谓法宝，就是能够揭示事物本质、反映客观规律、特别有效的方法或经验。习近平总书记在纪念马克思诞辰200周年的大会上指出："回顾党的奋斗历程可以发现，中国共产党之所以能够历经艰难困苦而不断发展壮大，很重要的一个原因就是我们党始终重视思想建党、理论强党，使全党始终保持统一的思想、坚定的意志、协调的行动、强大的战斗力。"②

---

① 马克思：《〈黑格尔法哲学批判〉导言》，《马克思恩格斯全集》第1卷，人民出版社1956年版，第460页。

② 习近平：《在纪念马克思诞辰200周年大会上的讲话》（2018年5月4日），人民出版社2018年版，第24页。

我们党诞生于农民占绝大多数的国度里，在相当长的时期，我们党的主体是农民和小资产阶级出身的党员，党内不可避免地存在小农思想、小资产阶级思想等非马克思主义思想，使党在思想上产生混乱。刘少奇 1945 年 5 月在党的七大关于修改党章的报告上深刻分析了党内无产阶级思想与非无产阶级思想的矛盾，并强调思想建设问题是我们党的建设中最主要的问题。他指出：“我们党的主要部分是处在农村中，党员的绝大多数，是出身于农民和小资产阶级知识分子，工人成分很少，但是将出身于无产者和贫农半无产者的党员合起来算，就占了大多数。我们党今天的这种情形，以及其他的情形，自然在我们党内引起了一系列的重要问题，这就是在党内反映了大量的小生产者的思想意识，甚至资产阶级与封建阶级的思想，也时常经过党内的小资产阶级分子传达到党内来，这就是党内主观主义、宗派主义、党八股及政治上组织上的机会主义的社会来源。……在我们党内，最本质的矛盾，就是无产阶级思想与非无产阶级思想的矛盾，其中最主要的是无产阶级思想与农民、小资产阶级思想的矛盾。只有这个矛盾的逐渐解决，只有在党内加强马克思列宁主义——无产阶级科学思想的教育与锻炼，不断克服小资产阶级以及其他各阶级反映在党内的思想，我们党的建设和党的事业，才能进步，才能发展。相反，如果党内的小资产阶级思想自由泛滥起来，甚至侵夺党的领导，压抑无产阶级思想的发展，我们党的建设和党的事业，就要后退，就要缩小。因此，我们党的建设中最主要的问题，首先就是思想建设问题，就是以马克思列宁主义——无产阶级的科学思想去教育与改造我们的党员、特别是小资产阶级革命分子的问题，就是和党内各种非无产阶级的思想进行斗争并加以克服的问题。”[①]

---

① 刘少奇：《论党》（1945 年 5 月 14 日），《刘少奇选集》上册，人民出版社 1981 年版，第 327 页。

如何把以农民为主要成分的党建设成为无产阶级先锋队，并始终保持党和党员的先进性、纯洁性，根本途径就是在党内加强马克思主义理论和无产阶级思想教育，教育引导党员不断提高思想觉悟，加强党性锻炼和自我改造。

在 1929 年 12 月召开的红四军第九次党代会即古田会议上，毛泽东针对党和红军中存在的种种非无产阶级思想及其危害，强调党员不但要在组织上入党，而且要在思想上入党，要经常注意用无产阶级思想改造和克服各种非无产阶级思想。古田会议第一次以党的决议的形式确立了“思想建党”原则，初步回答了如何从加强党的思想建设着手、保持党的无产阶级先锋队性质的问题。

延安整风，作为我们党的历史上第一次马克思主义集中教育活动，取得了巨大成就，使全党达到了空前的团结统一，为夺取抗日战争和解放战争的胜利、建立新中国奠定了坚实的思想政治基础。正因为如此，毛泽东强调指出：“掌握思想教育，是团结全党进行伟大政治斗争的中心环节。如果这个任务不解决，党的一切政治任务是不能完成的。”①

在我们党的历史上，每当党和国家事业发展迎来新的重要起点之时，我们党都特别重视用科学理论武装全党、统一思想，从容应对“赶考”路上的一切艰难险阻。

党的十八大以来，习近平总书记反复强调思想建党、理论强党，指出“只有理论上清醒才能有政治上清醒，只有理论上坚定才能有政治上坚定”，“加强思想教育和理论武装，是党内政治生活的首要任务，是保证全党步调一致的前提”，“党内存在的一些突出问题，从根源上说都是思想上的问题。从延安整风运动以来，我们党开展

① 毛泽东：《论联合政府》（1945 年 4 月 24 日），《毛泽东选集》第 3 卷，人民出版社 1991 年版，第 1093 页。

历次集中性教育活动，都是以思想教育打头”。[①]

为此，以习近平同志为核心的党中央采取一系列重大举措抓好全党理论武装，先后开展群众路线教育实践活动、“严以修身、严以用权、严以律己，谋事要实、创业要实、做人要实”专题教育、“学党章党规、学系列讲话，做合格党员”学习教育、“不忘初心、牢记使命”主题教育、党史学习教育等，其重要目标就是推动广大党员、干部加强理论学习，不断提高马克思主义理论水平，扎深理论之根、筑牢信仰之魂。

（二）把党的政治建设摆在首位的理论依据

习近平总书记在党的十九大报告中，改变了长期以来把党的思想建设放在首位的提法，做出把党的政治建设作为党的根本性建设、摆在首位的重大论断，凸显了党的政治建设的极端重要性，但并未否定思想建设作为党的基础性建设的地位。

我们党在新的历史阶段把党的政治建设摆在首位，具有深刻的理论逻辑和现实逻辑。

从理论逻辑上看，这是我们党对党的建设规律认识不断深化的必然结果，是我们党运用和发展马克思主义建党学说，推进新时代党的建设伟大工程的伟大创造，将对推进党的建设高质量发展产生极为深远的影响。

党的思想建设是党的基础性建设，对党的建设具有固本强基的作用。党的思想建设的首要任务就是坚定理想信念，教育引导党员补精神之钙、固思想之基、培为政之本，教育引导党员牢记党的宗旨，坚守共产党人的精神追求，挺起共产党人的精神脊梁，永葆共

① 习近平：《在“不忘初心、牢记使命”主题教育工作会议上的讲话》，《求是》2019 年第 13 期。

产党人的政治本色。党的思想建设，其实质就是对党员进行政治教育，其根本就是解决党员的政治信仰、政治方向、政治立场等政治方面的问题。

用什么样的思想来教育党员、武装全党？当然是马克思主义以及马克思主义中国化的理论成果，特别是用习近平新时代中国特色社会主义思想。而蕴含于这些科学思想理论深处的内容，就是党的政治理想、政治信念、政治使命、政治立场、政治方向、政治原则、政治道路、政治纪律等政治方面的标准和要求。这就意味着，当把党的思想建设摆在首位的同时，党的政治建设方面的内容和要求如一条主线，一直蕴含并贯穿于党的思想建设之中。党的十九大把党的政治建设摆在首位，其实就是把思想建设蕴含的政治标准和要求进一步凸显出来。

思想理论上的清醒是政治上坚定的前提，政治上的坚定源于理论上的清醒，离不开理论上的坚定。理论素质的高低在很大程度上决定了党员、干部政治水平的高低。但是，思想理论上清醒，并不必然意味着政治上就一定能够坚定。

马克思主义理论专家并不一定是马克思主义者。一般说来，马克思主义理论专家对马克思主义理论有深广研究而且成果丰硕，思想理论应该是清醒的，但他们未必都能成为真正的马克思主义者。有的人可能把研究阐释马克思主义理论仅仅当作一种职业，并未把马克思主义作为崇高的信仰去践行。甚至有的人研究马克思主义，不仅不是为了信仰和坚持马克思主义，而是为了反对马克思主义。

所以，由思想理论上清醒到政治上坚定，成为坚定的马克思主义者，把坚定理想信念作为安身立命的根本、作为修身立业的压舱石，这个过程不是一蹴而就的，不是自然而然的，需要主观和客观条件。

党的十八大以来，被立案审查调查的干部包括一些高级领导干部，其中不少人的思想理论水平不是不高，有的甚至在马克思主义理论研究方面有很深造诣。但这些人并未真正信仰马克思主义，或者说在一个时期信仰形成了，但并不坚定，后来信仰动摇了，未能做到“信仰认定了，就要信上一辈子”[①]，结果出了大问题。比如，中央纪委国家监委通报的案例经常有以下内容：有的“理想信念缺失，毫无党性原则，对党中央极端不忠诚，‘四个意识’个个皆无，‘六大纪律’项项违反，是典型的‘两面人’”；有的“理想信念完全丧失，党性原则荡然无存”；有的“政治上蜕变，丧失党性，毫无信仰，毫无敬畏，对党不忠诚不老实，搞两面派、做两面人”；有的“丧失理想信念，无视党纪国法，对党不忠诚不老实”；有的“理想信念丧失，毫无党性觉悟和政治意识，对党不忠诚不老实”，有的“理想信念丧失，政治上蜕化变质，毫无党性原则”，等等。

马克思主义信仰的形成自有其内在的规律。

首先，要在理论学习及社会实践中，接受教育或受环境影响，能够认同并接受党的理论主张。要深刻体悟马克思主义既是一种科学理论，也是一种崇高的信仰体系，蕴含着共产主义的理想与信念。这是建立在科学真理的基础之上，建立在为最广大人民谋利益的崇高价值基础之上，建立在对人类社会历史发展规律的深刻洞察和自觉把握之上。我们要坚信党的理论主张能够牢牢站在人类社会的道德和道义制高点上。在理解党的理论主张的基础上，相信和信任党的理论主张，并进而信奉党的理论，由最开始的相信和信任变成信奉。

其次，马克思主义信仰是伟大的，但坚定信仰的道路不可能一帆风顺，而是充满着坎坷和荆棘、挫折和失败。只有在实践中经过

---

① 习近平：《广大干部特别是年轻干部要做到信念坚、政治强、本领高、作风硬》（2019 年 3 月 1 日），《习近平关于“不忘初心、牢记使命”论述摘编》，党建读物出版社、中央文献出版社 2019 年版，第 89 页。

持续反复的磨炼、沉淀，把所信奉的党的理论主张，变成指导工作生活的信念，在各种挫折、诱惑、风险、挑战面前，在各种风云变幻、社会变革、思想多元的背景下，能够历经非同寻常的内心煎熬、意志磨炼，做到无坚不摧、坚如磐石，不为任何风险所惧，不为任何干扰所惑，不管是处于顺境还是逆境，都能“风雨不动安如山”，始终牢记党的初心使命，坚持正确政治方向，永葆政治本色，保持战略定力和前进动力，信念才能真正内化于心、外化于行，坚定的信仰才能得以形成。

可见，思想理论上的清醒，对于坚定政治信仰是非常重要的，但这是远远不够的。信仰的形成，需要在实践中经风雨、见世面、淬火锤炼。面对大是大非，是否敢于亮剑；面对矛盾挑战，是否敢于迎难而上；面对危机，是否敢于挺身而出；面对失误，是否敢于承担责任；面对歪风邪气，是否敢于坚决斗争，能否做疾风劲草、当烈火真金，这些都只有在政治实践中去检验，在严肃的党内政治生活、在急难险重的考验中去检验信仰的成色。

古人说：“识人识面不识心。”思想是人内心深处的东西，具有很强的隐蔽性、复杂性和迷惑性，难以被测量，准确识别和评价比较困难。在现实生活中，有些人“穿着盔甲”、“带着面具”，有些人身心背离、人格分裂，言行不一，当面一套、背后一套，口头一套、行动一套，一些政治上的两面派、两面人装得很正，藏得很深。

衡量评价党员、干部的真实思想状况，看其政治信仰是否坚定，不仅要听其言、闻其声，更要观其行、视其色，既察其表，更析其里，要透过现象看本质，要从其言行、工作、生活、作风等各方面综合考察，特别是要突出政治标准、政治要求，着重考察评价其政治表现情况。

综上分析可知，党的思想建设的根本在于政治方面的标准和要求，党的思想建设的成效要通过政治方面的成果来评价衡量。习近平总书记在党的十九大报告中关于党的政治建设的重要论断，实际上是把内含于思想建设中的政治方面的要求进一步凸显出来，把长期以来重视政治建设的实践进一步科学化理论化。这标志着我们党对自身建设规律性的认识达到了一个新的境界和高度。

（三）把党的政治建设摆在首位的实践依据

党和人民事业发展到什么阶段，党的建设就要推进到什么阶段。这是加强党的建设必须把握的基本规律。

从实践逻辑上看，把党的政治建设作为党的根本性建设、摆在首位，这是坚持问题导向的必然选择。党的建设把什么置于根本性地位、摆在首位，不是主观臆想出来的，而是由解决党的建设中存在的突出矛盾和问题的客观要求所决定的。

习近平总书记指出："我们中国共产党人干革命、搞建设、抓改革，从来都是为了解决中国的现实问题。"[①] 坚持问题导向，是以习近平同志为核心的党中央治国理政、管党治党的鲜明特征。以解决突出问题为突破口和主抓手，有什么问题就解决什么问题，什么问题突出就着重解决什么问题。

党的十八大以来，以习近平同志为核心的党中央之所以把党的政治建设摆在更加突出的位置，就是因为党内存在的诸多问题都同政治问题密切关联。

习近平总书记深刻指出："堡垒最容易从内部被攻破。从某种意义上说，自从党成立以来，我们党面临的最大风险是内部变质、变色、变味，丧失马克思主义政党的政治本色，背离党的宗旨而失

① 习近平：《关于〈中共中央关于全面深化改革若干重大问题的决定〉的说明》（2013 年 11 月 9 日），《习近平谈治国理政》，外文出版社 2014 年版，第 74 页。

去最广大人民支持和拥护。党的百年历史，也是我们党不断保持党的先进性和纯洁性，不断防范被瓦解、被腐化的危险的历史。”[①]为此，我们党一直在进行伟大的自我革命，始终坚持党要管党、全面从严治党，并不断取得新的成就。但是我们也应看到，党的建设方面还存在不少薄弱环节。党面临的执政环境是复杂的。影响党的先进性、弱化党的纯洁性的因素也是复杂的，具有很强的危险性和破坏性。党内存在的思想不纯、政治不纯、组织不纯、作风不纯等突出问题尚未得到根本解决；党面临的执政考验、改革开放考验、市场经济考验、外部环境考验是长期的、复杂的，精神懈怠危险、能力不足危险、脱离群众危险、消极腐败危险是尖锐的和严峻的。我们党以前只是强调“三个不纯”，即“思想不纯、组织不纯、作风不纯”问题，党的十八大之后，提出了“四个不纯”，专门增加了“政治不纯”，这是具有极强针对性的。

对于党内存在的政治方面的问题，习近平总书记多次做出深刻论述。

2014 年 10 月，在党的十八届四中全会上，习近平总书记深刻揭示了政治问题和腐败问题相伴而生的关系。他指出：“政治纪律和政治规矩这根弦不能松，腐败问题是腐败问题，政治问题是政治问题，不能只讲腐败问题、不讲政治问题。干部在政治上出问题，对党的危害不亚于腐败问题，有的甚至比腐败问题更严重。在政治问题上，任何人同样不能越过红线，越过了就要严肃追究其政治责任。有些事情在政治上是绝不能做的，做了就要付出代价，谁都不能拿政治纪律和政治规矩当儿戏。”[②]习近平总书记把违反政治纪律和政治规矩的现象归纳为“七个有之”。他强调指出：“一些人无视

① 习近平：《在党史学习教育动员大会上的讲话》（2021 年 2 月 20 日），《求是》2021 年第 7 期。

② 习近平：《在中共十八届四中全会第二次全体会议上的讲话》（2014 年 10 月 23 日），《习近平关于严明党的纪律和规矩论述摘编》，中央文献出版社、中国方正出版社 2016 年版，第 23 页。

党的政治纪律和政治规矩，为了自己的所谓仕途，为了自己的所谓影响力，搞任人唯亲、排斥异己的有之，搞团团伙伙、拉帮结派的有之，搞匿名诬告、制造谣言的有之，搞收买人心、拉动选票的有之，搞封官许愿、弹冠相庆的有之，搞自行其是、阳奉阴违的有之，搞尾大不掉、妄议中央的也有之，如此等等。有的人已经到了肆无忌惮、胆大妄为的地步！”①“七个有之”是从大量案例中抽象和总结出来的，深刻揭示了政治方面的突出问题。

2015 年 10 月，在党的十八届五中全会第二次全体会议上，习近平总书记指出：“党内不能存在形形色色的政治利益集团，也不能存在党内同党外相互勾结、权钱交易的政治利益集团。党中央坚定不移反对腐败，就是要防范和清除这种非法利益关系对党内政治生活的影响，恢复党的良好政治生态，而这项工作做得越早、越坚决、越彻底就越好。”②

2016 年 1 月，在十八届中央纪委六次全会上，习近平总书记指出：“从党的十八大以来查处的中管干部违纪违法案件看，腐败分子往往集政治蜕变、经济贪婪、生活腐化、作风专横于一身。党的十八大以来，党中央反复强调领导干部要严守政治纪律和政治规矩，但有的置若罔闻，搞结党营私、拉帮结派、团团伙伙，一门心思钻营权力；有的明知在换届中组织没有安排他，仍派亲信到处游说拉票，搞非组织活动；有的政治野心不小，扬言‘活着要进中南海，死了要入八宝山’；有的在其主政的地方建‘独立王国’，搞小山头、拉小圈子，对党中央决策部署阳奉阴违，为实现个人政治野心而不择手段。”他进一步强调：“这些问题是关系党和国家政治安

① 习近平：《在中共十八届四中全会第二次全体会议上的讲话》（2014 年 10 月 23 日），《习近平关于严明党的纪律和规矩论述摘编》，中央文献出版社、中国方正出版社 2016 年版，第 22 页。

② 习近平：《在中共十八届五中全会第二次全体会议上的讲话》（2015 年 10 月 29 日），《习近平关于严明党的纪律和规矩论述摘编》，中央文献出版社、中国方正出版社 2016 年版，第 31 页。

全的大问题，难道还不是政治吗？还用得着闪烁其词、讳莫如深吗？‘新松恨不高千尺，恶竹应须斩万竿。’如果不除恶务尽，一有风吹草动就会死灰复燃、卷土重来，不仅恶化政治生态，更会严重损害党心民心。”[①] 习近平总书记还指出：“搞拉帮结派这些事，搞收买人心这些事，没有物质手段能做到吗？做不到，那就要去搞歪门邪道找钱。反过来，如果有腐败行为，那就会想着如何给自己找一条安全通道，找保护伞，就会去搞团团伙伙，甚至想为一己私利影响组织上对领导班子配备的决定。”[②]

2021 年 2 月 20 日，在党史学习教育动员大会上，习近平总书记指出：“党的十八大以来，我们全力推进党的政治建设，健全维护党中央权威和集中统一领导的各项制度，党的团结统一更加巩固。同时，我们也要看到，现在仍有一些党员、干部政治意识不强、政治敏锐性不高，不善于从政治上观察和处理问题，对“国之大者”不关心，对政治要求、政治规矩、政治纪律不上心，对各种问题的政治危害性不走心，对贯彻落实党中央的大政方针不用心，讲政治还没有从外部要求转化为内在主动。”[③]

《中共中央关于加强党的政治建设的意见》明确指出：“党内存在的政治问题还没有得到根本解决，一些党组织和党员、干部忽视政治、淡化政治、不讲政治的问题还比较突出，有的甚至存在偏离中国特色社会主义方向的严重问题。切实有效解决这些问题，必须进一步加强党的政治建设。”

从总体上看，党内政治方面的问题突出表现在以下六个方面。

① 习近平：《在第十八届中央纪律检查委员会第六次全体会议上的讲话》（2016 年 1 月 12 日），《人民日报》2016 年 5 月 3 日。

② 习近平：《在中共十八届四中全会第二次全体会议上的讲话》（2014 年 10 月 23 日），《习近平关于严明党的纪律和规矩论述摘编》，中央文献出版社、中国方正出版社 2016 年版，第 23 页。

③ 习近平：《在党史学习教育动员大会上的讲话》（2021 年 2 月 20 日），《求是》2021 年第 7 期。

一是政治观念淡漠问题。有的党员、干部政治警惕放松、政治标准降低，认为政治不那么重要了，讲政治的自觉性降低，政治敏锐性迟钝，政治鉴别力削弱，由政治上模糊变成政治上糊涂，甚至对一些明显的政治问题视而不见、充耳不闻，变得麻木不仁，不自觉地犯政治错误。

二是政治信念动摇滑坡问题。理想信念动摇是最危险的动摇，理想信念滑坡是最危险的滑坡。有的党员、干部理想信念不坚定，对党不忠诚，世界观、人生观、价值观和权力观、政绩观、事业观扭曲变异，不信马列信鬼神，如同失去了舵的船，任由利益和欲望风吹浪打。

三是政治方向走偏问题。有的党员、干部对于社会上公开否定党的领导、否定我国社会主义制度、否定改革开放，歪曲、丑化、否定党的历史、国史、军史，歪曲、丑化、否定党的领袖和英雄模范的言行，不但不批评不制止，反而跟风附和，在关乎旗帜、关乎道路、关乎党和国家政治安全的原则性问题上，在大是大非面前，态度暧昧，消极躲避，不敢亮剑斗争，政治方向走岔、政治立场走偏。

四是政治本色丧失问题。有的党员、干部纪律松弛、脱离群众、独断专行、弄虚作假、慵懒无为，形式主义、官僚主义、享乐主义和奢靡之风问题突出；有的任人唯亲、跑官要官、买官卖官、拉票贿选，滥用权力、贪污受贿、腐化堕落、违法乱纪。

五是政治纪律失守问题。有的党员、干部的个人主义、分散主义、自由主义、好人主义、宗派主义、山头主义、本位主义不同程度存在，对于党中央决策部署，合意的执行、不合意的不执行，先斩后奏；有的自行其是、各自为政，有的有令不行、有禁不止，搞上有政策、下有对策；有的表态多调门高、行动少落实差；有的当面一套背后一套，嘴上一套行动一套；有的口是心非、阳奉阴违。

六是政治腐败问题。有的党员、干部在党内搞小山头、小圈子、小团伙，拉私人关系、培植个人势力、搞非组织活动，破坏党的集中统一；极少数干部政治野心膨胀、权欲熏心，搞阳奉阴违、结党营私、团团伙伙、拉帮结派、谋取权位等政治阴谋活动，通过结成利益集团，妄图窃取党和国家权力。《关于新形势下党内政治生活的若干准则》明确指出："对那些投机取巧、拉帮结派、搞团团伙伙的人，要严格防范，依纪依规处理。坚决防止野心家、阴谋家窃取党和国家权力。"

党内政治问题的存在，对我们党产生了极大的杀伤力，严重侵蚀党的政治基础、执政基础、思想道德基础，严重破坏党的团结和集中统一，严重损害党内政治生态和党的形象，严重影响党和人民事业发展。

党内存在的问题实质上都是政治问题，管党治党上的"宽松软"根子上是政治上的"宽松软"。政治上的问题，必须从政治上解决。加强党的政治建设是解决党内问题的治本之策。这就要求我们党必须把党的政治建设摆在更加突出的位置，坚持以党的政治建设为统领，全面提高党的建设科学化水平、全面推进党的自身治理的现代化。

党的十八大以来，面对党内存在的突出问题和重大风险考验，以习近平同志为核心的党中央坚持旗帜鲜明讲政治，形成了鲜明的政治导向，把党的政治建设摆在更加突出的位置，在坚定政治信仰、增强"四个意识"、维护党中央权威和集中统一领导、严明党的政治纪律和政治规矩、加强和规范新形势下党内政治生活、净化党内政治生态、正风肃纪、反腐惩恶等方面取得明显成效，从根本上扭转了党的领导弱化、党的建设缺失、从严治党不力的状况，党内政治生活气象更新，党内政治生态明显好转，党的面貌、党在人民群众中的形象发生了历史性变化，党的政治建设取得重大历史性成就。

实践证明，党的政治建设决定党的建设方向和效果，不抓党的政治建设或偏离党的政治建设指引的方向，党的其他建设就难以取得预期成效。抓住了党的政治建设，就抓住了党的建设的魂和根，就能使我们党始终具有崇高政治理想、高尚政治追求、纯洁政治品质、严明政治纪律，永葆党的先进性和纯洁性。

中国特色社会主义进入新时代，面对错综复杂的国际形势和艰巨繁重的改革发展任务，我们党要以新气象新作为统揽推进伟大斗争、伟大工程、伟大事业、伟大梦想，就必须深刻把握党的建设规律，进一步凸显党的政治建设的根本性地位，坚持以党的政治建设统领党的各方面建设，毫不动摇坚持和加强党的全面领导，毫不动摇把党建设得更加坚强有力。

六、坚持党的政治建设对党和国家事业发展的统领作用

（一）党的建设、党的全面领导与治国理政

政党政治基本关系，主要包括政党内部关系、政党与政党关系、政党与国家政权关系、政党与社会民众关系等四个方面。

党的政治建设，属于我们党内部的自身建设，主要针对的是党内关系与党员、干部，首要任务是保证全党服从中央、坚持党中央权威和集中统一领导，并进而实现全党团结统一、行动一致。加强党的政治建设的最终目标，要服务和服从党的建设的总目标，把党建设得更加坚强有力，更好地坚持和加强党的全面领导，实现党的初心使命和政治目标。

中国共产党作为最高政治领导力量，在中国政治和国家治理体

系中处于领导核心地位。因此，党的全面领导不仅仅局限于党内，不仅涉及党内的各级组织和党员、干部，而且包括对国家政权、其他政党和社会的领导，贯穿于治国理政的全过程和各个方面。

因此，党的政治建设作为党的建设总体布局的重要组成部分，居于统领地位，不仅融入党的建设的全过程和各个方面，而且对党和国家事业发展具有统领作用，内嵌于国家治理体系和治理能力现代化的进程中，贯穿于党和国家事业发展的各个方面。

《中共中央关于加强党的政治建设的意见》贯彻落实习近平总书记关于党的政治建设的重要论述，从党的建设、党的全面领导和治国理政关系的维度，对党的政治建设进行顶层设计。《意见》要求新时代加强党的政治建设，“必须坚持和加强党的全面领导，完善党的领导体制，改进党的领导方式，承担起执政兴国的政治责任”。《意见》从坚定政治信仰、强化政治领导、提高政治能力、净化政治生态等四个方面来具体部署党的政治建设的重点任务。这四个方面的任务涵盖了党的自身建设、党的全面领导和党对治国理政领导的各个方面的要求。

因此，对于党的政治建设根本性地位的认识，应当全面完整准确，不能把党的政治建设仅仅局限于党的自身建设领域，而是要立足坚持和加强党的全面领导的高度，把党的政治建设延伸、拓展到党的全面领导和治国理政的各个领域、各个方面。

（二）党的政治建设对治国理政的统领作用

鉴于党的政治建设对于治国理政的重要影响，应当高度重视党的政治建设对党和国家事业发展所具有的主导、统领和牵引、示范作用，坚定自觉把党的政治建设融入党和国家重大决策部署的制定和落实全过程，做到党的政治建设与各项业务工作特别是中心工作紧密结合、相互促进，为夺取新时代中国特色社会主义伟大胜利提供坚强政治保证。

要坚持不懈加强党的政治建设，建立健全坚持和加强党的全面领导的组织体系、制度体系、工作机制，提高党的执政能力和领导水平，把党总揽全局、协调各方落到实处，把党的领导切实落实到改革发展稳定、内政外交国防、治党治国治军等各领域各方面各环节，确保党和国家各项事业始终沿着正确方向前进，高效推进党和国家事业发展。

加强党的政治建设对治国理政的统领作用，需要正确处理党的政治建设与“五位一体”中的政治建设的关系。“政治建设”有两个范畴的概念，即党的“政治建设”和中国特色社会主义“五位一体”总体布局中的政治建设。这两者之间既密切联系、互相依存、互相促进，又各有侧重、存在区别，各自在不同领域发挥作用。

党的政治建设是旗帜鲜明讲政治在管党治党层面的要求，是新时代党的建设总体布局中的重要内容，与党的思想建设、组织建设、作风建设、纪律建设和制度建设、反腐败斗争相对应。

中国特色社会主义事业“五位一体”总体布局包括经济建设、政治建设、文化建设、社会建设、生态文明建设。其中的政治建设，是旗帜鲜明讲政治在治国理政层面的要求，是治国理政层面全方位的政治建设，是实现国家治理体系和治理能力现代化的重要内容。其总体要求是坚持中国共产党领导人民发展社会主义民主政治，走中国特色社会主义政治发展道路，建设社会主义政治文明；其核心内容包括坚持党的领导、人民当家作主、依法治国有机统一，坚持和完善人民代表大会制度，坚持和完善中国共产党领导的多党合作和政治协商制度、民族区域自治制度以及基层群众自治制度等基本政治制度。

党的政治建设与“五位一体”总体布局中的政治建设，肩负推进新时代中国特色社会主义发展战略的共同任务，是全面建设社会主义现代化国家、实现国家治理体系和治理能力现代化的必然要求。二者的内在一致性表现在以下方面。

第一，坚持和加强党的全面领导是二者的共同基点。中国特色社会主义政治发展道路，是近代以来中国人民长期奋斗历史逻辑、理论逻辑、实践逻辑的必然结果，是坚持党的本质属性、践行党的根本宗旨的必然要求。“五位一体”总体布局中的政治建设，本质要求是坚持和加强党的全面领导，必须坚持党的政治立场、政治方向、政治原则和政治道路，必须践行党的政治使命，彰显党的政治价值，这与党的政治建设中坚持党的政治领导的要求具有内在一致性。坚持和加强党的全面领导，是党的政治建设与“五位一体”中的政治建设的共同本质要求。

第二，党的政治建设对于“五位一体”中的政治建设发挥主导、牵引、示范作用。把党的政治建设摆在首位，就是为了进一步彰显中国特色社会主义的最本质特征，更好地发挥中国特色社会主义制度的最大优势，更加旗帜鲜明地坚持党的最高政治领导力量的地位，要坚持党对一切工作的领导，坚持党对“五位一体”中的政治建设的领导。党的政治建设统领新时代党的建设总体布局，旨在把党建设得更加坚强有力，以巩固、强化党对一切工作的领导，包括对“五位一体”中的政治建设的领导。党的政治建设的成果，不仅引领党的建设总体布局的结构优化和质量提升，而且直接影响和统摄“五位一体”总体布局中的政治建设的成效。一个坚强有力的中国共产党可以更好地推进“五位一体”总体布局中的政治建设。

第四章

坚持和加强党的全面领导

党是最高政治领导力量，党的领导是中国特色社会主义最本质的特征，是中国特色社会主义制度的最大优势。加强党的政治建设，旨在坚持和加强党的全面领导，完善党的领导体制，改进党的领导方式，履行好治国理政的政治责任，把党的领导落实到国家治理各领域各方面各环节。本章主要探讨坚持和加强党的全面领导的基本含义、党的领导制度是我国的根本领导制度、做到“两个维护”是坚持党的全面领导的最高原则、完善坚持党的全面领导的体制机制等内容。

一、坚持和加强党的全面领导的基本含义

（一）从“坚持党的领导”到“坚持和加强党的全面领导”

国家政权归谁所有、由谁领导，国家领导权由谁掌握、如何运作，这是一个国家治国理政的根本问题，是政治的根本问题。

坚持无产阶级政党的领导，是科学社会主义的一条基本原则，是马克思主义建党学说和国家学说非常重要的观点。这也是马克思、

恩格斯总结巴黎公社失败教训得出的真理性认识。巴黎公社作为社会主义早期实验仅存在 2 个多月，根本原因就是缺乏一个以马克思主义理论武装起来的革命政党的领导。

马克思、恩格斯深刻指出："工人阶级这样组织成为政党是必要的，为的是要保证社会革命获得胜利和实现这一革命的最终目标——消灭阶级。"[①] 列宁在领导俄国革命和俄国社会主义运动实践中，强调无产阶级政党必须毫不动摇地坚持党的领导权，指出"国家政权的一切政治经济工作都由工人阶级觉悟的先锋队共产党领导"[②]，坚持把无产阶级政党领导作为"社会主义胜利的唯一保证"[③]。

中国共产党坚持马克思主义建党学说，遵循马克思主义关于党的领导权的基本原理，立足中国革命、建设和改革实践，不断深化拓展对共产党执政规律和党的领导规律的认识，建立和完善党的领导制度，并不断推进党的领导制度化、法治化。

1. 党的领导制度的初创时期

在新中国成立之前，中国共产党从建立自己的军队和政权开始，便一直高度重视党对各项工作的领导权。

1927 年，毛泽东在率领秋收起义部队开赴井冈山的途中，领导了举世闻名的三湾改编，其中一项重要内容就是部队由党的前敌委员会统一领导，班、排设党小组，支部建在连上，营、团建立党委，连以上设党代表，由同级党组织的书记担任，部队的一切重大

① 马克思、恩格斯：《1871 年 9 月 17 日至 23 日在伦敦举行的国际工人协会代表会议的决议》，《马克思恩格斯全集》第 17 卷，人民出版社 1963 年版，第 455 页。

② 列宁：《关于工会在新经济政策条件下的作用和任务的提纲草案》（1921 年 12 月 30 日—1922 年 1 月 4 日），《列宁选集》第 4 卷，人民出版社 2012 年版，第 624 页。

③ 列宁：《关于起义的战斗协议》（1905 年 2 月 4 日〔17 日〕），《列宁全集》第 9 卷，人民出版社 2017 年版，第 257 页。

问题都必须经党组织集体讨论决定。三湾改编的重要意义，是确立了政治上、组织上党对军队的绝对领导。

在1929年12月的古田会议上，毛泽东对红四军党内存在的单纯军事观点提出批评，第一次从政治的高度明确了红军的性质。会议通过的决议指出："中国的红军是一个执行革命的政治任务的武装集团"①，必须处于党的绝对领导下。

1937年全面抗战爆发后，由于国共合作的特殊背景，红军被改编成八路军和新四军，为了加强党的领导，中共中央组织部于1937年8月1日发布的《关于改编后党及政治机关的组织的决定》明确规定，军队各级党委会的重要任务是"领导党的一切工作，保证党在部队中的绝对领导"②。

1938年11月，在党的六届六中全会上，毛泽东强调指出，共产党不争个人兵权，但要争党的兵权，争人民的兵权，"我们的原则是党指挥枪，而决不容许枪指挥党"③，深刻阐明了党和军队的关系是指挥与被指挥，也就是领导与被领导的关系。

在新民主主义革命时期，中国共产党先后建立起党领导的工农苏维埃政权、抗日根据地"三三制"政权，事实上确立了党对根据地一切工作的领导。

鉴于各根据地处于被日伪分割包围的状态，为了适应残酷的战争环境，解决抗日根据地党政军民关系中某些不协调的现象，加强党的集中统一领导，中央政治局会议于1942年9月1日做出《中共中央关于统一抗日根据地党的领导及调整各组织间关系的决

---

① 毛泽东：《中国共产党红军第四军第九次代表大会决议案》（1929年12月），《毛泽东文集》第1卷，人民出版社1993年版，第79页。

② 中央档案馆编：《中共中央文件选集》第11册，中共中央党校出版社1991年版，第313页。

③ 毛泽东：《战争和战略问题》（1938年11月6日），《毛泽东选集》第2卷，人民出版社1991年版，第547页。

定》，明确规定："党是无产阶级的先锋队和无产阶级组织的最高形式，他应该领导一切其他组织，如军队、政府与民众团体。根据地领导的统一与一元化，应当表现在每个根据地有一个统一的领导一切的党的委员会（中央局、分局、区党委、地委）。"《决定》确定，中央代表机关（中央局、分局）及各级党委（区党委、地委）为各地区的最高领导机关，统一对各地区党政军民工作的领导；中央代表机关及区党委、地委的决议、决定和指示，同级政府的党团，军队的军政委员会、政治部和民众团体的党团及党员，均须无条件执行；各级党委严格执行民主集中制，下级服从上级，全党服从中央。《决定》明确了根据地实行一元化领导的精神，确立了党领导一切的基本原则。

各抗日根据地根据中共中央关于根据地实行一元化领导的精神，进一步厘清了党与军队、政府及其他各类组织的关系，加强了党对各项工作的领导。1942 年 11 月 2 日，贺龙在陕甘宁边区高干会议上关于整党问题的发言中指出："党是最高的组织形式，是领导一切的，要领导政权、军队和民众团体。军队不能闹独立性，政权不能闹独立性，民众团体也不能闹独立性。"[①]1943 年 2 月 20 日，邓小平在中共中央太行分局高级干部会议上强调："没有坚强的党的领导和党的组织基础，没有党的一元化的领导，党的领导不贯彻于武装、政权、群众组织等各系统中，党的领导发生错误，都会影响到根据地的建设、巩固与坚持。"[②]"武装、政权、群众、党四种力量如何联系与配合呢？首先是党的领导问题，党是领导一切的核

① 贺龙：《在陕甘宁边区高干会议上关于整党问题的发言》（1942 年 11 月 2 日），《贺龙文选》，军事科学出版社 1989 年版，第 136 页。

② 邓小平：《根据地建设与群众运动》（1943 年 2 月 20 日），《邓小平文选》第 1 卷，人民出版社 1994 年版，第 65 页。

心。”[①] 毛泽东1943年10月14日在《切实执行十大政策》中明确指出：“实行一元化的领导很重要，要建立领导核心，反对‘一国三公’。”[②]

党的一元化领导的实行，保证了党领导核心作用的发挥，进一步增强了党的团结，统一了抗日根据地各部门的工作步调，保证了党的方针政策的贯彻执行，从而有力地汇聚革命力量，推动对敌斗争的发展及根据地的巩固和建设。

关于坚持共产党的领导权，毛泽东于1947年12月指出：“关于革命统一战线中领导者同被领导者的关系问题，共产党要实现领导需要两个条件：第一要率领被领导者坚决同敌人作斗争，第二要给被领导者以物质福利和政治教育。共产党的领导权问题现在要公开讲，不公开讲容易模糊党员干部和群众的思想，坏处多于好处。”[③] 他于1948年1月进一步强调：“领导的阶级和政党，要实现自己对于被领导的阶级、阶层、政党和人民团体的领导，必须具备两个条件：（甲）率领被领导者（同盟者）向着共同敌人作坚决的斗争，并取得胜利；（乙）对被领导者给以物质福利，至少不损害其利益，同时对被领导者给以政治教育。没有这两个条件或两个条件缺一，就不能实现领导。”[④]

① 邓小平：《根据地建设与群众运动》（1943年2月20日），《邓小平文选》第1卷，人民出版社1994年版，第66页。

② 毛泽东：《切实执行十大政策》（1943年10月14日），《毛泽东文集》第3卷，人民出版社1996年版，第69页。

③ 毛泽东：《在杨家沟中共中央扩大会议上的讲话》（1947年12月25日、28日），《毛泽东文集》第4卷，人民出版社1996年版，第332—333页。

④ 毛泽东：《关于目前党的政策中的几个重要问题》（1948年1月18日），《毛泽东选集》第4卷，人民出版社1991年版，第1273页。

2. 党的领导制度的全面实践时期

1949年，新中国成立，中国共产党掌握全国政权，开始了党的领导制度的全面实践。

1949年9月，中国人民政治协商会议第一届全体会议代行全国人民代表大会的职权，通过了具有临时宪法性质的《中国人民政治协商会议共同纲领》，明确规定：中华人民共和国为新民主主义即人民民主主义的国家，实行工人阶级领导的、以工农联盟为基础的、团结各民主阶级和国内各民族的人民民主专政。《共同纲领》强调新中国是工人阶级领导的，工人阶级对新中国的领导必然要通过中国工人阶级的先锋队也就是中国共产党去实现，这在实质上确立了中国共产党的领导地位。

1954年，毛泽东在第一届全国人民代表大会上提出，领导我们事业的核心力量是中国共产党。1954年宪法肯定了中国共产党领导人民取得的历史性成就，明确了中国共产党在人民民主统一战线中的领导地位，以国家根本法的形式将中国共产党的领导正式融入国家制度。

新中国成立之后，党中央及时在中央人民政府建立党组，多次重申“党领导一切”的原则，强调加强党中央的集中统一领导。1953年3月10日，中共中央《关于加强中央人民政府系统各部门向中央请示报告制度及加强中央对于政府工作领导的决定（草案）》明确规定：“今后政府工作中一切主要的和重要的方针、政策、计划和重大事项，均须事先请示中央，并经过中央讨论和决定或批准以后，始得执行。政府各部门对于中央的决议和指示的执行情况及工作中的重大问题，均须定期地和及时地向中央报告或请示，以便能取得中央经常的、直接的领导。”

1956年，社会主义改造任务的基本完成，标志着社会主义制度在我国的建立，我国进入全面建设社会主义时期。

1957年3月，毛泽东指出："中国的改革和建设靠我们来领导。"[①] 同年5月25日，他在接见中国新民主主义青年团第三次全国代表大会全体代表时更加鲜明地强调："中国共产党是全中国人民的领导核心。没有这样一个核心，社会主义事业就不能胜利。"[②]

1958年6月10日，中共中央发出《关于成立财经、政法、外事、科学、文教小组的通知》，成立中央政治局和书记处领导的财经小组、政法小组、科学小组、文教小组、外事小组，全面领导有关工作，确定了中共中央政治局和书记处与中央人民政府的关系是决策与执行的关系。"这些小组是党中央的，直隶中央政治局和书记处，向他们直接做报告。大政方针在政治局，具体部署在书记处。只有一个'政治设计院'，没有两个'政治设计院'。大政方针和具体部署，都是一元化，党政不分。具体执行和细节决策属政府机构及其党组。对大政方针和具体部署，政府机构及其党组有建议之权，但决定权在党中央。"[③]

1958年7月12日，邓小平在主持中共中央书记处会议听取共青团三届三中全会有关情况汇报时指出："党是无产阶级最高组织形式，有人总是不大愿意承认这一条。党领导一切，是一切问题根本的根本。"[④]

1962年，毛泽东同志在扩大的中央工作会议即七千人大会的讲话中强调，"工、农、商、学、兵、政、党这七个方面，党是领

① 毛泽东：《在中国共产党全国宣传工作会议上的讲话》（1957年3月12日），《毛泽东文集》第7卷，人民出版社1999年版，第275页。

② 毛泽东：《中国共产党是全中国人民的领导核心》（1957年5月25日），《毛泽东文集》第7卷，人民出版社1999年版，第303页。

③ 中央档案馆等编：《中共中央文件选集（1949年10月—1966年5月）》第28册，人民出版社2013年版，第150页。

④ 邓小平：《教育青年永远跟党走》（1958年7月12日），《邓小平文集（1949—1974年）》中卷，人民出版社2014年版，第387页。

导一切的。党要领导工业、农业、商业、文化教育、军队和政府。”他还强调：“有了总路线还不够，还必须在总路线指导之下，在工、农、商、学、兵、政、党各个方面，有一整套适合情况的具体的方针、政策和办法，才有可能说服群众和干部，并且把这些当作教材去教育他们，使他们有一个统一的认识和统一的行动，然后才有可能取得革命事业和建设事业的胜利，否则是不可能的。”①

“文化大革命”时期尽管出现了严重曲折，但是错误是由我们党自己纠正的，不是别的力量来纠正的，根本原因就在于中国共产党的领导地位始终存在。正如邓小平所说，“就是粉碎‘四人帮’，也是由我们党代表人民的利益和要求来实现的”②。

3. 党的领导制度的发展时期

党的十一届三中全会后，邓小平提出党和国家领导制度改革的新课题。1980 年 1 月 16 日，邓小平在中央召集的干部会议上做《目前的形势和任务》的讲话。关于党的领导问题，他指出：“中国一向被称为一盘散沙，但是自从我们党成为执政党，成为全国团结的核心力量，四分五裂、各霸一方的局面就结束了。只要我们党的领导是正确的，那就不仅能够把全党的力量，而且能够把全国人民的力量集合起来，干出轰轰烈烈的事业。”“中国由共产党领导，中国的社会主义现代化建设事业由共产党领导，这个原则是不能动摇的；动摇了中国就要倒退到分裂和混乱，就不可能实现现代化。”他强调，我们坚持四项基本原则，“这四个坚持的核心是坚持党的领导”。“为了坚持党的领导，必须努力改善党的领导。”“我们要改

---

① 毛泽东：《在扩大的中央工作会议上的讲话》（1962 年 1 月 30 日），《毛泽东文集》第 8 卷，人民出版社 1999 年版，第 305 页，第 304 页。

② 邓小平：《目前的形势和任务》（1980 年 1 月 16 日），《邓小平文选》第 2 卷，人民出版社 1994 年版，第 267 页。

善党的领导，除了改善党的组织状况以外，还要改善党的领导工作状况，改善党的领导制度。”[①] 这是第一次明确提出“党的领导制度”概念。

1980 年 8 月 18 日，邓小平在《党和国家领导制度的改革》中指出：“在中国这样的大国，要把几亿人口的思想和力量统一起来建设社会主义，没有一个由具有高度觉悟性、纪律性和自我牺牲精神的党员组成的能够真正代表和团结人民群众的党，没有这样一个党的统一领导，是不可能设想的，那就只会四分五裂，一事无成。”[②]

1981 年 7 月 17 日，邓小平在《关于思想战线上的问题的谈话》中指出：“坚持四项基本原则的核心，是坚持共产党的领导。没有共产党的领导，肯定会天下大乱，四分五裂。历史事实证明了这一点。”[③]

1982 年 9 月，党的十二大通过的《中国共产党章程》规定“党的领导主要是政治、思想和组织的领导”。由此，党的领导曾经被概括为政治领导、思想领导、组织领导等“三大领导”。这一表述一直沿用到党的十九大之前。

1993 年 3 月，八届全国人大一次会议修改宪法，将“中国共产党领导的多党合作和政治协商制度将长期存在和发展”载入宪法序言，从国家基本政治制度层面明确了中国共产党领导的制度。

1997 年，党的十五大提出依法治国基本方略，明确了实现党的领导制度化、法律化的基本含义，从制度上和法律上保证党的基

---

① 邓小平：《目前的形势和任务》（1980 年 1 月 16 日），《邓小平文选》第 2 卷，人民出版社 1994 年版，第 267—269 页。

② 邓小平：《党和国家领导制度的改革》（1980 年 8 月 18 日），《邓小平文选》第 2 卷，人民出版社 1994 年版，第 341—342 页。

③ 邓小平：《关于思想战线上的问题的谈话》（1981 年 7 月 17 日），《邓小平文选》第 2 卷，人民出版社 1994 年版，第 391 页。

本路线和基本方针的贯彻实施，保证党始终发挥总揽全局、协调各方的领导核心作用。

4. 党的领导制度在新时代的新发展

党的十八大以来，为了让党的领导更加适应实践、时代、人民的要求，习近平总书记开创性地提出“中国特色社会主义最本质的特征是中国共产党领导，中国特色社会主义制度的最大优势是中国共产党领导，党是最高政治领导力量”，反复强调“党政军民学，东西南北中，党是领导一切的”，鲜明提出坚持和加强党的“全面领导”。这些关于党的全面领导的重要论断，用语都是高级形容词，是顶格用语，把我们党对党的领导地位的认识提高到了一个全新的高度和境界，深刻揭示了中国共产党领导与中国特色社会主义之间内在的统一性，深刻阐明了坚持和加强党的全面领导的科学内涵和重大意义，丰富发展了马克思主义建党学说，成为习近平新时代中国特色社会主义思想中具有标志性意义的重大理论创新成果。

2013 年 11 月，党的十八届三中全会通过的《中共中央关于全面深化改革若干重大问题的决定》明确指出，全面深化改革的总目标是完善和发展中国特色社会主义制度，推进国家治理体系和治理能力现代化，强调国家治理体系是在党领导下管理国家的制度体系。这一制度体系的核心是坚持党的领导，要紧紧围绕提高科学执政、民主执政、依法执政水平来深化党的建设制度改革，完善党的领导体制和执政方式。

2017 年 10 月，党的十九大把“坚持党对一切工作的领导”确立为新时代坚持和发展中国特色社会主义的基本方略的第一项内容；把“坚持和加强党的全面领导”作为新时代党的建设总要求的根本原则之一，并提出“完善坚持党的领导的体制机制”新要求。

党的十九大对党章做出修改，将总纲原第二十八自然段第一句修改为："中国共产党的领导是中国特色社会主义最本质的特征，是中国特色社会主义制度的最大优势。党政军民学，东西南北中，党是领导一切的。"做这样的修改，更加明确了党在中国特色社会主义各项事业中的领导地位，有利于强化党的领导，确保党的事业始终沿着正确方向前进。

2018 年 2 月，党的十九届三中全会通过的《中共中央关于深化党和国家机构改革的决定》指出，深化党和国家机构改革，遵循的第一项原则就是"坚持党的全面领导。党的全面领导是深化党和国家机构改革的根本保证"。《决定》强调："完善坚持党的全面领导的制度"，"加强党对各领域各方面工作领导，是深化党和国家机构改革的首要任务。要优化党的组织机构，确保党的领导全覆盖，确保党的领导更加坚强有力"。"建立健全党对重大工作的领导体制机制。加强党的全面领导，首先要加强党对涉及党和国家事业全局的重大工作的集中统一领导。"

2019 年 10 月，党的十九届四中全会通过的《关于坚持和完善中国特色社会主义制度 推进国家治理体系和治理能力现代化若干重大问题的决定》系统阐释我国国家制度和国家治理体系 13 个方面的显著优势，第一位的就是"坚持党的集中统一领导，坚持党的科学理论，保持政治稳定，确保国家始终沿着社会主义方向前进的显著优势"；部署坚持和完善中国特色社会主义制度、推进国家治理体系和治理能力现代化的重大任务，首要的是"坚持和完善党的领导制度体系，提高党科学执政、民主执政、依法执政水平"，强调要"健全总揽全局、协调各方的党的领导制度体系，把党的领导落实到国家治理各领域各方面各环节"，突出党的领导制度在中国特色社会主义制度和国家治理体系中的根本性和统领地位。

2020 年 10 月，党的十九届五中全会通过的《中共中央关于制定国民经济和社会发展第十四个五年规划和二〇三五年远景目标的建议》，把“坚持党的全面领导”作为“十四五”时期发展必须遵循的第一位原则和根本政治保证，强调要“坚持和完善党领导经济社会发展的体制机制，坚持和完善中国特色社会主义制度，不断提高贯彻新发展理念、构建新发展格局能力和水平，为实现高质量发展提供根本保证”，并要求加强党中央集中统一领导，推进社会主义政治建设，健全规划制定和落实机制。

2021 年 7 月 1 日，习近平总书记在庆祝中国共产党成立 100 周年大会上的讲话，围绕以史为鉴、开创未来提出了“九个必须”的根本要求，其中第一个就是“必须坚持中国共产党坚强领导”。他深刻指出：“新的征程上，我们必须坚持党的全面领导，不断完善党的领导，增强‘四个意识’、坚定‘四个自信’、做到‘两个维护’，牢记‘国之大者’，不断提高党科学执政、民主执政、依法执政水平，充分发挥党总揽全局、协调各方的领导核心作用！”①

2021 年 11 月，《中共中央关于党的百年奋斗重大成就和历史经验的决议》全面总结党领导人民进行伟大奋斗的“十个坚持”宝贵历史经验，其中第一条就是“坚持党的领导”，强调“中国人民和中华民族之所以能够扭转近代以后的历史命运、取得今天的伟大成就，最根本的是有中国共产党的坚强领导”。“治理好我们这个世界上最大的政党和人口最多的国家，必须坚持党的全面领导特别是党中央集中统一领导，坚持民主集中制，确保党始终总揽全局、协调各方。只要我们坚持党的全面领导不动摇，坚决维护党的核心和党中央权威，充分发挥党的领导政治优势，把党的领导落实到党和

① 习近平：《在庆祝中国共产党成立 100 周年大会上的讲话》（2021 年 7 月 1 日），《求是》2021 年第 14 期。

国家事业各领域各方面各环节，就一定能够确保全党全军全国各族人民团结一致向前进。”

党的十八大以来，以习近平同志为核心的党中央围绕“坚持和加强党的全面领导”，提出一系列创新理论，科学回答了在新时代为什么要坚持和加强党的全面领导、怎样坚持和加强党的全面领导等一系列重大理论和实践问题；坚持以全局观念和系统思维，采取一系列重大举措，建立健全党的全面领导的体制机制，形成系统完备、科学规范、运行有效的制度体系，坚决维护党中央权威和集中统一领导，确保党始终发挥总揽全局、协调各方的领导核心作用，有力推进了国家治理体系和治理能力现代化进程，推动党和国家各项事业取得历史性成就、发生历史性变革。

（二）坚持和加强党的全面领导的重大意义

从强调“坚持党的领导”到进一步提出“坚持和加强党的全面领导”，虽然只是几个字词的变化，但意味深长，有着深刻的理论、实践依据和深远的战略考量，具有重大意义。

1. 坚持和加强党的全面领导，是由党的性质宗旨、政治理想和使命任务决定的

我们治国理政的本根，就是中国共产党的领导和我国社会主义制度。习近平总书记指出：“中国共产党领导的制度是我们自己的，不是从哪里克隆来的，也不是亦步亦趋效仿别人的。”① 中国共产党的领导地位不是自封的，不是外力扶持的，更不是谁强加的，而是

① 习近平：《在参加河南省兰考县委常委班子专题民主生活会时的讲话》（2014 年 5 月 9 日），《习近平关于社会主义政治建设论述摘编》，中央文献出版社 2017 年版，第 28—29 页。

历史的选择、人民的选择，是在团结带领人民进行的伟大社会革命中确立和巩固的。党的领导制度是顺应党的领导地位的客观存在，在不断推进党的领导制度化、法治化的过程中形成和发展的。党的领导地位形成的内在机理，就在于中国共产党作为马克思主义使命型的先进政党，与中国人民的前途命运、中华民族的前途命运、社会主义的前途命运紧密相连。

回到本源上看，无产阶级政党与科学社会主义同根同源，中国共产党的初心使命与社会主义制度、与中国人民和中华民族的前途命运同生共进。

中国共产党自成立之日起，就以马克思主义为立党之本，以实现共产主义为党的最高理想和最终目标，以全心全意为人民服务为根本政治立场和宗旨，承载着为中国人民谋幸福、为中华民族谋复兴的初心和使命。

党的理想信念和使命追求就是共产党人的本。这是中国特色社会主义的本源，也是中国特色社会主义的逻辑起点。没有马克思主义信仰、共产主义远大理想，就没有中国共产党；没有中国共产党的领导，社会主义就是无本之木，就没有中国特色社会主义。所以，党的领导直接决定和体现了中国特色社会主义的性质。

社会主义国家作为由人民当家作主的国家，必须由始终代表最广大人民根本利益、没有任何自身私利的政党来领导，才能保证社会主义国家的国体政体性质不被改变，人民才能成为国家真正的主人。

事实是真理的依据。毛泽东指出：“中国革命是包括资产阶级民主主义性质的革命（新民主主义的革命）和无产阶级社会主义性质的革命、现在阶段的革命和将来阶段的革命这样两重任务的。而这两重革命任务的领导，都是担负在中国无产阶级的政党——中国共产党的双肩之上，离开了中国共产党的领导，任何革命都不能成功。”[1]邓小平强调：“从根本上说，没有党的领导，就没有现代中国的一切。”[2]习近平总书记在党史学习教育动员大会上的讲话深刻指出：“经过一百年的奋斗，我们党团结带领人民在一个有着几千年封建社会历史的国家实现了最广泛的人民民主，人民真正成为国家、社会和自己命运的主人；我们在一穷二白的基础上创造了经济社会快速发展奇迹，用几十年时间走完了发达国家几百年走过的工业化历程，跃升为世界第二大经济体，综合国力、科技实力、国防实力、文化影响力、国际影响力显著提升；我国人民生活由温饱不足到全面小康，整体上彻底摆脱了绝对贫困，成为世界上中等收入人口最多的国家；我国长期保持社会和谐稳定、人民安居乐业，成为国际社会公认的最有安全感的国家之一。这次抗击新冠肺炎疫情的伟大斗争，充分彰显了党的领导和我国社会主义制度的显著优势，极大增强了全党全国各族人民的信心信念。当今世界，要说哪个政党、哪个国家、哪个民族能够自信的话，那中国共产党、中华人民共和国、中华民族是最有理由自信的！”[3]如果没有中国共产党领导，我们的国家、我们的民族不可能取得今天这样的成就，也不可能具有今天这样的国际地位。

党的领导是党和国家事业不断发展的“定海神针”，是做好党和国家各项工作的根本保证，是我国政治稳定、经济发展、民族团结、社会稳定的根本点。正是因为有了中国共产党的坚强领导，我们才能实现伟大历史转折、开启改革开放新时期和中华民族伟大复兴新征程，才能成功应对一系列重大风险挑战、克服无数艰难险阻，

---

① 毛泽东：《中国革命和中国共产党》（1939 年 12 月），《毛泽东选集》第 2 卷，人民出版社 1991 年版，第 651 页。

② 邓小平：《目前的形势和任务》（1980 年 1 月 16 日），《邓小平文选》第 2 卷，人民出版社 1994 年版，第 266 页。

③ 习近平：《在党史学习教育动员大会上的讲话》（2021 年 2 月 20 日），《求是》2021 年第 7 期。

取得一个又一个人民满意、世界瞩目、可以载入史册的伟大胜利。

历史和现实都告诉我们，中国共产党是风雨来袭时中国人民最可靠的主心骨，我国社会主义制度是抵御风险挑战的最有力制度保证。习近平总书记深刻指出："中国共产党具有无比坚强的领导力、组织力、执行力，是团结带领人民攻坚克难、开拓前进最可靠的领导力量。只要我们始终不渝坚持党的领导，就一定能够战胜前进道路上的任何艰难险阻，不断满足人民对美好生活的向往！"[①] 有了中国共产党领导，是中国、中国人民、中华民族的一大幸事。在社会主义中国，只有中国共产党才能代表和维护最广大人民的根本利益；只有中国共产党才能领导中国、发展中国，才能有中华民族从站起来到富起来再到强起来的伟大飞跃，才能实现中华民族的伟大复兴。坚持党的全面领导是党和国家的根本所在、命脉所在，是全国各族人民的利益所系、幸福所系，是中华民族的命运所系。

因此，坚持党的全面领导，是决定党和国家前途命运的重大原则问题，是方向性问题，必须旗帜鲜明、脑子要特别清醒、眼睛要特别明亮、立场要特别坚定，必须保持高度的思想自觉、政治自觉、行动自觉，决不能羞羞答答、语焉不详，决不能遮遮掩掩、搞自我麻痹，决不能有任何含糊和动摇。

2. 坚持和加强党的全面领导，是新时代党的建设的根本原则

实现中华民族伟大复兴是近代以来中华民族最伟大的梦想。习近平总书记深刻指出："中国共产党一经诞生，就把为中国人民谋幸福、为中华民族谋复兴确立为自己的初心使命。一百年来，中国共产党团结带领中国人民进行的一切奋斗、一切牺牲、一切创造，

---

① 习近平：《在全国脱贫攻坚总结表彰大会上的讲话》（2021 年 2 月 25 日），人民出版社 2021 年版，第 13 页。

归结起来就是一个主题：实现中华民族伟大复兴。”[①] 今天，实现中华民族伟大复兴进入了不可逆转的历史进程！中国比历史上任何时期都更接近、更有信心和能力实现中华民族伟大复兴的目标。现在是实现中华民族伟大复兴最为关键的历史时期。

中华民族伟大复兴，绝不是轻轻松松、敲锣打鼓就能实现的。面对严峻复杂的国际形势、艰巨繁重的国内改革发展稳定任务，我们党要团结带领人民有效应对重大挑战、抵御重大风险、克服重大阻力、解决重大矛盾，必须坚定不移坚持和加强党的全面领导、坚持不懈完善和健全党的全面领导制度，确保党在世界形势深刻变化的历史进程中始终走在时代前列，在应对国内外各种风险和考验的历史进程中始终成为全国人民的主心骨，在坚持和发展中国特色社会主义的历史进程中始终成为坚强领导核心。

中国共产党的领导地位和长期执政地位不是一劳永逸、一成不变的。如何永远确保这种地位？邓小平深刻指出：“我们的党是能够领导的，是不会被打倒的，因为我们同群众在一起，不是用宗派主义的态度对待群众、对待党外人士，不是用官僚主义的态度对待群众，不是用主观主义的态度处理问题。如果我们党过去能领导好，今后还是能领导好。共产党有没有资格领导，这决定于我们党自己。人家承认不承认是另外一回事，不承认也不要紧。如果你合格，人家不承认也合格；如果不合格，人家承认了也还是不合格。归根到底在于我们自己。”[②] 习近平总书记强调指出：“中国的事情要办好首先中国共产党的事情要办好。……应对和战胜前进道路上的各种风险和挑战，关键在党。我们要聚精会神抓好党的建设，使我们党

① 习近平：《在庆祝中国共产党成立 100 周年大会上的讲话》（2021 年 7 月 1 日），《求是》2021 年第 14 期。

② 邓小平：《共产党要接受监督》（1957 年 4 月 8 日），《邓小平文选》第 1 卷，人民出版社 1994 年版，第 274 页。

越来越成熟、越来越强大、越来越有战斗力。这是全党的政治责任，首先是中央政治局的政治责任。”①

党的十八大以来，以习近平同志为核心的党中央从巩固党的长期执政地位、永葆党的先进性纯洁性的政治高度，坚持问题导向，秉持战略定力，旗帜鲜明坚持和加强党的全面领导，坚持党要管党、全面从严治党，全面加强党的领导和党的建设，使党在革命性锻造中更加坚强，焕发出新的强大生机活力。各级党组织切实担负起管党治党的政治责任，把严的要求贯彻到管党治党全过程、落实到党的建设各方面，党的领导和党的建设面貌焕然一新，开辟了管党治党新境界，取得了党的建设和全面从严治党新成就，党的全面领导制度得到新的加强和完善。

（三）坚持和加强党的全面领导的科学内涵

习近平总书记深刻指出：“党的领导必须是全面的、系统的、整体的，必须体现到经济建设、政治建设、文化建设、社会建设、生态文明建设和国防军队、祖国统一、外交工作、党的建设等各方面。哪个领域、哪个方面、哪个环节缺失了弱化了，都会削弱党的力量，损害党和国家事业。”②

党的全面领导，是指党作为中国特色社会主义事业的领导核心，按照总揽全局、协调各方的原则，对改革发展稳定、内政外交国防、治党治国治军等管党治党和治国理政的各领域各方面各环节等一切工作的领导。党的全面领导不是抽象的、空洞的，而是具体的、明确的，是党对国家和社会一切工作的全面系统、集中统一、坚强有

---

① 习近平：《中国共产党领导是中国特色社会主义最本质的特征》，《求是》2020 年第 14 期。

② 习近平：《在党的十九届三中全会第二次全体会议上的讲话》（2018 年 2 月 28 日），《习近平关于“不忘初心、牢记使命”论述摘编》，党建读物出版社、中央文献出版社 2019 年版，第 119 页。

力的实质性领导。

1. 关于党的全面领导的最高原则

党中央集中统一领导是党的领导的最高原则，加强和维护党中央集中统一领导是全党共同的政治责任，坚持党的领导首先要旗帜鲜明讲政治，保证全党服从中央。

习近平总书记指出："党政军民学，东西南北中，党是领导一切的。坚持党的领导，首先是坚持党中央权威和集中统一领导，这是党的领导的最高原则，任何时候任何情况下都不能含糊、不能动摇。"① 中央委员会、中央政治局、中央政治局常务委员会是党的组织体系的大脑和中枢，在推进中国特色社会主义事业中把方向、谋大局、定政策、促改革。涉及全党全国性的重大方针政策问题，只有党中央有权做出决定和解释。党中央重大决策部署，是全党全军全国各族人民统一思想、统一意志、统一行动的依据。党中央统揽伟大斗争、伟大工程、伟大事业、伟大梦想，统筹推进"五位一体"总体布局、协调推进"四个全面"战略布局，全面领导改革发展稳定、内政外交国防、治党治国治军等各领域各方面工作，对党和国家事业发展重大工作实行集中统一领导。各级人大、政府、政协、监察机关、审判机关、检察机关，武装力量，各民主党派和无党派人士，人民团体，企事业单位，基层群众性自治组织，社会组织等，都必须自觉接受党中央领导。全党各个组织和全体党员必须自觉服从党中央，向党中央看齐，坚决维护党中央权威和集中统一领导，自觉在思想上政治上行动上同党中央保持高度一致。这是坚持和加强党的全面领导的核心要义和最集中的体现，也是坚持和加强党的全面领导最重要的要求。

① 习近平：《在全国组织工作会议上的讲话》（2018 年 7 月 3 日），《党建研究》2018 年第 9 期。

2. 关于党的全面领导的领域

党的全面领导，是指党对一切工作的领导，要紧扣国际国内两个大局、党和国家工作全局，统筹全面建设社会主义现代化国家各个领域各个方面，特别是加强对中国特色社会主义事业“五位一体”总体布局和“四个全面”战略布局的领导。要坚持统筹推进经济建设、政治建设、文化建设、社会建设、生态文明建设总体布局，协调推进全面建设社会主义现代化国家、全面深化改革、全面依法治国、全面从严治党战略布局。党要坚持以经济建设为中心、发展社会主义市场经济，立足新发展阶段、贯彻新发展理念、构建新发展格局、推动高质量发展，全面深化改革开放，促进共同富裕，推进科技自立自强；发展社会主义民主政治、增强治国理政能力，发展全过程人民民主，保证人民当家作主，坚持全面依法治国；发展社会主义先进文化，坚持社会主义核心价值体系，凝聚精神力量；构建社会主义和谐社会、提升治理服务水平，坚持在发展中保障和改善民生；建设社会主义生态文明，坚持人与自然和谐共生；统筹发展和安全，加快国防和军队现代化，协同推进人民富裕、国家强盛、中国美丽。

3. 关于党的全面领导的对象

党的全面领导，是指党对各级人大、政府、政协、监察机关、审判机关、检察机关，以及对武装力量、各民主党派和无党派人士、人民团体、企事业单位、基层群众自治组织、社会组织等的领导。

一个国家的治国理政体系是一个大系统，包括国家机关、政党组织、群团组织和其他各种社会组织。在这个大系统中，中国共产党处于总揽全局、协调各方的核心统领地位。党中央在全国人大常委会、国务院、全国政协、最高人民法院、最高人民检察院等设立党组，对党中央负责，贯彻执行党中央决策部署。中国共产党在国家机关、企事业单位、群团组织、社会组织等中设立党委（党组），通过这些党委（党组）实施领导，确保党的方针政策和决策部署得到贯彻落实。

要确保党在各类组织中发挥领导作用，不管哪个领域、哪个层级、哪个单位，不管什么工作，都必须坚定自觉坚持党的全面领导。全国各党派、各团体、各民族、各阶层、各界人士要紧密团结在党中央周围，增强“四个意识”，坚定“四个自信”，做到“两个维护”，万众一心向前进。

4. 关于党的全面领导的科学定位

党的全面领导，是指中国共产党作为最高政治领导力量，是中国特色社会主义事业的领导核心，在中国政治力量格局中处于最高领导地位，发挥对国家和社会的主导、动员和整合职能。在当今中国，没有大于中国共产党的政治力量或其他什么力量。没有任何政党和政治组织能够比得上中国共产党的坚强有力，能够具备成为中国最高政治领导力量的素质、能力和水平。其他任何政治力量都必须接受中国共产党的领导。

正如习近平总书记指出的那样：“我国社会主义政治制度优越性的一个突出特点是党总揽全局、协调各方的领导核心作用，形象地说是‘众星捧月’，这个‘月’就是中国共产党。在国家治理体系的大棋局中，党中央是坐镇中军帐的‘帅’，车马炮各展其长，一盘棋大局分明。如果中国出现了各自为政、一盘散沙的局面，不仅我们确定的目标不能实现，而且必定会产生灾难性后果。”[①]

---

① 习近平：《在省部级主要领导干部学习贯彻党的十八届四中全会精神全面推进依法治国专题研讨班上的讲话》（2015 年 2 月 2 日），《习近平关于社会主义政治建设论述摘编》，中央文献出版社 2017 年版，第 31 页。

5. 关于党的全面领导的价值导向

党的全面领导，旨在更好地实现党的初心使命，更好地实现好、维护好、发展好最广大人民的根本利益，更好满足人民日益增长的美好生活需要，更好推动人的全面发展、社会全面进步、人民共同富裕。

人民是真正的英雄，民心是最大的政治。党必须在全面领导的实践中，坚持依靠人民创造历史，坚持全心全意为人民服务的根本宗旨，站稳人民立场，贯彻党的群众路线，尊重人民首创精神，践行以人民为中心的发展思想，发展全过程人民民主，维护社会公平正义，着力解决发展不平衡不充分问题和人民群众急难愁盼问题，带领人民创造美好生活。也唯有如此，党才能赢得广大人民群众的衷心支持和拥护，更好地厚植党执政的政治基础、社会基础，更好地实现全面、强有力和富有成效的领导。

6. 关于党的全面领导的方式

党的全面领导，是指党要深刻把握共产党执政规律、社会主义建设规律、人类社会发展规律，坚持和发展马克思主义思想方法和工作方法，适应新时代新要求，改进和完善领导方式，加强党的长期执政能力建设，提高党科学执政、民主执政、依法执政水平。党领导人民制定宪法和法律，党自身在宪法和法律范围内活动。党的全面领导的过程，是坚持依宪执政、依法执政的过程，注重运用法治思维和法治方式治国理政，自觉把党的领导活动纳入制度轨道。坚持党领导立法、保证执法、支持司法、带头守法，把依法治国基本方略同依法执政基本方式统一起来，把党总揽全局、协调各方同人大、政府、政协、监察机关、审判机关、检察机关依法依章程履行职能、开展工作统一起来，把党领导人民制定和实施宪法法律同党坚持在宪法法律范围内活动统一起来，善于使党的主张通过法定程序成为国家意志，善于使党组织推荐的人选通过法定程序成为国家政权机关的领导人员，善于通过国家政权机关实施党对国家和社会的领导，善于运用民主集中制原则维护中央权威、维护全党全国团结统一。

党的全面领导，意味着党中央发挥举旗定向、掌舵领航作用，指引党和国家事业的前进方向。加强政治引领，坚定不移走中国特色社会主义道路。加强思想引领，用习近平新时代中国特色社会主义思想武装全党、教育人民。加强风范引领，以强大真理力量和人格力量凝聚党心军心民心。

党的全面领导，意味着党中央总揽全局、协调各方，确保全党全军全国各族人民统一意志、统一行动、步调一致向前进。统揽各项工作，整体推进党和国家各方面事业。统揽各方力量，领导各级各类组织和广大党员、干部、群众一体行动。统揽国家治理，坚持和完善中国特色社会主义制度、推进国家治理体系和治理能力现代化。

党的全面领导，并不意味着党要包打天下、包揽一切，事无巨细什么都去管，也不是党要取代一切，党不能包办或代替国家政权机构或其他组织按照宪法法律或者章程履行职责。坚持和加强党的全面领导，要注意防止两种倾向：一种是包办；另一种是放松党的领导，片面主张被领导对象的独立性，而导致被领导对象脱离党的领导甚至闹独立的倾向。

7. 关于党的全面领导的过程

党的全面领导，要求党对一切工作的领导注重系统性、整体性、协同性，加强前瞻性思考、全局性谋划、战略性布局、整体性推进，把党的领导全面贯穿于决策、执行、监督各个环节和步骤，全面贯穿于重大政策制定、重大任务部署、重大工作推进的实践中，全面贯穿于党和国家所有机构履行职责全过程，推动各方面步调一致、协调行动，形成一体谋划、协同推进的全国一盘棋，确保各项决策部署有效落地落实。

党的全面领导的重要职责就是对关系党和国家方向性、全局性、战略性、根本性的重大事项进行决策，包括制定大政方针、决定重大问题、提出立法建议、推荐重要干部等。党的全面领导的实施，要强化战略思维、创新思维、辩证思维、法治思维、系统思维、历史思维、底线思维。党的重大决策坚持科学决策、民主决策、依法决策，严格按照程序办事，充分发扬民主，广泛听取意见和建议，善于通过协商的方式增进共识、寻找方方面面利益的“最大公约数”，凝聚各方面力量沿着同一个方向前进。

党既要制定正确的路线方针政策，也要实施好路线方针政策。这就需要做好党的政治工作、组织工作和宣传教育工作，发挥党的各级组织的战斗堡垒作用和党员的先锋模范作用，坚持群众路线这一基本领导方法，善于通过群众喜闻乐见的方式宣传党的理论和路线方针政策，把党的主张变为群众自觉行动，保证党的路线方针政策全面落实。

坚持和加强党的全面领导，要依靠党的巨大政治优势、依靠党的先进性和纯洁性赢得民心这个最大的政治来实现，不是依靠权力的强制力量要求他人被动服从来实现。对此，毛泽东在抗日战争时期有深刻论述。他在《抗日根据地的政权问题》一文中指出：“必须保证共产党员在政权中占领导地位，因此，必须使占三分之一的共产党员在质量上具有优越的条件。只要有了这个条件，就可以保证党的领导权，不必有更多的人数。”他强调：“所谓领导权，不是要一天到晚当作口号去高喊，也不是盛气凌人地要人家服从我们，而是以党的正确政策和自己的模范工作，说服和教育党外人士，使他们愿意接受我们的建议。”“绝不能以为我们有军队和政权在手，一切都要无条件地照我们的决定去做，因而不注意去努力说服非党人士同意我们的意见，并心悦诚服地执行。”①毛泽东进一步强调：“什么叫做领导？它体现于政策、工作、行动，要在实际上实行领导，不要常常叫喊领导。常常叫喊领导，人家不愿听，就少说些。对领导权要弄清其性质，而不要天天像背经似的去念。”②

8. 关于党的全面领导的责任

党的全面领导，是指党在新时代担当其全面领导的责任，肩负起为中国人民谋幸福、为中华民族谋复兴的使命担当。国家的前途、人民的幸福、民族的未来，寄望于中国共产党发挥全面领导作用。正如习近平总书记指出：“没有党的领导，民族复兴必然是空想。历史和人民把我们党推到了这样的位置，我们就要以坚强有力的政治领导承担起应该承担的政治责任。”③

邓小平 1985 年 5 月 19 日在全国教育工作会议上的讲话中指出：“什么叫领导？领导就是服务。”④领导的实质，就是权力与责任的统一。这种责任是排他的，不能放弃，也不能转让。所谓服务，是指通过领导工作，给国家、社会和他人带来幸福和好处。

党的全面领导，意味着党以高度的责任担当、强烈的忧患意识、无畏的革命精神，领导全党以伟大自我革命引领伟大社会革

---

① 毛泽东：《抗日根据地的政权问题》（1940 年 3 月 6 日），《毛泽东选集》第 2 卷，人民出版社 1991 年版，第 742—743 页。

② 毛泽东：《在中国共产党第七次全国代表大会上的口头政治报告》（1945 年 4 月 24 日），《毛泽东文集》第 3 卷，人民出版社 1996 年版，第 328 页。

③ 习近平：《增强推进党的政治建设的自觉性和坚定性》（2018 年 6 月 29 日），《习近平谈治国理政》第 3 卷，外文出版社 2020 年版，第 94 页。

④ 邓小平：《把教育工作认真抓起来》（1985 年 5 月 19 日），《邓小平文选》第 3 卷，人民出版社 1993 年版，第 121 页。

命，把新时代中国特色社会主义伟大事业不断推向前进；意味着党要代表各方面利益、集中各方面智慧、调动各方面资源、协调各方面力量，服务于党和国家事业发展，服务于最广大人民群众的根本利益。这就要求党的各级组织强化政治功能，不断增强党的政治领导力、思想引领力、群众组织力、社会号召力；要求党员、干部既要政治过硬，也要本领高强，不仅要有担当的宽肩膀，还要有成事的真本领。

二、党的领导制度是我国的根本领导制度

（一）党的全面领导的制度化、法治化

党的领导制度是我国的根本领导制度。这是由国家宪法所确立的。

党领导人民制定宪法法律，领导人民实施宪法法律，领导人民捍卫宪法法律尊严。同时，宪法也为坚持和加强党的全面领导提供有力法治保障。习近平总书记指出："宪法是我们党长期执政的根本法律依据。我国宪法确认了中国共产党的执政地位，确认了党在国家政权结构中总揽全局、协调各方的核心地位，这是中国特色社会主义最本质的特征，是中国特色社会主义制度的最大优势，是社会主义法治最根本的保证。"①

为了适应新时代党和国家事业发展的新形势新要求，更好推进国家治理体系和治理能力现代化，2018 年 3 月，第十三届全国人

① 习近平：《中国共产党领导是中国特色社会主义最本质的特征》，《求是》2020 年第 14 期。

大一次会议通过宪法修正案，充实坚持和加强中国共产党全面领导的内容。《中华人民共和国宪法修正案》第三十六条规定：宪法第一条第二款“社会主义制度是中华人民共和国的根本制度。”后增写一句，内容为：“中国共产党领导是中国特色社会主义最本质的特征。”在我国宪法序言已确定中国共产党的领导地位的基础上，此次增加“中国共产党领导是中国特色社会主义最本质的特征”的规定，而且把党的领导写进总纲规定国家根本制度的条款，把党的领导和社会主义制度内在统一起来，把党的执政规律和中国特色社会主义建设规律内在统一起来。

宪法关于党的全面领导的修正案，意义重大。习近平总书记深刻指出：“中国共产党领导是中国特色社会主义最本质的特征，这次宪法修改建议将这个内容明确载入宪法总纲。坚持党的领导是社会主义法治的根本要求，是全面依法治国题中应有之义。我们是中国共产党执政并长期执政，坚持依宪治国、依宪执政，首先就包括坚持宪法确定的中国共产党领导地位不动摇，任何人以任何借口否定中国共产党领导和我国社会主义制度，都是错误的、有害的，都是绝对不能接受的，也是从根本上违反宪法的。”[①]

第一，这是推进党的领导制度化、法治化的重大举措。党的领导载入宪法关于我国国家根本制度的条款，实现了党的领导制度与国家根本制度的有机衔接，表明党的领导在中国特色社会主义制度中的核心地位，确认了党在国家政权结构中总揽全局、协调各方的领导地位。对此，习近平总书记深刻指出：“推进党的领导制度化、法治化，既是加强党的领导的应有之义，也是法治建设的重要任务。为什么我国能保持长期稳定，没有乱？根本的一条就是我们始终坚持共产党领导。党的领导是党和国家事业不断发展的‘定海神针’。

① 习近平：《中国共产党领导是中国特色社会主义最本质的特征》，《求是》2020 年第 14 期。

这次修改宪法，在宪法序言确定党的领导地位的基础上，我们又在总纲中明确规定中国共产党领导是中国特色社会主义最本质的特征，强化了党总揽全局、协调各方的领导地位。宪法修改后各方面反响很好。我们要继续推进党的领导制度化、法治化，不断完善党的领导体制和工作机制，把党的领导贯彻到全面依法治国全过程和各方面。”①

第二，这是进一步强化党的领导地位宪法权威的重大举措。宪法从社会主义制度的本质属性角度对坚持和加强党的全面领导进行规定，这使得党的领导在国家运行机制和各项制度中具有国家根本大法的法律效力，为把党的领导贯彻落实到国家政治生活和社会生活的各个领域，确保中国特色社会主义事业始终沿着正确轨道前进，提供了根本保证。

坚持这一重大政治原则，不仅是党员的义务，也成为全体公民的义务。违反这一重大政治原则，就是违反宪法。强化党的全面领导的权威地位和效力，既有利于增强全体党员的意识，实现全党思想上统一、政治上团结、行动上一致，提高党的创造力、凝聚力、战斗力，确保党总揽全局、协调各方，为做好党和国家各项工作提供根本政治保证；也有利于在全体人民中强化党的领导意识，有效把党的领导落实到国家工作全过程和各方面，确保党和国家事业始终沿着正确方向前进。②全国各族人民、一切国家机关和武装力量、各政党和各社会团体、各企业事业组织都应当增强坚持党的领导、维护党的领导的自觉性。

---

① 习近平：《加强党对全面依法治国的领导》（2018 年 8 月 24 日在中央全面依法治国委员会第一次会议上的讲话），《求是》2019 年第 4 期。

② 王晨：《关于〈中华人民共和国宪法修正案（草案）〉的说明——2018 年 3 月 5 日在第十三届全国人民代表大会第一次会议上》（2018 年 3 月 5 日），《中华人民共和国全国人民代表大会常务委员会公报》2018 年第 S1 期，第 85—98 页。

第三，这为惩处破坏党的领导的行为进一步提供宪法依据。在宪法总纲规定的国家根本制度中充实“中国共产党领导是中国特色社会主义最本质的特征”的内容，使宪法“禁止任何组织或者个人破坏社会主义制度”的规定内在地包括“禁止破坏党的领导”的要求，为《刑法》第一百零五条的实施进一步提供了宪法依据。《刑法》第一百零五条第一款规定了颠覆国家政权罪，本罪在客观方面表现为组织、策划、实施颠覆国家政权、推翻社会主义制度的行为；第二款规定了煽动颠覆国家政权罪，客观方面表现为以造谣、诽谤或者其他方式煽动颠覆国家政权、推翻社会主义制度的行为。在实践中，曾经有人提出质疑，反对、攻击和颠覆党的领导的言行，不属于颠覆国家政权、推翻社会主义制度。根据宪法此次修改规定，反对、攻击和颠覆党的领导，就构成了颠覆国家政权、推翻社会主义制度的行为。因此，宪法修正案将对反对、攻击和颠覆党的领导的行为形成强大震慑，并为惩处这些行为提供明确的宪法依据。

如果对照苏联共产党的教训，可以更加深刻地认识我国宪法此次修改的重大意义。苏联作为世界上第一个社会主义国家，之所以陷入亡党亡国的悲惨境地，是多方面原因造成的。其中一个直接原因就是当时的苏共领导人接受了西方所谓的“宪政”思想，推动修改宪法第六条，取消苏共领导地位。1990 年第三次苏联（非常）人民代表大会正式通过修改宪法的法律——《关于设立苏联总统职位和苏联宪法（根本法）修改补充法》，将宪法第六条“苏联共产党是苏联社会的领导力量和指导力量，是苏联社会政治制度以及国家和社会组织的核心”修改为“苏联共产党、其他政党以及工会、共青团、其他社会团体和运动通过自己选入人民代表苏维埃的代表并以其他形式参加制定苏维埃国家的政策，管理国家和社会事务”。[1] 法律同时还规定，苏联公民有权组织政党。这标志着，苏共的领导地位不仅被正式取消，而且苏联开始实行多党制，最终导致国家政权快速崩溃，苏联社会主义制度随之烟消云散。俄罗斯总统普京在2019年度新闻发布会上曾经表示，苏联解体是20世纪最大的地缘政治悲剧，是一个国家建设中的根本性错误。

苏共垮台、苏联解体的悲剧，给我们最大的警示就是，党的全面领导只能而且必须坚持和加强，否则就会犯颠覆性错误。

（二）党的领导制度的根本性统领地位

习近平总书记指出：“中国特色社会主义制度是一个严密完整的科学制度体系，起四梁八柱作用的是根本制度、基本制度、重要制度，其中具有统领地位的是党的领导制度。党的领导制度是我国的根本领导制度。”“我们推进各方面制度建设、推动各项事业发展、加强和改进各方面工作，都必须坚持党的领导，自觉贯彻党总揽全局、协调各方的根本要求。”[2]

党的领导制度是我国的根本领导制度这一重大论断，深刻揭示了党的领导制度在国家制度建设和国家治理体系中的根本性地位和核心作用，鲜明指出了坚持和完善中国特色社会主义制度、推进国家治理体系和治理能力现代化的根本政治要求，集中反映了以习近平同志为核心的党中央对党的领导制度这一根本领导制

---

① 中国社会科学院苏联东欧研究所编译组编译：《苏联问题资料》，东方出版社1990年版，第493—494页。

② 习近平：《坚持和完善中国特色社会主义制度 推进国家治理体系和治理能力现代化》（2019年10月31日在中共十九届四中全会第二次全体会议上的讲话），《习近平谈治国理政》第3卷，外文出版社2020年版，第125—126页。

度在理论上的开拓和实践中的新探索，标志着我们党对共产党执政规律、社会主义建设规律、人类社会发展规律的认识进入了一个新的境界。

所谓根本，是指事物的本源、根基，反映事物的本质属性，居于基础性地位，是永久的、不可改变的、不可动摇的。所谓根本制度，是指反映中国特色社会主义制度的本质属性和内在规定性的制度，在中国特色社会主义制度体系中居于灵魂和统领地位，决定其他制度的方向和效果，对其他制度具有统领提携、纲举目张的作用，是发挥决定性影响、处于统领性地位的制度。

党的领导制度，深刻反映出中国特色社会主义最本质特征和最大制度优势，是支撑我国国家治理体系和治理能力的根本领导制度，是所有制度根本中的根本，居于国家制度和治理体系四梁八柱中的顶梁柱的位置，事关坚持和完善中国特色社会主义制度、推进国家治理体系和治理能力现代化的根本方向和根本保证。没有党的领导制度这一根本领导制度，其他方面的根本制度、基本制度、重要制度都将成为无本之木。

党的十九届四中全会就坚持和完善党的领导制度体系从六个方面做出科学部署，提出建立不忘初心、牢记使命的制度，完善坚定维护党中央权威和集中统一领导的各项制度，健全党的全面领导制度，健全为人民执政、靠人民执政各项制度，健全提高党的执政能力和领导水平制度，完善全面从严治党制度。这六个方面的部署，为坚持和完善党的领导制度体系提供了更具系统性、指导性和现实针对性的遵循，将进一步彰显党的领导这一根本制度在国家制度和国家治理体系中的优越性。

三、坚决做到“两个维护”

（一）“两个维护”的深刻内涵

坚持和加强党的全面领导的最高原则是“两个维护”，即坚决维护习近平同志党中央的核心、全党的核心地位，坚决维护党中央权威和集中统一领导。

加强党的政治建设，必须把坚决做到“两个维护”作为首要任务。“两个维护”是党的十八大以来我们党取得的重大政治成果和宝贵政治经验，是全党在革命性锻造中形成的共同意志，是全党的最高政治原则，也是最重要的政治纪律和政治规矩。党的十八大以来党和国家事业之所以能够取得历史性成就、发生历史性变革，最根本的就是确立了习近平同志党中央的核心、全党的核心地位，坚持了党中央权威和集中统一领导。

2016 年，党的十八届六中全会明确习近平总书记为党中央的核心、全党的核心，正式提出“以习近平同志为核心的党中央”并写入全会文件。2016 年 10 月 28 日，《人民日报》社论指出：“习近平总书记在新的伟大斗争实践中已经成为党中央的核心、全党的核心。这次全会，正式提出‘以习近平同志为核心的党中央’，反映了全党全军全国各族人民的共同心愿，是党和国家根本利益所在，是坚持和加强党的领导的根本保证，是进行具有许多新的历史特点的伟大斗争、坚持和发展中国特色社会主义伟大事业的迫切需要。这对维护党中央权威、维护党的团结和集中统一领导，对全党全军全国各族人民更好凝聚力量抓住机遇、战胜挑战，对全党团结一心、不忘初心、继续前进，对保证党和国家兴旺发达、长治久安，具有十分重大而深远的意义。”[①]

2017年，党的十九大通过的党章修正案规定：“牢固树立政治意识、大局意识、核心意识、看齐意识，坚定维护以习近平同志为核心的党中央权威和集中统一领导，保证全党的团结统一和行动一致，保证党的决定得到迅速有效的贯彻执行。”

2017年，《中共中央政治局关于加强和维护党中央集中统一领导的若干规定》要求，中央政治局全体同志要自觉在以习近平同志为核心的党中央集中统一领导下履行职责、开展工作，坚决维护习近平总书记作为党中央的核心、全党的核心的地位；要牢固树立“四个意识”，坚定“四个自信”，主动将重大问题报请党中央研究，认真落实党中央决策部署并及时报告落实的重要进展；要坚持每年向党中央和总书记书面述职。中央书记处和中央纪律检查委员会、全国人大常委会党组、国务院党组、全国政协党组、最高人民法院党组、最高人民检察院党组每年向中央政治局常委会、中央政治局报告工作。

2018年，新修订的《中国共产党纪律处分条例》第二条明确了“两个维护”，即“坚决维护习近平总书记党中央的核心、全党的核心地位，坚决维护党中央权威和集中统一领导”。第三条要求“党组织和党员必须牢固树立政治意识、大局意识、核心意识、看齐意识”。

2019年，《中共中央关于加强党的政治建设的意见》明确规定：“事在四方，要在中央。坚持和加强党的全面领导，最重要的是坚决维护党中央权威和集中统一领导；坚决维护党中央权威和集中统一领导，最关键的是坚决维护习近平总书记党中央的核心、全

① 新华社社评：《在党中央坚强领导下推进全面从严治党——写在党的十八届六中全会闭幕之际》，《人民日报》2016年10月28日。

党的核心地位。”

2020 年 9 月 30 日，中共中央发布《中国共产党中央委员会工作条例》。《条例》坚持以习近平新时代中国特色社会主义思想为指导，以党章为根本遵循，深刻总结长期以来特别是党的十八大以来党中央治国理政、管党治党的实践经验，着眼加强中央委员会工作，对党中央的领导地位、领导体制、领导职权、领导方式、决策部署、自身建设等做出全面规定，为保证党中央对党和国家事业的集中统一领导提供了基本遵循，为强化“两个维护”提供重要制度保障。

2021 年 11 月，《中共中央关于党的百年奋斗重大成就和历史经验的决议》做出“两个确立”重大论断，即“党确立习近平同志党中央的核心、全党的核心地位，确立习近平新时代中国特色社会主义思想的指导地位，反映了全党全军全国各族人民共同心愿，对新时代党和国家事业发展、对推进中华民族伟大复兴历史进程具有决定性意义”。“两个确立”的重大论断，是我们党立足中国特色社会主义新时代的历史方位和治国理政实践概括凝练而成的重大政治成果，深刻揭示了坚强的领导核心和科学的理论指导，是关乎党和国家前途命运、党和人民事业成败的根本性问题。

《党章》规定：“党的最高领导机关，是党的全国代表大会和它所产生的中央委员会。”“在全国代表大会闭会期间，中央委员会执行全国代表大会的决议，领导党的全部工作，对外代表中国共产党。”“党的中央政治局、中央政治局常务委员会和中央委员会总书记，由中央委员会全体会议选举。中央委员会总书记必须从中央政治局常务委员会委员中产生”。“中央政治局和它的常务委员会在中央委员会全体会议闭会期间，行使中央委员会的职权。”“中央书记处是中央政治局和它的常务委员会的办事机构。”“中央委员会总书记负责召集中央政治局会议和中央政治局常务委员会会议，并主持中央书记处的工作。”

由此可见，中央政治局及其常委会，是中国共产党的最高领导机关的常设机关，代表着党中央。总书记负责召集中央政治局会议和中央政治局常务委员会会议，并主持中央书记处的工作，是党的最高领导人，是党中央集中统一领导的最高领导人。党中央的领导，是指党的全国代表大会和它所产生的中央委员会，中央委员会选举产生的中央政治局、中央政治局常委会和中央委员会总书记，在党的各级组织和全体党员中处于最高领导地位。

全党服从中央是重要的组织原则。党中央是党的最高领导机关，是党的组织体系的大脑和中枢，对党和国家事业发展重大工作实行集中统一领导，党和国家大政方针的决定权在党中央，涉及全党全国性的重大方针政策问题只有党中央有权做出决定和解释。必须确保党中央定于一尊、一锤定音的权威。党章规定“四个服从”，最根本的是全党各个组织和全体党员服从党的全国代表大会和中央委员会；党中央强调“四个意识”，最根本的是坚决维护党中央权威和集中统一领导。

各部门各地方党组织和党员领导干部可以向党中央提出建议，但不得擅自做出决定和对外发表主张。党的地方组织的根本任务是确保党中央决策部署贯彻落实，有令即行、有禁即止。党组在党的组织体系中具有特殊地位，要贯彻落实党中央和上级党组织决策部署，发挥好把方向、管大局、保落实的重要作用。每个党员特别是领导干部都要强化党的意识和组织观念，自觉做到思想上认同组织、政治上依靠组织、工作上服从组织、感情上信赖组织。①

需要强调的是，“‘两个维护’有明确的内涵和要求，维护习近平总书记的核心地位，对象是习近平总书记而不是其他任何人；维护党中央权威和集中统一领导，对象是党中央而不是其他任何组织。

① 习近平：《在全国组织工作会议上的讲话》（2018 年 7 月 3 日），《党建研究》2018 年第 9 期。

党中央的权威决定各级党组织的权威，各级党组织的权威来自党中央的权威，‘两个维护’既不能层层套用，也不能随意延伸”[①]。

“两个维护”在本质上是一体的，是内在统一、互促互进的。维护习近平总书记的核心地位，就是维护党中央权威和集中统一领导；维护党中央权威和集中统一领导，首先要维护习近平总书记的核心地位。维护党中央权威和集中统一领导，是“两个维护”的基础，维护习近平总书记的核心地位必须建立在党中央高度的权威基础之上。维护习近平总书记的核心地位是关键，维护党中央权威和集中统一领导，就必须维护党的领袖的核心地位。维护党中央权威，就必须维护党的领袖的权威。党中央的权威有赖于领袖权威的广泛认同和凝聚。党的领袖是起主要决策作用，最后下决心拍板、“按手印”的人，是全党在政治、思想和组织上的主心骨，以其独特的政治魅力深刻塑造党的形象，影响全体党员和社会民众对党组织的认同。

“两个维护”不是一般的政治宣示、政治表达，而是全党共同意志的体现，是中国人民和中华民族根本利益的体现，是具有党章效力的根本性要求，是全体党员共同遵守的义务规则，是全党共同的政治责任。这是方向性、原则性问题，从根本上关乎党和国家前途命运、关乎人民根本利益。

（二）“两个维护”的理论依据

权威是社会发展的必然现象。人类社会的基本矛盾是生产力和生产关系、经济基础与上层建筑的矛盾，为解决这种基本矛盾就需

① 丁薛祥：《完善坚定维护党中央权威和集中统一领导的各项制度》，《人民日报》2019 年 11 月 18 日。

要有权威。无论在什么样的社会组织下，哪怕是由两个人组成的社会，都需要一方有一定的权威，另一方有一定的服从，否则人类社会就无法进行物质生产和社会活动。[①]

古往今来，世界上的大国、大党崩溃或者衰败，其中一个普遍的原因就是中央权威丧失、国家无法集中统一。坚决维护党中央权威和党的领袖权威，历来是马克思主义政党建设的重大课题。马克思主义建党学说的基本逻辑是：人类社会发展是有规律可循的。人民群众是历史活动的主体，是历史的创造者。人民群众认识世界、改造世界，需要有先进阶级的领导，需要强有力的政党的领导。马克思主义政党代表无产阶级运动的利益和前进方向，拥有远大理想和崇高奋斗目标，必须具备高度的纪律性和组织统一性。要实现党的团结统一，把党建设得坚强有力，必须有科学的理论指导，有成熟、强有力的中央领导集体，中央领导集体必须有成熟的党的领袖，必须坚决维护党中央权威和党的领袖权威。

马克思和恩格斯在领导欧洲工人运动和创立科学社会主义理论、建立无产阶级政党的实践中，始终强调维护党中央权威和党的领袖权威的必要性和重要性。

马克思形象地指出："一个单独的提琴手是自己指挥自己，一个乐队就需要一个乐队指挥。"[②]他在《1848年至1850年的法兰西阶级斗争》一文中引用法国哲学家爱尔维修的话，"每一个社会时代都需要有自己的伟大人物，如果没有这样的人物，它就要创造出这样的人物来"[③]。

1871年，恩格斯在《恩格斯致保·拉法格》中指出："不强迫

① 王沪宁主编：《政治的逻辑——马克思主义政治学原理》，上海人民出版社2004年版，第178页。

② 马克思：《资本论》第1卷，《马克思恩格斯全集》第23卷，人民出版社1972年版，第367页。

③ 马克思：《1848年至1850年的法兰西阶级斗争》，《马克思恩格斯全集》第7卷，人民出版社1959年版，第72页。

某些人接受别人的意志，也就是说没有权威，就不可能有任何的一致行动。”权威“总是要强迫有不同意见的人接受的意志；然而没有这种统一的和指导性的意志，要进行任何合作都是不可能的”[①]。

在总结巴黎公社失败教训时，恩格斯深刻指出：“巴黎公社遭到灭亡，就是由于缺乏集中和权威。”[②]他还指出，巴黎公社失败的重要原因是在革命胜利后忽视必要的集中，始终没有形成一个有权威的领导核心。

恩格斯于1873年发表《论权威》一文，认为权威和服从不是由人的主观愿望确定的，而是社会发展的客观要求。无产阶级无论是在革命时期还是在夺取政权以后，都必须维护无产阶级专政的权威，利用这个权威推翻资产阶级的统治，建立无产阶级新政权，并运用这个政权去组织社会主义建设。恩格斯指出：“能最清楚地说明需要权威，而且是需要最专断的权威的，要算是在汪洋大海上航行的船了。那里，在危险关头，要拯救大家的生命，所有的人就得立即绝对服从一个人的意志。”[③]这个人就应当是船长。再没有人比船长更了解自己的船舶结构和人员，不管是组织疏散、维持秩序，还是寻求救援、联络接应，都必须服从船长的权威。船长在任何时候，不能抛弃自己的船员和乘客，这是全船人的性命相托，也是船长权威的来源和职责所在。航行出现危险，海难逃生规则的基本要求是，船长作为全船主心骨，必须最后一个离船。船员和乘客需要服从船长的意志，但船长必须把生存的希望留给他人，而把风险和压力留给自己。这种责任和担当，就是船长权威的依据。

---

① 恩格斯：《恩格斯致保·拉法格》（1871年12月30日），《马克思恩格斯全集》第33卷，人民出版社1973年版，第368页。

② 恩格斯：《恩格斯致卡·特尔察吉》（1872年1月14〔—15〕日），《马克思恩格斯全集》第33卷，人民出版社1973年版，第378页。

③ 恩格斯：《论权威》，《马克思恩格斯全集》第18卷，人民出版社1964年版，第343页。

从苏联共产党的历史经验和教训看，是否维护党的权威至关重要。

列宁高度重视维护党的权威，充分肯定革命领袖的作用。他在1900年12月《火星报》创刊号《我们运动的迫切任务》中指出："在历史上，任何一个阶级，如果不推举出自己的善于组织运动和领导运动的政治领袖和先进代表，就不可能取得统治地位。"[①]1920年，列宁在《共产主义运动中的"左派"幼稚病》中，集中论述了领袖、政党、阶级、群众的关系，指出："群众是划分为阶级的……阶级是由政党来领导的，政党通常是由最有威信、最有影响、最有经验、被选出来担任最重要职务而称为领袖的人们所组成的比较稳定的集团来主持的。这都是起码的常识。"[②]1921年，列宁在《给德国共产党员的一封信》中指出："造就一批有经验、有极高威望的党的领袖是一件长期的艰难的事情。但是做不到这一点，无产阶级专政、无产阶级的'意志统一'就只能是一句空话。"[③]列宁特别强调，维护党中央权威，必须坚决反对一切不利于党的团结统一的党内派别活动。他指出"任何派别活动都是有害的，都是不能容许的"[④]。必须要用铁的纪律维护中央权威。

俄国十月革命能够取得胜利，创建世界上第一个社会主义国家，重要原因之一就是有以列宁为政治领袖的布尔什维克坚持科学理论指导、实行民主集中制、坚持集中统一领导。而苏共垮台、苏联解

---

① 列宁：《我们运动的迫切任务》（1900年11月初），《列宁选集》第1卷，人民出版社2012年版，第286页。

② 列宁：《共产主义运动中的"左派"幼稚病》（1920年4—5月），《列宁选集》第4卷，人民出版社2012年版，第151页。

③ 列宁：《给德国共产党员的一封信》（1921年8月14日），《列宁全集》第42卷，人民出版社2017年版，第108页。

④ 列宁：《俄共第十次代表大会关于党的统一的决议草案初稿》（1921年3月13日或14日），《列宁选集》第4卷，人民出版社2012年版，第151页。

体的一个重要原因，就是苏共抛弃了民主集中制、放弃了集中统一领导原则，丧失了党中央权威，党内纪律松弛、思想混乱、组织混乱，致使这个列宁缔造的大党老党在20世纪90年代初瓦解毁灭。[①]

（三）“两个维护”的历史经验

历史是最好的教科书。“两个维护”是中国共产党历史经验的深刻总结。

中国共产党作为马克思主义政党，是按照民主集中制组织起来的统一整体。从我们党的革命、建设和改革的历史看，在维护党中央权威和集中统一领导方面，我们党既有宝贵的成功经验，也有曲折的历程。凡是有强有力的领导核心和强有力的领导集体，党中央权威和集中统一领导坚持得好，党就有强大的创造力、凝聚力、战斗力，党的事业就兴旺发达；反之，如果党的领导集体缺乏足够的权威，党的集中统一领导就必然弱化，党的事业就遭受挫折。这是我们党历经千辛万苦探索出来的宝贵经验，是对党的建设规律、党的执政规律的深刻认识和把握。

1. 在维护党中央权威和集中统一领导方面的探索

我们党从成立之初，就强调全党服从中央，并把它作为维护党中央权威和集中统一领导的基本规定。党的二大通过的第一部党章，规定“全国大会及中央执行委员会之议决，本党党员皆须绝对服从之”。1928年，党中央在《关于各省委对中央的报告大纲》中，对报告的时间、种类、内容及保密要求等做出详细规定。党的六届六

① 丁薛祥：《完善坚定维护党中央权威和集中统一领导的各项制度》，《人民日报》2019年11月18日。

中全会通过的《关于各级党部工作规则与纪律的决定》第十九条规定："个人服从组织，少数服从多数，下级服从上级，全党服从中央，党的一切工作由中央集中领导，是党在组织上民主集中制的基本原则，各级党的委员会的委员必须无条件地执行，成为一切党员与干部的模范。"[①] 党的七大把"四个服从"作为民主集中制的基本要求写入党章，并强调"四个服从"最根本的是全党服从中央。1942 年 9 月，《关于统一抗日根据地党的领导及调整各组织间关系的决定》确立了党领导一切的基本原则，在组织制度上实行一元化领导。

新中国成立后，党中央及时在中央人民政府建立党组，规定政府工作中一切主要的和重要的方针、政策、计划和重大事项，必须经过党中央讨论和决定或批准。1954 年 2 月，党的七届四中全会通过的《关于增强党的团结的决议》强调，"党的团结的唯一中心是党的中央"，"必须把任何地区、任何部门的党的组织及其工作看作是在中央统一领导下的整个党及其工作的不可分割的一部分"。1980 年 2 月 29 日，党的十一届五中全会通过的《关于党内政治生活的若干准则》对坚持集体领导、维护党的集中统一做出明确规定，确立党总揽全局、协调各方的基本原则。

党的十八大以来，以习近平同志为核心的党中央把保证全党服从中央、维护党中央权威和集中统一领导作为党的政治建设的首要任务，改革和完善坚持党的领导的体制机制，制定或修订了《关于新形势下党内政治生活的若干准则》《中国共产党中央委员会工作条例》《中共中央关于加强党的政治建设的意见》《中共中央政治局关于加强和维护党中央集中统一领导的若干规定》《中国共产党重

---

① 丁薛祥：《完善坚定维护党中央权威和集中统一领导的各项制度》，《人民日报》2019 年 11 月 18 日。

大事项请示报告条例》《中国共产党党内监督条例》《中国共产党纪律处分条例》《中国共产党党组工作条例》《中国共产党政法工作条例》等党内法规和文件，进一步健全党中央集中统一领导的体制机制，确保党中央集中统一领导更加坚强有力。

2. 在维护党的领导核心权威方面的探索

在 1935 年遵义会议前，党中央没有形成一个成熟的中央领导集体、没有一个强有力的领导核心。由于没有成熟的中央领导集体和领导核心，党的事业历经挫折和失败。邓小平于 1989 年 5 月 31 日总结道："从毛刘周朱开始，中国共产党才真正形成了一个稳定的成熟的领导集体。以前的领导都是很不稳定，也很不成熟的。从陈独秀起，一直到遵义会议，没有一届是真正成熟的。在这中间有一段时间，说是要强调工人阶级领导，就勉强拉工人来当领导。我们党的历史上，真正形成成熟的领导，是从毛刘周朱这一代开始。"[①]1989 年 6 月 16 日，邓小平又一次谈到这个问题，说道："在历史上，遵义会议以前，我们的党没有形成过一个成熟的党中央。从陈独秀、瞿秋白、向忠发、李立三到王明，都没有形成过有能力的中央。我们党的领导集体，是从遵义会议开始逐步形成的，也就是毛刘周朱和任弼时同志，弼时同志去世后，又加了陈云同志。到了党的八大，成立了由毛刘周朱陈邓六个人组成的常委会。"[②]

1935 年 1 月 15—17 日，中央政治局在贵州遵义召开扩大会议，即遵义会议。在党的历史上，这是一次具有伟大转折意义的重要会议，是一个生死攸关的转折点。《中共中央关于党的百年奋斗重大

---

① 邓小平：《组成一个实行改革的有希望的领导集体》（1989 年 5 月 31 日），《邓小平文选》第 3 卷，人民出版社 1993 年版，第 298 页。

② 邓小平：《第三代领导集体的当务之急》（1989 年 6 月 16 日），《邓小平文选》第 3 卷，人民出版社 1993 年版，第 309 页。

成就和历史经验的决议》指出，遵义会议“事实上确立了毛泽东同志在党中央和红军的领导地位，开始确立以毛泽东同志为主要代表的马克思主义正确路线在党中央的领导地位，开始形成以毛泽东同志为核心的党的第一代中央领导集体，开启了党独立自主解决中国革命实际问题新阶段，在最危急关头挽救了党、挽救了红军、挽救了中国革命，并且在这以后使党能够战胜张国焘的分裂主义，胜利完成长征，打开中国革命新局面”。习近平总书记指出：“这次会议在红军第五次反‘围剿’失败和长征初期严重受挫的历史关头召开，确立了毛泽东同志在党中央和红军的领导地位，开始确立了以毛泽东同志为主要代表的马克思主义正确路线在党中央的领导地位，开始形成以毛泽东同志为核心的党的第一代中央领导集体，开启了我们党独立自主解决中国革命实际问题的新阶段，在最危急关头挽救了党、挽救了红军、挽救了中国革命。但是，遵义会议后，全党真正深刻认识到维护党中央权威和集中统一领导的重大意义并成为自觉行动还经历了一个过程。长征途中，在我们党最需要团结的时候，张国焘挟兵自重、另立中央，公然走上分裂党和红军的道路。抗战初期，王明在党内拉帮结派、我行我素，不听党中央指挥，再次从反面教育了全党。延安时期，为了解决党内存在的思想分歧、宗派主义等问题，我们党开展了大规模的整风运动，使全党达到了空前的团结和统一，为夺取抗战胜利和全国解放奠定了强大思想政治基础。”①

1938 年，党的六届六中全会肯定了毛泽东在全党的领导地位。毛泽东的领导核心地位是在领导伟大革命斗争中逐步形成的，也是在党内严肃的政治斗争中形成的。

一是反对张国焘分裂党的斗争。1960 年美国记者埃德加 · 斯

---

① 习近平：《在党史学习教育动员大会上的讲话》（2021 年 2 月 20 日），《求是》2021 年第 7 期。

诺曾向毛泽东提出一个问题："你一生中最黑暗的时刻是什么时候？"毛泽东的回答出乎意料，他说，那是在1935年的长征途中，在草地与张国焘之间的斗争。"当时党内面临着分裂，甚至有可能发生前途未卜的内战。"① 为什么毛泽东认为张国焘闹分裂是他一生中最黑暗的时刻？众所周知，毛泽东一生历经坎坷无数，在与党内"左"倾路线进行的各种斗争中，他本人曾遭遇多次打击和挫折。当遭遇不公平的处理时，毛泽东首先考虑的是革命事业和全党的大局，在保留个人意见的条件下，服从党的纪律和中央的处理，做到"照顾大局，相忍为党"。在毛泽东心目中，最让他感到刻骨铭心的事，不是个人的遭遇，而是党的团结统一、是党的生死存亡。张国焘在长征途中挟兵自重、另立"中央"、公然走上分裂党和红军的道路，完全背离党的原则，破坏党的纪律。在反对张国焘分裂党的斗争中，毛泽东在党中央的领导地位进一步巩固。1936年10月，三大主力红军胜利会师，当年12月7日，中央革命军事委员会主席团转发中华苏维埃中央政府关于扩大中央革命军事委员会组织的命令：以毛泽东、朱德、周恩来、张国焘、彭德怀、任弼时、贺龙等七人组成中央革命军事委员会主席团，毛泽东为主席。② 至此，毛泽东成为全军的领袖，毛泽东在全军的领导地位得到确立。

二是纠正王明"左"倾错误的斗争。1937年11月底，中共驻共产国际代表、共产国际执委王明从苏联回到延安后，在党内拉帮结派，习惯以共产国际的"钦差大臣"自居，经常以个人凌驾于中央之上，提出"一切经过统一战线"，否认统一战线中党的独立自主原则，在党内造成严重的错误影响。后来在长江局工作我

---

① ［美］埃德加·斯诺著，李方准、梁民译：《红星照耀中国》修订版第5章注释，河北人民出版社1992年版，第373页。

② 中共中央文献研究室编：《毛泽东年谱（1893—1949）修订本》上卷，中央文献出版社1993年版，第619—620页。

行我素、不听党中央指挥，另搞一套，不仅不执行中央指示，还多次未经中央同意擅自发表中央决议和会议意见。这种种做派严重违反党的政治纪律和政治规矩、破坏党的集中统一，给党的事业造成极大危害。

为解决中央领导层之间的分歧，1938 年 3 月中央政治局会议决定派任弼时到苏联向共产国际报告工作，争取共产国际的支持。1938 年 6 月，中共中央决定王稼祥回国，由任弼时接替他担任中共驻共产国际代表。王稼祥在回国前夕，共产国际执行委员会总书记季米特洛夫在接见他和任弼时谈到中国共产党的领袖人选时，明确表示，中共中央内部应支持毛泽东的领导地位；王明缺乏实际工作经验，不应争当领袖。1938 年 9 月 14—27 日，中央政治局会议召开，王稼祥在 14 日会议上传达共产国际的指示和季米特洛夫的意见：中共一年来建立了抗日民族统一战线，政治路线是正确的，中共在复杂的环境和困难的条件下真正运用了马列主义。中共中央领导机关要以毛泽东为首解决统一领导问题，领导机关要有亲密团结的空气。[①] 1938 年 9 月 29 日—11 月 6 日，党的扩大的六届六中全会在延安举行。在共产国际的支持下，毛泽东在这次会议上成为全党的领袖，在全党的领导地位得到进一步巩固。1942 年 1 月 1 日，陈云出席中共中央在杨家岭举办的新年团拜会并讲话，指出："中国共产党已成立二十多年，经历了各种严峻考验，有成功，有失败。现在看来，最大的成绩就是我们党培养出了一个领袖，我们选择了这个领袖，他就是毛泽东同志。"[②] 朱德在 1943 年 10 月的中共中央政治局会议上发言时说："实践证明，有毛主席领

---

① 中共中央文献研究室编：《毛泽东年谱（1893—1949）修订本》中卷，中央文献出版社 1993 年版，第 92 页。

② 中共中央文献研究室编：《陈云年谱（1905—1995）》上卷，中央文献出版社 2000 年版，第 341 页。

导，各方面都有发展；照毛主席的方法办事，中国革命一定有把握胜利。”[①]1943 年 11 月，在延安整风期间的一次中共中央政治局会议的发言中，周恩来说：“经过这几年的实践，对毛泽东的领导确实心悦诚服地信服。”[②]刘少奇 1945 年在党的七大做关于修改党章的报告时，指出：“这是很重要的，就是我们的党，已经是一个有了自己伟大领袖的党。这个领袖，就是我们党和现代中国革命的组织者与领导者——毛泽东同志。”“他已为我们全党和全国广大人民所熟悉，他之成为我们党和中国民族与中国人民的领袖，正是我们全党和全国广大人民所审慎选择的结果。”[③]王明曾经说过这段话：“全党必须团结统一，我们党一定能统一团结在中央和毛泽东同志的周围。领袖的作用，譬如北辰而众星拱之。”[④]

三是党的六届六中全会之后，从政治、组织、思想等方面进一步推动党的集中统一领导和领导核心制度的规范化。20 世纪 40 年代前期开展的延安整风运动，在全党进行了一次深刻的马克思主义思想教育。它坚持马克思主义同中国实际相结合的正确方向，使实事求是的马克思主义思想路线在全党范围内深入人心。通过整风运动，实现了在以毛泽东同志为核心的党中央领导下全党新的团结和统一。

1943 年 3 月 20 日，中共中央政治局会议通过《中共中央关于中央机构调整及精简的决定》，推定毛泽东为政治局主席，并决定他为书记处主席。《决定》指出：中央机构调整的目的，“在于使中央机构更加简便与灵活，使事权更加统一与集中，以达到更能增强

① 胡乔木：《胡乔木回忆毛泽东》，人民出版社 2014 年第 2 版，第 292 页。

② 金冲及主编：《周恩来传（1898—1976）（上）》，中央文献出版社 2008 年第 2 版，第 625 页。

③ 《刘少奇选集》上卷，人民出版社 1981 年 12 月版，第 319—320 页。

④ 《王明言论集》，人民出版社 1987 年版，第 539 页。

中央的领导效能”[①]。为此，进一步明确了中央政治局与中央书记处的职责。“在两次中央全会之间，中央政治局担负领导整个党工作的责任，有权决定一切重大问题。政治局推定毛泽东同志为主席”。“凡重大的思想、政治、军事、政策和组织问题，必须在政治局会议上讨论通过。”“书记处是根据政治局所决定的方针处理日常工作的办事机关，它在组织上服从政治局，但在政治局方针下有权处理和决定一切日常性质的问题。”“书记处必须将自己的工作向政治局作报告。”“书记处重新决定由毛泽东、刘少奇、任弼时三同志组成之，泽东同志为主席。”书记处“会议中所讨论的问题，主席有最后决定之权”。[②] 这次政治局会议进一步确定和强调了毛泽东在中央政治局、中央书记处的领导地位，有效地加强了中央的集中统一领导。

1945 年 4 月 20 日，党的六届七中全会最后一次全体会议通过的中共中央《关于若干历史问题的决议》明确指出：“党在奋斗的过程中产生了自己的领袖毛泽东同志。”“我党终于在土地革命战争的最后时期，确立了毛泽东同志在中央和全党的领导。这是中国共产党在这一时期的最大成就，是中国人民获得解放的最大保证。”“到了今天，全党已经空前一致地认识了毛泽东同志的路线的正确性，空前自觉地团结在毛泽东的旗帜下了。”《决议》高度评价了毛泽东运用马克思列宁主义基本原理解决中国革命问题的杰出贡献，肯定了确立毛泽东在全党的领导地位的重大意义。

1945 年 4 月 23 日—6 月 11 日，党的七大在延安举行，毛泽东向大会做题为《论联合政府》政治报告。党的七大通过的党章

---

① 中共中央文献研究室编：《毛泽东年谱（1893—1949）修订本》中卷，中央文献出版社 1993 年版，第 430 页。

② 同上。

规定：中国共产党以马克思列宁主义的理论与中国革命的实践之统一的思想——毛泽东思想，作为自己一切工作的指针，反对任何教条主义的或经验主义的偏向。1945 年 6 月 19 日，党的七届一中全会选举毛泽东、朱德、刘少奇、周恩来、任弼时为中共中央书记处书记，选举毛泽东为中共中央委员会主席，中央政治局、中央书记处主席。1945 年 8 月 23 日，中央政治局扩大会议决定毛泽东任中共中央军委主席。这就使全党在组织上达到空前的团结和统一。毛泽东作为全党的领袖，成为全党共识，得到全党衷心拥护。

自从中国共产党在实践中形成坚强的中央领导集体和确立毛泽东核心地位，中国革命的面貌便焕然一新，中国共产党团结带领中国人民打败日本帝国主义，推翻国民党反动统治，完成新民主主义革命，建立了中华人民共和国。

对于毛泽东的核心地位所发挥的巨大作用，《关于建国以来党的若干历史问题的决议》做出了客观评价："我们不应该把一切功劳归于革命的领袖们，但也不应该低估领袖们的重要作用。在党的许多杰出领袖中，毛泽东同志居于首要地位。""如果没有毛泽东同志多次从危机中挽救中国革命，如果没有以他为首的党中央给全党、全国各族人民和人民军队指明坚定正确的政治方向，我们党和人民可能还要在黑暗中摸索更长时间。"中国出了个毛泽东，是我们党的光荣，是我们国家的荣耀，是中华民族的骄傲。

对于党中央领导集体和领导核心的重要性，邓小平在深刻总结党的历史经验的基础上多次做出深刻论述。在 1956 年党的八大上，邓小平鲜明指出："党是一个战斗的组织，没有集中统一的指挥，是不可能取得任何战斗胜利的，一切发展党内民主的措施都不是为了削弱党的必需的集中，而是为了给它以强大的生气勃勃的基础。”[①] 他在1962年2月6日召开的扩大的中央工作会议上指出：“我们党，在过去一段时间里，中央和毛泽东同志都特别强调树立核心；后来核心大体上树立了，就特别强调如何当好‘班长’。这就是说，一定要树立核心。不建立核心，处于涣散的状况，这个党委的工作是做不好的。”[②]1964年11月，邓小平在《党一定要有领导核心》的讲话中指出：“我们的党是有高度统一意志的革命的党、战斗的党，党的组织原则是民主集中制。党一定要有领袖，有领导核心。”“没有领袖和核心，就要培养领袖和核心。要革命的话，就应该建立这样的党。就是工人运动、农民运动，没有领袖行吗？领袖就是团结的核心，他本身就是力量。中国革命之所以取得胜利，就是因为有了毛泽东这样的领袖。领袖与集体领导是不矛盾的。”[③]1989年6月16日，邓小平同几位中央负责同志谈话时指出：“任何一个领导集体都要有一个核心，没有核心的领导是靠不住的。第一代领导集体的核心是毛主席。因为有毛主席作领导核心，‘文化大革命’就没有把共产党打倒。第二代实际上我是核心。因为有这个核心，即使发生了两个领导人的变动，都没有影响我们党的领导，党的领导始终是稳定的。”“只要有一个好的政治局，特别是有一个好的常委会，只要它是团结的，努力工作的，能够成为榜样的，就是在艰苦创业反对腐败方面成为榜样的，什么乱子出来都挡得住。从这次事件看出，工人阶级靠得住，农民靠得住，解放军靠得住，知识分子是工人阶级一部分，也是靠得住的，但是如果中央自己乱了阵脚，那就难说了。这是最关

① 邓小平：《关于修改党的章程的报告》（1956年9月16日），《邓小平文选》第1卷，人民出版社1994年版，第233—234页。

② 邓小平：《在扩大的中央工作会议上的讲话》（1962年2月6日），《邓小平文选》第1卷，人民出版社1994年版，第310页。

③ 邓小平：《党一定要有领导核心》（1964年11月20日），《邓小平文集（1949—1974）》下卷，人民出版社2014年版，第222页。

键的问题。国家的命运、党的命运、人民的命运需要有这样一个领导集体。”[1]1990 年 12 月 24 日，邓小平强调指出：“中国问题的关键在于共产党要有一个好的政治局，特别是好的政治局常委会。只要这个环节不发生问题，中国就稳如泰山。……最关紧要的是有一个团结的领导核心。这样保持五十年，六十年，社会主义中国将是不可战胜的。”[2]

1994 年 9 月，党的十四届四中全会通过的《中共中央关于加强党的建设几个重大问题的决定》，在深刻总结历史经验的基础上，做出重大论断：“党的历史经验表明，必须有一个在实践中形成的坚强的中央领导集体，在这个领导集体中必须有一个核心。如果没有这样的领导集体和核心，党的事业就不能胜利。这是坚持民主集中制的一个重大问题。”

2016 年 10 月，党的十八届六中全会通过的《关于新形势下党内政治生活的若干准则》明确指出：“坚持党的领导，首先是坚持党中央的集中统一领导。一个国家、一个政党，领导核心至关重要。”

我们党作为具有重大全球影响力的世界第一大执政党，正在领导人民全面建设社会主义现代化强国，治国理政任务之艰巨、责任之重大、情况之复杂，是世界上绝无仅有的；我们党领导人民进行伟大社会革命，涵盖领域的广泛性、触及利益格局调整的深刻性、涉及矛盾和问题的尖锐性、突破体制机制障碍的艰巨性、进行伟大斗争形势的复杂性，都是前所未有的。如果没有党中央的核心、全党的核心，没有党中央的权威和集中统一领导，就不能把全党思想

---

① 邓小平：《第三代领导集体的当务之急》（1989 年 6 月 16 日），《邓小平文选》第 3 卷，人民出版社 1993 年版，第 310 页。

② 邓小平：《善于利用时机解决发展问题》（1990 年 12 月 24 日），《邓小平文选》第 3 卷，人民出版社 1993 年版，第 365 页。

和意志牢固凝聚起来，形成政治上、思想上和行动上高度统一的整体，就不能把全国各族人民紧密团结起来，汇聚起同心同德、和衷共济的磅礴力量。如果党是软弱涣散、派别丛生、各自为政，甚至是四分五裂的，党就会成为一盘散沙，就会人心涣散、天下大乱。这是方向性、原则性问题，是党性，是大局，一定要态度非常鲜明、立场非常坚定、行动非常自觉。

古往今来，世界上的大国崩溃或者衰败，其中一个普遍的原因就是中央权威丧失、国家无法集中统一。正因为如此，习近平总书记深刻指出："党的历史、新中国发展的历史都告诉我们：要治理好我们这个大党、治理好我们这个大国，保证党的团结和集中统一至关重要，维护党中央权威至关重要。"① "维护党中央权威和集中统一领导，是我国革命、建设、改革的重要经验，是一个成熟的马克思主义执政党的重大建党原则。"② "党中央制定的理论和路线方针政策，是全党全国各族人民统一思想、统一意志、统一行动的依据和基础。只有党中央有权威，才能把全党牢固凝聚起来，进而把全国各族人民紧密团结起来，形成万众一心、无坚不摧的磅礴力量。如果党中央没有权威，党的理论和路线方针政策可以随意不执行，大家各自为政、各行其是，想干什么就干什么，想不干什么就不干什么，党就会变成一盘散沙，就会成为自行其是的'私人俱乐部'，党的领导就会成为一句空话。"③

---

① 《中共中央政治局召开民主生活会　对照贯彻落实党的十八届六中全会精神　研究加强党内政治生活和党内监督措施　中共中央总书记习近平主持会议并发表重要讲话》，《人民日报》2016年12月28日。

② 《中共中央政治局召开民主生活会　习近平主持并发表重要讲话》，《人民日报》2017年12月27日。

③ 习近平：《在省部级主要领导干部学习贯彻党的十八届六中全会精神专题研讨班上的讲话》（2017年2月13日），《习近平关于社会主义政治建设论述摘编》，中央文献出版社2017年版，第36页。

（四）“两个维护”的实质和践行要求

坚决做到“两个维护”，不仅需要高度的政治认同、思想认同、情感认同和理性认同，增强思想自觉、政治自觉、行动自觉，也需要有过硬的本领，把“两个维护”的要求落实到位。

1.“两个维护”是时代呼唤、历史选择、民心所向

党的领袖的核心地位，不是自动到来的，是领袖领导人民在中国革命、建设和改革实践中干出来的。邓小平指出：“这种领袖是在群众斗争中自然而然产生的，而不能是自封的。”[①]

习近平同志党中央的核心、全党的核心地位，是在新的伟大斗争实践中形成的。

党的十八大以来，中国特色社会主义进入新时代，党和国家的事业发展来到新的历史关头和关键节点，面临新形势、新任务、新挑战。正如《中共中央关于党的百年奋斗重大成就和历史经验的决议》指出的：“党清醒认识到，外部环境变化带来许多新的风险挑战，国内改革发展稳定面临不少长期没有解决的深层次矛盾和问题以及新出现的一些矛盾和问题，管党治党一度宽松软带来党内消极腐败现象蔓延、政治生态出现严重问题，党群干群关系受到损害，党的创造力、凝聚力、战斗力受到削弱，党治国理政面临重大考验。”

以习近平同志为核心的党中央，以伟大的历史主动精神、巨大的政治勇气、强烈的责任担当，统筹国内国际两个大局，贯彻党的基本理论、基本路线、基本方略，统揽伟大斗争、伟大工程、伟大

---

① 邓小平：《关于修改党的章程的报告》（1956 年 9 月 16 日），《邓小平文选》第 1 卷，人民出版社 1994 年版，第 234 页。

事业、伟大梦想，坚持稳中求进工作总基调，出台一系列重大方针政策，推出一系列重大举措，推进一系列重大工作，战胜一系列重大风险挑战，解决了许多长期想解决而没有解决的难题，办成了许多过去想办而没有办成的大事，推动党和国家事业取得历史性成就、发生历史性变革。《中共中央关于党的百年奋斗重大成就和历史经验的决议》从坚持党的全面领导、全面从严治党、经济建设、全面深化改革开放、政治建设、全面依法治国、文化建设、社会建设、生态文明建设、国防和军队建设、维护国家安全、坚持“一国两制”和推进祖国统一、外交工作十三个方面进行了阐述，体现了这个阶段的原创性思想、变革性实践、突破性进展、标志性成果。《决议》指出，在坚持党的全面领导上，党中央权威和集中统一领导得到有力保证，党的领导制度体系不断完善，党的领导方式更加科学，全党思想上更加统一、政治上更加团结、行动上更加一致，党的政治领导力、思想引领力、群众组织力、社会号召力显著增强。在全面从严治党上，党的自我净化、自我完善、自我革新、自我提高能力显著增强，管党治党宽松软状况得到根本扭转，反腐败斗争取得压倒性胜利并全面巩固，党在革命性锻造中更加坚强。

这些伟大成就的取得，根本在于有以习近平同志为核心的党中央领航掌舵，有习近平新时代中国特色社会主义思想指引航向。习近平总书记坚定的信仰信念、鲜明的人民立场、崇高的革命品格、非凡的政治智慧、卓越的思想魅力、顽强的意志品质、高超的政治艺术、强烈的历史担当、伟大的人格力量，折射出人民领袖爱人民的真挚博大情怀，辉映出当代中国共产党人的政治品格、价值追求、精神风范，建立了为党为国家为民族的卓越功勋，赢得了全党全军全国各族人民的高度信赖和衷心拥护，受到了国际社会高度赞誉。

习近平总书记作为新时代中国发展成就和深刻变革的主要领导者，是众望所归、当之无愧的党的核心、人民领袖、军队统帅。确立习近平同志党中央的核心、全党的核心地位，是时代呼唤、历史选择、民心所向。坚定维护习近平总书记的核心地位，全党就有定盘星，中华民族伟大复兴的巍巍巨轮就有了主心骨和掌舵者。

做到“两个维护”，就是维护全党和全国人民的共同意志，就是维护党的权威和人民的意志。这是夺取全面建设社会主义现代化国家新胜利、实现中华民族伟大复兴的根本保证。

2.“两个维护”的本质是维护中国人民和中华民族的根本利益

实现中华民族伟大复兴，是中华民族近代以来最伟大的梦想。这个梦想，凝聚了几代中国人的夙愿，体现了中华民族和中国人民的整体利益，是每一个中华儿女的共同期盼。当前，我们正处于实现中华民族伟大复兴最为关键的历史时期，我们比以往任何时候都更需要一个坚强有力的领导核心和有权威的党中央，来实现国家的高度团结和集中统一；我们比以往任何时候都更需要在党的全面领导下、在领袖核心的引领下，激发起中国人民和中华民族无比强大的凝聚力和向心力。只有坚决维护习近平总书记的核心地位、坚决维护党中央权威和集中统一领导，才能凝聚全党意志，保证全党在思想上、政治上、组织上的高度统一，才能激发全国各族人民汇聚起磅礴力量、成就千秋伟业。

对于核心地位，习近平总书记这样论述：“党中央的核心、全党的核心，对我来说就是责任，我要用毕生精力和全部生命来回报党和人民的信任，鞠躬尽瘁、死而后已，赴汤蹈火、万死不辞。”“核心并不意味着无限权力、任性决策。对此，我始终是头脑清醒、态度如一的。”[①] 习近平总书记还强调指出：“人民把权力交

① 习近平：《关于军委坚持主席负责制》（2017 年 2 月 4 日），《论坚持党对一切工作的领导》，中央文献出版社 2019 年版，第 176 页。

给我们，我们就必须以身许党许国、报党报国，该做的事就要做，该得罪的人就得得罪。”①

党的领导核心就意味着对党、对国家、对民族、对人民的无限责任和使命担当，是以身许党许国、报党报国的赤子之心，是我将无我、不负人民的崇高情怀。在中华民族伟大复兴最为关键的历史时期，习近平总书记作为党中央的核心、全党的核心，是党和国家之幸、人民之幸、中华民族之幸。

“两个维护”，归根结底就是维护中华民族伟大复兴的光明前景，就是维护党和国家长治久安，就是维护国家富强、民族振兴、人民幸福，就是维护中国人民和中华民族的根本利益。

3.“两个维护”同坚持党的民主集中制、群众路线是一致的

强调“两个维护”，是不是就不要民主集中制、不要发扬党内民主了？对此，习近平总书记斩钉截铁地强调：“绝对不是！不能把两者对立起来。我们实行的民主集中制，是又有集中又有民主、又有纪律又有自由、又有统一意志又有个人心情舒畅生动活泼的制度，是民主和集中紧密结合的制度。”②

民主集中制是我们党的根本组织原则和领导制度。要把我们这样一个大党大国治理好，必须把广泛发扬民主和善于正确集中有机统一起来。一方面，要坚决维护党中央权威、保证全党令行禁止，这是民主集中制的内在要求。另一方面，党中央各项决策都严格按照程序办事，充分发扬民主，广泛听取各方面意见和建议，把不同意见统一起来，把各种分散意见中的真知灼见提炼概括出来，把符

---

① 习近平：《习近平在第十八届中央纪律检查委员会第五次全体会议上的讲话》（2015 年 1 月 13 日），《习近平关于全面从严治党论述摘编》，中央文献出版社 2016 年版，第 185—186 页。

② 习近平：《维护党中央权威，贯彻民主集中制》（2017 年 2 月 13 日），《习近平关于“不忘初心、牢记使命”论述摘编》，党建读物出版社、中央文献出版社 2019 年版，第 278 页。

合事物发展规律、符合广大人民群众根本利益的正确意见集中起来，做出科学决策、民主决策、依法决策。

对于“两个维护”与民主集中制的关系，习近平总书记深刻指出：“党和国家工作的重大决策部署，听了各方面意见和建议，最后总要做出决定，这个决定权就在党中央，只此一家，别无分店。在酝酿和讨论过程中，大家可以充分发表意见，畅所欲言，可以提修改意见，可以批评，甚至可以反对，言者无罪。……但是，一旦党中央做出决定，各方就要坚决贯彻执行，不能某个决策不符合自己的意见、不对自己的胃口就不执行。而且，执行起来还要全心全意，不能三心二意、半心半意。在坚决执行的条件下，有意见、有问题还可以通过党内程序反映，直至向党中央反映，这都是允许的。有关反映党中央采纳了，那很好，如果没有采纳也不要牢骚满腹，心里不痛快，行动上打埋伏。个人有见解是好事，但个人的认识毕竟有其局限性，党中央决策要从全局出发，集中各方面智慧，综合考虑各方面条件。我们这么大一个党、这么大一个国家，如果没有党中央定于一尊的权威，公说公有理，婆说婆有理，争论不休，不仅会误事，而且要乱套！”[①]

“两个维护”是新时代对民主集中制的创造性运用，同以人民为中心是统一的，与党的群众路线是高度一致的。邓小平对此有深刻论述。他指出：“工人阶级政党的领袖，不是在群众之上，而是在群众之中，不是在党之上，而是在党之中。正因为这样，工人阶级政党的领袖，必须是密切联系群众的模范，必须是服从党的组织、遵守党的纪律的模范。对于领袖的爱护——本质上是表现对于党的利益、阶级的利益、人民的利益的爱护，而不是对于个人的神

① 习近平：《维护党中央权威，贯彻民主集中制》（2017 年 2 月 13 日），《习近平关于“不忘初心、牢记使命”论述摘编》，党建读物出版社、中央文献出版社 2019 年版，第 279—280 页。

化。”[1]这就意味着，维护党中央权威、维护领导核心的权威，就是维护民主集中制的权威，维护党的根本领导制度的权威，维护党章党规的权威，也是维护宪法法律的权威。

“两个维护”不是在维护某个人的个人威信，更不是搞个人崇拜和个人迷信。领袖权威和个人崇拜是完全不同性质的问题。领袖权威建立在民主集中制和党的群众路线基础上，要遵循依法治国、依法执政和制度治党、依规治党的实质和程序规定。对此，我们党不仅有清醒的认识，而且有严格的制度规定。

邓小平强调指出：“我们党也厌弃对于个人的神化。当人民革命在全国胜利的前夕，在一九四九年三月的七届二中全会上，党中央根据毛泽东同志的提议，决定禁止给党的领导者祝寿，禁止用党的领导者的名字作地名、街名、企业的名字，这对于制止歌功颂德，起了很有益的作用。……我们的任务是继续坚决地执行中央反对把个人突出、反对对个人歌功颂德的方针，真正巩固领导者同群众的联系，使党的民主原则和群众路线，在一切方面都得到贯彻执行。”[2]

《党章》第十条关于党的民主集中制基本原则的第六项内容是：“党禁止任何形式的个人崇拜。要保证党的领导人的活动处于党和人民的监督之下，同时维护一切代表党和人民利益的领导人的威信。”《关于新形势下党内政治生活的若干准则》明确规定：“党内不准搞拉拉扯扯、吹吹拍拍、阿谀奉承。对领导人的宣传要实事求是，禁止吹捧，禁止给领导人祝寿、送礼、发致敬函电，禁止在领导干部国内考察工作时组织迎送、张贴标语、敲锣打鼓、铺红地毯、举行宴会等。”

---

① 邓小平：《关于修改党的章程的报告》（1956年9月16日），《邓小平文选》第1卷，人民出版社1994年版，第234—235页。

② 同上，第235页。

4. 确保“两个维护”的实质效果

“两个维护”的内涵是特定的、统一的，全党只有党中央权威、只有向党中央看齐，各地区各部门各方面都必须维护党中央权威、向党中央看齐。但是这个逻辑不能层层推下去。习近平总书记深刻指出：“层层提权威、要看齐，这在政治上是错误的、甚至是有害的。各级党委和政府要不要有权威呢？当然要有权威，否则没法开展工作。地方和部门的工作部署要不要执行呢？当然要执行，否则就会肌无力。但是，地方和部门的同志一定要认识到地方和部门的权威都来自于党中央权威，地方和部门的工作都是对党中央决策部署的具体落实，在地方和部门工作的同志都是党派去工作的，不是独立存在的，也不是孤立存在的，没有天马行空、为所欲为的权力。层层都喊维护自己的权威，层层都喊向自己看齐，党中央权威、向党中央看齐就会被虚化、弱化。全党只能维护党中央权威，只能向党中央看齐，要把广大党员、干部、群众思想和行动统一到党中央精神和决策部署上来。只有真正做到了这一点，地方和部门的工作才能做好。”①

做到“两个维护”，不仅要有鲜明的态度，更要有扎实的行动。习近平总书记指出：“‘两个维护’要体现在坚决贯彻党中央决策部署的行动上，体现在履职尽责、做好本职工作的实效上，体现在党员、干部的日常言行上。战争年代，党中央和毛主席用电台指挥全党全军，‘嘀嗒、嘀嗒’就是党中央和毛主席的声音，全党全军都无条件执行。大家想想，如果党中央发出的号令没人听，做不到令行禁止，那还谈什么维护党中央权威和集中统一领导！”②

---

① 习近平：《维护党中央权威，贯彻民主集中制》（2017 年 2 月 13 日），《习近平关于“不忘初心、牢记使命”论述摘编》，党建读物出版社、中央文献出版社 2019 年版，第 280 页。

② 习近平：《在中央和国家机关党的建设工作会议上的讲话》（2019 年 7 月 9 日），《论坚持党对一切工作的领导》，中央文献出版社 2019 年版，第 311 页。

“两个维护”的基本要求是必须牢固树立“四个意识”，自觉在思想上政治上行动上同党中央保持高度一致。党的各级组织、全体党员都要经常同党中央精神对表对标，校准自己的思想和行动，向党中央看齐，向党的理论和路线方针政策看齐，向党中央决策部署看齐，切实做到党中央提倡的坚决响应、党中央决定的坚决执行、党中央禁止的坚决不做，坚决维护党中央权威和集中统一领导，做到不掉队、不走偏，不折不扣抓好党中央精神贯彻落实。

同党中央保持高度一致，从根本上说就是全党必须在政治方向、政治路线、政治立场、政治主张上同党中央保持高度一致。人们经常说，要在思想上政治上行动上同党中央保持高度一致，要以高度的政治自觉、思想自觉和行动自觉落实中央决策部署和习近平总书记的指示要求。这就意味着，同党中央保持一致，既要有高度，还要有自觉，而且是高度自觉。何谓自觉？自觉，就是自己不仅能够认识到，而且能够积极主动去做。中央明令禁止的，不去做，这只是底线要求，还不是自觉行为。中央有决策部署，习近平总书记有指示要求，我们去贯彻执行了，也不能说是自觉。这是服从执行，是最基本的要求。何谓高度自觉？就是要提高政治站位，看高一眼、深看一层，善于从政治上看问题，善于把握政治大局，不断提高政治判断力、政治领悟力、政治执行力，追求更高标准、符合更严要求，深入学习领会、融会贯通党中央精神，坚持用党中央精神分析形势、推动工作，立足本地区或本单位实际，创造性贯彻落实中央决策部署和习近平总书记指示要求，做到落地生根、开花结果。

做到“两个维护”，从根本上讲就是要做到对党忠诚，必须体现到对党的信仰、对党的组织、对党的理论和路线方针政策的忠诚上。要以正确的认识、正确的行动坚决做到“两个维护”，坚决防止和纠正一切偏离“两个维护”的错误言行，不得搞任何形式的“低级红”“高级黑”，决不允许对党中央阳奉阴违做两面人、搞两面派、搞“伪忠诚”。

四、完善坚持党的全面领导的体制机制

坚持和加强党的全面领导，不是空洞的、抽象的，而是具体的、实实在在的，必须体现到管党治党、治国理政的方方面面，必须体现到国家政权的机构、体制、制度等的设计、安排、运行之中，必须健全党的全面领导的组织体系、制度体系和工作机制，确保有效发挥党的领导这一最大制度优势，更好担负起进行伟大斗争、建设伟大工程、推进伟大事业、实现伟大梦想的重大职责。

（一）健全党中央集中统一领导重大工作的体制机制

党对重大工作领导的体制机制，在党的全面领导制度安排中具有纲举目张的统领作用。加强党的全面领导，首先要加强党对涉及党和国家事业全局的重大工作的集中统一领导。加强党对重大工作领导行之有效的制度设计，是党中央设立决策议事协调机构，在中央政治局及其常委会领导下开展工作。

党的十八大以来，党中央先后成立中央全面深化改革领导小组、中央国家安全委员会、中央网络安全和信息化领导小组、中央军委深化国防和军队改革领导小组等重要领域的决策议事协调机构，在中央政治局及其常委会领导下，履行顶层设计、统筹协调、整体推进、督促落实职责，对于加强党中央对重大工作的领导发挥了十分重要和关键的作用。

2018 年 2 月，党的十九届三中全会通过的《中共中央关于深

化党和国家机构改革的决定》，着力从制度安排上发挥党的领导这个最大的体制优势，对党和国家组织结构和管理体制进行一次系统性、整体性重构，特别是优化党中央决策议事协调机构，负责重大工作的顶层设计、总体布局、统筹协调、整体推进。

组建中央全面依法治国委员会，旨在加强党中央对法治中国建设的集中统一领导，健全党领导全面依法治国的制度和工作机制，更好落实全面依法治国基本方略，负责全面依法治国的顶层设计、总体布局、统筹协调、整体推进、督促落实。

组建中央审计委员会，旨在加强党中央对审计工作的领导，构建集中统一、全面覆盖、权威高效的审计监督体系，更好发挥审计监督作用。

组建中央教育工作领导小组，旨在加强党中央对教育工作的集中统一领导，全面贯彻党的教育方针，加强教育领域党的建设，做好学校思想政治工作，落实立德树人根本任务，深化教育改革，加快教育现代化，办好人民满意的教育。

为加强党中央对涉及党和国家事业全局的重大工作的集中统一领导，强化决策和统筹协调职责，将中央全面深化改革领导小组、中央网络安全和信息化领导小组、中央财经领导小组、中央外事工作领导小组分别改为中央全面深化改革委员会、中央网络安全和信息化委员会、中央财经委员会、中央外事工作委员会，负责相关领域重大工作的顶层设计、总体布局、统筹协调、整体推进、督促落实。

《决定》明确要求：其他方面的议事协调机构，要同党中央决策议事协调机构的设立调整相衔接，保证党中央令行禁止和工作高效。各地区各部门党委（党组）要坚持依规治党，完善相应体制机制，提升协调能力，把党中央各项决策部署落到实处。这些体制安排和原则要求，有利于从制度上维护党中央权威和集中统一领导，有利于保证党中央政令畅通和工作高效。

（二）完善推动党中央重大决策落实机制

党中央的路线方针政策和决策部署，是全党全国各族人民统一思想、统一意志、统一行动的依据，是中国人民和中华民族根本利益的体现，各级党组织和党员、干部都要不折不扣贯彻落实。

中央有关部门要高质量贯彻落实习近平总书记重要指示批示精神和党中央决策部署，建立完善贯彻落实的任务分工、督促检查、情况通报、监督问责等制度机制，建立定期就习近平总书记重要指示批示和党中央决策部署贯彻落实情况“回头看”和报告、通报制度，推动各地区各部门深入学习贯彻习近平新时代中国特色社会主义思想，抓好习近平总书记重要指示批示和党中央决策部署落实见效，确保党中央政令畅通、令行禁止。

要严格执行向党中央请示报告制度。请示报告制度是我们党的重要政治纪律、组织纪律、工作纪律，目的在于党中央及时、全面、准确地了解各地区各部门情况，实事求是地分析形势，实事求是地做出决策，实事求是地解决问题。习近平总书记指出：“党中央做出的决策部署，党的组织、宣传、统战、政法等部门要贯彻落实，人大、政府、政协、法院、检察院的党组织要贯彻落实，事业单位、人民团体等的党组织也要贯彻落实，党组织要发挥作用。各方面党组织应该对党委负责、向党委报告工作……各地区各部门党委（党组）要加强向党中央报告工作，这也是一个规矩。”[①] 请示报告制度对于保证党中央发挥总揽全局、协调各方的领导核心作用，有效实

① 习近平：《严明党的组织纪律，增强组织纪律性》（2014 年 1 月 14 日），《十八大以来重要文献选编（上）》，中央文献出版社 2014 年版，第 772 页。

施对各项事业和各方面工作的领导，具有重要意义。

认真落实《中共中央政治局关于加强和维护党中央集中统一领导的若干规定》，中央政治局全体同志每年向党中央和总书记书面述职；中央书记处和中央纪律检查委员会、全国人大常委会党组、国务院党组、全国政协党组、最高人民法院党组、最高人民检察院党组每年向中央政治局常委会、中央政治局报告工作。各地区各部门党委（党组）加强向党中央报告工作。

认真落实《中国共产党重大事项请示报告条例》，涉及党和国家工作全局的重大方针政策，经济、政治、文化、社会、生态文明建设和党的建设中的重大原则和问题，国家安全、港澳台侨、外交、国防、军队等党中央集中统一管理的事项，以及其他只能由党中央领导和决策的重大事项，必须向党中央请示报告。超出自身职权范围的事项必须请示报告，在自身职权范围内关乎全局、影响广泛的重要事情和重要情况也应当请示报告。

（三）健全维护党的集中统一的组织制度

党的力量来自组织。要健全维护党的集中统一的组织制度，形成包括党的中央组织、地方组织、基层组织在内的上下贯通、执行有力的严密组织体系，实现党的组织和党的工作全覆盖，不断强化各级各类党组织的政治属性和政治功能，不断增强党的政治领导力、思想引领力、群众组织力、社会号召力。

强化党的组织在同级组织中的领导地位。理顺党的组织同其他组织的关系，更好发挥党总揽全局、协调各方的领导核心作用。在国家机关、事业单位、群团组织、社会组织、企业和其他组织中设立的党委（党组），接受批准其成立的党委统一领导，定期汇报工作，确保党的方针政策和决策部署在同级组织中得到贯彻落实。

党的地方委员会要在党中央和上级党委领导下，按照《中国共产党地方委员会工作条例》规定，在本地区发挥总揽全局、协调各方的领导核心作用，把方向、管大局、做决策、保落实，全面领导本地区经济社会发展，全面负责本地区党的建设，坚决纠正党的领导弱化、党的建设缺失、全面从严治党不力等问题。

党组要按照《中国共产党党组工作条例》的规定，在批准其设立的党组织领导下，在本部门本单位发挥好把方向、管大局、保落实的重要作用，全面履行领导责任，加强对本单位业务工作和党的建设的领导，推动党的主张和重大决策转化为法律法规、政策政令和社会共识，确保党的理论和路线方针政策的贯彻落实。

加强党的组织体系建设。完善国有企业、农村、机关、高校、科研院所、街道社区等各领域党组织工作制度，加强和改进非公有制经济组织、社会组织和互联网等党建工作。加快在新型经济组织和社会组织中建立健全党的组织机构，做到党的工作进展到哪里，党的组织就覆盖到哪里。扎实做好抓基层、打基础的工作，以提升组织力为重点，突出政治功能，扩大基层党的组织覆盖和工作覆盖，切实把党的领导落实到基层。

党的各级纪委要进一步强化党内监督专责机关的职能定位，全面监督执纪问责，坚决维护党章党规的严肃性和权威性。党的工作机关要更好发挥党委参谋助手作用，提高履职尽责的政治性和有效性，力求参当其时、谋当其用，更好服务党委决策、抓好决策落实。党支部要担负起直接教育党员、管理党员、监督党员和组织群众、宣传群众、凝聚群众、服务群众的职责，发挥好战斗堡垒作用。

所有党组织和全体党员都必须牢固树立一盘棋意识，在党中央集中统一领导下齐心协力、步调一致开展工作，形成党的组织体系整体合力，确保全党团结统一、行动一致。

（四）推进党的全面领导入法入规

要坚持依法执政这一基本领导方式，注重运用法治思维和法治方式推进党的全面领导，建立健全坚持和加强党的全面领导的制度体系，把党的领导落实到改革发展稳定、内政外交国防、治党治国治军各领域各方面各环节，把党的领导活动纳入制度轨道。

一方面，贯彻落实宪法规定，在重要法律法规中明确规定党的全面领导的法律地位，明确党的领导相关工作、党的组织建设、党组织活动的法律法规保障。将坚持党的全面领导的要求载入人大、政府、法院、检察院的组织法，载入政协、民主党派、工商联、人民团体、国有企业、高等学校、有关社会组织等的章程，健全党对这些组织实施领导的制度规定，确保其始终在党的领导下积极主动、独立负责、协调一致地开展工作。

另一方面，要及时将党在经济、政治、文化、社会、生态文明建设等方面的决策部署转化为法律法规，切实把党的主张通过法定程序转化为国家意志，成为全社会一体遵循的行为规范和活动准则，从法律制度上保证党的理论和路线方针政策的贯彻实施。

第五章

坚定政治信仰

坚定的政治信仰，是中国共产党人安身立命的根本。对马克思主义的信仰，对社会主义和共产主义的信念，是中国共产党人的政治灵魂和精神支柱。加强党的政治建设，必须发挥政治信仰的指南针作用，把坚定政治信仰作为党的政治建设的铸魂工程。本章着重探讨政治信仰的含义、坚定马克思主义信仰、坚定共产主义远大理想和中国特色社会主义共同理想、坚定执行党的政治路线、坚决站稳政治立场等内容。

一、政治信仰：党的政治建设的指南针

（一）信仰的含义

从信仰的字面意义来看，信仰中的“信”与“疑”相对，表示相信、信任、信服、信奉、不怀疑。信仰中的“仰”与“俯”相对，本意是指向上，引申为敬仰、仰慕、敬畏、尊崇。

《现代汉语词典》关于信仰有两个维度的解释。一是实践维度，信仰表示“对某人或某种主张、主义、宗教极度相信和尊敬，拿来

作为自己行动的榜样或指南”；二是本体维度，信仰是指“相信并奉为准则或指南的某种主张、主义、宗教等”。[①]《辞海》关于信仰的定义：人们“对某种宗教，或对某种主义极度信服和尊重，并以之为行动的准则”。[②]

由此可知，信仰作为人特有的精神活动和精神现象，是指对某种主张、主义或宗教极度信服和尊崇，并把它奉为自己的行为准则和行动指南。它根源于现实世界，反映的是人们在精神层面的价值追求，实质上反映的是人们对世界观、人生观和价值观的看法。人们信奉的对象，可能是所谓的神明或某种宗教，也可能是某种主义、某种真理。

信仰这一概念包括三个要素。一是信仰的主体，应当是具有自我意识、自我感觉的人。二是信仰的客体，即信仰的对象，是指能够被信仰主体接受并确认为终极价值的体现者。三是信仰的媒介，即连接主体对客体的特定规则、过程和关系等，信仰主体对客体在思想上极度信奉、在实践中恪守遵行。

信仰有科学和非科学之分。科学信仰建立在正确的认知和价值取向的基础上，如马克思主义信仰。而非科学的信仰则建立在非理性非科学的认知和价值取向基础上。科学的、理性的、反映历史发展规律、积极健康的信仰，引导人们向善向上，推动社会发展进步；而非科学的、非理性的、消极负面的信仰，则可能由于反人性、反科学，诱人沉沦、堕落，阻碍社会发展进步。

按照马克思主义唯物史观，社会存在决定社会意识，但是，社会意识具有相对的独立性，不仅能动地反作用于社会存在，而且这种反作用在一定条件下能达到决定性的程度。

---

① 中国社会科学院语言研究所词典编辑室编：《现代汉语词典》第6版，商务印书馆2012年版，第1453页。

② 夏征农、陈至立主编：《辞海》，上海辞书出版社1979年版，第565页。

信仰作为一种社会意识，对社会存在具有巨大的反作用。无论是对一个国家、一个民族、一个政党乃至组织、个人，信仰都是前行的方向和不竭动力。孟子说："此天之所与我者，先立乎其大者，则其小者弗能夺也。"意思是说，上天赐予我们的特殊能力，就是先把重要的思想端正树立起来，那么其他的想法就不会被引入迷途。对于每个人来说，思想、信念至关重要。梁启超指出："信仰是神圣，信仰在一个人为一个人的元气，在一个社会为一个社会的元气。"① 毛泽东强调："人是要有一点精神的。"② 这里所说的精神应该就是信仰。习近平总书记深刻指出："信仰、信念、信心，任何时候都至关重要。小到一个人、一个集体，大到一个政党、一个民族、一个国家，只要有信仰、信念、信心，就会愈挫愈奋、愈战愈勇，否则就会不战自败、不打自垮。"③

信仰的正向作用主要体现在两个方面。一是规范和约束。一旦主体确立了某种信仰，就意味着他对该信仰所内含的价值准则的内在认同、忠诚信奉，其思维方式和行为方式将自觉遵循信仰的内在要求。二是感召和激励。信仰蕴含着信仰主体的情感满足和精神寄托，这种情感需求包含着人们对于真善美的向往，激发信仰者内在地对终极价值和美好理想的追求。持有共同信仰的群体在信仰的感召下，通过个体内在动力的激发，能够汇聚起强大、持久的力量。

（二）政治信仰的含义

政治信仰，是指人们在参与政治活动中，对某种特定的政治制

---

① 转引自蔡尚思主编：《中国现代思想史简编》第 2 卷，浙江人民出版社 1982 年版，第 273 页。

② 毛泽东：《艰苦奋斗是我们的政治本色》（1956 年 11 月 15 日），《毛泽东文集》第 7 卷，人民出版社 1999 年版，第 162 页。

③ 习近平：《在庆祝改革开放 40 周年大会上的讲话》，《人民日报》2018 年 12 月 19 日。

度、政治道路、政治理念和政治主张等的信奉和尊崇，并作为政治实践的指导原则和精神支柱。它集中体现了人们在政治层面的价值追求和终极关怀。

政党的政治信仰，是指政党的各级组织及其成员对某种政治理论、政治理想和政治制度等的信奉和尊崇以及坚定自觉的追求。这是一个政党的初心使命、行动纲领和奋斗目标的反映。政党在现代国家的政治生活中占据着愈益重要的地位，对于整个国家的意识形态、政治制度塑造和政治实践都具有非常重要的影响力。不同的政党由于不同的指导思想、政治主张、政治使命，信奉不同的政治立场、政治纲领、政治理论、政治制度、政治道路等，因而形成不同的政治信仰。政治信仰一旦被政党成员入脑入心，就会内化为成员的理性认同和行动自觉，并转化为成员个体钢铁般的意志和坚忍不拔、百折不挠的品质。正如清代学者金缨在《格言联璧·学问》中写道："志之所趋，无远勿届，穷山距海，不能限也。志之所向，无坚不入，锐兵精甲，不能御也。"意思是说，人若志存高远，则无不可实现之目标，再遥远的地方也能达到，再坚固的东西也能突破。这就是信仰的强大力量。

一个政党的生存与发展，需要通过加强政治信仰建设，实现政党自身的团结和坚强有力。一个国家、一个民族的生存与发展，也需要政治信仰为价值凝聚、秩序维护提供意识形态和精神层面的支持，需要通过政治信仰的精神纽带作用，广泛地引领、影响、感召和整合社会，动员和团结社会各方面力量，激励人们为实现政党的使命目标而奋斗。正如习近平总书记指出的："如果一个社会没有共同理想，没有共同目标，没有共同价值观，整天乱哄哄的，那就什么事也办不成。"[①] 因此，能否形成共同的政治信仰，是一个政党、

① 习近平：《建设网络良好生态，发挥网络引导舆论、反映民意的作用》（2016 年 4 月 19 日），《论坚持党对一切工作的领导》，中央文献出版社 2019 年版，第 135 页。

一个国家、一个民族凝聚力和向心力的重要标志。

（三）中国共产党人政治信仰的核心要义

1920年春天，“南陈北李，相约建党”之一的陈独秀，致信李大钊，问该给党取个什么名字，是否称“社会党”？李大钊的回信掷地有声：“叫共产党！”我们党之所以叫“共产党”，就是因为从成立之日起就把马克思主义理想信念和崇高追求写在自己的旗帜上，坚持以马克思主义为指导，把实现共产主义作为自己的最高理想，为最广大人民根本利益而奋斗，致力于实现人的自由而全面的发展。

中国共产党人的政治信仰，就是对马克思主义的坚定信仰，对社会主义和共产主义的坚定信念。习近平总书记指出：“马克思主义是我们党的指导思想，共产主义是我们党的远大理想。没有马克思主义信仰、共产主义理想，就没有中国共产党，就没有中国特色社会主义。我主持起草党的十八大报告时，专门要求写了这样一段话：‘对马克思主义的信仰，对社会主义和共产主义的信念，是共产党人的政治灵魂，是共产党人经受住任何考验的精神支柱。’”[①] 他强调：“我们干事业不能忘本忘祖、忘记初心。我们共产党人的本，就是对马克思主义的信仰，对中国特色社会主义和共产主义的信念，对党和人民的忠诚。我们要固的本，就是坚定这份信仰、坚定这份信念、坚定这份忠诚。”[②]《关于新形势下党内政治生活的若干准则》强调：全党同志必须把对马克思主义的信仰、对社会主义和共产主义的信念作为毕生追求，在改造客观世

---

① 习近平：《在全国党校工作会议上的讲话》（2015年12月11日），人民出版社2016年版，第7页。

② 同上。

界的同时不断改造主观世界，解决好世界观、人生观、价值观这个“总开关”问题。

把握中国共产党人政治信仰的核心要义，应当完整、准确、全面。总体上看，可以从以下四个层面理解。一是坚定马克思主义信仰。马克思主义信仰是对马克思主义的极度信奉和遵从。这是中国共产党人政治信仰的根本。坚定马克思主义信仰，就要自觉坚持以马克思主义及其中国化理论成果为指导。二是坚定共产主义远大理想和中国特色社会主义共同理想。共产主义是马克思主义奋斗指向的终极目标，中国特色社会主义是实现共产主义远大理想的具体实践，要坚定中国特色社会主义和共产主义的信念。这是中国共产党人政治信仰的目标指向和实践展现。三是坚定执行党的政治路线。这是中国共产党人的政治信仰在社会主义初级阶段的现实遵循。四是坚决站稳政治立场。这是中国共产党人政治信仰的精髓和理想信念的根本。

中国共产党人的政治信仰，是中国共产党的性质宗旨、初心使命和价值担当的必然要求，饱含着党的政治建设的最高价值取向和最终奋斗目标，是中国共产党永葆马克思主义政党本色的源泉所在，是中国共产党不忘初心、牢记使命的根本所在，是中国共产党的发展道路和前途命运所在。

（四）政治信仰对于党的政治建设的重要意义

事业如屋，信念如柱。理想因其远大而为理想，信念因其执着而为信念。中国共产党为什么能够带领中国人民经历各种困苦磨难、经受各种风险考验，不断从胜利走向新的胜利，实现从站起来、富起来到强起来的伟大飞跃，靠的就是政治信仰的凝聚和感召，靠的就是把政治信仰作为中国共产党人的政治灵魂和精神支柱，并将政治信仰建设贯穿于党的政治建设的全过程。

1. 政治信仰是党的政治建设的指南针

“共同的政治信仰，是一个政党领导人民建设国家的思想基础。”[①] 政治信仰是党的政治宣言和政治承诺，决定着党的政治性质、政治立场、政治使命和政治追求，是强化党的政治领导力和维护党的政治权威的基础，是激励中国共产党人团结奋斗的思想灯塔和奋勇前行的强大精神动力。

中国共产党是一个信仰结合体，是由一群有着共同信仰并靠信仰作为纽带的先进分子组成的。毛泽东早在 1920 年 11 月 25 日给罗章龙的信中，强调湖南问题的解决，新民学会的结合，都要有明确的主义。他谈到湖南问题时说：“我虽然不反对零碎解决，但我不赞成没有主义头痛医头脚痛医脚的解决。”他主张湖南自立为国，“这实是进于总解决的一个紧要手段，而非和有些人所谓零碎解决实则是不痛不痒的解决相同”。“中国坏空气太深太厚，吾们诚哉要造成一种有势力的新空气，才可以将他斢换过来。我想这种空气，固然要有一班刻苦励志的‘人’，尤其要有一种为大家共同信守的‘主义’，没有主义，是造不成空气的。我想我们学会，不可徒然做人的聚集，感情的结合，要变为主义的结合才好。主义譬如一面旗子，旗子立起了，大家才有所指望，才知所趋赴。”[②] 习近平总书记深刻指出：“马克思主义政党不是因利益而结成的政党，而是以共同理想信念而组织起来的政党。建设坚强的马克思主义执政党，首

---

① 习近平：《干在实处 走在前列——推进浙江新发展的思考与实践》，中共中央党校出版社 2006 年版，第 15 页。

② 中共中央文献研究室编：《毛泽东年谱（1893—1949）修订本》上卷，中央文献出版社 1993 年版，第 70 页。

先要从理想信念做起。”① 坚定的政治信仰，让我们党始终站在追求真理的制高点上，始终站在精神和道义的制高点上，始终站在人类社会发展实践的制高点上，不仅能够实现全党的团结一心、行动统一、步调一致，而且由于政治信仰的强大感召力、凝聚力和向心力，能够带领全国各族人民一道勇往直前。

邓小平指出：“为什么我们过去能在非常困难的情况下奋斗出来，战胜千难万险使革命胜利呢？就是因为我们有理想，有马克思主义信念，有共产主义信念。”② 他强调：“最重要的是人的团结，要团结就要有共同的理想和坚定的信念。我们过去几十年艰苦奋斗，就是靠用坚定的信念把人民团结起来，为人民自己的利益而奋斗。”③ 他还指出：“过去我们党无论怎样弱小，无论遇到什么困难，一直有强大的战斗力，因为我们有马克思主义和共产主义的信念。有了共同的理想，也就有了铁的纪律。无论过去、现在和将来，这都是我们的真正优势。”④

习近平总书记反复强调：“革命理想高于天”，“我们党从成立起就把为共产主义、社会主义而奋斗确定为自己的纲领”，“我们党之所以能够经受一次次挫折而又一次次奋起，归根到底是因为我们党有远大理想和崇高追求。”⑤ 一代又一代党员、干部，信仰坚定、胸怀理想，始终高举马克思主义伟大旗帜，本着“砍头只当

---

① 习近平：《推进党的建设新的伟大工程要一以贯之》（2018 年 1 月 5 日），《习近平关于“不忘初心、牢记使命”论述摘编》，党建读物出版社、中央文献出版社 2019 年版，第 307 页。

② 邓小平：《一靠理想二靠纪律才能团结起来》（1985 年 3 月 7 日），《邓小平文选》第 3 卷，人民出版社 1993 年版，第 110 页。

③ 邓小平：《用坚定的信念把人民团结起来》（1986 年 11 月 9 日），《邓小平文选》第 3 卷，人民出版社 1993 年版，第 190 页。

④ 邓小平：《在中国共产党全国代表会议上的讲话》（1985 年 9 月 23 日），《邓小平文选》第 3 卷，人民出版社 1993 年版，第 144 页。

⑤ 习近平：《在庆祝中国共产党成立 95 周年大会上的讲话》（2016 年 7 月 1 日），人民出版社 2016 年版，第 10 页。

风吹帽”、“砍头不要紧，只要主义真”“敌人只能砍下我们的头颅，决不能动摇我们的信仰”的精神，赴汤蹈火、前仆后继，不畏艰难、不怕牺牲，中国共产党才能赢得各项事业的伟大胜利，才能将一个积贫积弱的旧中国变成了一个繁荣富强的新中国，并继续带领全国各族人民勠力同心，接力奋斗，实现中华民族伟大复兴的中国梦。

信念不牢、地动山摇。世界社会主义实践的曲折历程告诉我们，马克思主义政党一旦放弃马克思主义信仰、社会主义和共产主义信念，就会土崩瓦解。苏共在拥有 20 万党员时建立了苏维埃政权，在拥有 200 万党员时打败了希特勒，而在拥有近 2 000 万党员时却失去了政权。苏联的解体、苏共垮台，尽管因素是多方面的，但很重要的原因就是政治信仰动摇了，思想防线失守了，政治上蜕变和摇摆了，最终使江山改旗易帜，教训极为深刻。俄罗斯总统普京指出，苏联解体的根本原因是腐败，而腐败又始于信仰动摇。

事实告诉我们，一个政党的衰落，往往是从政治信仰动摇、理想信念丧失或缺失开始的。如果失去了政治信仰，就意味着全党的纽带断裂，最终必然导致派系林立、四分五裂、力量尽失。我们党是否坚强有力，既要看全党在政治信仰上是否坚定不移，也要看每一位党员、干部的政治信仰是否矢志不移。

总的看来，绝大多数党员、干部理想信念是坚定的，但是也有的党员、干部质疑马克思主义，对共产主义心存怀疑，不信马列信鬼神，对社会主义信心不足，对中国特色社会主义认识模糊。对此，习近平总书记及时澄清糊涂认识、批驳错误言行、回击各种质疑。他旗帜鲜明地强调，只有中国特色社会主义道路才能发展中国、稳定中国，才是一条通往复兴梦想的康庄大道，其最终目标就是实现共产主义。习近平总书记所要求的坚定“四个自信”，始终保持政治定力，在任何时候任何情况下都能“不畏浮云遮望眼”“乱云飞渡仍从容”，其实质就是坚定对马克思主义的信仰，坚定对中国特色社会主义和共产主义的信念。

在我们党的领导下，今天的中华民族已经站在了中国100多年来的历史最高点上。要实现中华民族伟大复兴的中国梦，必须应对前进道路上的各种重大挑战、抵御各种重大风险、克服各种重大阻力、解决各种重大矛盾，这比历史上任何时期都更加需要全党的团结统一，都更需要坚定党的政治信仰。

加强党的政治建设，就是要发挥政治指南针作用，引导全党坚定政治信仰、坚定“四个自信”，廓清思想迷雾，排除各种干扰。只有始终坚定政治信仰、高扬理想信念旗帜，才能夯实全党团结统一的思想政治基础，把全党的智慧和力量凝聚到新时代坚持和发展中国特色社会主义伟大事业中来，形成推动党和国家事业发展的强大合力，确保党和国家事业始终兴旺发达。

2. 政治信仰是共产党人安身立命的根本

心中有信仰，行动有力量。坚定的政治信仰、崇高的理想信念，是旗帜，是方向，是人的精神之基、力量之源，是战胜一切困难、抵御一切诱惑的决定性因素。信仰坚定，就能始终在大是大非面前头脑清醒、旗帜鲜明，在大风大浪面前立场坚定、无所畏惧，在胜利时和顺境中不骄傲不自满，在困难时和逆境中不消沉不动摇，经受住各种诱惑，经得起各种考验。

坚定的政治信仰是共产党人的精神支柱、政治灵魂和安身立命之本，对共产党人的精神世界具有决定性作用。每个党员、干部除了自然生命之外，还有党组织赋予的政治生命。当一个人的“元气”已尽意味着生命的终结，而政治信仰犹如政治生命的“元气”，政治信仰一旦丧失，则意味着政治生命的终结。

习近平总书记对政治信仰的极端重要性有深刻论述。2012 年 11 月 17 日，习近平总书记在十八届中央政治局第一次集体学习时指出："坚定理想信念，坚守共产党人精神追求，始终是共产党人安身立命的根本。对马克思主义的信仰，对社会主义和共产主义的信念，是共产党人的政治灵魂，是共产党人经受住任何考验的精神支柱。形象地说，理想信念就是共产党人精神上的'钙'，没有理想信念，理想信念不坚定，精神上就会缺'钙'，就会得'软骨病'。现实生活中，一些党员、干部出这样那样的问题，说到底是信仰迷茫、精神迷失。"[①]2013 年 6 月 28 日，他在全国组织工作会议上的讲话中指出："理想信念是共产党人精神上的'钙'，理想信念坚定，骨头就硬；没有理想信念，或理想信念不坚定，精神上就会'缺钙'，就会得'软骨病'。"[②]2015 年 12 月 11 日，在全国党校工作会议上，习近平总书记强调："共产党人如果没有信仰、没有理想，或信仰、理想不坚定，精神上就会'缺钙'，就会得'软骨病'，就必然导致政治上变质、经济上贪婪、道德上堕落、生活上腐化。"[③]2019 年 3 月 1 日，习近平总书记在中央党校（国家行政学院）中青年干部培训班开班式讲话中指出："历史和实践反复证明，一个政党有了远大理想和崇高追求，就会坚强有力，无坚不摧，无往不胜，就能经受一次次挫折而又一次次奋起；一名干部有了坚定的理想信念，站位就高了，心胸就开阔了，就能坚持正确政治方向，做到'风雨不动安如山'。信仰认定了就要信上一辈子，否则就会

① 习近平：《紧紧围绕坚持和发展中国特色社会主义学习宣传贯彻党的十八大精神》（2012 年 11 月 17 日），《习近平谈治国理政》，外文出版社 2014 年版，第 15 页。

② 习近平：《在全国组织工作会议上的讲话》（2013 年 6 月 28 日），《党建研究》2013 年第 8 期。

③ 习近平：《在全国党校工作会议上的讲话》（2015 年 12 月 11 日），人民出版社 2016 年版，第 7—8 页。

出大问题。”[①]

坚定的政治信仰是判断好干部的第一标准。习近平总书记强调，好干部的标准的第一条就是“理想信念坚定”。他指出：“党的干部必须坚定共产主义远大理想，真诚信仰马克思主义，矢志不渝为中国特色社会主义而奋斗”，“理想信念坚定，是好干部第一位的标准，是不是好干部首先看这一条。如果理想信念不坚定，不相信马克思主义，不相信中国特色社会主义，政治上不合格，经不起风浪，这样的干部能耐再大也不是我们党需要的好干部。只有理想信念坚定，用坚定理想信念炼就了‘金刚不坏之身’，干部才能在大是大非面前旗帜鲜明，在风浪考验面前无所畏惧，在各种诱惑面前立场坚定，在关键时刻靠得住、信得过、能放心”。[②]

理想信念动摇是最危险的动摇，理想信念滑坡是最危险的滑坡。习近平总书记指出：“现在，形式主义、官僚主义、享乐主义和奢靡之风为什么盛行？为什么不断有人沦为腐败分子，走向犯罪的深渊？说到底，还是理想信念不坚定。”[③]他强调：“对共产党人来讲，动摇了信仰，背离了党性，丢掉了宗旨，就可能在‘围猎’中被人捕获。只有在立根固本上下功夫，才能防止歪风邪气近身附体。”[④]

习近平总书记肯定大多数干部理想信念是坚定的，政治上是可靠的，但同时也指出了理想信念不坚定的种种表现，对党员、干部提出警示和告诫。他指出：“在我们的干部队伍中，也有的对共产

---

① 习近平：《广大干部特别是年轻干部要做到信念坚、政治强、本领高、作风硬》（2019年3月1日），《习近平关于“不忘初心、牢记使命”论述摘编》，党建读物出版社、中央文献出版社2019年版，第385页。

② 习近平：《在全国组织工作会议上的讲话》（2013年6月28日），《党建研究》2013年第8期。

③ 同上。

④ 习近平：《在第十八届中央纪律检查委员会第六次全体会议上的讲话》（2016年1月12日），人民出版社2016年版，第21页。

主义心存怀疑，认为那是虚无缥缈、难以企及的幻想；有的不信马列信鬼神，从封建迷信中寻找精神寄托，热衷于算命看相、烧香拜佛，遇事‘问计于神’；有的是非观念淡薄、原则性不强、正义感退化，糊里糊涂当官，浑浑噩噩过日子；有的甚至向往西方社会制度和价值观念，对社会主义前途命运丧失信心；有的在涉及党的领导和中国特色社会主义道路等原则性问题的政治挑衅面前态度暧昧、消极躲避、不敢亮剑，甚至故意模糊立场、耍滑头，等等。”[①] 现实生活中，一些党员、干部违纪违法，步入歧途、走上不归路，从根本上看，是政治信仰和理想信念出了问题，是信仰迷茫、精神迷失，世界观、人生观、价值观全面蜕化。

如何检验党员、干部理想信念是否坚定？习近平总书记提出了“六个是否”的标准，即“是否能在重大政治考验面前有政治定力，是否能树立牢固的宗旨意识，是否能对工作极端负责，是否能做到吃苦在前、享受在后，是否能在急难险重任务面前勇挑重担，是否能经得起权力、金钱、美色的诱惑”。当然，这样的检验需要一个过程，要看长期表现，甚至看一辈子。[②]

坚定的政治信仰不会自发产生，不可能毕其功于一役，也不可能一劳永逸，如同身体补钙一样，这是一个长期的过程。必须坚持用科学理论武装头脑，把系统掌握马克思主义及其中国化理论成果作为看家本领，筑牢信仰之基、补足精神之钙、把稳思想之舵，把坚定的政治信仰建立在对科学真理的深刻理解上，建立在对共产党执政规律、社会主义建设规律、人类社会发展规律的深刻把握上，建立在为最广大人民谋利益的崇高价值追求上，让真理武装头脑、让真理指引理想、让真理坚定信仰，自觉做共产

① 习近平：《在全国组织工作会议上的讲话》（2013 年 6 月 28 日），《党建研究》2013 年第 8 期。

② 同上。

主义远大理想和中国特色社会主义共同理想的坚定信仰者和忠实实践者。

二、坚定马克思主义信仰

（一）关于“马克思主义信仰”的概念

马克思、恩格斯是马克思主义的创立者，是马克思主义信仰的创立者。

马克思和恩格斯在《共产党宣言》中确立了无产阶级政党的最高目标是实现共产主义，并把实现“人的自由而全面的发展”作为共产主义的本质特征。“这一崇高理想站在了人类道义制高点，成为一代又一代共产党人忠贞不渝、坚强不屈的坚定信仰和不惧任何风险、战胜一切困难的精神支柱，成为马克思主义政党团结广大人民砸碎旧世界、创造新世界的精神旗帜”。[①]

使用“共产主义信仰”、“马克思主义信仰”这样的称谓以及在政治意义上使用“理想信念”进行共产主义教育，始于列宁。列宁在与各种歪曲、庸俗化的马克思主义思潮的斗争中，逐渐形成了党员的共产主义信仰思想，而马克思主义理论正是这种信仰的指导思想。列宁在《共产主义运动中的“左派”幼稚病》中指出：“俄国在半个世纪里，……以难以置信的毅力和舍身忘我的精神去探索、学习和实验，经受了失望，进行了验证，参照了欧洲的经验，真是

① 习近平：《学习马克思主义基本理论是共产党人的必修课》（2018 年 4 月 23 日），《习近平关于“不忘初心、牢记使命”论述摘编》，党建读物出版社、中央文献出版社 2019 年版，第 327 页。

饱经苦难才找到了马克思主义这个唯一正确的革命理论。”[1]他在为《马克思和恩格斯通信集》所写的介绍文章中说：“恩格斯当时还不满24岁。家庭环境使他厌倦，因此他急于要离开。他父亲是个专横的、信教的工厂主，对儿子四处参加政治集会，对他的共产主义信仰很生气。”[2]列宁指出，对工人群众进行共产主义教育的任务是“赋予自发的工人运动以明确的社会主义理想，把这个运动同合乎现代科学水平的社会主义信念结合起来”。[3]列宁始终坚持遵循马克思理论这一建党原则。他反复指出，俄国无产阶级政党的“整个世界观是以科学社会主义即马克思主义为基础的”。[4]列宁强调：“严格的无产阶级世界观只有一个，这就是马克思主义。”[5]

中国共产党是由马克思主义孕育催生、用马克思主义武装锤炼出来的政党，从成立之日起就把马克思主义郑重地写在自己的旗帜上。正是因为选择了马克思主义、毫不动摇地坚持和发展马克思主义，我们党掌握了认识世界、改造世界的锐利思想武器，才能与时代共前进、与人民共命运，不断创造彪炳史册的经济社会发展奇迹，才能始终走在时代前列、历经百年风雨依然风华正茂。

对马克思主义的坚定信仰，是一代代共产党人的政治灵魂、精神支柱和最鲜明的身份标识。邓小平说：“对马克思主义的信仰，

① 列宁：《共产主义运动中的“左派”幼稚病》（1920年4—5月），《列宁选集》第4卷，人民出版社2012年版，第136—137页。

② 列宁：《马克思和恩格斯通信集》（1913年底），《列宁全集》第24卷，人民出版社2017年版，第279—280页。

③ 列宁：《我们的当前任务》（不早于1899年10月），《列宁全集》第4卷，人民出版社2013年版，第167页。

④ 列宁：《论工人政党对宗教的态度》（1909年5月13日〔26日〕），《列宁选集》第2卷，人民出版社2012年版，第247页。

⑤ 列宁：《新的革命工人联合会》（1905年6月4日〔17日〕），《列宁全集》第10卷，人民出版社2017年版，第271页。

是中国革命胜利的一种精神动力。”[①] 他还说：“如果我们不是马克思主义者，没有对马克思主义的充分信仰，或者不是把马克思主义同中国自己的实际相结合，走自己的道路，中国革命就搞不成功，中国现在还会是四分五裂，没有独立，也没有统一。”[②]

（二）马克思主义是科学理论和崇高信仰的统一

马克思主义是我们立党立国的根本指导思想，是我们认识世界和改造世界的强大思想武器。

为什么要坚定信仰马克思主义？

毛泽东指出：“共产主义是无产阶级的整个思想体系，同时又是一种新的社会制度。这种思想体系和社会制度，是区别于任何别的思想体系和任何别的社会制度的，是自有人类历史以来，最完全最进步最革命最合理的。”[③]20 世纪发生东欧剧变时，邓小平曾指出：“马克思主义是打不倒的。打不倒，并不是因为大本子多，而是因为马克思主义的真理颠扑不破。”[④]

习近平总书记在纪念红军长征胜利八十周年大会上的讲话中指出：“认识真理，掌握真理，信仰真理，捍卫真理，是坚定理想信念的精神前提。中国共产党人的理想信念，建立在马克思主义科学真理的基础之上，建立在马克思主义揭示的人类社会发展规律的基础之上，建立在为最广大人民谋利益的崇高价值的基础之上。我们

---

① 邓小平：《建设有中国特色的社会主义》（1984 年 6 月 30 日），《邓小平文选》第 3 卷，人民出版社 1993 年版，第 63 页。

② 同上。

③ 毛泽东：《新民主主义论》（1940 年 1 月），《毛泽东选集》第 2 卷，人民出版社 1991 年版，第 686 页。

④ 邓小平：《在武昌、深圳、珠海、上海等地的谈话要点》（1992 年 1 月 18 日—2 月 21 日），《邓小平文选》第 3 卷，人民出版社 1993 年版，第 382 页。

坚定，是因为我们追求的是真理。我们坚定，是因为我们遵循的是规律。我们坚定，是因为我们代表的是最广大人民根本利益。”[①]他在十九届中央政治局第五次集体学习时的讲话中强调：“《共产党宣言》揭示的人类社会最终走向共产主义的必然趋势，奠定了共产党人坚定理想信念、坚守精神家园的理论基础。理想信念的确立，是一种理性的选择，而不是一时的冲动，光有朴素的感情是远远不够的，还必须有深厚的理论信仰作支撑，否则一有风吹草动就会发生动摇。只要我们掌握了马克思主义基本原理，就能够深刻认识到实现共产主义是由一个一个阶段性目标逐步达成的漫长历史过程，需要若干代人接续奋斗、艰苦奋斗、不懈奋斗；就能够深刻认识到中国特色社会主义是实现中华民族伟大复兴的必由之路，也是中国共产党人带领人民追求崇高理想、开辟光明未来的成功道路。”[②]这些论述精辟地阐述了中国共产党政治信仰的鲜明特征和力量所在，揭示了中国共产党政治信仰建设的规律性认识。

中国共产党之所以选择马克思主义，中国共产党人之所以要坚定马克思主义信仰，这主要是因为，马克思主义作为科学的理论体系，第一次站在人民的立场探求人类自由解放的道路，创立了人民实现自身解放的思想体系，代表了最广大劳动群众的根本利益；揭示人类社会发展基本规律，为人类指明了从必然王国向自由王国飞跃的途径，为人民指明了实现自由和解放的道路，为我们提供了认识和改造世界的强大思想武器和科学方法。

---

① 习近平：《在纪念红军长征胜利八十周年大会上的讲话》（2016 年 10 月 21 日），人民出版社 2016 年版，第 12 页。

② 习近平：《学习马克思主义基本理论是共产党人的必修课》（2018 年 4 月 23 日），《习近平关于“不忘初心、牢记使命”论述摘编》，党建读物出版社、中央文献出版社 2019 年版，第 330 页。

1. 马克思主义是迄今为止最科学、最严密、最有生命力的理论体系

马克思主义是指马克思和恩格斯共同创立的科学的理论体系，是关于全世界无产阶级和全人类彻底解放的学说。它主要由马克思主义哲学、马克思主义政治经济学和科学社会主义三大部分组成。这是马克思、恩格斯在批判地继承和吸收人类优秀思想成果和总结人类历史经验的基础上创立的科学理论，是人类文明成果的集大成，是马克思对所处的时代和世界的深入考察，是马克思对人类社会发展规律的深刻把握。在人类思想史上，就科学性、真理性和生命力而言，还没有一种思想理论能达到马克思主义的高度[①]。还没有一种学说像马克思主义那样对人类文明进步产生如此广泛而且穿越时空的巨大影响，还没有一种思想能够历经一个多世纪的沧桑巨变和风风雨雨之后，仍然保持着强大的生命力。

物换星移、时光流逝，在马克思主义诞生的100多年里，马克思主义一再被许多国家、被来自不同社会阵营的人们反复地思考与争论，被有些人一而再再而三地宣布过时或死亡了。但是，马克思主义每一次被宣布过时了、死亡了，就如同昭告它们依然还茁壮地生存和顽强地奋斗着。法国哲学家让-保罗·萨特在20世纪60年代断言："马克思主义非但没有衰竭，而且还十分年轻，几乎是处在童年时代；它才刚刚开始发展。因此，它仍然是我们时代的哲学：它是不可超越的，因为产生它的情势还没有被超越。"[②]在20世纪90年代，法国哲学家雅克·德里达提醒人们："不能没有马克思，没有马克思，没有对马克思的记忆，没有马克思的遗产，也就没有将来。"[③]"地球上所有的人，所有的男人和女人，

---

① 王晓晖：《坚定马克思主义信仰》，《光明日报》2016年11月15日。

② ［法］让-保罗·萨特：《辩证理性批判》（上卷），安徽文艺出版社1998年版，第28页。

③ ［法］雅克·德里达：《马克思的幽灵》，中国人民大学出版社2008年版，第15页。

不管他们愿意与否、知道与否，他们在今天在某种程度上说都是马克思和马克思主义的继承人”。[①] 甚至一些并不赞同马克思主义的人也承认，马克思主义是人类文明史上不朽的思想丰碑。美国学者海尔布隆纳在他的著作《马克思主义：赞成与反对》中表示，要探索人类社会发展前景，必须向马克思求教，人类社会至今仍然生活在马克思所阐明的发展规律之中。[②] 在21世纪来临的时候，英国剑桥大学、路透社、英国广播公司举行评选活动，马克思被誉为“千年第一思想家”“千年伟人”“古今最伟大的哲学家”。这是当之无愧的。

正如习近平总书记所言：“无论时代如何变迁、科学如何进步，马克思主义依然显示出科学思想的伟力，依然占据着真理和道义的制高点。”[③] “马克思主义的巨大真理威力和强大生命力，表明马克思主义对人类认识世界、改造世界、推动社会进步仍然具有不可替代的作用。”[④] 邓小平坚定地说：“我坚信，世界上赞成马克思主义的人会多起来的，因为马克思主义是科学。它运用历史唯物主义揭示了人类社会发展的规律。……不要认为马克思主义消失了，没用了，失败了。哪有这回事！”[⑤]

2. 马克思主义始终坚持无产阶级和最广大人民群众的立场

马克思主义作为无产阶级的思想理论体系，始终坚持为无产阶

---

① ［法］雅克·德里达：《马克思的幽灵》，中国人民大学出版社2008年版，第127页。

② 转引自张志丹：《意识形态功能提升新论》，人民出版社2017年版，第240页。

③ 习近平：《在哲学社会科学工作座谈会上的讲话》（2016年5月17日），人民出版社2016年版，第10页。

④ 《习近平在中共中央政治局第四十三次集体学习时强调深刻认识马克思主义时代意义和现实意义 继续推进马克思主义中国化时代化大众化》，《人民日报》2017年9月30日。

⑤ 邓小平：《在武昌、深圳、珠海、上海等地的谈话要点》（1992年1月18日—2月21日），《邓小平文选》第3卷，人民出版社1993年版，第382—383页。

级、为绝大多数劳动人民谋利益，始终把全人类解放和人的全面发展作为最高价值追求。习近平总书记深刻指出："马克思主义是人民的理论，第一次创立了人民实现自身解放的思想体系。马克思主义博大精深，归根到底就是一句话，为人类求解放。"[①] 可以说，马克思主义的信仰是人民。正如毛泽东所指出："这个上帝不是别人，就是全中国的人民大众。"[②]

马克思在他 17 岁（1835 年）时所写的《青年在选择职业时的考虑》这篇中学毕业论文中，就把人类幸福和自身完美的统一，作为选择职业的基本原则，表达了为人类的幸福而工作的崇高理想。马克思在其一生中，无论他和他的家庭遭受怎样的挫折，为人类的解放事业而奋斗的志向一以贯之，始终不渝。恩格斯《在马克思墓前的讲话》中对马克思一生所追求的事业及丰功伟绩给予高度评价："马克思首先是一个革命家。他毕生的真正使命，就是以这种或那种方式参加推翻资本主义社会及其所建立的国家设施的事业，参加现代无产阶级的解放事业，正是他第一次使现代无产阶级意识到自身的地位和需要，意识到自身解放的条件。斗争是他的生命要素。很少有人像他那样满腔热情、坚韧不拔和卓有成效地进行斗争。……他可能有过许多敌人，但未必有一个私敌。"[③]

马克思、恩格斯都出身于资产阶级家庭，但他们反对少数人的统治，反对人剥削人的制度。在他们之前，社会上占统治地位的理论都是为统治阶级服务的。马克思主义第一次站在无产阶级和广大人民群众的立场探求人类自由解放的道路。马克思、恩格斯在《共

① 习近平：《在纪念马克思诞辰 200 周年大会上的讲话》（2018 年 5 月 4 日），人民出版社 2018 年版，第 8 页。

② 毛泽东：《愚公移山》（1945 年 6 月 11 日），《毛泽东选集》第 3 卷，人民出版社 1991 年版，第 1102 页。

③ 恩格斯：《在马克思墓前的讲话》，《马克思恩格斯文集》第 3 卷，人民出版社 2009 年版，第 602—603 页。

产党宣言》中指出，“过去的一切运动都是少数人的或者为少数人谋利益的运动。无产阶级的运动是绝大多数人的、为绝大多数人谋利益的独立的运动”。[①]

马克思主义是人民的理论，与工人阶级和劳动人民的命运紧密联系，旨在实现工人阶级和劳动人民的自身解放。在马克思主义影响下，人民第一次成为自己命运的主人，成为实现自身解放和全人类解放的根本政治力量。中国正是在马克思主义指导下建立起社会主义制度，人民群众才真正当家作主，成为国家和社会的主人。

3. 马克思主义始终坚持共产主义远大理想

马克思、恩格斯在批判旧世界的基础上，科学揭示了人类社会最终走向共产主义的必然趋势，科学预测了未来社会的理想状态。实现共产主义是马克思主义者的不懈追求和毕生事业。邓小平指出：“马克思主义的另一个名词就是共产主义。我们多年奋斗就是为了共产主义，我们的信念理想就是要搞共产主义。”[②] 马克思主义的最终理性结论是共产主义一定实现，马克思主义的最终奋斗目标是实现共产主义。正因为如此，马克思主义信仰在很多场合被直接表述为共产主义信仰。

共产主义社会是一个生产力高度发展、人得到全面发展的社会，是一个没有阶级、没有剥削、没有压迫、实现人类自我解放的社会。共产主义的核心价值包括以下内容。

一是“人的自由全面发展”。马克思逝世后，有人请求恩格斯用最精练的语言来表达关于未来社会的思想。恩格斯认为，除了《共产党宣言》中的一段话，再也找不到更合适的话来概括马克思

---

① 马克思、恩格斯：《共产党宣言》，人民出版社 2014 年版，第 39 页。

② 邓小平：《改革是中国发展生产力的必由之路》（1985 年 8 月 28 日），《邓小平文选》第 3 卷，人民出版社 1993 年版，第 137 页。

和他的基本思想了。这段话就是，代替旧社会的将是这样一个联合体，在那里，“每个人的自由发展是一切人的自由发展的条件”。[①] 马克思、恩格斯坚信，共产主义社会将是一个“自由人的联合体”。实现人的解放、人的自由发展，是马克思主义的根本目的，是马克思主义最为本质的灵魂，是一切共产党人始终为之奋斗的目标。

二是“没有剥削、没有压迫、人人平等的社会制度”。马克思、恩格斯在《共产党宣言》中强调：“共产党人的最近目的是和其他一切无产阶级政党的最近目的一样的：使无产阶级形成为阶级，推翻资产阶级的统治，由无产阶级夺取政权。”[②] 最高纲领是消灭私有制，消灭阶级，实现共产主义。马克思向我们描绘了共产主义愿景：“在共产主义社会高级阶段上，在迫使人们奴隶般地服从分工的情形已经消失，从而脑力劳动和体力劳动的对立也随之消失之后；在劳动已经不仅仅是谋生的手段，而且本身成了生活的第一需要之后；在随着个人的全面发展生产力也增长起来，而集体财富的一切源泉都充分涌流之后，——只有在那个时候，才能完全超出资产阶级法权的狭隘眼界，社会才能在自己的旗帜上写上：各尽所能，按需分配！”[③] 在共产主义社会，物质财富极大丰富，实现“各尽所能，按需分配”；社会关系高度和谐，人们精神境界极大提高，人类社会实现从形式上的平等转到事实上的平等。马克思、恩格斯设想，在未来社会中，“生产将以所有的人富裕为目的”，“所有人共同享受大家创造出来的福利”。恩格斯结合马克思在《共产党宣言》《哥达纲领批判》《资本论》等著作中提出的一系列主张，阐明在社会主义条件下，社会应该“给所有的人提供健康而有益的工作，给所有的人提供充裕的物质生活和闲暇时间，给所有的人提供真正

---

① 马克思、恩格斯：《共产党宣言》，人民出版社 2014 年版，第 51 页。

② 同上，第 41 页。

③ 马克思：《哥达纲领批判》，《马克思恩格斯全集》第 19 卷，人民出版社 1963 年版，第 22—23 页。

的充分的自由”。[1]

三是“解放全人类”。恩格斯指出：“共产主义是关于无产阶级解放的条件的学说。”[2]马克思主义认为，无产阶级是消灭资本主义制度和建设共产主义社会的历史承担者。无产阶级的历史使命不仅要解放自己，还要解放全人类。“无产者在这个革命中失去的只是锁链。他们获得的将是整个世界”。[3]无产阶级解放和人类解放是高度一致的：人类的解放只有通过无产阶级的解放才能实现；无产阶级只有解放全人类才能最终解放自己。无产阶级解放运动要用社会主义代替资本主义，最终消灭一切阶级和剥削制度，实现共产主义，解放全人类。这是人类梦寐以求的最美好的社会理想。

在马克思主义指导或影响下，马克思主义政党在世界范围内如雨后春笋般建立和发展起来，推动了无产阶级革命和社会主义运动，催生了社会主义国家的诞生和成长，一大批获得独立和解放的民族国家建立起来，深刻改变了人类社会的政治版图和发展前景。尽管世界社会主义在发展中也会出现曲折，但人类社会发展的总趋势没有改变，也不会改变。共产主义的价值理念牢牢占据人类社会发展的道义和真理的制高点。

4. 马克思主义为认识世界和改造世界提供了科学的理论指导和方法论

实践的观点、生活的观点是马克思主义认识论的基本观点。马克思说：“哲学家们只是用不同的方式解释世界，而问题在于改变

---

① 恩格斯：《弗·恩格斯对英国北方社会主义联盟纲领的修正》，《马克思恩格斯全集》第21卷，人民出版社1965年版，第570页。

② 马克思、恩格斯：《共产党宣言》，人民出版社2014年版，第76页。

③ 同上，第65页。

世界。”[①] 这句话深刻地揭示了马克思主义与其他理论和信仰形式的根本区别。马克思主义不仅具有鲜明的科学性，而且具有鲜明的实践品格，不仅致力于科学“解释世界”，而且致力于积极“改变世界”，为人民认识世界、把握规律、追求真理、改造世界提供了强大精神力量。共产主义运动就是马克思主义改变世界的实践活动。

恩格斯指出：“马克思的整个世界观不是教义，而是方法。它提供的不是现成的教条，而是进一步研究的出发点和供这种研究使用的方法。”[②] 列宁曾说过：“马克思的哲学是完备的哲学唯物主义，它把伟大的认识工具给了人类，特别是给了工人阶级。”[③] 这个伟大的认识工具，就是辩证唯物主义和历史唯物主义。辩证唯物主义和历史唯物主义深刻揭示了事物的本质、内在联系及发展规律，为人类把握事物发展规律、解决面临的实际问题提供了科学指南。[④] 毛泽东形象地指出，“马克思主义的方法就是政治上军事上的望远镜和显微镜”[⑤]，是指导我们认识世界、改造世界的根本方法。

中国共产党和中国人民之所以选择马克思主义，还有非常重要的一个原因，就是马克思主义与中华优秀传统文化的高度契合，使马克思主义在中国具有坚实的文化基础和广泛的心理认同。比如，早在 2 000 多年前，我国古代儒家经典《礼记》关于大同社会政治理想的描述，如“老有所终，壮有所用，幼有所长。鳏寡孤独废疾

---

① 马克思：《关于费尔巴哈的提纲》，《马克思恩格斯全集》第 3 卷，人民出版社 1960 年版，第 6 页。

② 恩格斯：《恩格斯致威纳尔 · 桑巴特》（1895 年 3 月 11 日），《马克思恩格斯全集》第 39 卷（上册），人民出版社 1974 年版，第 406 页。

③ 列宁：《马克思主义的三个来源和三个组成部分》（1913 年 3 月），《列宁选集》第 2 卷，人民出版社 2012 年版，第 311 页。

④ 王晓晖：《坚定马克思主义信仰》，《光明日报》2016 年 11 月 15 日。

⑤ 毛泽东：《中国革命战争的战略问题》（1936 年 12 月），《毛泽东选集》第 1 卷，人民出版社 1991 年版，第 212 页。

者，皆有所养”等“大同”世界图景，与马克思主义所设想的共产主义社会有某种意义上的共通之处。又如，儒家知识分子“为天地立心，为生民立命，为往圣继绝学，为万世开太平”的宏大志向和使命担当，以及修齐治平、“内圣外王”、家国天下情怀等精神追求，与马克思主义主张的党员个人党性修养、自我改造和自我革命精神，具有内在的相通之处。

习近平总书记指出：“在近代中国最危急的时刻，中国共产党人找到了马克思列宁主义，并坚持把马克思列宁主义同中国实际相结合，用马克思主义真理的力量激活了中华民族历经几千年创造的伟大文明，使中华文明再次迸发出强大精神力量。”[①] 中国共产党人作为马克思主义的忠诚信奉者、坚定实践者，同时是中华优秀传统文化的忠实继承者和弘扬者，是中国先进文化的积极倡导者和发展者，在接受马克思主义的同时，也坚持把马克思主义基本原理同中国具体实际相结合、同中华优秀传统文化相结合，用马克思主义观察时代、把握时代、引领时代，对马克思主义进行本土化、时代化改造。

中国共产党之所以能够完成近代以来各种政治力量不可能完成的艰巨任务，之所以能够在革命、建设和改革各个历史时期创造人类社会发展史上惊天动地的发展奇迹，关键在于始终高举马克思主义的旗帜，坚持马克思主义的指导地位，始终把马克思主义这一科学理论作为自己的行动指南，坚持把马克思主义基本原理同当代中国实际和时代特点紧密结合起来，推进理论创新、实践创新，不断丰富和发展马克思主义，不断把马克思主义中国化推向前进。

正因为如此，习近平总书记在庆祝中国共产党成立 100 周年大会上的讲话中指出：“中国共产党坚持马克思主义基本原理，坚持

① 习近平：《在党史学习教育动员大会上的讲话》（2021 年 2 月 20 日），《求是》2021 年第 7 期。

实事求是，从中国实际出发，洞察时代大势，把握历史主动，进行艰辛探索，不断推进马克思主义中国化时代化，指导中国人民不断推进伟大社会革命。中国共产党为什么能，中国特色社会主义为什么好，归根到底是因为马克思主义行！”[①]

（三）坚持马克思主义立场观点方法

对于中国共产党人来说，马克思主义不仅是一门学问、一种思想体系，更是分析问题、解决问题的世界观和方法论，是认识世界和改造世界的强大思想武器。坚定马克思主义，必须努力掌握马克思主义的科学思想体系，以及构成这一科学体系的基本原理，特别是它的立场观点方法。

完整准确掌握马克思主义的理论体系和精髓要义，应当把马克思主义基本原理同个别结论区别开来。对于个别结论，要注意马克思、恩格斯分析问题的具体的、历史的前提和条件。对此，毛泽东指出：“马列主义基本原理至今未变”，“至于马克思、列宁关于个别问题的结论做得不合适，这种情况是可能的，因为受当时条件的限制”。“马克思活着的时候，不能将后来出现的所有的问题都看到，也就不能在那时把所有的问题都加以解决。俄国的问题只能由列宁解决，中国的问题只能由中国人解决。”[②]

邓小平指出：“学马列要精，要管用的。”[③]邓小平所说的“精”，就是要掌握马克思主义的基本原理，掌握马克思主义的精髓，坚持

① 习近平：《在庆祝中国共产党成立100周年大会上的讲话》（2021年7月1日），《求是》2021年第14期。

② 毛泽东：《马列基本原理至今未变，个别结论可以改变》（1959年2月14日），《毛泽东文集》第8卷，人民出版社1999年版，第1—5页。

③ 邓小平：《在武昌、深圳、珠海、上海等地的谈话要点》（1992年1月18日—2月21日），《邓小平文选》第3卷，人民出版社1993年版，第382页。

实事求是。邓小平说的“管用”，就是要运用马克思主义的立场观点方法解决实际问题，不断增强工作中的原则性、系统性、预见性和创造性。

习近平总书记指出：“只有学懂了马克思列宁主义、毛泽东思想、邓小平理论、‘三个代表’重要思想、科学发展观，特别是领会了贯穿其中的马克思主义立场、观点、方法，才能心明眼亮，才能深刻认识和准确把握共产党执政规律、社会主义建设规律、人类社会发展规律，才能始终坚定理想信念，才能在纷繁复杂的形势下坚持科学指导思想和正确前进方向，才能带领人民走对路，才能把中国特色社会主义不断推向前进。”① 他在全国党校工作会议上的讲话中指出：“党的各级领导干部特别是高级干部，要原原本本学习和研读经典著作，努力把马克思主义立场、观点、方法学到手，作为自己的看家本领。”②

马克思主义立场观点方法，贯穿于马克思列宁主义、毛泽东思想和中国特色社会主义理论体系之中，是马克思主义科学思想体系的精髓所在。只有系统掌握贯穿其中的马克思主义立场观点方法，才能真正掌握马克思主义活的灵魂，从根本上提高马克思主义思想觉悟和理论水平，打牢坚定理想信念的基础，不断增强改造主观世界和客观世界的能力。

1. 马克思主义的立场

立场，是人们观察、认识和处理问题的立足点，决定了人们的政治态度、价值取向。这个立足点，从根本上讲是由人们的经济政

---

① 习近平：《在中央党校建校 80 周年庆祝大会暨 2013 年春季学期开学典礼上的讲话》（2013 年 3 月 1 日），人民出版社 2013 年版，第 7—8 页。

② 习近平：《在全国党校工作会议上的讲话》（2015 年 12 月 11 日），人民出版社 2016 年版，第 15 页。

治社会利益和地位决定的。马克思主义的立场就是无产阶级和广大人民群众的立场。马克思主义始终坚持为无产阶级、为绝大多数劳动人民谋利益，始终把全人类解放和人的全面发展作为最高价值追求。

马克思主义是为人民代言、为人民立言的科学理论。在马克思之前，社会上占统治地位的理论都是为统治阶级服务的。马克思主义深深植根人民之中，第一次站在人民的立场探求人类自由解放的道路，以科学的理论为最终建立一个没有压迫、没有剥削、人人平等、人人自由的理想社会指明了方向。正如习近平总书记一再强调的："始终站在人民大众立场上，始终不脱离、不动摇这个立场，这是共产党人掌握马克思主义世界观的重大问题，因而也是我们广大党员干部学习贯彻中国特色社会主义理论体系要解决好的重大问题。"[①] 是否坚持这一立场，是检验马克思主义政党先进性和纯洁性的根本标准，是判断马克思主义和非马克思主义的试金石。这是党员、干部坚定马克思主义信仰要解决好的重大问题，离开了人民大众的立场，就必然离开了马克思主义。

2. 马克思主义的观点

马克思主义观点是马克思主义关于自然、社会和人类思维规律的科学认识，是对自然界规律和人类社会实践经验的科学总结，体现在马克思主义哲学、政治经济学和科学社会主义这三个组成部分之中，表现为马克思主义关于哲学、政治经济学、科学社会主义的基本理论、基本判断、基本结论，共同构成马克思主义基本原理。

马克思主义哲学包括辩证唯物主义和历史唯物主义。辩证唯物

① 习近平：《深入学习中国特色社会主义理论体系　努力掌握马克思主义立场观点方法》（2010 年 3 月 1 日在中共中央党校春季学期开学典礼上的讲话），《求是》2010 年第 7 期。

主义围绕回答哲学基本问题，形成了世界物质统一性原理、事物矛盾运动原理、认识能动反映原理等基本原理。历史唯物主义把辩证唯物主义运用到社会历史领域，形成了社会存在决定社会意识的原理，生产力决定生产关系、经济基础决定上层建筑的原理，人民群众是历史创造者的原理等基本原理。

马克思主义政治经济学研究围绕在一定生产力状况基础上的社会生产关系及其发展规律，揭示了资本主义生产关系的本质、无产阶级与资产阶级之间对立的根源、资本主义为新的社会形态所替代的必然，形成了劳动价值理论、商品生产和商品交换理论、剩余价值理论、资本积累理论、资本流通和社会资本再生产理论、资本主义经济危机理论、垄断资本主义理论、未来社会经济特征和社会主义经济理论，等等，其中最核心的是劳动价值理论和剩余价值理论。科学社会主义在深入剖析资本主义社会及其生产方式的基本矛盾基础上，揭示了资本主义社会必然被社会主义社会所代替的历史发展趋势，形成了人类社会由资本主义向社会主义、共产主义的进化和发展是一个客观自然历史进程的理论，等等。[①]

比如，马克思主义关于生产活动是人类社会存在和发展根本前提的观点，为我们党始终把发展作为执政兴国第一要务提供了理论依据。“马克思主义坚持从社会物质生产特别是生产力和生产关系的矛盾运动来把握社会，揭示出生产力始终是推动社会前进最活跃、最革命的力量，从而确定社会主义的根本任务就是发展社会生产力。这个基本原理，要求我们在建设社会主义的整个历史进程中，都必须把集中力量发展社会生产力摆在首要位置，把经济建设作为党和国家的中心工作，聚精会神搞建设，一心一意谋发展”。[②]

---

① 王晓晖：《坚定马克思主义信仰》，《光明日报》2016 年 11 月 15 日。

② 习近平：《深入学习中国特色社会主义理论体系　努力掌握马克思主义立场观点方法》（2010 年 3 月 1 日在中共中央党校春季学期开学典礼上的讲话），《求是》2010 年第 7 期。

3. 马克思主义的方法

马克思主义的方法是与马克思主义世界观相统一的方法论，是指导我们正确认识和改造世界的根本思想方法和工作方法。毛泽东说："世界本来是发展的物质世界，这是世界观；拿了这样的世界观转过来去看世界，去研究世界上的问题，去指导革命，去做工作，去从事生产，去指挥作战，去议论人家长短，这就是方法论，此外并没有别的什么单独的方法论。"[①] 世界观是人们关于世界的根本看法，方法论是人们认识、评价、改造世界的根本方法。世界观是方法论的理论基础，方法论是世界观的具体运用。一般说来，有什么样的世界观，就会有什么样的方法论。

毛泽东指出，我们"不但应当了解马克思、恩格斯、列宁、斯大林他们研究广泛的真实生活和革命经验所得出的关于一般规律的结论，而且应当学习他们观察问题和解决问题的立场和方法"[②]。邓小平也讲过，我们"主要的是要用马克思主义的立场、观点、方法来分析问题，解决问题"[③]。

坚持实事求是的思想方法。解放思想、实事求是、与时俱进，是马克思主义活的灵魂。习近平总书记指出："实事求是，是马克思主义的根本观点，是中国共产党人认识世界、改造世界的根本要求，是我们党的基本思想方法、工作方法、领导方法。不论过去、现在和将来，我们都要坚持一切从实际出发，理论联系实际，在实践中检验真理和发展真理。"[④] 只有解放思想，不断研究新情况、解

① 中共中央文献研究室编：《毛泽东著作专题摘编（上）》，中央文献出版社 2003 年版，第 30 页。

② 毛泽东：《中国共产党在民族战争中的地位》（1938 年 10 月 14 日），《毛泽东选集》第 2 卷，人民出版社 1991 年版，第 533 页。

③ 邓小平：《在全军政治工作会议上的讲话》（1978 年 6 月 2 日），《邓小平军事文集》第 3 卷，军事科学出版社 2004 年版，第 115 页。

④ 习近平：《在纪念毛泽东同志诞辰 120 周年座谈会上的讲话》（2013 年 12 月 26 日），《习近平关于"不忘初心、牢记使命"论述摘编》，党建读物出版社、中央文献出版社 2019 年版，第 117 页。

决新问题，才能正确地把握不断发展变化着的客观实际，才能使思想认识符合客观实际，这样才能真正做到实事求是。

坚持唯物辩证的思想方法。唯物辩证法揭示了物质世界普遍联系和永恒发展的特性，是马克思主义的根本方法论。要求人们充分运用辩证方法观察世界、判断形势、认识问题，正确分析矛盾，在对立中把握统一、在统一中把握对立，善于处理局部和全局、当前和长远、重点和非重点的关系。要始终坚持客观地而不是主观地、发展地而不是静止地、全面地而不是片面地、系统地而不是零散地、普遍联系地而不是孤立地观察事物、分析问题、解决问题。要坚持“两点论”和“重点论”的统一，以重点突破带动整体推进，在整体推进中实现重点突破，不能没有主次，不加区分，眉毛胡子一把抓。要遵循对立统一规律、质量互变规律、否定之否定规律，坚持继承和创新相统一，既求真务实，又与时俱进。要提高战略思维、辩证思维、创新思维、底线思维、历史思维、法治思维能力，不断增强工作的科学性、预见性、主动性和创造性。要坚持系统观点，掌握“十个指头弹钢琴”的统筹兼顾方法。要树立大局意识、全局观念，要善于观大势、谋大事，自觉在大局下想问题、做工作。

坚持群众路线的工作方法。群众路线是马克思主义历史唯物主义基本原理在实际工作中的具体体现，是我们党始终坚持的根本工作方法。习近平总书记指出：“群众路线是我们党的生命线和根本工作路线，是我们党永葆青春活力和战斗力的重要传家宝。”[①]要坚持一切为了群众、一切依靠群众，从群众中来、到群众中去，把党的正确主张变为群众的自觉行动，把群众路线贯彻到治

---

① 习近平：《在纪念毛泽东同志诞辰120周年座谈会上的讲话》（2013年12月26日），《习近平关于“不忘初心、牢记使命”论述摘编》，党建读物出版社、中央文献出版社2019年版，第119页。

国理政全部活动之中。党的领导工作的正确方法，就是将群众意见集中起来，形成符合客观规律的科学决策，又到群众中宣传解释，将决策化为群众改造世界的实际行动，并在群众实践中检验这些决策和各方面工作是否符合客观实际和客观规律，是否符合人民意愿。要坚持把服务群众和带领群众结合起来。要认真贯彻落实党的理论和路线方针政策，把党的主张变为群众的自觉行动，引领群众听党话、跟党走。要做人民公仆，勤勤恳恳为民，着力解决人民群众最关心最直接最现实的利益问题，时时做到与人民群众心心相印、同甘共苦。

（四）坚持和发展马克思主义

坚持马克思主义，就要坚持马克思主义的基本原理和马克思主义的立场观点方法。这些都是反映了事物发展的普遍规律，被实践反复充分证明、具有普遍真理性的科学原理，不管世界发生了多么大的变化，都具有普遍的指导意义，永远不会过时。正如马克思、恩格斯在《共产党宣言》1872年德文版序言中说，“不管最近25年来的情况发生了多大的变化，这个《宣言》中所阐述的一般原理整个说来直到现在还是完全正确的。”①

时代是思想之母，实践是理论之源。马克思主义是革命的、开放的、与时俱进的理论体系。马克思主义并没有结束真理，而是开辟了通向真理的道路。马克思主义经典作家一再强调，正确的理论必须结合具体情况并根据现存条件加以阐明和发挥。实践发展永无止境，认识真理、进行理论创新就永无止境。

邓小平曾意味深长地指出：“如果我们不是马克思主义者，没

① 马克思、恩格斯：《共产党宣言》，人民出版社2014年版，第3页。

有对马克思主义的充分信仰，或者不是把马克思主义同中国自己的实际相结合，走自己的道路，中国革命就搞不成功，中国现在还会是四分五裂，没有独立，也没有统一。”[①]“老祖宗不能丢”[②]，丢了就是背叛，就会葬送社会主义；同时，要敢于讲“老祖宗没有说过的话”，要有“新话”。[③]

习近平总书记指出：“历史和现实都表明，只有坚持历史唯物主义，我们才能不断把对中国特色社会主义规律的认识提高到新的水平，不断开辟当代中国马克思主义发展新境界。”[④]我们必须跟上时代前进的步伐，“不能身体已进入21世纪，而脑袋还停留在过去”。[⑤]面对新的时代特点和实践要求，马克思主义必须在实践中不断发展才具有强大的生命力。

正因为我们党采取这种科学态度，坚持把马克思主义基本原理同中国具体实际和时代特征相结合，自觉运用马克思主义立场观点方法研究和解决中国革命、建设、改革的实际问题，不断推进马克思主义中国化，创立了毛泽东思想、邓小平理论，形成了“三个代表”重要思想、科学发展观，创立了习近平新时代中国特色社会主义思想，指导党和人民事业不断开创新局。

---

① 邓小平：《建设有中国特色的社会主义》（1984年6月30日），《邓小平文选》第3卷，人民出版社1993年版，第63页。

② 邓小平：《总结经验，使用人才》（1991年8月20日），《邓小平文选》第3卷，人民出版社1993年版，第369页。

③ 邓小平：《在中央顾问委员会第三次全体会议上的讲话》（1984年10月22日），《邓小平文选》第3卷，人民出版社1993年版，第91页。

④《习近平在中共中央政治局第十一次集体学习时强调 推动全党学习和掌握历史唯物主义 更好认识规律更加能动地推进工作》，《人民日报》2013年12月5日。

⑤ 习近平：《顺应时代前进潮流，促进世界和平发展》（2013年3月23日），《习近平谈治国理政》，外文出版社2014年版，第273页。

（五）学懂弄通做实习近平新时代中国特色社会主义思想

党的十八大以来，中国特色社会主义进入新时代，这是我国发展新的历史方位。以习近平同志为主要代表的中国共产党人，坚持把马克思主义基本原理同中国具体实际相结合、同中华优秀传统文化相结合，坚持毛泽东思想、邓小平理论、“三个代表”重要思想、科学发展观，深刻总结并充分运用党成立以来的历史经验，从新的实际出发，创立了习近平新时代中国特色社会主义思想，实现了马克思主义中国化新的飞跃。

习近平同志是习近平新时代中国特色社会主义思想的主要创立者。在领导推进党和国家事业的伟大实践中，习近平总书记作为党中央的核心、全党的核心，作为新时代中国特色社会主义的掌舵者、领路人，以马克思主义政治家、思想家、战略家的非凡理论勇气、卓越政治智慧、强烈使命担当，以“我将无我，不负人民”的赤子情怀，对关系新时代党和国家事业发展的一系列重大理论和实践问题进行了深邃思考和科学判断，就新时代坚持和发展什么样的中国特色社会主义、怎样坚持和发展中国特色社会主义，建设什么样的社会主义现代化强国、怎样建设社会主义现代化强国，建设什么样的长期执政的马克思主义政党、怎样建设长期执政的马克思主义政党等重大时代课题，提出一系列原创性的治国理政新理念新思想新战略，为习近平新时代中国特色社会主义思想的创立发挥了决定性作用、做出了决定性贡献。

2017 年，党的十九大把习近平新时代中国特色社会主义思想确立为党必须长期坚持的指导思想，并庄严写入《党章》。2018 年，十三届全国人大一次会议通过的宪法修正案，郑重地把习近平新时代中国特色社会主义思想载入《宪法》，实现了党和国家指导思想的与时俱进。2021 年，《中共中央关于党的百年奋斗重大成就和历史经验的决议》指出：“党确立习近平同志党中央的核心、全党的核心地位，确立习近平新时代中国特色社会主义思想的指导地位，对新时代党和国家事业发展、对推进中华民族伟大复兴历史进程具有决定性意义。”

习近平新时代中国特色社会主义思想是党和人民实践经验和集体智慧的结晶，是新时代中国共产党的思想旗帜，是全党全国人民为实现中华民族伟大复兴而奋斗的行动指南。在当代中国，坚持和发展习近平新时代中国特色社会主义思想，就是真正坚持和发展马克思主义，就是真正坚持和发展科学社会主义。

对于中国共产党人来说，坚定政治信仰，就必须把学懂弄通做实习近平新时代中国特色社会主义思想作为基本功、必修课、看家本领，全面把握这一思想的精神实质、丰富内涵、历史地位、重大意义，自觉运用这一科学真理武装头脑、指导实践、推动工作，做到学思用贯通，知信行统一。

1. 习近平新时代中国特色社会主义思想创立的时代背景

伟大时代呼唤伟大理论，伟大理论引领伟大时代。任何伟大思想，都有其时代坐标。中国特色社会主义进入新时代，是我国发展新的历史方位。这个新时代以党的十八大为起点，是承前启后、继往开来、在新的历史条件下继续夺取中国特色社会主义伟大胜利的时代，是决胜全面建成小康社会、进而全面建设社会主义现代化强国的时代，是全国各族人民团结奋斗、不断创造美好生活、逐步实现全体人民共同富裕的时代，是全体中华儿女勠力同心、奋力实现中华民族伟大复兴中国梦的时代，是我国不断为人类做出更大贡献的时代。

在这个新时代，世情、国情、党情发生重大深刻变化。我们党面临的主要任务是，实现第一个百年奋斗目标，开启实现第二个百年奋斗目标新征程，朝着实现中华民族伟大复兴的宏伟目标继续前进。这是习近平新时代中国特色社会主义思想创立的时代背景。

就世情来说，当今世界正经历百年未有之大变局，新冠肺炎疫情全球大流行使这个大变局加速演变，新一轮科技革命和产业变革深入发展，国际力量对比深刻调整，和平与发展仍然是时代主题，人类命运共同体理念深入人心，同时国际环境日趋复杂，不稳定性不确定性明显增加，治理赤字、信任赤字、和平赤字、发展赤字尤为突出。人类社会又一次站在历史的十字路口，“世界怎么了？”“应该怎么办？”需要做出回答。

就国情来说，当代中国站上新的发展起点，中华民族迎来了从站起来、富起来到强起来的伟大飞跃，实现中华民族伟大复兴进入了不可逆转的历史进程。一方面，社会主义在中国展现出前所未有的生机活力，在世界上高高举起了中国特色社会主义伟大旗帜；另一方面，改革稳定发展任务之重、矛盾风险挑战之多、治国理政考验之大前所未有。如何更好地坚持和发展中国特色社会主义、建设社会主义现代化强国，都需要做出回答。

就党情来说，中国共产党是党和国家事业的坚强领导核心，尽管坚持党要管党、全面从严治党不断取得新成效，但如何深入推进党的建设新的伟大工程、建设长期执政的马克思主义政党，需要做出回答。

习近平新时代中国特色社会主义思想就是在回应世情、国情、党情变化带来的新挑战新要求的过程中创立和发展起来的，是在中国特色社会主义新时代的历史方位和治国理政实践基础上形成发展起来的，汇聚了以习近平同志为主要代表的中国共产党人的集体智慧和理论创新，系统回答了三个重大时代课题，即新时代坚持和发展什么样的中国特色社会主义、怎样坚持和发展中国特色社会主义，建设什么样的社会主义现代化强国、怎样建设社会主义现代化强国，建设什么样的长期执政的马克思主义政党、怎样建设长期执政的马克思主义政党。

2. 习近平新时代中国特色社会主义思想的科学内涵

习近平新时代中国特色社会主义思想是体系完整、逻辑严密、内在统一、富有原创性贡献的科学理论体系。

2017 年，党的十九大报告用“八个明确”和“十四个坚持”概括了习近平新时代中国特色社会主义思想的主要内容。“八个明确”是：明确坚持和发展中国特色社会主义，总任务是实现社会主义现代化和中华民族伟大复兴，在全面建成小康社会的基础上，分两步走在 21 世纪中叶建成富强民主文明和谐美丽的社会主义现代化强国；明确新时代我国社会主要矛盾是人民日益增长的美好生活需要和不平衡不充分的发展之间的矛盾，必须坚持以人民为中心的发展思想，不断促进人的全面发展、全体人民共同富裕；明确中国特色社会主义事业总体布局是“五位一体”、战略布局是“四个全面”，强调坚定“四个自信”；明确全面深化改革总目标是完善和发展中国特色社会主义制度、推进国家治理体系和治理能力现代化；明确全面推进依法治国总目标是建设中国特色社会主义法治体系、建设社会主义法治国家；明确党在新时代的强军目标是建设一支听党指挥、能打胜仗、作风优良的人民军队，把人民军队建设成为世界一流军队；明确中国特色大国外交要推动构建新型国际关系，推动构建人类命运共同体；明确中国特色社会主义最本质的特征是中国共产党领导，中国特色社会主义制度的最大优势是中国共产党领导，党是最高政治领导力量，提出新时代党的建设总要求，突出政治建设在党的建设中的重要地位。

“十四个坚持”是：坚持党对一切工作的领导；坚持以人民为中心；坚持全面深化改革；坚持新发展理念；坚持人民当家作主；

坚持全面依法治国；坚持社会主义核心价值体系；坚持在发展中保障和改善民生；坚持人与自然和谐共生；坚持总体国家安全观；坚持党对人民军队的绝对领导；坚持“一国两制”和推进祖国统一；坚持推动构建人类命运共同体；坚持全面从严治党。

“八个明确”和“十四个坚持”各有侧重，有机融合、有机统一，都是习近平新时代中国特色社会主义思想的组成部分。“八个明确”主要是从理论层面回答了坚持和发展什么样的中国特色社会主义，是习近平新时代中国特色社会主义思想最为核心关键的组成部分。“十四个坚持”主要是从实践层面回答了怎样坚持和发展中国特色社会主义。从逻辑结构看，“十四个坚持”依次围绕领导力量、根本立场、发展动力、发展导向、依靠力量、法治保障、精神指引、发展目的、人与自然关系、国家安全、国防和军队建设、国家统一、中国和世界关系、党的自身建设等重大问题，从实践和行动纲领层面，对坚持和发展中国特色社会主义进行了集中概括，这是实现中华民族伟大复兴中国梦的“路线图”和“方法论”。

2021 年，《中共中央关于党的百年奋斗重大成就和历史经验的决议》在党的十九大“八个明确”的基础上，用“十个明确”对习近平新时代中国特色社会主义思想的核心内容做了进一步概括。“十个明确”是：明确中国特色社会主义最本质的特征是中国共产党领导，中国特色社会主义制度的最大优势是中国共产党领导，中国共产党是最高政治领导力量，全党必须增强“四个意识”、坚定“四个自信”、做到“两个维护”；明确坚持和发展中国特色社会主义，总任务是实现社会主义现代化和中华民族伟大复兴，在全面建成小康社会的基础上，分两步走在本世纪中叶建成富强民主文明和谐美丽的社会主义现代化强国，以中国式现代化推进中华民族伟大复兴；明确新时代我国社会主要矛盾是人民日益增长的美好生活需要和不平衡不充分的发展之间的矛盾，必须坚持以人民为中心的发展思想，发展全过程人民民主，推动人的全面发展、全体人民共同富裕取得更为明显的实质性进展；明确中国特色社会主义事业总体布局是经济建设、政治建设、文化建设、社会建设、生态文明建设五位一体，战略布局是全面建设社会主义现代化国家、全面深化改革、全面依法治国、全面从严治党四个全面；明确全面深化改革总目标是完善和发展中国特色社会主义制度、推进国家治理体系和治理能力现代化；明确全面推进依法治国总目标是建设中国特色社会主义法治体系、建设社会主义法治国家；明确必须坚持和完善社会主义基本经济制度，使市场在资源配置中起决定性作用，更好发挥政府作用，把握新发展阶段，贯彻创新、协调、绿色、开放、共享的新发展理念，加快构建以国内大循环为主体、国内国际双循环相互促进的新发展格局，推动高质量发展，统筹发展和安全；明确党在新时代的强军目标是建设一支听党指挥、能打胜仗、作风优良的人民军队，把人民军队建设成为世界一流军队；明确中国特色大国外交要服务民族复兴、促进人类进步，推动建设新型国际关系，推动构建人类命运共同体；明确全面从严治党的战略方针，提出新时代党的建设总要求，全面推进党的政治建设、思想建设、组织建设、作风建设、纪律建设，把制度建设贯穿其中，深入推进反腐败斗争，落实管党治党政治责任，以伟大自我革命引领伟大社会革命。

《中共中央关于党的百年奋斗重大成就和历史经验的决议》还从十三个方面分领域总结新时代党领导人民取得的巨大成就，并重点概括了其中的原创性的理念和思想。这些战略思想和创新理念，是党对中国特色社会主义建设规律认识深化和理论创新的重大成果，反映了以习近平同志为核心的党中央对中国特色社会主义建设规律认识的深化、拓展、升华。

3. 习近平新时代中国特色社会主义思想的历史贡献

《中共中央关于党的百年奋斗重大成就和历史经验的决议》指出："习近平新时代中国特色社会主义思想是当代中国马克思主义、二十一世纪马克思主义，是中华文化和中国精神的时代精华，实现了马克思主义中国化新的飞跃。"这意味着这一思想在马克思主义发展史、中华文化发展史、人类文明进步史上，都具有重要地位。

第一，习近平新时代中国特色社会主义思想是当代中国马克思主义、二十一世纪马克思主义，谱写了当代中国马克思主义和二十一世纪马克思主义新篇章。习近平新时代中国特色社会主义思想，坚持马克思主义立场观点方法，着眼于解决中国问题和时代问题，坚持马克思主义基本原理同中国具体实际和时代特征相结合，对马克思主义哲学、政治经济学、科学社会主义各个领域都提出了许多标志性、引领性的新观点。这些创新观点以全新视野深化了对共产党执政规律、社会主义建设规律、人类社会发展规律的认识，实现了对中国特色社会主义建设规律认识的新跃升，指明了中国式现代化道路的新图景，开辟了管党治党、兴党强党的新境界，为发展当代中国马克思主义、二十一世纪马克思主义做出原创性、时代性贡献。正是因为这一思想的科学指导，中国特色社会主义道路、理论、制度、文化不断发展，科学社会主义在二十一世纪的中国焕发出强大生机活力，使得世界范围内两种意识形态、两种社会制度的历史演进及其较量，发生了有利于马克思主义、有利于社会主义的深刻转变。这个深刻转变，对于科学社会主义的发展，具有重大而深远的意义。

第二，习近平新时代中国特色社会主义思想是中华文化和中国精神的时代精华。这一思想深深植根于中华文化的沃土之中，深刻汲取博大精深的中华优秀传统文化所蕴含的丰富哲学思想、人文精神、道德理念，是对中华优秀传统文化进行创造性转化、创新性发展的典范。这一思想深刻反映中华民族自古以来的梦想和追求，特别是实现中华民族伟大复兴这一近代以来最伟大的梦想，凝结着中国人民的伟大创造精神、伟大奋斗精神、伟大团结精神、伟大梦想精神，具有强大的历史穿透力、文化感染力和精神感召力，有效激活了中华优秀传统文化的生命力，使马克思主义在中国大地焕发出新的勃勃生机。①

第三，习近平新时代中国特色社会主义思想为实现中华民族伟大复兴提供了强大精神力量和行动指导。这一思想鲜明提出并系统论述中华民族伟大复兴中国梦这一重大命题，深刻阐述中华民族伟大复兴的基本内涵、历史方位、实现路径、战略步骤等重大问题，引领中国特色社会主义实现新发展，推动中华民族伟大复兴实现大跨越。在习近平新时代中国特色社会主义思想指导下，中国共产党领导全国各族人民，统揽伟大斗争、伟大工程、伟大事业、伟大梦想，推动党和国家事业取得全方位、开创性历史成就，发生深层次、根本性历史变革，迎来了实现中华民族伟大复兴的光明前景。

第四，习近平新时代中国特色社会主义思想为解决人类问题、建设美好世界提供了中国方案、中国智慧。中国共产党是为中国人民谋幸福、为中华民族谋复兴的党，也是为人类进步事业而奋斗的党，始终把为人类做出新的更大贡献作为自己的使命。习近平新时代中国特色社会主义思想站在人类发展高度，洞察历史前进的逻辑，把握世界发展大势，着眼于解决关乎世界、人类前途命运的重大问题，提出了以构建人类命运共同体为核心的全球治理观、安全观、发展观、正确义利观、全球化观、“一带一路”倡议

① 王晓晖：《三方面理解习近平新时代中国特色社会主义思想实现了马克思主义中国化新的飞跃》，http://cpc.people.com.cn/n1/2021/1112/c64387-32280718.html，2021 年 11 月 12 日访问。

等，为应对全球共同挑战、维护人类共同利益、建设美好世界指明了方向，为解决世界经济、国际安全、全球治理和文明进步等一系列重大问题提供了新的方向、新的方案、新的选择，贡献了中国方案、中国智慧和中国力量。特别是中国的发展理念、发展道路、发展模式和发展品格的影响力、吸引力显著增强，中国日益发挥着世界和平建设者、全球发展贡献者、国际秩序维护者的重要作用。

4. 做习近平新时代中国特色社会主义思想的坚定信仰者和忠实实践者

“万物得其本者生，百事得其道者成。”这句古语出自汉代刘向《说苑》，意思为，世间万物只有保住根本才能生长，一切事情只有遵循规律才能成功。[①]

习近平新时代中国特色社会主义思想把握了当今世界的“本”和“道”。作为一个系统完整的世界观和方法论体系，习近平新时代中国特色社会主义思想蕴含着鲜明的马克思主义理论品格，充满着对马克思主义的坚定信仰，对共产主义和中国特色社会主义的坚定信念，对中国共产党、中华民族和中国人民的无比忠诚，彰显着中国共产党人的崇高政治使命和高尚政治追求，构成了习近平新时代中国特色社会主义思想的鲜明标识和政治底色。这是我们认识世界、把握规律、追求真理、改造世界的强大精神武器。

加强党的政治建设、坚定政治信仰，最重要的是学懂弄通做实习近平新时代中国特色社会主义思想。要坚持读原著、学原文、悟原理，不断学习，不断实践，不断领悟，坚持融会贯通学、及时跟进学、联系实际学、带着感情学，坚持把自己摆进去、把职责摆进

① 《习近平引用的名言：万物得其本者生，百事得其道者成》，《人民日报》2019 年 6 月 6 日。

去、把工作摆进去，坚持在增进政治认同、思想认同、理论认同、情感认同上下功夫，不断往深里走、往心里走、往实里走，真正做到学深悟透、真信笃行。坚持运用这一思想，优化思想方法，解决思想困惑，检视自身思想作风和精神状态，牢固树立正确的世界观、人生观、价值观和权力观、政绩观、事业观，以坚定的理想信念砥砺对党的赤诚忠心，切实增强“四个意识”、坚定“四个自信”、做到“两个维护”，做习近平新时代中国特色社会主义思想的坚定信仰者和忠实实践者。

三、坚持共产主义远大理想和中国特色社会主义共同理想

理想是人们从现实出发对未来美好图景的向往和追求，是人们的行动纲领和奋斗目标。信仰的终极价值追求，最终要通过具体的理想来展现。为实现崇高理想而奋斗，就是践行信仰的过程。信念是人们在一定认知基础上确立的对某种思想或事物坚信不疑并为之矢志奋斗的心理态度和精神状态，是认知、情感和意志的有机统一体，彰显在向往和追求中的坚定意志。“理想信念”把“理想”和“信念”这两个概念有机地融为一体，并赋予其更加深刻的意蕴，是理想和信念在最高层次的统一，表达风雨不动、坚如磐石的意志定力和信心决心，是人们的世界观、人生观和价值观在奋斗目标和信仰追求上的集中体现。

马克思主义以科学的理论揭示了人类社会最终走向共产主义的必然趋势，为最终建立一个没有剥削、没有压迫、人人平等、人人自由的理想社会指明了方向。这个理想社会就是共产主义，这是马克思、恩格斯总结人类社会发展客观规律提出的美好前景，是人类

社会的发展方向。

中国共产党人把实现共产主义作为最高理想，为实现共产主义奋斗终生是每个党员入党时的庄严承诺。实现共产主义崇高理想，是一个漫长的过程，需要若干代人的不断努力。坚持和发展中国特色社会主义，就是为实现共产主义最高理想所进行的具体实践。信仰马克思主义，自然而然就要坚定对共产主义的信仰、饱含对共产主义事业的深厚感情以及为共产主义而奋斗的坚强意志，就要坚定共产主义必然要实现的信念，坚定“四个自信”。

（一）坚持共产主义远大理想

共产主义是人类有史以来最先进的思想体系、最合理的社会制度和最崇高的价值追求。它既指学说，也指制度和运动，应当从三个维度科学认识共产主义。一是指共产主义学说或共产主义思想。马克思、恩格斯基于唯物史观和剩余价值学说这两个伟大发现，揭示了人类社会发展的一般规律，揭示了资本主义运行的特殊规律，科学描述了人类社会的未来发展图景，创立了共产主义学说。这个关于为什么要实现和怎样才能实现共产主义制度的科学思想体系，是实现共产主义的指导思想。二是指共产主义制度。这是指将来要实现的一种社会制度。在共产主义社会，生产力高度发展、人得到全面发展，是一个没有剥削、没有压迫、实现人类自我解放的社会。这是人类历史上最完全、最进步、最革命、最完善、最科学、最合理的社会，是人类社会的最高理想。三是指共产主义运动。这是为了实现共产主义远大理想而奋斗的实践运动。只有每个共产党人自觉投身于共产主义运动和中国特色社会主义事业，共产主义的远大理想才能最终实现。

共产主义是建立在关于人类社会历史发展规律的科学认识的基

础之上的。这是人类社会发展的客观规律，是任何力量也改变不了的历史必然趋势。马克思、恩格斯在《共产党宣言》中提出“两个必然”，即“资产阶级的灭亡和无产阶级的胜利是同样不可避免的”。“资产阶级不仅锻造了置自身于死地的武器；它还产生了将要运用这种武器的人——现代的工人，即无产者”。[①] 无产阶级的历史使命就是要掌握和运用这个规律，逐步消灭私有制，建立起人的自由全面发展的共产主义新社会。“两个必然”结论是基于唯物史观对人类社会发展规律的科学揭示。资本主义生产方式的内在矛盾决定了资本主义必然灭亡，这是不以人的意志为转移的客观规律。

应当看到，《共产党宣言》自面世以来，不仅指导了世界工人运动和无产阶级革命，也极大地触动了资本主义的自我调整和改良。在马克思亲自领导下，在马克思主义指导下，“第一国际”等国际工人组织相继创立和发展，在不同时期指导和推动了国际工人运动的联合和斗争。在马克思主义影响下，马克思主义政党在世界范围内如雨后春笋般建立和发展起来。列宁领导的十月革命取得胜利，社会主义从理论变为现实，打破了资本主义一统天下的世界格局。第二次世界大战结束后，一大批社会主义国家诞生，特别是中华人民共和国成立，极大壮大了世界社会主义力量。尽管世界社会主义在发展中也会出现曲折，但人类社会发展的总趋势没有改变，也不会改变。[②]

可以说，今天世界的面貌，包括资本主义的变化，也受到马克思、恩格斯所创理论的深远影响。其实，马克思、恩格斯在当时就明确指出：“生产的不断变革，一切社会状况不停的动荡，永远的不

① 马克思、恩格斯：《共产党宣言》，人民出版社 2014 年版，第 40 页，第 34 页。

② 习近平：《在纪念马克思诞辰 200 周年大会上的讲话》（2018 年 5 月 4 日），人民出版社 2018 年版，第 11 页。

安定和变动，这就是资产阶级时代不同于过去一切时代的地方。”① 经济危机的频发和工人运动的风起云涌，迫使资产阶级不得不对生产关系和社会关系加以调整。一百多年来，不同国家的资产阶级通过自我调节，实现了生产力发展和科学技术进步，也推动了社会主义的因素在资产阶级国家不断生长，这些社会主义因素本身就是对资本主义关系的否定。尽管资本主义在不断自我调整，但资本主义的本质并未改变，资本主义的固有矛盾依然存在，经济、金融、政治、社会危机仍然经常发生，世界范围内两极分化趋势不断加剧。这些都表明，“两个必然”理论并未过时，资本主义终将被社会主义、共产主义代替的大趋势不会发生改变，也不可能发生改变。

当然，“两个必然”的实现不可能一蹴而就，这是一个长期过程。为此，马克思于 1859 年为《政治经济学批判》一书撰写的序言中，明确提出了关于“两个决不会”的思想，即：“无论哪一个社会形态，在它所能容纳的全部生产力发挥出来以前，是决不会灭亡的；而新的更高的生产关系，在它的物质存在条件在旧社会的胎胞里成熟以前，是决不会出现的。”② 这充分说明，社会主义、共产主义代替资本主义是一个长期的、艰巨的和曲折的历史过程，归根到底需要生产力的充分发展和高度发达。

马克思主义创始人在科学分析资本主义发展规律的基础上对未来社会发展阶段提出过一些原则性的设想，认为未来社会大体要经历从资本主义社会到共产主义社会的革命转变时期、共产主义社会的第一阶段、共产主义社会的高级阶段。马克思在 1875 年《哥达纲领批判》中，把共产主义社会分为两个发展阶段，即第一阶段或初级阶段、共产主义社会高级阶段。列宁在 1917 年《国家与革命》

---

① 马克思、恩格斯：《共产党宣言》，人民出版社 2014 年版，第 30 页。

② 马克思：《〈政治经济学批判〉序言》，《马克思恩格斯全集》第 13 卷，人民出版社 1962 年版，第 9 页。

中，明确地把马克思设想的共产主义社会的第一阶段称为社会主义，而把共产主义社会的高级阶段称为共产主义。列宁认为，在经济落后的俄国，只能建成“初级形式的社会主义”，而不能立即建成“发达的社会主义”。我们今天所讲的共产主义社会，实际上是马克思当年所讲的共产主义的高级阶段。

可见，实现共产主义这种社会制度，将是漫长的历史过程，需要若干代人的不断努力才能最终达到。但是，共产主义作为一种实践运动，又是现实的、看得见摸得着的。正如习近平总书记指出：“共产主义决不是‘土豆烧牛肉’那么简单，不可能唾手可得、一蹴而就，但我们不能因为实现共产主义理想是一个漫长的过程，就认为那是虚无缥缈的海市蜃楼，就不去做一个忠诚的共产党员。革命理想高于天。实现共产主义是我们共产党人的最高理想，而这个最高理想是需要一代又一代人接力奋斗的。如果大家都觉得这是看不见摸不着的东西，没有必要为之奋斗和牺牲，那共产主义就真的永远实现不了了。我们现在坚持和发展中国特色社会主义，就是向着最高理想所进行的实实在在努力。”①

“在真学真信中坚定理想信念”，老一辈革命家都是这方面的楷模。1936年，毛泽东在与美国记者埃德加·斯诺的谈话中说到：“1920年冬，我第一次在政治上组织工人，并开始用马克思主义理论和俄国革命历史的影响来指导。我第二次赴京期间，读了很多有关俄国情况的报道，并热心地搜寻当时为数不多的有关共产主义的中文文献。有三本书对我的影响尤其深刻，使我树立起对马克思主义的信仰。一旦接受了它，把它视为对历史的正确阐释，我就再也没有动摇。这三本书是陈望道翻译的《共产党宣言》，这是第一本

① 习近平：《做焦裕禄式的县委书记》（2015年1月12日），《习近平关于“不忘初心、牢记使命”论述摘编》，党建读物出版社、中央文献出版社2019年版，第152—153页。

译成中文的马克思著作；考茨基的《阶级斗争》；柯卡普的《社会主义史》。到1920年夏天，我在理论上和一定程度的行动上成为马克思主义者，从这时起，我就认为自己是一个马克思主义者。”[①]

周恩来在确立共产主义信仰之时说：“我认的主义一定是不变了，并且很坚决地要为他宣传奔走。”[②]他1943年8月8日在中共中央党校开学典礼上的讲话中指出：“在任何艰难困苦的情况下，都要以誓死不变的精神为共产主义奋斗到底。”[③]英国学者迪克·威尔逊曾经这样评价周恩来：周恩来对共产主义的信仰是真诚的，正如他对中国的感情和他那持久的人性也是发自内心的一样，这使得他在20世纪的所有中国领导人中显得十分突出。[④]

（二）坚持中国特色社会主义共同理想

毛泽东曾经生动地说：“虽然理想一定要有，但是还要结合一个东西，叫做‘现实’。”[⑤]中国共产党人坚持马克思主义，是远大理想和现实目标相结合、历史必然性和发展阶段性相统一，既坚信人类社会必然走向共产主义，把实现共产主义作为自己的最高理想和奋斗的最终目标，同时又清醒认识到，实现这一崇高目标必然经历若干历史阶段，是由一个个阶段性目标逐步达成的历史过程，从

---

① ［美］埃德加·斯诺著，李方准、梁民译：《红星照耀中国》，河北人民出版社1992年版，第116页。

② 周恩来：《伍的誓词》（1923年4月15日），《中共党史参考资料（一）党的创立时期》，人民出版社1979年版，第413页。

③ 中共中央文献研究室编：《周恩来年谱（1898—1949）（修订本）》，中央文献出版社1998年版，第573页。

④ ［英］迪克·威尔逊著：《周恩来传》，国际文化出版公司2013年版，第482页。

⑤ 毛泽东：《第七届中央委员会的选举方针》（1945年5月24日），《毛泽东文集》第3卷，人民出版社1996年版，第361页。

而立足中国革命、建设和改革的实际，正确把握党和人民事业所处的历史方位和发展阶段，并据此明确阶段性中心任务、制定科学的路线方针政策，把共产主义远大理想同中国特色社会主义共同理想统一起来、同我们正在做的事情统一起来。

习近平总书记指出，中国特色社会主义是社会主义而不是其他什么主义，中国特色社会主义在新的历史条件下体现了科学社会主义的基本原则。他指出："要教育引导广大党员、干部把践行中国特色社会主义共同理想和坚定共产主义远大理想统一起来，做到虔诚而执着、至信而深厚。"[①] 毛泽东说过："自从中国人学会了马克思列宁主义以后，中国人在精神上就由被动转入主动。"[②] 这种被动到主动的转变，就在于中国人民找到了"伟大的认识工具"。何谓"学会"？就是能够结合中国实际来运用。何谓"主动"？就是走中国自己的路。

一百年来，我们党团结带领中国人民走中国自己什么样的路呢？总的说来，就是《中共中央关于党的百年奋斗重大成就和历史经验的决议》总结的："党领导人民浴血奋战、百折不挠，创造了新民主主义革命的伟大成就；自力更生、发愤图强，创造了社会主义革命和建设的伟大成就；解放思想、锐意进取，创造了改革开放和社会主义现代化建设的伟大成就；自信自强、守正创新，创造了新时代中国特色社会主义的伟大成就。党和人民百年奋斗，书写了中华民族几千年历史上最恢宏的史诗。"

首先是新民主主义革命时期。从 1921 年到 1949 年，进行 28 年浴血奋战，推翻帝国主义、封建主义、官僚资本主义三座大山，

---

① 习近平：《关于坚持和发展中国特色社会主义的几个问题》（2013 年 1 月 5 日），《习近平关于"不忘初心、牢记使命"论述摘编》，党建读物出版社、中央文献出版社 2019 年版，第 74 页。

② 毛泽东：《唯心历史观的破产》（1949 年 9 月 16 日），《毛泽东选集》第 4 卷，人民出版社 1991 年版，第 1516 页。

建立了人民当家作主的中华人民共和国，实现了民族独立、人民解放。新民主主义革命的胜利，彻底结束了旧中国半殖民地半封建社会的历史，彻底结束了极少数剥削者统治广大劳动人民的历史，彻底结束了旧中国一盘散沙的局面，彻底废除了列强强加给中国的不平等条约和帝国主义在中国的一切特权，实现了中国从几千年封建专制政治向人民民主的伟大飞跃，也极大改变了世界政治格局，鼓舞了全世界被压迫民族和被压迫人民争取解放的斗争。中国共产党和中国人民以英勇顽强的奋斗向世界庄严宣告，中国人民从此站起来了，中华民族任人宰割、饱受欺凌的时代一去不复返了，中国发展从此开启了新纪元。

其后是社会主义革命和建设时期。从新中国成立到改革开放前夕，党领导人民实现从新民主主义到社会主义的转变，完成社会主义革命，推进社会主义建设，完成了中华民族有史以来最为广泛而深刻的社会变革，实现了一穷二白、人口众多的东方大国大步迈进社会主义社会的伟大飞跃。党在社会主义革命和建设中取得的独创性理论成果和巨大成就，为在新的历史时期开创中国特色社会主义提供了宝贵经验、理论准备、物质基础，为实现中华民族伟大复兴奠定根本政治前提和制度基础。中国共产党和中国人民以英勇顽强的奋斗向世界庄严宣告，中国人民不但善于破坏一个旧世界，也善于建设一个新世界，只有社会主义才能救中国，只有社会主义才能发展中国。

在党的十一届三中全会以后，进入改革开放和社会主义现代化建设新时期。在这一时期，实现了新中国成立以来党的历史上具有深远意义的伟大转折，确立党在社会主义初级阶段的基本路线，坚定不移推进改革开放，开辟了中国特色社会主义道路，形成了中国特色社会主义理论体系，确立了中国特色社会主义制度，发展了中国特色社会主义先进文化，实现了从高度集中的计划经济体制到充满活力的社会主义市场经济体制、从封闭半封闭到全方位开放的历史性转变，实现了从生产力相对落后的状况到经济总量跃居世界第二的历史性突破，实现了人民生活从温饱不足到总体小康、奔向全面小康的历史性跨越，推进了中华民族从站起来到富起来的伟大飞跃，为实现中华民族伟大复兴提供充满新的活力的体制保证和快速发展的物质条件。中国共产党和中国人民以英勇顽强的奋斗向世界庄严宣告，改革开放是决定当代中国前途命运的关键一招，中国特色社会主义道路是指引中国发展繁荣的正确道路，中国大踏步赶上了时代。

党的十八大以来，中国特色社会主义进入新时代。以习近平同志为核心的党中央，以伟大的历史主动精神、巨大的政治勇气、强烈的责任担当，统筹国内国际两个大局，贯彻党的基本理论、基本路线、基本方略，统揽伟大斗争、伟大工程、伟大事业、伟大梦想，坚持稳中求进工作总基调，出台一系列重大方针政策，推出一系列重大举措，推进一系列重大工作，战胜一系列重大风险挑战，解决了许多长期想解决而没有解决的难题，办成了许多过去想办而没有办成的大事，推动党和国家事业取得历史性成就、发生历史性变革，彰显了中国特色社会主义的强大生机活力，党心军心民心空前凝聚振奋，为实现中华民族伟大复兴提供了更为完善的制度保证、更为坚实的物质基础、更为主动的精神力量。中国共产党和中国人民以英勇顽强的奋斗向世界庄严宣告，中华民族迎来了从站起来、富起来到强起来的伟大飞跃，实现中华民族伟大复兴进入了不可逆转的历史进程！

方向决定道路，道路决定命运。习近平总书记深刻指出：“走自己的路，是党的全部理论和实践立足点，更是党百年奋斗得出的历史结论。中国特色社会主义是党和人民历经千辛万苦、付出巨大代价取得的根本成就，是实现中华民族伟大复兴的正确道路。我们坚持和发展中国特色社会主义，推动物质文明、政治文明、精神文明、社会文明、生态文明协调发展，创造了中国式现代化新道路，创造了人类文明新形态。”[①] 改革开放以来，党和人民历尽千辛万苦、付出巨大代价取得的根本成就，就是开辟并推进了中国特色社会主义伟大事业。中国特色社会主义是科学社会主义理论逻辑和中国社会发展历史逻辑的辩证统一，是根植于中国大地、反映中国人民意愿、适应中国和时代发展进步要求的科学社会主义。中国特色社会主义道路、理论、制度、文化，这四个方面构成了中国特色社会主义不可或缺的内容。中国特色社会主义道路是实现途径，中国特色社会主义理论体系是行动指南，中国特色社会主义制度是根本保障，中国特色社会主义文化是精神力量，四者统一于中国特色社会主义伟大实践。

中国特色社会主义道路是实现社会主义现代化、创造人民美好生活的必由之路，是实现中华民族伟大复兴的必由之路。中国特色社会主义道路，坚持以经济建设为中心，坚持四项基本原则，坚持改革开放；统筹推进经济建设、政治建设、文化建设、社会建设、生态文明建设“五位一体”总体布局，协调推进全面建设社会主义现代化国家、全面深化改革、全面依法治国、全面从严治党“四个全面”战略布局；不断解放和发展社会生产力，逐步实现全体人民共同富裕、促进人的全面发展。

中国特色社会主义理论体系是指导党和人民沿着中国特色社会主义道路实现中华民族伟大复兴的正确理论，是立于时代前沿、与时俱进的科学理论。党的十一届三中全会以后，以邓小平同志为主要代表的中国共产党人，深刻总结新中国成立以来正反两方面经验，

① 习近平：《在庆祝中国共产党成立 100 周年大会上的讲话》（2021 年 7 月 1 日），《求是》2021 年第 14 期。

围绕什么是社会主义、怎样建设社会主义这一根本问题，借鉴世界社会主义历史经验，创立了邓小平理论；党的十三届四中全会以后，以江泽民同志为主要代表的中国共产党人，坚持党的基本理论、基本路线，加深了对什么是社会主义、怎样建设社会主义和建设什么样的党、怎样建设党的认识，形成了“三个代表”重要思想；党的十六大以后，以胡锦涛同志为主要代表的中国共产党人，在全面建设小康社会进程中推进实践创新、理论创新、制度创新，深刻认识和回答了新形势下实现什么样的发展、怎样发展等重大问题，形成了科学发展观。在改革开放和社会主义现代化建设新时期，党从新的实践和时代特征出发坚持和发展马克思主义，科学回答了建设中国特色社会主义的发展道路、发展阶段、根本任务、发展动力、发展战略、政治保证、祖国统一、外交和国际战略、领导力量和依靠力量等一系列基本问题，形成中国特色社会主义理论体系，实现了马克思主义中国化新的飞跃。

党的十八大以来，中国特色社会主义进入新时代，以习近平同志为主要代表的中国共产党人，坚持把马克思主义基本原理同中国具体实际相结合、同中华优秀传统文化相结合，坚持毛泽东思想、邓小平理论、“三个代表”重要思想、科学发展观，深刻总结并充分运用党成立以来的历史经验，从新的实际出发，创立了习近平新时代中国特色社会主义思想。习近平新时代中国特色社会主义思想是当代中国马克思主义、二十一世纪马克思主义，是中华文化和中国精神的时代精华，深刻回答了新时代坚持和发展什么样的中国特色社会主义、怎样坚持和发展中国特色社会主义，建设什么样的社会主义现代化强国、怎样建设社会主义现代化强国，建设什么样的长期执政的马克思主义政党、怎样建设长期执政的马克思主义政党等重大时代课题，提出了一系列原创性的治国理政新理念新思想新战略，实现了马克思主义中国化的历史性飞跃和创造性升华，对新时代党和国家事业发展、对推进中华民族伟大复兴历史进程具有决定性意义。

中国特色社会主义制度是党和人民在长期实践探索中形成的科学制度体系，是以马克思主义为指导、植根中国大地、具有深厚中华文化根基、深得人民拥护的制度体系，是具有强大生命力和巨大优越性的制度体系，是当代中国发展进步的根本保证，是具有明显制度优势、强大自我完善能力的先进制度。这一制度坚持党的领导、人民当家作主、依法治国有机统一，体现在党的领导和经济、政治、文化、社会、生态文明、军事、外事等各方面，包括根本制度、基本制度、重要制度。党的领导制度是我国的根本领导制度；人民代表大会制度是我国的根本政治制度，中国共产党领导的多党合作和政治协商制度、民族区域自治制度以及基层群众自治制度是我国的基本政治制度；坚持中国特色社会主义法治道路，建设中国特色社会主义法治体系、建设社会主义法治国家，坚持依法治国、依法执政、依法行政共同推进，坚持法治国家、法治政府、法治社会一体建设；坚持公有制为主体、多种所有制经济共同发展，按劳分配为主体、多种分配方式并存，社会主义市场经济体制等社会主义基本经济制度，等等。这一制度体系为政治稳定、经济发展、文化繁荣、民族团结、人民幸福、社会安宁、国家统一提供了有力保障，并将随着中国特色社会主义事业的发展而不断完善。

中国特色社会主义文化积淀着中华民族最深沉的精神追求，代表着中华民族独特的精神标识，是激励全党全国各族人民奋勇前进的强大精神力量。中国特色社会主义文化，源自中华民族五千多年文明历史所孕育的、博大精深的中华优秀传统文化，来自党领导人民在革命、建设和改革中创造的激昂向上的革命文化和生机勃勃的社会主义先进文化，来自以爱国主义为核心的民族精神和以改革创新为核心的时代精神，植根于中国特色社会主义伟大实践，为改革开放和社会主义现代化建设提供强大的思想保证、精神动力和智力支持。发展中国特色社会主义文化，就是以马克思主义为指导，坚持马克思主义在意识形态领域指导地位的根本制度，培育和践行社会主义核心价值观，把握社会主义先进文化前进方向，围绕举旗帜、聚民心、育新人、兴文化、展形象的使命任务，坚持为人民服务、为社会主义服务，坚持百花齐放、百家争鸣，坚持创造性转化、创新性发展，激发全民族文化创造活力，更好构筑中国精神、中国价值、中国力量，广泛凝聚人民精神力量，巩固全体人民团结奋斗的共同思想基础。

当前，我们正在为全面建设社会主义现代化强国、实现中华民族伟大复兴的中国梦而不懈努力。今天所做的一切工作，都是为了实现共产主义的远大理想。推进中国特色社会主义伟大事业，最终目标是实现共产主义。中国特色社会主义共同理想是共产主义最高理想在现阶段的具体体现。因此，中国特色社会主义是党的最高纲领和基本纲领的统一，实现共同理想与实现最高理想本质上是一致的。中国特色社会主义的基本纲领，就是建立富强民主文明和谐美丽的社会主义现代化强国。这既是从我国正处于并将长期处于社会主义初级阶段的基本国情出发的，也没有脱离党的最高理想。作为共产党人，既要高举共产主义这盏明灯，也不能脱离时代、脱离实际，空谈最高理想，甚至变成空想主义。必须把最高理想细化为与时代特征相适应、能够代表广大人民根本利益、能够为社会各个阶层广泛认可和接受、能够凝聚各方面智慧和力量、能够使全国人民为之奋斗的共同理想。这个共同理想，就是在中国共产党领导下，建设中国特色社会主义，实现中华民族伟大复兴。

为此，我们要正确认识中国特色社会主义共同理想和共产主义远大理想的关系，对实现共产主义有充分的估计和清醒的认识，要站稳立场，牢记历史使命，坚定共产主义远大理想和中国特色社会主义共同理想，坚定“四个自信”，不为任何风险所惧，不为任何干扰所惑，奋力推进中国特色社会主义伟大事业和实现共产主义的历史进程，在追求崇高理想的征程上创造更加非凡的“中国奇迹”，书写更加精彩的“中国故事”。

四、坚定执行党的政治路线

党的政治路线，即党的基本路线或党的总路线，是党的纲领在一定社会历史时期的具体体现，是党在社会主义初级阶段指导全局的总任务、总方针、总政策，是马克思主义信仰在社会主义初级阶段的基本要求。作为党和国家的生命线、人民的幸福线，它是总揽全局的，决定了党的政治方向，是建设中国特色社会主义理论和实践的总纲，是指导全党一切活动的基本遵循。

党的十一届三中全会以来，我们党在深刻总结社会主义建设历史经验教训、科学分析社会主义初级阶段主要矛盾的基础上，探索形成了党在社会主义初级阶段的基本路线并写入《党章》，具体论述是：“领导和团结全国各族人民，以经济建设为中心，坚持四项基本原则，坚持改革开放，自力更生，艰苦创业，为把我国建设成为富强民主文明和谐美丽的社会主义现代化强国而奋斗。”

（一）党的政治路线与党的政治建设关系

邓小平强调：“基本路线要管一百年，动摇不得。只有坚持这条路线，人民才会相信你，拥护你，谁要改变三中全会以来的路线、方针、政策，老百姓不答应，谁就会被打倒。”[①] 这是分量很重的谆谆告诫，永远发人深省。当《邓小平文选》第 3 卷编辑工作完成时，邓小平语重心长地说：“实际上，这是个政治交代的东西。”[②]“政治交代”4 个字，说明它是这位总设计师留给后人的嘱托和期望。他说：“这本书有针对性，教育人民，现在正用得着。不管对现在还是对未来，我讲的东西都不是从小角度讲的，而是从大局讲的。”[③]“其中讲到的事都是我们一直在做的事，不能动摇。就是要坚持，不能改变这条路线，特别是不能使之不知不觉地动摇，变为事实。”[④] 他特别提到“不能使之不知不觉地动摇”，显然是提醒后人要保持警惕，防止这种现象的出现，因为“不知不觉地动摇”有时比明目张胆地发表反对主张更加危险。[⑤]

制定并贯彻落实正确的政治路线是党的政治建设的重要任务。党的政治建设必须按照党的政治路线来进行。政治路线正确与否直接决定着党的政治建设的成败，如果党的政治路线错了，那么，党的建设后果可想而知。因此，政治路线决定着党前进的方向和党的建设方向。只有始终坚持党的基本路线，才能在举什么旗、走什么路等重大问题上保持清醒不糊涂，把稳“航向”不动摇。

党的十三大报告明确指出：“党的建设问题，从来是同党的政治路线密切地联系在一起的。新时期党的一切工作，都必须保证党的基本路线的贯彻执行。”党的十四届四中全会《关于加强党的建设几个重大问题的决定》指出：“党的建设是同党的政治路线紧密联系在一起的。党的正确的政治路线是确立正确的组织路线的

---

① 邓小平：《在武昌、深圳、珠海、上海等地的谈话要点》（1992 年 1 月 18 日—2 月 21 日），《邓小平文选》第 3 卷，人民出版社 1993 年版，第 370—371 页。

② 中共中央文献研究室编：《邓小平年谱》第 5 卷，中央文献出版社 2020 年版，第 661 页。

③ 同上，第 660 页。

④ 同上，第 663 页。

⑤ 金冲及：《作为总设计师的邓小平》，《 人民日报 》2014 年 8 月 18 日。

前提，组织路线为政治路线的实现提供组织保证。这是我们党一条基本的历史经验。”党的十五大报告指出：“党的领导和党的建设，历来是同党的历史任务，同党为实现这些任务而确立的理论和路线联系在一起的。”党的十六大报告指出：“总结党八十多年来的历史经验，最根本的一条，就是党的建设必须按照党的政治路线来进行，围绕党的中心任务来展开，朝着党的建设总目标来加强，不断提高党的创造力、凝聚力和战斗力。”党的十九大报告指出：“全党要坚定执行党的政治路线，严格遵守政治纪律和政治规矩，在政治立场、政治方向、政治原则、政治道路上同党中央保持高度一致。”《党章》规定，党的建设必须坚决实现的五项基本要求，首要的就是“坚持党的基本路线”。要用党的基本路线统一思想、统一行动，并且要毫不动摇地长期坚持下去。这些重要论述都明确强调党的政治路线在党的建设中的重要地位。是否坚持党的基本路线，能否坚持好党的基本路线，是党的建设带有根本性、全局性、基础性的问题，关乎党的团结统一、关乎人心向背，关系着党的兴衰成败。

（二）社会主义初级阶段的发展历程

正确认识我国社会所处的历史阶段，是我们党制定和执行正确的路线和方针政策的根本依据。

社会主义改造于1956年底基本完成，标志着社会主义基本制度在我国初步确立。我国的社会主义初级阶段，也就由此开始。1959年底至1960年初，毛泽东在读苏联《政治经济学教科书》时提出：“社会主义这个阶段，又可能分为两个阶段，第一个阶段是不发达的社会主义，第二阶段是比较发达的社会主义。后一阶段可能比前一阶段需要更长时间。”① 1987 年 8 月，邓小平明确做出了关于“社会主义初级阶段”的理论阐述：“社会主义本身是共产主义的初级阶段，而我们中国又处在社会主义的初级阶段，就是不发达的阶段。一切都要从这个实际出发，根据这个实际来制订规划。”② 这是对“社会主义初级阶段理论”完整、精辟的理论概括。1992 年，邓小平说：“我们搞社会主义才几十年，还处在初级阶段。巩固和发展社会主义制度，还需要一个很长的历史阶段，需要我们几代人、十几代人，甚至几十代人坚持不懈地努力奋斗，决不能掉以轻心。”③

改革开放以来，我们党最重大、最正确、最科学的政治决策是形成了社会主义初级阶段的基本路线。党的十一届三中全会后，党在国情问题上的清醒认识是提出了社会主义初级阶段理论。1981 年 6 月，党的十一届六中全会通过的《关于建国以来党的若干历史问题决议》首次提出“社会主义制度还是处于初级的阶段”论断。1982 年党的十二大报告提出了社会主义初级阶段的概念。1986 年 9 月，党的十二届六中全会通过的《中共中央关于社会主义精神文明建设指导方针的决议》重申“我国还处在社会主义的初级阶段”，并指出了在生产关系方面的某些特征。党的十三大报告全面系统地阐述了社会主义初级阶段理论，阐明了社会主义初级阶段这个论断包括两层含义，“第一，我国社会已经是社会主义社会。我们必须坚持而不能离开社会主义。第二，我国的社会主义社会还处在初级阶段。我们必须从这个实际出发，而不能超越这个阶段”。前者回

① 毛泽东：《读苏联〈政治经济学教科书〉的谈话（节选）》（1959 年 12 月—1960 年 2 月），《毛泽东文集》第 8 卷，人民出版社 1999 年版，第 116 页。

② 邓小平：《一切从社会主义初级阶段的实际出发》（1987 年 8 月 29 日），《邓小平文选》第 3 卷，人民出版社 1993 年版，第 252 页。

③ 邓小平：《在武昌、深圳、珠海、上海等地的谈话要点》（1992 年 1 月 18 日—2 月 21 日），《邓小平文选》第 3 卷，人民出版社 1993 年版，第 379—380 页。

答了我国处于什么样的社会发展阶段，界定了我国社会制度的基本性质和发展方向；后者则回答了我们要建设什么样的社会主义，说明了我国社会主义制度的历史方位和发展方略。在此基础上，我们党开创性地制定了社会主义初级阶段“一个中心、两个基本点”的基本路线。党的十四大修改党章时首次将党在社会主义初级阶段的基本路线写入党章总纲。

2012 年 11 月，党的十八大报告指出，我国仍处于并将长期处于社会主义初级阶段的基本国情没有变。在任何情况下都要牢牢把握社会主义初级阶段这个最大国情，推进任何方面的改革发展都要牢牢立足社会主义初级阶段这个最大实际。党的十八届三中全会重申：全面深化改革，必须立足于我国长期处于社会主义初级阶段这个最大实际。强调实行经济、政治、文化、社会、生态文明体制“五位一体”的改革联动，推进国家治理体系和治理能力现代化。

2017 年 10 月，党的十九大报告指出：“中国特色社会主义进入新时代，我国社会主要矛盾已经转化为人民日益增长的美好生活需要和不平衡不充分的发展之间的矛盾。”“我国社会主要矛盾的变化，没有改变我们对我国社会主义所处历史阶段的判断，我国仍处于并将长期处于社会主义初级阶段的基本国情没有变，我国是世界最大发展中国家的国际地位没有变。全党要牢牢把握社会主义初级阶段这个基本国情，牢牢立足社会主义初级阶段这个最大实际，牢牢坚持党的基本路线这个党和国家的生命线、人民的幸福线，领导和团结全国各族人民，以经济建设为中心，坚持四项基本原则，坚持改革开放，自力更生，艰苦创业，为把我国建设成为富强民主文明和谐美丽的社会主义现代化强国而奋斗。”

2020 年 8 月 24 日，习近平总书记在经济社会领域专家座谈会上做出重要论断："十四五"时期"我国将进入新发展阶段"。[①]

2020 年 10 月，党的十九届五中全会审议通过的《中共中央关于制定国民经济和社会发展第十四个五年规划和二〇三五年远景目标的建议》提出，全面建成小康社会、实现第一个百年奋斗目标之后，我们要乘势而上开启全面建设社会主义现代化国家新征程、向第二个百年奋斗目标进军，这标志着我国进入了一个新发展阶段。新发展阶段，就是全面建设社会主义现代化国家、向第二个百年奋斗目标进军的阶段。这是社会主义初级阶段中的一个阶段，是我们党带领人民迎来从站起来、富起来到强起来历史性跨越的新阶段，是我国社会主义发展进程中的一个重要阶段。进入新发展阶段，开启全面建设社会主义现代化国家新征程，这是中华民族伟大复兴历史进程的大跨越。

正是在社会主义初级阶段理论指导下，我们党正确地把握了社会主义建设的历史方位和发展阶段，并从中国具体国情出发，成功描绘出中华民族伟大复兴的光明前景，推进中国特色社会主义事业不断取得新的伟大成就。

（三）在新时代新阶段坚持党的政治路线

中国特色社会主义进入新时代，我国进入新发展阶段。在新时代新阶段，我国的基本国情仍然是：我国仍处于并将长期处于社会主义初级阶段，我国仍然是世界上最大的发展中国家，发展仍然是我们党执政兴国的第一要务。

当前，我国社会主要矛盾已经转化为人民日益增长的美好生活

① 习近平：《在经济社会领域专家座谈会上的讲话》（2020 年 8 月 24 日），《人民日报》2020 年 8 月 25 日。

需要和不平衡不充分的发展之间的矛盾，发展中的矛盾和问题集中体现在发展质量上。人民美好生活需要日益广泛，不仅对物质文化生活提出了更高要求，而且在民主、法治、公平、正义、安全、环境等方面的要求日益增长。发展不平衡不充分问题、发展质量问题，已经成为满足人民日益增长的美好生活需要的主要制约因素。

要实现中华民族伟大复兴的中国梦，更好满足人民在经济、政治、文化、社会、生态等方面日益增长的高质量需要，更好推动人的全面发展、社会全面进步，就必须立足于社会主义初级阶段这个总根本，始终坚持党的基本路线，坚定不移把发展作为党执政兴国的第一要务。这是解决当代中国一切问题的根本要求。越是面临严峻复杂的国际国内形势，越要保持清醒头脑和战略定力，全面贯彻执行党的政治路线。

坚持党的政治路线，必须始终牢牢抓住“一个中心、两个基本点”，把以经济建设为中心作为兴国之要、把四项基本原则作为立国之本、把改革开放作为强国之路。坚持党的政治路线，必须全面贯彻实施新时代中国特色社会主义基本方略，统筹推进“五位一体”总体布局和协调推进“四个全面”战略布局，为全面建成社会主义现代化国家不懈努力。我们党制定执行大政方针，要从党的政治路线出发；部署推进党和国家事业发展重大战略、重大任务、重大工作，要紧紧围绕党的政治路线来进行。各地区各部门确定工作思路、工作部署、政策措施，要自觉同党的政治路线对标对表、及时校准偏差。要坚决同一切违背、歪曲、否定党的政治路线的言行做斗争。

坚持党的政治路线，必须坚定不移把发展作为党执政兴国的第一要务。发展是解决我国一切问题的基础和关键。马克思主义政治经济学认为，生产力和生产关系的矛盾运动是人类社会发展的基本动力。经济发展，从根本上说是在生产力和生产关系矛盾的运动中，不断解放和发展社会生产力的过程，直接表现为经济增长、财富积累和社会进步。对于发展的极端重要性，习近平总书记有一系列深刻论述，他反复强调发展是硬道理，发展是党执政兴国的第一要务。在 2013 年全国宣传思想工作会议上，他深刻指出："从根本上说，没有扎扎实实的发展成果，没有人民生活不断改善，空谈理想信念，空谈党的领导，空谈社会主义制度优越性，空谈思想道德建设，最终意识形态工作也难以取得好的成效。只要国内外大势没有发生根本变化，坚持以经济建设为中心就不能也不应该改变。这是坚持党的基本路线一百年不动摇的根本要求，也是解决当代中国一切问题的根本要求。"[①] 在 2015 年 12 月 18 日中央经济工作会议上，他强调："我们党执政，就是要带领全国各族人民持续解放和发展社会生产力，不断改善人民生活。……任何束缚和阻碍社会生产力发展的言行，都是违背社会主义本质要求的，都要坚决反对，排除各种干扰。"[②] 在 2017 年党的十九大报告中，习近平总书记指出："实现'两个一百年'奋斗目标、实现中华民族伟大复兴的中国梦，不断提高人民生活水平，必须坚定不移把发展作为党执政兴国的第一要务，坚持解放和发展社会生产力，坚持社会主义市场经济改革方向，推动经济持续健康发展。"当然，在新时代新发展阶段，坚持以经济建设为中心，必须坚持以人民为中心的发展思想，深入贯彻新发展理念，构建新发展格局，推动高质量发展，不断实现人民对美好生活的向往。

坚持党的政治路线，必须毫不动摇坚持四项基本原则，根本是坚持党的领导，坚持中国特色社会主义道路、中国特色社会主义理

① 习近平：《在全国宣传思想工作会议上的讲话》（2013 年 8 月 19 日），《习近平关于社会主义经济建设论述摘编》，中央文献出版社 2017 年版，第 5 页。

② 习近平：《围绕贯彻党的十八届五中全会精神做好当前经济工作》（2015 年 12 月 18 日），《习近平关于社会主义经济建设论述摘编》，中央文献出版社 2017 年版，第 10 页。

论体系、中国特色社会主义制度、中国特色社会主义文化。矢志不移坚持和发展中国特色社会主义，必须毫不动摇坚持改革开放，发挥群众首创精神，勇于自我革命，勇于推进理论创新、实践创新、制度创新、文化创新以及其他各方面创新，坚定不移实施对外开放基本国策，决不能安于现状、墨守成规。党领导人民全面深化改革，总目标是坚持和完善中国特色社会主义制度、推进国家治理体系和治理能力现代化，把我国制度优势更好转化为国家治理效能，为实现中华民族伟大复兴的中国梦提供有力保证。

坚持党的政治路线，要求党员、干部必须头脑清醒、立场坚定。是否坚定不移贯彻和坚决捍卫党的政治路线，是考察识别干部的重要政治标准。党员、干部在大是大非面前不能态度暧昧，不能动摇基本政治立场，不能被错误言论所左右，对一切违背、歪曲、否定党的基本路线的言行，必须旗帜鲜明反对和抵制。当人民利益受到损害、党和国家形象受到破坏、党的执政地位受到威胁时，要挺身而出、亮明态度，主动坚决开展斗争。对在大是大非问题上没有立场、没有态度、无动于衷、置身事外，在错误言行面前不抵制、不斗争，明哲保身、当老好人等政治不合格的坚决不用，已在领导岗位的要坚决调整，情节严重的要严肃处理。

五、坚决站稳政治立场

（一）马克思主义立场、党性立场和人民立场的统一性

政治立场事关根本。替谁说话，为谁办事、谋利，不只是态度问题、感情问题，更是政治立场问题。

毛泽东指出："为什么人的问题，是一个根本的问题，原则的问题。……这个根本问题不解决，其他许多问题也就不易解决。"[①]他在党的七大上做政治报告时说："我们共产党人区别于其他任何政党的又一个显著的标志，就是和最广大的人民群众取得最密切的联系。全心全意地为人民服务，一刻也不脱离群众；一切从人民的利益出发，而不是从个人或小集团的利益出发；向人民负责和向党的领导机关负责的一致性；这些就是我们的出发点。"[②]立场问题也是出发点问题，就是要回答"我是谁、为了谁、依靠谁"。这是决定我们党的性质宗旨的具有根本性的重大政治问题。

中国共产党人的政治立场就是马克思主义立场，就是党性立场，也是人民立场，是这三个立场的有机统一。是否始终坚持这三个立场，是区分和判断是否是马克思主义政党的分水岭和试金石。

马克思主义立场，就是无产阶级和最广大人民群众的立场。坚持马克思主义立场，就是坚持为无产阶级、为绝大多数劳动人民谋利益，把全人类解放和人的全面发展作为最高价值追求。

党性立场，是侧重从党员个体对党的整个组织的义务和责任而言的。坚持党性立场，就是要牢牢把党放在心中最高的位置，坚持以党的旗帜为旗帜、以党的方向为方向、以党的意志为意志，始终做到在党爱党、在党言党、在党忧党、在党为党，任何时候都同党同心同德。

习近平总书记指出："为什么人、靠什么人的问题，是检验一个政党、一个政权性质的试金石。我们要始终把人民立场作为根本政治立场，把人民利益摆在至高无上的地位，不断把为人民造福事

---

① 毛泽东：《在延安文艺座谈会上的讲话》（1942 年 5 月），《毛泽东选集》第 3 卷，人民出版社 1991 年版，第 857—858 页。

② 毛泽东：《论联合政府》（1945 年 4 月 24 日），《毛泽东选集》第 3 卷，人民出版社 1991 年版，第 1094—1095 页。

业推向前进。”[①] 人民立场是中国共产党的根本政治立场，是马克思主义政党区别于其他政党的显著标志。为人民而生、因人民而兴，始终同人民在一起，为人民利益而奋斗，是我们党立党兴党强党的根本出发点和落脚点。

坚持人民立场，是侧重从党的价值取向和使命责任角度而言的。中国共产党人是人民的最忠实的“信徒”。为人民服务是共产党人存在的目的、意义和最高价值追求。人民性就是一切为了人民、为了人民的一切。中国共产党坚持以人民为中心，立党为公、执政为民，践行全心全意为人民服务的根本宗旨，树立真挚的人民情怀，把人民放在心中最高位置，始终相信人民，紧紧依靠人民，把人民对美好生活的向往作为奋斗目标。

马克思主义立场、党性立场和人民立场，是内在统一的。这种内在统一，主要源于它们在信仰、宗旨和价值追求上的一致性，就是为人民求解放，为人民谋幸福，实现人的自由全面的发展。

人民性是马克思主义最鲜明的品格。始终同人民在一起，为人民利益而奋斗，是马克思主义政党同其他政党的根本区别。马克思主义唯物史观认为，历史活动是人民群众的活动，人民群众是历史的创造者，是社会物质财富和精神财富的创造者，是社会变革的决定力量。历史反复证明，人民群众是历史发展和社会进步的主体力量。人民群众是党的力量源泉和执政根基。对于这一基本原理，毛泽东多次指出：“人民，只有人民，才是创造世界历史的动力”[②]；“群众是真正的英雄，而我们自己则往往是幼稚可笑的，不了解这

① 习近平：《在纪念红军长征胜利八十周年大会上的讲话》（2016 年 10 月 21 日），人民出版社 2016 年版，第 15 页。

② 毛泽东：《论联合政府》（1945 年 4 月 24 日），《毛泽东选集》第 3 卷，人民出版社 1991 年版，第 1031 页。

一点，就不能得到起码的知识。”[①]习近平总书记深刻指出：“历史充分证明，江山就是人民，人民就是江山，人心向背关系党的生死存亡。赢得人民信任，得到人民支持，党就能够克服任何困难，就能够无往而不胜。反之，我们将一事无成，甚至走向衰败。”[②]

关于党性和人民性的一致性，习近平总书记对此有深刻论述。2013年8月19日，在全国宣传思想工作会议上，他强调指出：“党性和人民性从来都是一致的、统一的。坚持党性，核心就是坚持正确政治方向，站稳政治立场，坚定宣传党的理论和路线方针政策……坚持人民性，就是要把实现好、维护好、发展好最广大人民根本利益作为出发点和落脚点，坚持以民为本、以人为本。”[③]2016年2月19日，在党的新闻舆论工作座谈会上，习近平总书记指出：“在中国共产党领导的社会主义中国，党性和人民性是一致的、统一的。我们党以全心全意为人民服务为根本宗旨，没有自己的特殊利益，体现党的意志就是体现人民的意志，宣传党的主张就是宣传人民的主张，坚持党性就是坚持人民性。党性寓于人民性之中，没有脱离人民性的党性，也没有脱离党性的人民性。”[④]

关于党性和人民性的关系，实践中有一些论调，比如“你是替党讲话，还是替老百姓讲话”、“你是站在党的一边，还是站在群众一边”、“既要把党放在心中最高位置，又要把人民放在心中最高位置，但最高位置只有一个，没法放”，等等。这些把党性和人民性人为对立起来的杂音，在思想上是糊涂的，在理论上是错误的，在

① 毛泽东：《〈农村调查〉的序言和跋》（1941年3月、4月），《毛泽东选集》第3卷，人民出版社1991年版，第790页。

② 习近平：《在党史学习教育动员大会上的讲话》（2021年2月20日），《求是》2021年第7期。

③ 习近平：《把宣传思想工作做得更好》（2013年8月19日），《论坚持党对一切工作的领导》，中央文献出版社2019年版，第24—25页。

④ 习近平：《坚持党对新闻舆论工作的领导》（2016年2月19日），《论坚持党对一切工作的领导》，中央文献出版社2019年版，第128页。

实践上是有害的。既然把党放在心中最高的位置，就必须把党对人民的使命和责任放在心中最高的位置，也就是把人民放在心中最高的位置。

（二）紧扣民心这个最大的政治

坚决站稳政治立场，必须紧扣民心这个最大的政治。

习近平总书记在2016年1月十八届中央纪委六次全会上提出“民心是最大的政治”[①]这个重大命题，在2018年6月29日主持十九届中央政治局第六次集体学习时强调指出，加强党的政治建设，要紧扣民心这个最大的政治，把赢得民心民意、汇集民智民力作为重要着力点。这个重大论断彰显了人民创造历史、人民是真正英雄的马克思主义唯物史观，生动诠释了我们党以人为本、人民至上的根本立场和根本宗旨，深刻揭示了我们党立党为公、执政为民的最根本的价值观和崇高的政治担当，阐明了加强党的政治建设应当遵循的根本价值取向。

1. 人心向背决定党的前途命运

政之所兴在顺民心，政之所废在逆民心。民心就是人民群众政治认同的客观反映。“得民心者得天下，失民心者失天下”“水可载舟，亦可覆舟”“民为邦本，未有本摇而枝叶不动者”等经典论述，揭示了古今中外历史发展的铁律：民心是决定“谁主沉浮”的最大力量，任何政治力量、任何政权成败兴衰的症结，都集中于和人民群众的关系上。任何政党的前途和命运最终都取决于人心向背。人

① 习近平：《在第十八届中央纪律检查委员会第六次全体会议上的讲话》（2016年1月12日），《人民日报》2016年5月3日。

民群众的拥护和支持是一个政党执政最牢固的根基。

毛泽东在党的七大《论联合政府》的书面政治报告中指出："应该使每个同志明了，共产党人的一切言论行动，必须以合乎最广大人民群众的最大利益，为最广大人民群众所拥护为最高标准。应该使每一个同志懂得，只要我们依靠人民，坚决地相信人民群众的创造力是无穷无尽的，因而信任人民，和人民打成一片，那就任何困难也能克服，任何敌人也不能压倒我们，而只会被我们所压倒。"[①]

习近平总书记指出："人民是我们党的力量源泉，我们党根基在人民、血脉在人民，必须把人民放在心中最高位置，始终以百姓心为心。"[②]习近平总书记的大姨齐云，是一位老革命，曾长期战斗在抗日最前线晋察冀根据地，在险恶的斗争形势下，随时会有牺牲的危险。她曾对习近平说："那个时候，只有坚决依靠老乡。找到老乡，才能坚持斗争，坚持生存。哪有嫌弃农村生活艰苦、农民落后的道理？如果那个时候离开老乡，共产党员一天都活不了。"[③]

我们党作为马克思主义政党，来自人民，党的根基和血脉在人民，任何时候都把群众利益放在第一位，始终同人民在一起，为人民利益而奋斗。我们党作为马克思主义政党，始终和人民同呼吸、共命运、心连心，把以人民为中心作为一切工作的出发点和落脚点。人民立场是我们党的根本立场，为中国人民谋幸福是我们党的根本使命，全心全意为人民服务是我们党的根本宗旨，群众路线是我们

---

① 毛泽东：《论联合政府》（1945 年 4 月 24 日），《毛泽东选集》第 3 卷，人民出版社 1991 年版，第 1096 页。

② 《习近平在中央党校（国家行政学院）中青年干部培训班开班式上发表重要讲话强调　立志做党光荣传统和优良作风的忠实传人　在新时代新征程中奋勇争先建功立业》，《人民日报》2021 年 3 月 2 日。

③ 中央党校采访实录编辑室：《习近平的七年知青岁月》，中共中央党校出版社 2017 年版，第 38—39 页。

党的生命线和根本工作路线。

我们党从诞生到发展壮大的光辉历程，其实就是一部党与人民群众的关系史，就是一部来自群众植根群众、依靠群众发动群众、为了群众服务群众的生动历史，就是一部全心全意为人民服务的奋斗历史。我们党之所以能够始终走在时代前列、经得起各种风浪考验、不断从胜利走向胜利，其秘诀就在于植根人民群众沃土，赢得了人民群众的信任支持和衷心拥护，根本原因就是始终敬仰人民、敬畏人民，始终把人民放在心中最高位置，始终把人民对美好生活的向往作为自己的奋斗目标，始终保持党同人民群众的血肉联系，始终代表最广大人民的根本利益。

我们党要带领人民把新时代坚持和发展中国特色社会主义这场伟大社会革命进行好，就必须紧扣民心这个最大的政治，勇于进行自我革命，坚持立党为公、执政为民，在任何时候任何情况下，与人民同呼吸共命运的立场不能变，全心全意为人民服务的宗旨不能忘，群众是真正英雄的历史唯物主义观点不能丢，永不脱离群众，始终与人民心心相印、与人民同甘共苦、与人民团结奋斗。

2. 坚持以人民为中心的根本立场

坚持人民主体地位。人民当家作主是社会主义民主政治的本质和核心。要坚定不移地走中国特色社会主义发展的道路，在坚持党的领导、人民当家作主、依法治国有机统一中推进社会主义民主政治建设，不断加强人民当家作主的制度保障，保障人民管理国家事务和社会事务、管理经济和文化事业的权利，保证人民依法实行民主选举、民主协商、民主决策、民主管理、民主监督，保障人民知情权、参与权、表达权、监督权，保证人民当家作主充分落实到国家政治生活和社会生活中，不断夯实把民心作为最大政治的制度基础。

坚持尊重群众首创精神。习近平总书记指出，“改革开放在认识和实践上的每一次突破和发展，改革开放中每一个新生事物的产生和发展，改革开放每一个方面经验的创造和积累，无不来自亿万人民的实践和智慧。”[①] 只要始终把人民群众作为智慧和力量的源泉，最大限度地激发人们的创造热情，党的事业发展就能获得最广泛的支持，就能凝聚起众志成城的磅礴力量。

习近平总书记强调：“在人民面前，我们永远是小学生，必须自觉拜人民为师，向能者求教，向智者问策；必须充分尊重人民所表达的意愿、所创造的经验、所拥有的权利、所发挥的作用。”[②] 无论是制定政策、出台制度、推进改革、谋划发展，都必须坚持问政于民、问需于民、问计于民，深入群众、深入基层、深入实践，虚心向人民学习，倾听人民呼声，汲取人民智慧，及时发现、总结、概括人民群众创造出来的新鲜经验，使之上升为理论、政策和制度，并指导引领人民群众开展新的实践活动，不断推进党的事业向前发展。

坚持发展为了人民、发展依靠人民、发展成果由人民共享。推进中国特色社会主义伟大事业、实现中华民族伟大复兴的中国梦，从根本上说是广大人民群众自己的实践。发展要体现人民意志、保障人民权益、激发人民创造活力，要充分调动人民的积极性、主动性、创造性，带领人民创造美好生活，依靠人民创造历史伟业，保证全体人民共建共享发展，让改革发展成果惠及全体人民，使人民获得感、幸福感、安全感更加充实、更有保障、更可持续，朝着实

---

① 习近平：《在十八届中央政治局第二次集体学习时的讲话》（2012 年 12 月 31 日），《习近平关于全面深化改革论述摘编》，中央文献出版社 2013 年版，第 138 页。

② 习近平：《在纪念毛泽东同志诞辰 120 周年座谈会上的讲话》（2013 年 12 月 26 日），《习近平关于“不忘初心、牢记使命”论述摘编》，党建读物出版社、中央文献出版社 2019 年版，第 120 页。

现全体人民共同富裕不断迈进。

坚持由人民群众评判。谁来评判、以什么标准评判，是检验一个政党性质的试金石。习近平总书记强调，我们党的执政水平和执政成效都不是由自己说了算，必须而且只能由人民来评判。一切工作成效必然要由人民群众来评判，要以人民拥护不拥护、赞成不赞成、高兴不高兴、答应不答应作为根本标准，最终都要看人民是否真正得到了实惠，人民生活是否真正得到了改善，人民权益是否真正得到了保障。只有人民群众真正满意，党和人民事业才能始终体现群众意愿，经得起实践、人民和历史的检验。

3. 坚持全心全意为人民服务的根本宗旨

紧扣民心这个最大的政治，必须坚持全心全意为人民服务的根本宗旨，实现好、维护好、发展好最广大人民的根本利益。全心全意为人民服务，是我们党一切行动的根本出发点和落脚点。党的一切工作，必须以最广大人民根本利益为最高标准。

习近平总书记一再强调，中国共产党以实现共产主义为最高理想，以全心全意为人民服务为根本宗旨，“这就是共产党人的本”。[①] 这是我们党的本质属性和价值追求的必然体现。全心全意为人民服务，是我们党一切行动的根本出发点和落脚点。党的一切工作，必须以最广大人民根本利益为最高标准。

抓住人民最关心最直接最现实的利益问题。全心全意为人民服务，不能只停留在口头上、止步于思想环节，必须体现在为人民服务的具体实践中。人民群众最期盼有更好的教育、更稳定的工作、更满意的收入、更可靠的社会保障、更高水平的医疗卫生服务、更

① 习近平：《作风建设要立破并举、扶正祛邪》（2014 年 5 月 9 日），《习近平关于全面从严治党论述摘编》，中央文献出版社 2016 年版，第 63 页。

舒适的居住条件、更优美的环境、更丰富的精神文化生活，期盼着孩子们能成长得更好、工作得更好、生活得更好。要坚持把人民群众关心的事当作自己的大事，从人民群众关心的事情做起，从让人民群众满意的事情做起，多谋民生之利，多解民生之忧，用心用情用力解决好群众“急难愁盼”问题，在幼有所育、学有所教、劳有所得、病有所医、老有所养、住有所居、弱有所扶上不断取得新进展，让人民群众有更多、更直接、更实在的获得感、幸福感、安全感。

面对人民过上更好生活的新期待，党员、干部不能有丝毫自满和懈怠，必须永葆赤子之心，牢记我们的共和国是中华人民共和国，始终把人民放在心中最高位置，始终为人民利益和幸福而努力工作，始终与群众同甘共苦、一起奋斗，不断满足人民日益增长的美好生活需要，不断促进社会公平正义，不断促进人的全面发展、全体人民共同富裕。

人民有信心，国家才有未来，政党才有力量。只要我们党始终紧扣民心这个最大的政治，坚持不懈推进党的政治建设，就一定能够永远与人民同呼吸、共命运、心连心，永葆党的性质和宗旨、保持党同人民群众的血肉联系，就一定能够始终做到自身过硬，就一定能够具有坚如磐石的意志和坚不可摧的力量，就一定能够无往而不胜，永远立于不败之地，带领人民实现对美好生活的向往、实现中华民族伟大复兴的中国梦。

第六章

净化政治生态

净化政治生态，是加强党的政治建设的基础性、经常性工作，是坚决维护党中央权威和集中统一领导的政治要求。本章主要探讨净化政治生态的含义、净化政治生态的重点任务要求，包括严肃党内政治生活、严明党的政治纪律和政治规矩、发展积极健康的党内政治文化、突出政治标准选人用人、永葆清正廉洁的政治本色。

一、净化政治生态的含义

（一）政治生态的概念界定

所谓生态，一般是指生物在一定的自然环境下生存和发展的状态，是生物内部之间以及生物与环境之间的关联关系。

地球上一切生物都不是孤立存在的，它们总是通过能量和物质的交换，与其生存的环境之间不可分割地相互联系、相互影响、相互制约着，共同形成一个不可分割的统一整体。生态学将这样的整体称为“生态系统”。所谓生态系统，是指在一定的空间和时间范围内，在各种生物之间以及生物群体与其生存环境（比如空气、水、土壤、岩石和太阳光等）之间通过物质循环和能量流动而相互作用所构成的自然综合体。自然界的生态系统多种多样，一块农田、一个池塘、一片森林、一块草地、一个鱼缸，都是一个生态系统。这些生态系统通过自我调节，维持自己的正常功能，保持自身的稳定，达到相对稳定的平衡状态。但是，由于受到自然灾害或者不适当的人类活动等因素的影响，生态系统的自我调节功能可能会受到损害，从而引起生态失调，甚至导致生态危机。

政治生态是将自然界生态系统的理念、生态学的方法运用于政治领域的产物。所谓政治生态，是指各类政治主体在一定政治环境下生存和发展的状态。这是一定政治系统内部各类政治主体之间及其与政治制度、政治文化、政治生活、政治纪律等客体要素之间相互联系、相互影响、相互制约所形成的状态。

我们党作为最高政治领导力量，是中国特色社会主义事业的领导核心，是塑造中国政治生态最为根本、最为重要、最为关键的力量。从整个国家层面来看，政治生态就是在坚持中国共产党全面领导地位的政治格局中，各类政治主体及其与政治要素、政治关系之间相互作用所形成的发展状态。从中国共产党自身来看，党内政治生态集中反映一个地方、一个部门或一个单位的党员、干部的党性、作风以及政治生活状况和政治发展环境，是党风、政风、社会风气的综合体现。

党内政治生态不仅直接影响着党员、干部这些政治主体的政治理念、价值取向和行为选择，而且对其他各类主体乃至整个国家治理体系和治理能力以及全社会的精神风貌都具有重要的示范、引领作用。因此，党内政治生态直接映射和综合反映整个国家的政治生态，对整个国家和社会的政治生态具有决定性影响。同时，国家层面的政治生态也是整个社会状况的写照，对社会风气有着强烈的影响。

（二）净化政治生态的重要意义

类似于生态系统，政治生态的各种要素之间，以及各要素与外部环境之间始终在进行着能量流动、信息传递等相互作用，在这些相互作用激发下产生的整体效应，对政治生态系统的各种要素发挥着教育、引领、规范等功能。

古人关于环境可以影响人、塑造人、改造人有很多精辟论述。比如，"蓬生麻中，不扶而直；白沙在涅，与之俱黑"，"近朱者赤，近墨者黑"，"与善人居，如入芝兰之室，久而不闻其香，即与之化矣；与不善人居，如入鲍鱼之肆，久而不闻其臭，亦与之化矣"，"必先正风俗。风俗既正，中人以下，皆自勉以为善；风俗一败，中人以上，皆自弃而为恶"。

党员、干部总会受到周围环境、风气潜移默化的影响。政治生态反映着一个地方、一个部门或一个单位政治生活的总体面貌。党内政治生态正常健康，可以春风化雨，润物无声，形成良好风尚，我们党就会正气充盈、风清气正、充满生机活力，党和人民事业就会蓬勃发展。反之，如果政治生态恶化，就会邪气横生、人心涣散，矛盾迭出、乱象丛生，"劣币驱逐良币"，形成恶性循环，损害党和人民事业。

我们党作为马克思主义政党，具有内在的先进性、纯洁性，以及严密的组织体系和铁的纪律保障，最应该、也最有条件和最有能力营造风清气正的政治生态。我们党在革命、建设、改革的辉煌历史中，培育并坚持了一整套光荣传统和优良作风，包括建设良好政治生态。当年，"延安作风"打败"西安作风"，就是历史和人民对不同政治生态做出的评价和选择。

从总体上看，党内政治生态是健康向上的。但是有些地方、单位的政治生态方面的问题，需要予以高度重视。中组部曾经就党风政风问题组织了一次调研，一位老同志说，如果河里有一两条鱼死了，这是鱼的问题；如果有一片鱼、一群鱼死了，可能就是河受到污染，水生态出问题了。从政环境也是这样，一个地方，如果个别干部出问题，那可能是他个人有问题；如果许多干部出问题，那说明这个地方政治生态有问题。[①]从党的十八大以来查处的一些典型案件看，一些地方或者部门贿选案件发生、腐败窝案出现、买官卖官盛行，出现系统性腐败、塌方式腐败、领导班子集体沦陷、一任接着一任贪腐等现象，都与这些地方或部门政治生态不好有关。

《关于新形势下党内政治生活的若干准则》(以下简称《准则》)客观分析了党内政治生活中的一些突出问题，比如："理想信念不坚定、对党不忠诚、纪律松弛、脱离群众、独断专行、弄虚作假、慵懒无为，个人主义、分散主义、自由主义、好人主义、宗派主义、山头主义、拜金主义不同程度存在，形式主义、官僚主义、享乐主义和奢靡之风问题突出，任人唯亲、跑官要官、买官卖官、拉票贿选现象屡禁不止，滥用权力、贪污受贿、腐化堕落、违法乱纪等现象滋生蔓延。特别是高级干部中极少数人政治野心膨胀、权欲熏心，搞阳奉阴违、结党营私、团团伙伙、拉帮结派、谋取权位等政治阴谋活动。"这些问题严重损害了党内政治生态和党的形象。

党的十八大以来，习近平总书记从坚持和加强党的全面领导、把党建设得更加坚强有力的战略高度，对于净化政治生态的理论和实践问题进行了系统深刻论述，指明了净化政治生态的方向和路径，为全面从严治党和净化党内政治生态提供了理论指导和行动指南。

① 刘云山:《努力营造良好政治生态》,《学习时报》2015 年 5 月 18 日。

加强党的建设，必须营造一个良好从政环境，也就是要有一个好的政治生态。从根本上说，党内政治生态关系人心向背，关系党的长期执政地位和国家政权长治久安。习近平总书记指出："做好各方面工作，必须有一个良好政治生态。政治生态污浊，从政环境就恶劣；政治生态清明，从政环境就优良。政治生态和自然生态一样，稍不注意，就很容易受到污染，一旦出现问题，再想恢复就要付出很大代价。"[①] 他强调："当前，有的地方和部门正气不彰、邪气不祛；'明规矩'名存实亡，'潜规则'大行其道；求真务实、埋头苦干的受到排挤，好大喜功、急功近利的如鱼得水。这种风气不纠正、不扭转，对干部队伍杀伤力很大。"[②] 习近平总书记还指出："一个地方要实现政通人和、安定有序，必须有良好政治生态。政治生态污浊，就会滋生权欲熏心、阳奉阴违、结党营私、团团伙伙、拉帮结派等一系列问题，侵蚀党的思想道德基础。要严肃党内政治生活，深入整治选人用人不正之风，坚持正确用人导向，真正把忠诚党和人民事业、做人堂堂正正、干事干干净净的干部选拔出来，形成风清气正的良好政治生态。"[③]

习近平总书记用"伟大斗争、伟大工程的题中应有之义"等论断，阐述净化政治生态的重大意义。习近平总书记指出："严肃党内政治生活、净化党内政治生态是伟大斗争、伟大工程的题中应有之义，是我们党坚持党的性质和宗旨的重要法宝，是我们党实现自我净化、自我完善、自我革新、自我提高的重要途径。抓住了这个

---

① 《习近平李克强张德江刘云山分别参加全国人大会议一些代表团审议》，《人民日报》2015 年 3 月 10 日。

② 习近平：《在第十八届中央纪律检查委员会第六次全体会议上的讲话》（2016 年 1 月 12 日），《人民日报》2016 年 5 月 3 日。

③ 《习近平李克强俞正声刘云山王岐山分别参加全国人大会议一些代表团审议》，《人民日报》2017 年 3 月 8 日。

点，我们党就能更好凝心聚魂、强身健体。”① 习近平总书记强调：“形成风清气正的政治生态，是旗帜鲜明讲政治、坚决维护党中央权威和集中统一领导的政治要求，是持之以恒正风肃纪、推动全面从严治党向纵深发展的迫切需要，是锻造优良党风政风、确保改革发展目标顺利实现的重要保障。”② 习近平总书记还指出，我们党的奋斗历程充分表明，“严肃认真的党内政治生活、健康洁净的党内政治生态，是党的优良作风的生成土壤，是党的旺盛生机的动力源泉，是保持党的先进性纯洁性、提高党的创造力凝聚力战斗力的重要条件，是党团结带领全国各族人民完成历史使命的有力保障，是我们党区别于其他非马克思主义政党的鲜明标志”。③

党的十八大以来，以习近平同志为核心的党中央把严肃党内政治生活、净化党内政治生态摆在更加突出的位置来抓，坚持全面从严治党，持之以恒正风肃纪，弘扬新风正气、涤荡歪风邪气，大力整治形式主义、官僚主义、享乐主义和奢靡之风，深入推进反腐败斗争，坚定不移惩治腐败，严肃查处党员、干部违纪违法问题，完善党内法规制度，不断扎紧制度笼子，党内政治生活展现新气象，赢得了党心民心，为开创党和国家事业新局面提供了重要保证。

（三）净化政治生态的任务要求

“浇风易渐，淳化难归”，净化政治生态同修复自然生态一样，

---

① 《习近平在中共中央政治局第三十三次集体学习时强调　严肃党内政治生活净化党内政治生态为全面从严治党打下重要政治基础》，《人民日报》2016 年 6 月 30 日。

② 《习近平李克强栗战书赵乐际分别参加全国人大会议一些代表团审议》，《人民日报》2018 年 3 月 11 日。

③ 《习近平在中共中央政治局第三十三次集体学习时强调　严肃党内政治生活净化党内政治生态为全面从严治党打下重要政治基础》，《人民日报》2016 年 6 月 30 日。

绝非一朝一夕之功。[1]这是一项系统工程，涉及方方面面的工作，需要综合施策、协同推进，锲而不舍把净化政治生态这项党的建设基础工程抓紧抓实抓好，清除一切侵蚀党的健康肌体的病毒，推动形成干部清正、政府清廉、政治清明的良好局面。

习近平总书记在党的十九大报告中鲜明提出“全面净化党内政治生态”，要求“增强党内政治生活的政治性、时代性、原则性、战斗性，自觉抵制商品交换原则对党内生活的侵蚀，营造风清气正的良好政治生态”。“强化不敢腐的震慑，扎牢不能腐的笼子，增强不想腐的自觉，通过不懈努力换来海晏河清、朗朗乾坤。”风清气正、正气充盈，干部清正、政府清廉、政治清明，就是良好政治生态的新境界，是净化政治生态的重要标准。

习近平总书记在主持十九届中央政治局第六次集体学习的讲话中，把“涵养政治生态”作为加强党的政治建设的重要内容。他指出：“营造良好政治生态是一项长期任务，必须作为党的政治建设的基础性、经常性工作，浚其源、涵其林，养正气、固根本，锲而不舍、久久为功。”[2]

《中共中央关于加强党的政治建设的意见》把净化政治生态作为加强党的政治建设的重要任务，并从政治生态各要素的内在关联和相互作用关系角度，明确净化政治生态的重点工作包括五个方面：一是严肃党内政治生活，这是净化政治生态的有效途径；二是严明党的政治纪律和政治规矩，这是净化政治生态的重要保证；三是发展积极健康的党内政治文化，为营造良好政治生态提供浸润滋养；四是突出政治标准选人用人，这是净化政治生态的关键；五是

① 习近平：《在第十八届中央纪律检查委员会第六次全体会议上的讲话》（2016 年 1 月 12 日），《人民日报》2016 年 5 月 3 日。

② 习近平：《增强推进党的政治建设的自觉性和坚定性》（2018 年 6 月 29 日），《习近平谈治国理政》第 3 卷，外文出版社 2020 年版，第 96 页。

永葆清正廉洁的政治本色，这是涵养政治生态的必要条件和重要任务。

二、严肃党内政治生活

（一）党内政治生活的内涵

净化政治生态，首先要严肃党内政治生活。开展严肃认真的党内政治生活，是我们党的优良传统和政治优势，是净化政治生态的有效途径。

所谓党内政治生活，是指党的各级组织及其成员按照党章党规在党内开展的政治活动的总称。党内政治生活是党组织教育管理党员和党员进行党性锻炼的主要平台。习近平总书记指出："有什么样的党内政治生活，就有什么样的党员、干部作风。一个班子强不强、有没有战斗力，同有没有严肃认真的党内政治生活密切相关；一个领导干部强不强、威信高不高，也同是否经过严肃认真的党内政治生活锻炼密切相关。从严治党，最根本的就是要使全党各级组织和全体党员、干部都按照党内政治生活准则和党的各项规定办事。"[①] 事实表明，党内政治生活严肃认真，党风政风就不会有什么大问题；一个地方政治生态出问题，首先是党内政治生活出了问题。[②]

从我们党的历史看，党内政治生活这一概念最早来自毛泽东

① 习近平：《在党的群众路线教育实践活动总结大会上的讲话》(2014 年 10 月 8 日)，《人民日报》2014 年 10 月 9 日。

② 刘云山：《努力营造良好政治生态》，《学习时报》2015 年 5 月 18 日。

1929年《关于纠正党内的错误思想》一文，针对党内主观主义错误，他指出："纠正的方法：主要是教育党员使党员的思想和党内的生活都政治化，科学化。"①1980年党的十一届五中全会通过的《关于党内政治生活的若干准则》，正式采用"党内政治生活"概念。党的十二大党章及以后党章的总纲中明确提出"党在自己的政治生活中正确地开展批评和自我批评，在原则问题上进行思想斗争，坚持真理，修正错误"。《关于新形势下党内政治生活的若干准则》进一步就新形势下加强和规范党内政治生活做出明确规定。

从党内政治生活的目的看，习近平总书记形象地指出："党内生活是锻炼党性、提高思想觉悟的熔炉。如果炉子长期不生火，或者生了火却没有足够的温度，那是炼不出钢来的。事实表明，党内生活松一寸，党员队伍就散一尺。党员、干部只有在严格的党内生活中反复锻炼，才能坚强党性、百炼成钢。"②党内政治生活是"大熔炉"，旨在规范党员、干部的政治行为，锤炼党员、干部的党性；党内政治生活是"净化器"，旨在纯洁党员、干部的党风政风；党内政治生活是"金钥匙"，旨在解决党内的矛盾和问题。严肃党内政治生活的最终目标是着力增强党自我净化、自我完善、自我革新、自我提高能力，着力提高党的领导水平和执政水平、增强拒腐防变和抵御风险能力，着力维护党中央权威和党的团结统一。党内政治生活的基本功能，就是在党员队伍中播撒崇高理想的种子，激发艰苦奋斗的精神，消除各种错误思想的影响，保持和弘扬良好的党风，提高党的创造力凝聚力战斗力。③

---

① 毛泽东：《关于纠正党内的错误思想》（1929年12月），《毛泽东选集》第1卷，人民出版社1991年版，第92页。

② 习近平：《在党的群众路线教育实践活动第一批总结暨第二批部署会议上的讲话》（2014年1月20日），《党建研究》2014年第2期。

③ 刘云山：《努力营造良好政治生态》，《学习时报》2015年5月18日。

从党内政治生活的内容看，党内政治生活按照《准则》规定，主要包括十二个方面的内容：坚定理想信念、坚持党的基本路线、坚决维护党中央权威、严明党的政治纪律、保持党同人民群众的血肉联系、坚持民主集中制、发扬党内民主和保障党员权利、坚持正确选人用人导向、严格党的组织生活制度、开展批评和自我批评、加强对权力运行的制约和监督、保持清正廉洁的政治本色。

从党内政治生活的原则看，党内政治生活要增强政治性、时代性、原则性和战斗性。增强政治性，是指党内政治生活要“强化政治教育和政治引领，让党员、干部经常接受政治体检，打扫政治灰尘，净化政治灵魂，增强政治免疫力，坚决防止和克服党内政治生活忽视政治、淡化政治、不讲政治的倾向”。增强时代性，是指党内政治生活要主动适应信息时代新形势和党员队伍新变化，积极运用互联网、大数据等新兴技术，创新党组织活动内容方式，使党内政治生活始终充满活力，坚决防止和克服党内政治生活不讲创新、不讲活力、照搬照套的倾向。增强原则性，是指党内政治生活要坚持按原则开展党的工作和活动，按原则处理党内各种关系，按原则解决党内矛盾和问题，坚决防止和克服党内政治生活不讲原则、平淡化庸俗化随意化的倾向。增强战斗性，是指党内政治生活要坚持开展批评和自我批评，勇于思想交锋、揭短亮丑，旗帜鲜明坚持真理、修正错误，统一意志、增进团结，坚决防止和克服党内政治生活一团和气、评功摆好、明哲保身的倾向。

（二）严格党的组织生活制度

党的组织生活是党内政治生活的重要内容和载体，是党组织对党员进行教育管理监督的重要形式。党员、干部必须增强党的意识，时刻牢记自己第一身份是党员。任何党员都不能游离于党的组织之外，更不能凌驾于党的组织之上。每个党员无论职务高低，都要参加党的组织生活。党的组织生活正常了、健康了，就能起到“除尘”“过滤”和“政治检修”的作用，就能及时阻隔不良风气的侵蚀。

坚持党的组织生活各项制度，贵在保持经常、认真、庄重、严肃，推动党的组织生活制度化、规范化，关键在于彰显党内政治生活的品质，引导每个党员自觉安装思想上的“杀毒软件”，经常清扫头脑中的灰尘，为净化政治生态营造好的“气候”环境。

1. 坚持“三会一课”制度

“三会一课”是党组织生活的基本形式，是加强党员日常教育管理的主要途径。党员必须参加党员大会、党小组会和上党课，党支部要定期召开支部委员会会议。“三会一课”要突出政治学习和教育，突出党性锻炼，坚决防止表面化、形式化、娱乐化、庸俗化。领导干部要以普通党员身份参加所在党支部或党小组的组织生活，坚持党员领导干部讲党课制度。每个党员都要按规定自觉交纳党费，党费使用和管理要公开透明。

2. 坚持民主生活会和组织生活会制度

民主生活会和组织生活会，既有利于党组织对党员、干部的严格管理、严格监督，也有利于领导干部自重、自省、自警、自励，有利于加强领导班子的政治和思想作风建设、提高领导班子的战斗力。

任何党员都要按时参加组织生活会或民主生活会，不能搞特殊、搞例外。会前要广泛听取意见、深入谈心交心，会上要认真查摆问题、深刻剖析根源、明确整改方向，会后要逐一整改落实。上级党组织领导班子成员要定期、随机参加下级党组织领导班子民主生活会和组织生活会，发现问题及时纠正。要健全民主生活会列席指导、及时叫停、责令重开、整改通报等制度。

领导干部要认真落实双重组织生活制度。《党章》第八条规定："每个党员，不论职务高低，都必须编入党的一个支部、小组或其他特定组织，参加党的组织生活，接受党内外群众的监督。党员领导干部还必须参加党委、党组的民主生活会。不允许有任何不参加党的组织生活、不接受党内外群众监督的特殊党员。"这就意味着，党员领导干部既要参加所在党支部、党小组的组织生活会，还要参加党委、党组的民主生活会。

明确领导干部双重组织生活会制度，旨在强化领导干部要接受党支部和党委的监督。邓小平对此有深刻的思考。1962 年 11 月 29 日，邓小平在接见参加全国组织工作和全国监察工作会议人员时的讲话指出："对干部的监督，无非是这样几个方面：首先是党的生活的监督，党员干部要过党的生活。今年一月扩大的中央工作会议提出，许多高级干部完全在支部里面过党的生活，监督比较困难。这是多少年的经验了。那个时候提出，一个季度或者半年，可以在一个党委，一个党组，结合讨论工作，过一次党的生活，做点批评和自我批评，看看执行方针政策正确不正确，努力不努力，坚决不坚决。这不只是个人的修养问题，也是一种监督，是党的生活的一种形式。对这一部分干部采用这种形式比较好。这已经是肯定了的，现在就是做的问题。至于一般党员、干部，人人都应该经常过支部生活，过小组生活，接受党的监督。"[①] 领导干部既要通过支部生活接受监督，还要"重视党委内部的互相监督作用"。

---

① 邓小平：《执政党的干部问题》（1962 年 11 月 29 日），《邓小平文选》第 1 卷，人民出版社 1994 年版，第 330—331 页。

3. 坚持谈心谈话制度

谈心谈话，是党组织了解、帮助、教育和监督党员的重要手段，是党员、干部之间相互交流思想、交换意见的有效形式，是统一思想、加深了解、增进团结的重要平台。

党员、干部之间的谈心谈话，是更好实现自我认知并进而加强党性修养的重要途径。人际沟通交流领域有个理论叫“乔哈里资讯窗”，这也是一个如何更好实现自我认知的理论。“乔哈里资讯窗”理论把人的内心世界比作一个窗子，分为四个区域：即公开区、隐藏区、盲区和未知区。在公开区，是自己知道、他人也知道的信息。在隐藏区，是自己知道、他人却不知道的秘密。每个人都有自己的秘密。一个真诚、心智成熟的人需要有隐藏区。当然，党员、干部必须对党忠诚，不能当两面人。在盲区，是自己不知道、他人却知道的信息。我们每个人都是他人眼中的一道风景。他人对我们的真实评价，我们并不一定知道。一般说来，领导干部有一定的权力和地位，要听到关于自己的真话，比较困难，往往阿谀奉承的话较多。要缩小盲区，领导干部就应该多交一些敢于对自己讲真话的朋友，创造敢于直言的宽松工作环境，善于听取不同的意见建议，要从谏如流。要时刻清醒警醒、不被他人忽悠。在未知区，这是自己和他人都不了解的全新领域。这是尚待挖掘的领域。每个人都存在关于自我认知的盲区和未知区，都存在诸多未发现的潜能。党员、干部之间的谈心谈话，相互提醒、相互帮助，由他人指出自己的不足，发现自我认知的盲区、未知区，可以更好地实现自我认知并完善自己，更好地发挥个人潜能，展现更大的担当作为。

领导干部要带头示范，开展经常性的谈心谈话，坦诚相见，交流思想，交换意见。党委（党组）主要负责同志和班子成员必谈，班子成员相互之间必谈，班子成员和分管部门必谈。领导干部“也要接受党员、干部约谈”。这是对领导干部改进作风、做好工作的基本要求，要真心诚意接谈、满腔热忱沟通。

坚持谈心谈话制度，关键是出于公心，有求团结的愿望和实事求是的精神，要敞开心扉，以诚相见，见人见事见思想。要坚持问题导向，带着问题谈，有什么问题就提什么问题，是什么问题就摆什么问题，特别是班子成员之间的谈心，要主动亮明自身存在的问题，诚恳指出对方的问题，相互交换对所在领导班子存在问题的看法，深入探讨解决问题的意见建议。要讲究方式，增强针对性，根据不同人的性格特点采取不同的谈心方法。

4. 坚持民主评议党员制度

民主评议党员制度是一项重要的组织生活制度，是从严加强党员教育、管理和监督的有效措施。党组织要坚持每年对党员进行民主评议。督促党员对照党章规定的党员标准、对照入党誓词、联系个人实际进行党性分析，强化党员意识、增强党的观念、提高党性修养。对党性不强的党员，及时进行批评教育，限期改正；经教育仍无转变的，应劝其退党或除名。

民主评议党员的重要环节是做好党性分析。党性分析就是党员、干部通过回望和反省，对照党章党规、对照初心使命、对照党中央部署要求，对自己内心世界和外在行为进行检讨反省，查找差距不足，明确努力方向，不断实现自我净化、自我完善、自我革新和自我提高。党员、干部要有“检身若不及”的自觉，认真开展党性分析工作，主动查找、勇于改正自身的缺点和不足。

要注重运用好民主评议党员的结果。将评议结果与党员评先树优、绩效考核、提拔使用等联系起来，发挥导向作用，确保评出公正、评出压力、评出动力。

5. 坚持请示报告制度

《党章》第十条规定："党的下级组织既要向上级组织请示和报告工作，又要独立负责地解决自己职责范围内的问题。"党员、干部工作中的重大问题和个人有关事项必须按规定按程序向组织请示报告，离开岗位或工作所在地要事先向组织请示报告。对无正当理由不按时报告、不如实报告或隐瞒不报的，要严肃处理。

请示报告制度是执行党的民主集中制的有效工作机制，也是政治纪律、组织纪律、工作纪律的重要方面。对于做到"两个维护"，强化党员干部的政治观念、组织观念、纪律观念，加强对党组织和党员干部的管理，督促党组织和党员干部认真履职尽责，都具有重要意义。

党员、干部特别是领导干部，在涉及重大问题、重要事项时按规定向组织请示报告，这是必须遵守的规矩，是检验党员、干部合格不合格的试金石。

请示报告制度有严格的实质和程序要求。一是做到"两个维护"。请示报告制度的最终目的，是为了保证实现党对各方面各领域各层级工作的领导。必须自觉在思想上政治上行动上同以习近平同志为核心的党中央保持高度一致。这是请示报告工作的基本遵循。二是忠实履职尽责。请示报告是对党员、干部工作态度、能力和水平的全方位考验，反映党员、干部对党中央精神和决策部署的理解和把握情况，反映党员、干部恪尽职守、敢于担当的情况。三是坚持实事求是。请示报告的内容应当客观、准确、完整，要及时如实地按照程序向上级党组织请示报告工作、反映情况、分析问题、提出意见建议等，既报喜又报忧、既报功又报过、既报结果又报过程。坚决防止和反对弄虚作假、虚报浮夸、华而不实、欺上瞒下。四是遵循工作程序。执行请示报告制度，同党的组织体系、领导体制和工作机制密切相关。各级党委应当向上级党委请示报告工作，各级党组应当向批准其设立的党组织和对该党组有领导关系的党组织请示报告工作，党的各级领导干部应当按规定向其所属的党组织和党的有关工作部门请示报告工作。一般情况下不实行越级请示报告。党内法规和有关规范性文件对请示报告工作程序和要求有明确规定的，应当按照规定程序和要求执行。①

（三）执行党的民主集中制

党的政治生活必须坚持民主集中制原则。《准则》规定："坚持集体领导制度，实行集体领导和个人分工负责相结合，是民主集中制的重要组成部分，必须始终坚持，任何组织和个人在任何情况下都不允许以任何理由违反这项制度。"

1. 民主集中制的含义

所谓民主集中制，就是坚持民主基础上的集中和集中指导下的民主相结合。民主是正确集中的前提和基础，集中是民主的必然要求和归宿，两者互为条件、相辅相成、缺一不可。民主集中制既是党的根本组织原则，也是群众路线在党的生活中的运用。正如毛泽东所指出的："在人民内部，不可以没有自由，也不可以没有纪律；不可以没有民主，也不可以没有集中。这种民主和集中的统一，自由和纪律的统一，就是我们的民主集中制。在这种制度下，人民享受着广泛的民主和自由；同时又必须用社会主义的纪律约束自己。"②

民主集中制是我们党的根本组织原则和领导制度，是党内政治

① 沈春耀：《全党必须严格执行重大问题请示报告制度》，《光明日报》2016 年 11 月 18 日。

② 毛泽东《关于正确处理人民内部矛盾的问题》（1957 年 2 月 27 日），《毛泽东文集》第 7 卷，人民出版社 1999 年版，第 209 页。

生活正常开展的重要制度保障。党的一大纲领指出，我们党在组织原则方面，采用苏维埃的形式，实行代表会议或代表大会制度，这体现了民主集中制的思想。党的二大纲领首次确认了民主集中制原则。党的六大修改和通过的党章第一次明确规定，党的组织原则是民主集中制。此后，党的历次代表大会通过的党章都明确规定，民主集中制是党的根本组织原则。

关于民主集中制的重要意义，习近平早在2012年6月28日全国创先争优表彰大会上的讲话时做了深刻论述。他指出："民主集中制是我们党的根本组织制度和领导制度，它正确规范了党内政治生活、处理党内关系的基本准则，是反映、体现全党同志和全国人民利益与愿望，保证党的路线方针政策正确制定和执行的科学的合理的有效率的制度。因此，这是我们党最大的制度优势。"[①] 这项制度把充分发扬党内民主和正确实行集中有机结合起来，既可以最大限度激发全党创造活力，又可以统一全党思想和行动，有效防止和克服议而不决、决而不行的分散主义，是科学合理而又有效率的制度，是党赖以存在和发展的最基本的制度保证。

习近平总书记在2018年中央政治局民主生活会上的讲话，对于党员、干部贯彻执行民主集中制提出明确要求。他指出："党的十八大以来，党中央各项决策都严格执行民主集中制，都注重充分发扬党内民主，都是经过深入调查研究、广泛听取各方面意见、进行反复讨论而形成的。要把我们这样一个大党大国治理好，就要掌握方方面面的情况，这就要靠发扬党内民主而来，靠各级党组织和广大党员、干部广泛听取民声、汇聚民意而来。领导干部要把民主素养作为一种领导能力来培养，作为一门领导艺术来掌握。要有平

---

① 习近平：《始终坚持和充分发挥党的独特优势》（2012年6月28日），《十七大以来重要文献选编（下）》，2013年版，第1023页。

等待人、与人为善的真诚态度，有虚怀若谷、海纳百川的宽阔胸襟，力争把各方面的真实意见掌握全、掌握准，进行反复研究、反复比较、择善而从。要善于正确集中，把不同意见统一起来，把各种分散意见中的真知灼见提炼概括出来，把符合事物发展规律、符合广大人民群众根本利益的正确意见集中起来，作出科学决策。贯彻执行民主集中制是全党的共同政治责任，首先是各级领导干部特别是中央政治局的同志的责任，大家要发挥表率作用。”[①]

何谓民主集中制？《党章》第十条规定，党是根据自己的纲领和章程，按照民主集中制组织起来的统一整体。党的民主集中制的基本原则是：①党员个人服从党的组织，少数服从多数，下级组织服从上级组织，全党各个组织和全体党员服从党的全国代表大会和中央委员会。②党的各级领导机关，除它们派出的代表机关和在非党组织中的党组外，都由选举产生。③党的最高领导机关，是党的全国代表大会和它所产生的中央委员会。党的地方各级领导机关，是党的地方各级代表大会和它们所产生的委员会。党的各级委员会向同级的代表大会负责并报告工作。④党的上级组织要经常听取下级组织和党员群众的意见，及时解决他们提出的问题。党的下级组织既要向上级组织请示和报告工作，又要独立负责地解决自己职责范围内的问题。上下级组织之间要互通情报、互相支持和互相监督。党的各级组织要按规定实行党务公开，使党员对党内事务有更多的了解和参与。⑤党的各级委员会实行集体领导和个人分工负责相结合的制度。凡属重大问题都要按照集体领导、民主集中、个别酝酿、会议决定的原则，由党的委员会集体讨论，做出决定；委员会成员要根据集体的决定和分工，切实履行自己的职责。⑥党禁止任何形

① 《中共中央政治局召开民主生活会强调　树牢“四个意识”坚定“四个自信”坚决做到“两个维护”勇于担当作为　以求真务实作风把党中央决策部署落到实处》，《人民日报》2018 年 12 月 27 日。

式的个人崇拜。要保证党的领导人的活动处于党和人民的监督之下，同时维护一切代表党和人民利益的领导人的威信。

坚持和健全民主集中制的一项重要任务，是实行和完善集体领导与个人分工负责相结合。《准则》抓住各级领导机关和领导干部这个重点，从各级党委（党组）、党委（党组）主要负责同志、领导班子成员等层面，明确规定如何实现集体领导和个人分工负责相结合。

2. 各级党委（党组）要坚持集体领导

各级党委（党组）发挥把方向、管大局、保落实的领导作用，要善于观大势、抓大事、管全局，全面履行领导责任，确保党的理论和路线方针政策的贯彻落实。《准则》将各级党委（党组）集体领导摆在坚持民主集中制原则的首位。这是因为，坚持集体领导制度是党实现正确领导、有效治理国家的根本保证，可以更好发挥党总揽全局、协调各方的领导核心作用。

各级党委（党组）集体领导的内容主要是对重大问题进行决策。所谓重大问题，主要是指对全局具有关键或者比较关键意义的问题，比如，贯彻落实党中央以及上级党组织决策部署的重大举措，经济社会发展战略、重大部署和重大事项，重要干部任免、重大项目安排和大额资金使用、大额资产处置、预算安排，机构设置、人员编制事项，党的建设方面的重大事项，等等，都属于重大问题，必须经集体讨论做出决定。

各级党委（党组）集体领导要严格遵循议事规则和决策程序。要坚持科学决策、民主决策、依法决策，广泛听取各方面的意见建议、凝聚各方面智慧和力量。《党章》第十七条第一款规定："党组织讨论决定问题，必须执行少数服从多数的原则。决定重要问题，要进行表决。对于少数人的不同意见，应当认真考虑。如对重要问题发生争论，双方人数接近，除了在紧急情况下必须按多数意见执行外，应当暂缓作出决定，进一步调查研究，交换意见，下次再表决；在特殊情况下，也可将争论情况向上级组织报告，请求裁决。”凡属重大问题，要按照集体领导、民主集中、个别酝酿、会议决定的原则，由集体讨论、按少数服从多数做出决定，不允许用其他形式取代党委及其常委会（或党组）的领导。

3. 党委（党组）主要负责同志要带头执行民主集中制

民主集中制贯彻得怎么样，关键看领导干部做得怎么样。《准则》规定，党委（党组）主要负责同志必须发扬民主、善于集中、敢于担责。

发扬民主，要求党委（党组）主要负责同志在研究讨论问题时把自己当成班子中平等的一员，严格按程序决策、按规矩办事，注意听取不同意见，正确对待少数人意见，善于集思广益，做到总揽而不包揽、果断而不武断，不能搞一言堂甚至家长制。

善于集中，要求党委（党组）主要负责同志在班子中起表率作用，善于把关定向，善于集中班子成员的正确意见，正确处理分歧意见和否定意见，坚决反对和防止议而不决、决而不行、行而不实，坚决反对和防止以党委集体决策名义集体违规。

敢于担责，要求党委（党组）主要负责同志坚持以党的事业为重，以人民利益为重，坚持实事求是、求真务实，坚持敢于担当、善于担当、依法担当，勇于担苦、担难、担重、担险、担责，做到为党分忧、为国尽责、为民奉献。

4. 领导班子成员分工负责

各级党委（党组）对重大问题实行集体领导，而日常工作则由领导班子成员通过个人分工负责，分工负责是实现集体领导的有效途径和保证。领导班子成员要增强全局观念和责任意识，根据党委（党组）集体的决定和分工，在职责范围内独立负责开展工作，切实履行自己的职责，做到事事有人管、人人有专责，不允许各行其是。领导班子成员分工按规定向上级党委报备，无正当理由、未向上级党委报备不得调整。领导干部要自觉服从组织分工安排，任何人都不能向组织讨价还价、不服从组织安排。领导干部不准把分管工作、分管领域和地方当作“私人领地”，不准搞独断专行。

要认真参与集体决策，在研究工作时畅所欲言、充分发表意见。要站在维护大局的高度，以对党和人民事业高度负责的精神，根据所了解的实际情况，充分发表个人意见，敢于提出不同意见，供集体决策。

要认真执行集体决定。领导班子成员必须坚决执行党组织决定。对集体决定，任何人都无权改变，领导班子成员必须无条件服从，要坚决执行，按照分工，在各自的职权范围内大胆地、负责地、创造性地工作，完成分担的任务，保证集体决策得到贯彻执行。如有不同意见，可以保留或向上一级党组织提出，但在上级或本级党组织改变决定以前，除执行决定会立即引起严重后果等紧急情况外，必须无条件执行已做出的决定，不得违背集体决定自作主张、自行其是。坚决反对和纠正当面不说、背后乱说，会上不说、会后乱说，当面一套、背后一套等错误言行。

要维护领导班子团结。每个领导班子成员在对集体负责的同时，要自觉维护班子的团结、尊重主要负责同志，既要根据集体的决定和分工切实履行好自己的职责，承担起应该承担的责任，又要增强全局意识、协作意识，自觉在大局下行动、在合作中履职，积极配合支持主要负责同志，与其他班子成员之间加强协作、相互补台，做到分工不分家、到位不越位。当然，维护班子团结要坚持讲原则、讲规矩，共同维护坚持党性原则基础上的团结。

5. 坚持集体领导和个人分工负责相结合

坚持集体领导和个人分工负责相结合，要明确集体与个人之间的关系。《党章》第十七条第二款规定：“党员个人代表党组织发表重要主张，如果超出党组织已有决定的范围，必须提交所在的党组织讨论决定，或向上级党组织请示。任何党员不论职务高低，都不能个人决定重大问题；如遇紧急情况，必须由个人做出决定时，事后要迅速向党组织报告。不允许任何领导人实行个人专断和把个人凌驾于组织之上。”

习近平总书记强调指出：“组织意图和领导个人意图既有联系又有区别，组织意图是党组织通过民主集中制形成的意见，领导个人意图是领导干部个人的意见。组织意图和领导个人意图可能一致，也可能不一致，或不完全一致。领导干部包括主要负责同志，要准确表达组织意图和个人意图，该以组织名义出面就不要以个人名义出面，该以个人名义出面就不要以组织名义出面，该集体研究就不要擅自表态，该征求意见就不要省略程序，不能把个人意见强加给集体、强加给组织，不能用个人决定代替组织决定。任何时候任何情况下，都要自觉防止个人凌驾于组织之上。”[①] 这就意味着，在党的工作中，不允许用个人主张代替党组织的主张，不允许把个人意志凌驾于组织之上。

坚持集体领导和个人分工负责相结合，要防止和克服两种倾向，一是个人专断倾向，即名为集体领导、实际上个人或少数人说了算；二是软弱涣散倾向，即名为集体负责、实际上无人负责。对此，习近平总书记深刻指出：“这些年来，各级领导班子都有不少议事规则，领导干部也大都懂得民主集中制的基本道理和要求，

---

① 习近平：《严明党的组织纪律》（2014 年 1 月 14 日），《论坚持党对一切工作的领导》，中央文献出版社 2019 年版，第 50—51 页。

但家长制、一言堂的现象和议而不决、决而不行的现象在一些班子屡屡出现。有的领导干部个人主义、本位主义思想严重，只讲民主不讲集中，班子讨论问题时没有采纳自己的意见就很不高兴，或者脑袋长在屁股上，为了自己的那点权力争得不可开交。有的一把手只讲集中不讲民主，习惯于逢事先定调，重大问题不经班子成员充分酝酿和讨论就拍板，甚至对多数人的意见也置之不理。这两种情形都会严重影响民主集中制的贯彻执行。同时，一些党委对所管辖的领导班子及其成员贯彻执行民主集中制的情况缺乏经常分析和考核评估，以致有针对性地教育引导和采取组织措施不够。”①

坚持民主集中制，最终要形成正确的集中、科学的决策，形成统一的意志。充分发扬民主，不能无休止地酝酿讨论，当断不断，久拖不决，错失良机。在职责权限范围内的事，该决策的决策，该拍板的拍板。要及时发现和解决矛盾和难题，不上推下卸，不留后遗症。不能把责任推给集体、推给上级、推给下属、推给其他部门、推给班子其他成员。不能凡事层层请示汇报，把问题矛盾压力上交。不能大事小事召开会议，看似民主，实则是推脱责任，有责任大家共同承担。

坚持民主集中制，必须充分发扬民主。要营造畅所欲言的民主氛围，鼓励讲真话、实话、有用的话，从而做到有意见集中、集中有用的意见。提高民主的质量，应当强化民主的责任性，有意见应当发表，对发表的意见要负责；有意见不发表也是不负责任的表现。负责任的民主才是真正的民主。

---

① 习近平：《在参加河北省委常委班子专题民主生活会时的讲话》（2013 年 9 月 23 日至 25 日），《习近平关于严明党的纪律和规矩论述摘编》，中央文献出版社、中国方正出版社 2016 年版，第 36 页。

（四）用好批评和自我批评这个锐利武器

批评和自我批评是我们党强身治病、保持肌体健康的锐利武器，是加强和规范党内政治生活的重要手段，也是党内政治生活正常化的重要标志。习近平总书记指出："党内政治生活质量在相当程度上取决于这个武器用得怎么样。对批评和自我批评这个武器，我们要大胆使用、经常使用、用够用好，使之成为一种习惯、一种自觉、一种责任，使这个武器越用越灵、越用越有效果。"①

1. 批评和自我批评是加强党内政治生活的重要手段

人非圣贤，孰能无过？人需要经常反躬自省并虚心接受提醒批评，才能不断进步。中华优秀传统文化历来强调反躬自省、反求诸己等修身养性观念，以"内圣外王"为最高理想人格，富于批评和自我批评的大学问大智慧。

《易经》告诫人生的最高境界，就是"无咎"。无咎，即无凶险、无大的过错。如何才能做到无咎？重要方法之一就是反省补过无咎。正所谓"无咎者，善补过者也"。

《左传》说："人谁无过？过而能改，善莫大焉。"人没有不犯错误的，只要能及时改正自己的错误，就是最好的了。

老子曾说："知人者智，知己者明。胜人者有力，胜己者强。"这说明清醒地认识自己、战胜自己比认识世界、战胜别人更为重要。

孔子说："如有周公之才之美，使骄且吝，其余不足观也已。"在孔子看来，即使有人能像周公那样高尚完美，但是骄傲自满又吝惜改过，那么他的德才也不足为观。孔子曾称赞爱徒颜回："不迁

① 习近平：《在党的群众路线教育实践活动总结大会上的讲话》（2014年10月8日），《人民日报》2014年10月9日。

怒，不贰过。”不贰过，就是不重复犯错误，善于改正自己的错误。孔子还说：“见贤思齐焉，见不贤而内自省也。”见到有才华的人就向他学习，希望和他看齐。看见没有德行的人，自己就要反省是否有和他一样的错误。

孟子主张要做一个闻过则喜、闻善则拜、善与人同的人。他说：“子路，人告之以有过，则喜，禹闻善言，则拜。大舜有大焉，善与人同，舍己从人，乐取于人以为善。”意思是说：子路，别人指出他的过错，他就很高兴。大禹听到有教益的话，就给人家敬礼。伟大的舜帝更是了不得，他对于行善，没有别人和自己的区分。舍弃自己的缺点，学习人家的优点，非常快乐地吸取别人的长处来行善。

司马迁说：“反听之谓聪，内视之谓明，自胜之谓强。”意思是说，善于听取不同意见自我省察，这是聪睿；善于反省自身、正视缺点，这是明智；能够克服缺点、虚心改过、战胜自己，这是强者。

王阳明说：“学须反己，若徒责人，只见得人不是，不见自己非。若能反己，方见自己有许多未尽处，奚暇责人？”学习应该反躬自省。如果只去指责别人，就只能看到别人的错误，看不到自己的缺点。若能反躬自省，才能看到自己有许多不足之处，哪还有时间去指责别人？

曾国藩是一个非常善于听取不同意见的人。他的书斋名为“求阙”，一生勤求己过，最喜欢听别人的批评。他曾说：“安得一二好友，胸襟旷达、萧然自得者，与之相处，砭吾之短。”他有意识地在身边安排几个耿直高洁之人，时时给自己指出缺点。他说：“凡人一身，只有‘迁善改过’四字可靠。”天资、他人的帮助、运气这些都靠不住，只有不断改过的好习惯，才是一个人在这个世界上立身的根本。

列宁说过：“公开承认错误，揭露犯错误的原因，分析产生错误的环境，仔细讨论改正错误的方法——这才是一个郑重的党的标志，这才是党履行自己的义务，这才是教育和训练阶级，进而又教育和训练群众。”[1] 敢于直面问题、勇于修正错误，是我们党的显著特点和优势。

我们党作为马克思主义政党，既坚持马克思主义的指导地位，又传承、守护并弘扬中华优秀传统文化，在长期实践中培育并坚持了批评和自我批评的光荣传统和优良作风，成为党内政治生活的锐利武器。

毛泽东 1954 年 9 月 14 日在一次讲话中说：“我们在座的各位是不是圣人？要说是圣人嘛，圣人就多得很；要说不是圣人嘛，我看圣人也就一个没有。人总是有缺点的，总是要犯错误的。……如果觉得自己一点缺点也没有，‘老虎屁股摸不得’，那就不好了。”[2] 他曾形象地把批评和自我批评比喻为打扫和洗涤，他说：“房子是应该经常打扫的，不打扫就会积满了灰尘；脸是应该经常洗的，不洗也就会灰尘满面。我们同志的思想，我们党的工作，也会沾染灰尘的，也应该打扫和洗涤。”[3] 毛泽东指出：“因为我们是为人民服务的，所以，我们如果有缺点，就不怕别人批评指出。不管是什么人，谁向我们指出都行。只要你说得对，我们就改正。你说的办法对人民有好处，我们就照你的办。”[4] 邓小平指出：“不搞批评和自我批评一定不行。批评的武器一定不能丢。”[5]

---

① 列宁：《共产主义运动中的“左派”幼稚病》（1920 年 4—5 月），《列宁选集》第 4 卷，人民出版社 2012 年版，第 167 页。

② 毛泽东：《关于辛亥革命的评价》（1954 年 9 月 14 日），《毛泽东文集》第 6 卷，人民出版社 1999 年版，第 346 页。

③ 毛泽东：《论联合政府》（1945 年 4 月 24 日），《毛泽东选集》第 3 卷，人民出版社 1991 年版，第 1096 页。

④ 毛泽东：《为人民服务》（1944 年 9 月 8 日），《毛泽东选集》第 3 卷，人民出版社 1991 年版，第 1004 页。

⑤ 邓小平：《关于思想战线上的问题的谈话》（1981 年 7 月 17 日），《邓小平文选》第 2 卷，人民出版社 1994 年版，第 390 页。

党的十八大以来，以习近平同志为核心的党中央持之以恒发扬批评和自我批评的优良作风，把批评和自我批评作为“清除党内政治灰尘和政治微生物的有力武器”[①]，并取得积极成效。习近平总书记在党的群众路线教育实践活动总结大会上的讲话中，总结取得的成果之一是“恢复和发扬了批评和自我批评优良传统，探索了新形势下严肃党内政治生活的有效途径”。他指出：“广大党员、干部深入查摆问题，深挖问题根源，自我剖析触及了痛处。上下级之间不顾忌身份、不隐瞒观点，提意见开诚布公。领导班子成员脱去‘隐身衣’，捅破‘窗户纸’，相互批评不留情面。专题民主生活会和组织生活会敢于揭短亮丑、真刀真枪、见筋见骨，点准了穴位，戳到了麻骨，开出了辣味，起到了脸红心跳、出汗排毒、治病救人、加油鼓劲的作用。广大党员、干部普遍反映，自己经历了一次严格的党内政治生活锻炼，思想受到洗礼，灵魂受到触动。”[②]

我们党为什么敢于、善于进行批评和自我批评？习近平总书记指出：“一个马克思主义政党对自己的错误所抱的态度，是衡量这个党是否真正履行对人民群众所负责任的一个最重要最可靠的尺度。”[③]他进一步指出：“勇于自我革命，是我们党最鲜明的品格，也是我们党最大的优势。中国共产党的伟大不在于不犯错误，而在于从不讳疾忌医，敢于直面问题，勇于自我革命，具有极强的自我

① 习近平：《在党的群众路线教育实践活动第一批总结暨第二批部署会议上的讲话》（2014 年 1 月 20 日），《党建研究》2014 年第 2 期。

② 习近平：《在党的群众路线教育实践活动总结大会上的讲话》（2014 年 10 月 8 日），《人民日报》2014 年 10 月 9 日。

③ 习近平：《在纪念毛泽东同志诞辰一百二十周年座谈会上的讲话》（2013 年 12 月 26 日），《习近平关于“不忘初心、牢记使命”论述摘编》，党建读物出版社、中央文献出版社 2019 年版，第 115 页。

修复能力。”[1]“最鲜明的品格”“最大的优势”这“两个最”的表述，深刻揭示了勇于自我革命是我们党的内在特质和制胜之道。习近平总书记强调：“一个马克思主义政党，要保持先进性和纯洁性，实现崇高使命，必须‘以补过为心，以求过为急，以能改其过为善，以得闻其过为明’，一刻不放松地解决自身存在的问题，始终跟上时代、实践、人民的要求。我们党为什么能够在现代中国各种政治力量的反复较量中脱颖而出？为什么能够始终走在时代前列、成为中国人民和中华民族的主心骨？根本原因在于我们党始终保持了自我革命精神，保持了承认并改正错误的勇气，一次次拿起手术刀来革除自身的病症，一次次靠自己解决了自身问题。这种能力既是我们党区别于世界上其他政党的显著标志，也是我们党长盛不衰的重要原因所在。”[2]他进一步指出：“我们党之所以有自我革命的勇气，是因为我们党除了国家、民族、人民的利益，没有任何自己的特殊利益。……不谋私利才能谋根本、谋大利，才能从党的性质和根本宗旨出发，从人民根本利益出发，检视自己；才能不掩饰缺点、不回避问题、不文过饰非，有缺点克服缺点，有问题解决问题，有错误承认并纠正错误。”[3]

可见，中国共产党人勇于开展批评和自我批评，根本动力来自党性，来自对党和人民事业高度负责的精神。我们党大公无私、无私无畏的品格，决定了我们党敢于坚持真理、修正错误，从不隐瞒自己的观点，不掩盖自己的错误，不惧怕、不拒绝批评和自我批评。党员、干部要自觉用好批评和自我批评这个武器，分清是非、辨别

---

① 习近平：《党必须勇于自我革命》（2017 年 2 月 13 日），《习近平关于“不忘初心、牢记使命”论述摘编》，党建读物出版社、中央文献出版社 2019 年版，第 281 页。

② 同上，第 282 页。

③ 同上。

真假，不断增强自我净化、自我完善、自我革新、自我提高能力。

2. 认真开展批评和自我批评

习近平总书记每年主持中央政治局民主生活会，为全党坚持批评和自我批评做出了表率。《习近平在正定》一书中有一篇采访原正定县委办公室人员张银耀的文章，叫《近平同志办公室挂着一幅书法作品“周而不比、和而不同”》。他说：这是习近平同志非常欣赏的一条格言，也将其视为做人处事的原则。[①] 这也确实是一位领导干部必须要有的胸怀。“周而不比、和而不同”出自《论语》，说的是要善于团结周围的人，而不搞拉帮结派、拉山头；要能够求大同而存小异，听得进不同的意见，还能开展好批评和自我批评。

批评和自我批评必须坚持实事求是，讲党性不讲私情、讲真理不讲面子，坚持“团结——批评——团结”，按照“照镜子、正衣冠、洗洗澡、治治病”的要求，严肃认真提意见，满腔热情帮同志，决不能把自我批评变成自我表扬、把相互批评变成相互吹捧。批评和自我批评，目的是发现并改正缺点和错误。就像医生治病一样，大病大治，小病小治，无病打打“预防针”，完全是为了救人，而不是要整人，搞打击报复，甚至把人整死。因此，必须坚持“惩前毖后、治病救人”的方针，坚持对党、对事业、对同志高度负责的精神，既使本人受到教育，又使其他同志引以为戒，团结同志一道前进、实现共同进步。

认真开展自我批评。自省是一剂良药。每个人或多或少都有些缺点、时不时犯点错误，这本身无可厚非。党员、干部应当以“君子检身，常若有过”的态度，敢于正视自己的缺点错误，敢于刀刃向内，严于自我解剖，主动查找问题，深入剖析问题的原因，并拿

① 中央党校采访实录编辑室著：《习近平在正定》，中共中央党校出版社 2019 年版，第 221 页。

出壮士断腕、刮骨疗毒的勇气，改正自身的缺点和不足，要“知耻近乎勇”。切不能自以为是、刚愎自用，或碍于情面对于缺点错误搞“选择性失明”。明代袁黄在《了凡四训》中指出改过有三重境界：“人之过，有从事上改者，有从理上改者，有从心上改者。工夫不同，效验亦异。”他认为改过的最高境界是“从心上改”。他还提出，从心上改，第一要发耻心，第二要发畏心，第三须发勇心，“具是三心，则有过斯改，如春冰遇日，何患不消乎？”此言对于党员、干部的自我批评、自我改造具有启示意义。党员、干部应当对照对党的忠诚心、对人民的感恩心、对事业的进取心、对法纪的敬畏心，坚持“吾日三省吾身”，做到“日日知非，日日改过”，改过不止、久久为功。

认真开展批评。习近平总书记指出：“一些领导干部因违纪违法受到处罚，几乎都谈到班子内部监督不够，说没人提醒我，如果当年有人咬咬耳朵，也不至于犯这么大的罪。小问题没人提醒，大问题无人批评，以致酿成大错，正所谓‘千人之诺诺，不如一士之谔谔’啊！”[①] 相互批评要随时随地，不要等小问题发展成大问题再提出。发现问题不指出、不批评，实际上是对党、对组织、对同志不负责任的表现。批评必须出于公心，要实事求是、分清是非、辨别真假。不主观武断，不发泄私愤，切忌从个人恩怨、得失、利害、亲疏出发看事待人。要反对事不关己、高高挂起，明知不对、少说为佳的庸俗哲学和好人主义，坚决克服文过饰非、知错不改等错误倾向。

要虚心接受批评。习近平总书记指出：“对批评意见，要本着有则改之、无则加勉的态度，决不能用‘批评’抵制批评，搞无原则的

① 习近平：《在参加河北省委常委班子专题民主生活会时的讲话》（2013 年 9 月 23 日至 25 日），《习近平关于严明党的纪律和规矩论述摘编》，中央文献出版社、中国方正出版社 2016 年版，第 49 页。

纷争。”[①]党员、干部要涵养虚心接受批评的胸怀和气度，要胸襟开阔、从善如流、闻过则喜，容得下不同意见、容得下尖锐批评，主动、虚心、诚恳地接受，决不能闻过则怒、闻过则辩、闻过则惘、闻过则疑。

坚持把批评和自我批评贯穿于党内政治生活各个方面。批评和自我批评不仅要贯穿于党内组织生活中，也要贯穿于领导工作和从严管理干部队伍之中。《准则》指出：“党的领导机关和领导干部对各种不同意见都必须听取，鼓励下级反映真实情况。党内工作会议的报告、讲话以及各类工作总结，上级机关和领导干部检查指导工作，既要讲成绩和经验，又要讲问题和不足；既要注重解决问题，又要从问题中反思自身工作和领导责任。”

开展批评和自我批评，领导干部的榜样力量是无穷的。《准则》强调：“领导干部特别是高级干部必须带头从谏如流、敢于直言，以批评和自我批评的示范行动引导党员、干部打消自我批评怕丢面子、批评上级怕穿小鞋、批评同级怕伤和气、批评下级怕丢选票等思想顾虑。把发现和解决自身问题的能力作为考核评价领导班子的重要依据。”

三、严明党的政治纪律和政治规矩

（一）纪律严明是党内政治生活的重要内容

党要管党、从严治党，必须有自己的规矩和纪律。党章是最根

---

① 习近平：《在党的群众路线教育实践活动工作会议上的讲话》（2013 年 6 月 18 日），《党建研究》2013 年第 7 期。

本的党内法规，是管党治党的总规矩。党的纪律是党的各级组织和全体党员必须遵守的行为规则。纪律严明是全党统一意志、统一行动、步调一致前进的重要保障，是党内政治生活的重要内容，是净化党内政治生态的重要保障。

我们党是靠革命理想和铁的纪律组织起来的马克思主义政党，纪律严明是党的光荣传统和独特政治优势，也是党不断从胜利走向胜利的力量所在。毛泽东说过："加强纪律性，革命无不胜。"[①]身为党员、干部，必须执行铁的纪律。毛泽东强调："路线是'王道'，纪律是'霸道'，这两者都不可少。"[②]邓小平指出："我们这么大一个国家，怎样才能团结起来、组织起来呢？一靠理想，二靠纪律。组织起来就有力量。没有理想，没有纪律，就会像旧中国那样一盘散沙，那我们的革命怎么能够成功？我们的建设怎么能够成功？"[③] 1980年，邓小平在《目前的形势和任务》中指出："一个党如果允许它的党员完全按个人的意愿自由发表言论，自由行动，这个党当然就不可能有统一的意志，不可能有战斗力。"[④]同年，邓小平在《贯彻调整方针，保证安定团结》中进一步指出："各级组织、每个党员都要按照党章的规定，一切行动服从上级组织的决定，尤其是必须同党中央保持政治上的一致。这一点现在特别重要。谁要违反这一点，谁就要受到党的纪律的处分。党的纪律检查工作要

---

① 毛泽东：《再有一年左右时间即可从根本上打倒国民党》（1948年11月11日），《毛泽东文集》第5卷，人民出版社1996年版，第194页。

② 毛泽东：《反对主观主义和宗派主义》（1941年9月10日），《毛泽东文集》第2卷，人民出版社1993年版，第374页。

③ 邓小平：《一靠理想二靠纪律才能团结起来》（1985年3月7日），《邓小平文选》第3卷，人民出版社1993年版，第111页。

④ 邓小平：《目前的形势和任务》（1980年1月16日），《邓小平文选》第2卷，人民出版社1993年版，第235页。

把这一点作为当前的重点。”①

习近平总书记指出：“我们这么大一个政党，靠什么来管好自己的队伍？靠什么来战胜风险挑战？除了正确理论和路线方针政策外，必须靠严明规范和纪律。我们提出那么多要求，要多管齐下、标本兼治来落实，光靠觉悟不够，必须有刚性约束、强制推动，这就是纪律。”②他强调：“党面临的形式越复杂、肩负的任务越艰巨，就越要保持党的团结统一。党的团结统一靠什么来保证？要靠共同的理想信念，靠严密的组织体系，靠全党同志的高度自觉，还要靠严明的纪律和规矩。”③

党的十九大报告首次把纪律建设与党的政治建设、思想建设、组织建设、作风建设并列纳入党的建设总体布局，突出纪律建设的治本作用。《准则》明确规定：“必须严明党的纪律，把纪律挺在前面，用铁的纪律从严治党。坚持纪律面前一律平等，遵守纪律没有特权，执行纪律没有例外，党内决不允许存在不受纪律约束的特殊组织和特殊党员。每一个党员对党的纪律都要心存敬畏、严格遵守，任何时候任何情况下都不能违反党的纪律。党的各级组织和全体党员要坚决同一切违反党的纪律的行为作斗争。”

《中国共产党纪律处分条例》把党章和《准则》等党内法规的要求细化具体化，把党组织和党员应该遵循的纪律明确规定为政治纪律、组织纪律、廉洁纪律、群众纪律、工作纪律、生活纪律六个方面，并在分则各章中对六个方面纪律做出明确要求，划出党组织

---

① 邓小平：《贯彻调整方针，保持安定团结》（1980年12月25日），《邓小平文选》第2卷，人民出版社1994年版，第366页。

② 习近平：《在参加河南省兰考县委常委班子专题民主生活会时的讲话》（2014年5月9日），《习近平关于严明党的纪律和规矩论述摘编》，中央文献出版社、中国方正出版社2016年版，第5页。

③ 习近平：《在第十八届中央纪律检查委员会第五次全体会议上的讲话》（2015年1月13日），《习近平关于严明党的纪律和规矩论述摘编》，中央文献出版社、中国方正出版社2016年版，第6页。

和党员不可触碰的底线。

（二）政治纪律是最重要、最根本、最关键的纪律

党的政治纪律是各级党组织和全体党员在政治方向、政治立场、政治言论、政治行动方面必须遵守的行为规则、刚性约束。党的政治规矩是我们党在长期实践中形成的政治规则、组织约束、优良传统和工作习惯，既包括成文的纪律，也包括一些未明文列入纪律的规矩。这些规矩经过实践检验，约定俗成、行之有效，需要长期坚持并自觉遵循。

政党作为政治组织，如果不想成为松散的政治俱乐部或学术沙龙，不想成为松松垮垮、稀稀拉拉的大车店、大卖场，就必须有政治纪律要求，没有政治上的规矩不能称其为政党。习近平总书记指出："就是西方国家，主要政党在政治方面也是有严格约束的，政党的重要成员必须拥护本党的政治主张、政策主张，包括本党的意识形态。大家注意看就知道，西方国家议会投票，往往是政党壁垒分明，一个党的议员要不就是都反对，要不就是都支持。这说明了什么？不就是各党对自己的党员有政治上的约束嘛！对那些在政治上行动上与本党离心离德的党员，西方国家政党也是要执行纪律的，甚至给予开除处分。一个政党，不严明政治纪律，就会分崩离析。"①

在我们党的纪律体系中，政治纪律是牵头的、管总的，永远排在首要位置。要抓住政治纪律这个纲，才能带动党内其他纪律都严起来。习近平总书记指出："严明党的纪律，首要的就是严明政治

① 习近平：《严明政治纪律，自觉维护党的团结统一》（2013 年 1 月 22 日），《论坚持党对一切工作的领导》，中央文献出版社 2019 年版，第 19 页。

纪律。党的纪律是多方面的，但政治纪律是最重要、最根本、最关键的纪律，遵守党的政治纪律是遵守党的全部纪律的重要基础。”[①]

党的政治纪律之所以是“最重要、最根本、最关键”的，具有深刻的理论依据和实践依据。从理论依据看，政治纪律事关党的政治方向、政治立场、政治原则、政治道路，是维护党的团结统一的根本保证，是党的凝聚力、创造力和战斗力的重要体现。党的建设的所有问题，从本质上看都是政治问题。党的组织纪律、廉洁纪律、工作纪律、群众纪律等都是党的政治纪律在不同领域的反映。如果没有严明的政治纪律，党的各项纪律就会失去政治基础。正因为如此，《中国共产党纪律处分条例》分则中将“违反政治纪律的行为”放在第一章，突出了维护和执行党的政治纪律的极端重要性。

从现实情况看，党的十八大以来，以习近平同志为核心的党中央在全面从严治党实践中，强调全面从严治党首先要从政治上看，不能只讲腐败问题、不讲政治问题。习近平总书记深刻指出：“全面从严治党，必须注重政治上的要求，必须严明政治纪律，特别是各级领导干部要时刻绷紧政治纪律这根弦，坚持党的领导不动摇，贯彻党的路线方针政策不含糊，始终做政治上的明白人。大量事实表明，在政治纪律方面放松警惕、降低要求是危险的。强调政治纪律不是泛泛讲的，而是有现实针对性的。有的党员、干部在重大原则问题上立场摇摆，对党中央决策部署和三令五申的要求，阳奉阴违甚至搞非组织活动，公开发表反对党的路线方针政策和决议的言论；有的党组织觉得政治纪律是‘软’的、‘虚’的，对违反政治纪律的错误言行不在意、不报告、不抵制、

① 习近平：《严明政治纪律，自觉维护党的团结统一》（2013 年 1 月 22 日），《论坚持党对一切工作的领导》，中央文献出版社 2019 年版，第 17 页。

不斗争，更谈不上查处。”[①] 他强调：“国事无私，政道去邪，法不容情。全面从严治党、严明党的纪律，决不能回避政治问题，对政治隐患就要从政治高度认识。党内存在野心家、阴谋家，从内部侵蚀党的执政基础，我们不能投鼠忌器，王顾左右而言他，采取鸵鸟政策，这个必须说清楚。全党必须讲政治，把政治纪律摆在首位，消弭隐患、杜绝后患。”[②]

为了突出党的政治纪律的“最重要、最根本、最关键”地位，党的十九大报告特别指出：“全党要坚定执行党的政治路线，严格遵守政治纪律和政治规矩，在政治立场、政治方向、政治原则、政治道路上同党中央保持高度一致。”党的十九大通过的党章修正案在总纲部分增加规定：“牢固树立政治意识、大局意识、核心意识、看齐意识，坚定维护以习近平同志为核心的党中央权威和集中统一领导”，“加强和规范党内政治生活，增强党内政治生活的政治性、时代性、原则性、战斗性，发展积极健康的党内政治文化，营造风清气正的良好政治生态”。在《党章》第三条党员必须履行的义务“自觉遵守党的纪律”部分特别强调，“首先是党的政治纪律和政治规矩”。

2018 年 7 月 31 日，中共中央政治局审议通过新修订的《中国共产党纪律处分条例》，把党的政治建设摆在首位，将坚决维护以习近平同志为核心的党中央权威和集中统一领导突出出来，作为根本的政治纪律和政治规矩，对管党治党中的突出问题，特别是“七个有之”问题做出更有针对性的规定。一是明确党的纪律建设必须坚持和加强党的全面领导，坚决维护习近平总书记党中央的核心、全党的核心地位，坚决维护党中央权威和集中统一领导。二是在纪律建设的基

① 习近平：《在第十八届中央纪律检查委员会第六次全体会议上的讲话》（2016 年 1 月 12 日），《人民日报》2016 年 5 月 3 日。

② 同上。

本要求中，增加规定党组织和党员必须牢固树立“四个意识”。三是将党的十八大以来不收敛、不收手，问题线索反映集中、群众反映强烈，政治问题和经济问题交织的腐败案件，以及违反中央八项规定精神的问题作为执纪审查的重点。四是在政治纪律中，明确规定在重大原则问题上不同党中央保持一致且有实际言论、行为或者造成不良后果的，党员领导干部在本人主政的地方或者分管的部门自行其是，搞山头主义，拒不执行党中央确定的大政方针，甚至背着党中央另搞一套的，落实党中央决策部署不坚决，打折扣、搞变通，在政治上造成不良影响或者严重后果的，以及对党不忠诚不老实，表里不一，阳奉阴违，欺上瞒下，搞两面派，做两面人的，干扰巡视巡察工作或者不落实巡视巡察整改要求的，应当给予纪律处分。五是规定对制造、散布、传播政治谣言，破坏党的团结统一的，政治品行恶劣，匿名诬告，有意陷害或者制造其他谣言，造成损害或者不良影响的，应当给予纪律处分。通过严明政治纪律和政治规矩，推动各级党组织和党员、干部始终自觉地在政治立场、政治方向、政治原则、政治道路上同党中央保持高度一致，确保全党令行禁止。

（三）严明党的政治纪律的基本要求

遵守党的政治纪律，最核心的是要始终坚持和加强党的全面领导，坚持党的基本理论、基本路线、基本方略，牢固树立“四个意识”，坚定“四个自信”，做到“两个维护”。党员、干部遵守党的政治纪律和政治规矩情况，是对其党性的重要考验，是对其对党忠诚度的重要检验。

针对党内政治上的突出问题，习近平总书记强调：“要严明政治纪律和政治规矩，聚焦‘七个有之’，严肃查处对党不忠诚不老实、阳奉阴违的‘两面人’和违背党的政治路线、破坏党内政治生态问题，确保党中央政令畅通。”[1]

在十八届中央纪委五次全会上，习近平总书记鲜明提出“五个必须”、“五个决不允许”。他强调指出：“当前，遵守政治纪律和政治规矩，重点要做到以下五个方面。一是必须维护党中央权威，决不允许背离党中央要求另搞一套，全党同志特别是各级领导干部在任何时候任何情况下都必须在思想上政治上行动上同党中央保持高度一致，听从党中央指挥，不得阳奉阴违、自行其是，不得对党中央的大政方针说三道四，不得公开发表同中央精神相违背的言论。二是必须维护党的团结，决不允许在党内培植私人势力，要坚持五湖四海，团结一切忠实于党的同志，团结大多数，不得以人划线，不得搞任何形式的派别活动。三是必须遵循组织程序，决不允许擅作主张、我行我素，重大问题该请示的请示，该汇报的汇报，不允许超越权限办事，不能先斩后奏。四是必须服从组织决定，决不允许搞非组织活动，不得跟组织讨价还价，不得违背组织决定，遇到问题要找组织、依靠组织，不得欺骗组织、对抗组织。五是必须管好亲属和身边工作人员，决不允许他们擅权干政、谋取私利，不得纵容他们影响政策制定和人事安排、干预正常工作运行，不得默许他们利用特殊身份谋取非法利益。”[2]

《准则》对党员、干部特别是高级干部提出了以下要求。

1. 严禁妄议党中央大政方针

党员不准散布违背党的理论和路线方针政策的言论，不准公开

---

① 《中共中央政治局召开会议决定召开十九届二中全会　研究部署党风廉政建设和反腐败工作》，《人民日报》2017 年 12 月 28 日。

② 习近平：《在十八届中央纪律检查委员会第五次全体会议上的讲话》（2015 年 1 月 13 日），《习近平关于严明党的纪律和规矩论述摘编》，中央文献出版社、中国方正出版社 2016 年版，第 27—28 页。

发表违背党中央决定的言论，不准泄露党和国家秘密，不准参与非法组织和非法活动，不准制造、传播政治谣言及丑化党和国家形象的言论。党员不准搞封建迷信，不准信仰宗教，不准参与邪教，不准纵容和支持宗教极端势力、民族分裂势力、暴力恐怖势力及其活动。

严禁妄议党中央大政方针，旨在解决“当面不说、背后乱说”，“会上不说、会后乱说”的问题。这与党员的言论自由和民主权利并不矛盾。习近平总书记指出：“我们要求党员、干部不能妄议中央，不是说不能提意见和建议甚至批评性意见，而是不能在重大政治原则问题上、在大是大非问题上同党中央唱反调、搞政治上的自由主义。”[①] 中央在制定重大方针政策时，党员能通过各种党内渠道和方式，积极发表意见，建言献策。当中央做出决策部署后，每个党员就必须坚决贯彻落实。对党的决议和政策如有不同意见，应当执行《党章》第四条规定，即“在坚决执行的前提下，可以声明保留，并且可以把自己的意见向党的上级组织直至中央提出”。

2. 严禁搞山头主义等非组织活动

党员、干部特别是高级干部不准在党内搞小山头、小圈子、小团伙，严禁在党内拉私人关系、培植个人势力、结成利益集团。对那些投机取巧、拉帮结派、搞团团伙伙的人，要严格防范，依纪依规处理。坚决防止野心家、阴谋家窃取党和国家权力。

3. 严禁做两面人

党的各级组织和全体党员必须对党忠诚老实、光明磊落，说老

---

① 习近平：《在第十八届中央纪律检查委员会第六次全体会议上的讲话》（2016 年 1 月 12 日），《人民日报》2016 年 5 月 3 日。

实话、办老实事、做老实人，如实向党反映和报告情况，反对搞两面派、做“两面人”，反对弄虚作假、虚报浮夸，反对隐瞒实情、报喜不报忧。领导机关和领导干部不准以任何理由和名义纵容、唆使、暗示或强迫下级说假话。凡因弄虚作假、隐瞒实情给党和人民事业造成重大损失的，凡因弄虚作假、隐瞒实情骗取荣誉、地位、奖励或其他利益的，凡因纵容、唆使、暗示或强迫下级弄虚作假、隐瞒实情的，都要依纪依规严肃问责追责。对坚持原则、敢于说真话的同志，要给予支持、保护、鼓励。

4. 强化执行政治纪律的责任

党的各级组织必须担负起执行和维护政治纪律和政治规矩的责任，对违反政治纪律的行为要坚决批评制止，不能听之任之。党的各级组织和纪律检查机关要加强纪律执行情况的监督和检查，坚决防止和纠正执行纪律宽松软的问题。

四、发展积极健康的党内政治文化

（一）党内政治文化对净化政治生态的意义

文化作为一种精神现象和观念形态的事物，既渗透在社会生活的各个方面，也存在于政党生活的内部，对一个国家、一个民族、一个政党的生存和发展来说，是更基本、更深沉、更持久的力量。习近平总书记深刻指出：“没有先进文化的积极引领，没有人民精神世界的极大丰富，没有民族精神力量的不断增强，一个国家、一个民族不可能屹立于世界民族之林。”①

政治文化是社会政治领域的精神现象，是一定的社会主体在社会政治生活中形成的关于政治的认知、信念、情感、态度、价值等。“党内政治文化就是一个政党在长期政治实践中形成的比较统一、稳定并被其成员自觉接受和践行的政治认知、政治信念、政治情感、政治态度、政治价值，主要表现在政治理想、政治立场、政治修养、政治象征、政治生活等方面。”②

有没有稳定、统一的党内政治文化，是衡量一个政党是否成熟的重要标志；有没有先进的党内政治文化，是衡量一个政党是先进还是落后的重要标志；政党的成员对党内政治文化是否认同和信仰，是衡量一个政党是否坚强有力的重要标志。作为政治生活的灵魂，政治文化是影响政党兴衰成败的关键。

我们党的政治文化是党的指导思想、理想信念、政治纲领、政治立场、路线方针政策、精神气象和作风习惯等方面的深刻反映，集中体现了对马克思主义的信仰、对社会主义和共产主义的信念，对以人民为中心、全心全意为人民服务的根本价值追求，对党的组织和事业的无限忠诚和热爱，对党的理论和路线、方针、政策的坚决贯彻执行，对党章党规和纪律规矩的遵守执行，对党的光荣传统和优良作风的坚持和发扬。这是党性的集中体现，是党的创造力凝聚力战斗力的重要保障。

“文化”的实质就是“人化”，就是以文化人、以文育人、以文聚人。党内政治文化“日用而不觉”，潜移默化影响着党内政治生态。习近平总书记指出：“党内政治生活、政治生态、政治文化是相辅相成的，政治文化是政治生活的灵魂，对政治生态具有潜移默

---

① 习近平：《在文艺工作座谈会上的讲话》（2014年10月15日），《十八大以来重要文献选编（中）》，中央文献出版社2016年版，第121页。

② 中共中央组织部党建研究所课题组：《加强党内政治文化建设研究》，《党建研究》2018年第6期。

化的影响。”[①] 这从党内政治文化与党内政治生活、政治生态之间关系的角度深刻地揭示了党内政治文化的重要作用。

政治文化作为社会政治实践在精神领域的反映，对政治生态的影响是长期、稳定而持久的。党内政治文化通过价值引导功能，培根铸魂、校准方向，影响每个党员的政治认知、政治信仰、政治情感、价值取向和政治行为；通过思想引领功能，润泽心灵、统一思想，教育每个党员认同并信仰党的政治理想、价值理念及政治生活准则，努力做到内化于心、外化于行；通过精神凝聚功能，唤醒、激发每个党员内在的使命感、责任感，汇聚起为党的初心使命而奋勇前行的磅礴伟力。

有什么样的党内政治文化，就会有什么样的党内政治生态。积极健康、昂扬向上的党内政治文化能够激浊扬清、扶正祛邪，塑造严格规范、严肃健康的政治生活，涵养风清气正的政治生态；而关系学、厚黑学、官场术等庸俗腐朽的政治文化以及圈子文化、码头文化、特权文化，则会严重侵蚀党的思想政治基础，严重削弱党员、干部对党内先进政治文化的认同，甚至扭曲党员、干部的世界观、人生观和价值观，严重损害党内政治生态和党的形象。

党的十八大以来，以习近平同志为核心的党中央坚持党要管党、全面从严治党，坚定不移推进反腐败斗争。从查处的各种腐败案例情况看，背后都有政治文化方面的原因，都与庸俗腐朽的政治文化以及圈子文化、码头文化、特权文化的侵蚀有关。驰而不息推进全面从严治党，必须坚持标本兼治，不断以治标促进治本，既需要猛药去疴、重典治乱、激浊扬清、扶正祛邪，也需要正心修身、涵养文化、引领风尚，守住为政之本，自觉抵御歪风邪气的侵蚀。加强

① 习近平：《在党的十八届六中全会第二次全体会议上的讲话（节选）》（2016 年 10 月 27 日），《求是》2017 年第 1 期。

党内政治文化建设，就是要通过浚其源、涵其林，养正气、固根本，营造风清气正的政治生态，实现正气充盈、政治清明。

（二）积极健康的党内政治文化的主要内容

习近平总书记指出："我们的党内政治文化，是以马克思主义为指导、以中华优秀传统文化为基础、以革命文化为源头、以社会主义先进文化为主体、充分体现中国共产党党性的文化。"① 他强调："要依靠文化自信坚定理想信念。领导干部要不忘初心、坚守正道，必须坚定文化自信。没有中华优秀传统文化、革命文化、社会主义先进文化的底蕴和滋养，信仰信念就难以深沉而执着。党员、干部要不断提升人文素养和精神境界，去庸俗、远低俗、不媚俗，做到修身慎行、怀德自重、清廉自守，永葆共产党人政治本色。"② 2017 年 6 月，他在山西考察工作时进一步强调："要融通党的优良传统、中华优秀传统文化、革命文化、社会主义先进文化，建设正气充盈的党内政治文化，努力实现党内政治生态风清气正。"③ 这些重要论述，深刻阐明了党内政治文化的理论指导、思想源泉、主体内容和鲜明特质，明确了党内政治文化建设的目标要求。

1. 以马克思主义为指导

马克思主义是中国共产党的指导思想和理论基础，也是党内政治文化的指导思想。我们党自成立之日起，就坚持以马克思主义为

---

① 转引自：《党的十九大报告辅导读本》，人民出版社 2017 年版，第 431 页。

② 《习近平在十八届中央纪委七次全会上发表重要讲话强调　全面贯彻落实党的十八届六中全会精神　增强全面从严治党系统性创造性实效性》，《人民日报》2017 年 1 月 7 日。

③ 《习近平在山西考察工作时强调扎扎实实做好改革发展稳定各项工作　为党的十九大胜利召开营造良好环境》，《人民日报》2017 年 6 月 24 日。

指导，不断推进马克思主义中国化，把马克思主义基本原理同中国实际和时代特征相结合，形成并不断丰富和发展党内政治文化。加强党内政治文化建设，必须坚持马克思列宁主义、毛泽东思想、邓小平理论、“三个代表”重要思想、科学发展观、习近平新时代中国特色社会主义思想。这是党内政治文化建设的旗帜和指南。

2. 以中华优秀传统文化为基础

中华民族是个伟大民族，创造了光辉灿烂的中华文明。中华优秀传统文化孕育了中华民族宝贵的精神品格，培育了中国人民崇高的价值追求，支撑着中华民族生生不息、薪火相传。它是中华民族的精神命脉，积淀着中华民族最深层的精神追求，代表着中华民族独特的精神标识，是中华民族生存和发展的“根”。比如，中华文化强调“民惟邦本”“天人合一”“和而不同”，强调“天行健，君子以自强不息”，“大道之行也，天下为公”；强调“天下兴亡，匹夫有责”，主张以德治国、以文化人；强调“君子喻于义”“君子坦荡荡”“君子义以为质”；强调“言必信，行必果”，“人而无信，不知其可也”；强调“德不孤，必有邻”，“仁者爱人”，“与人为善”，“己所不欲，勿施于人”，“出入相友，守望相助”，“老吾老以及人之老，幼吾幼以及人之幼”，“扶贫济困”，等等。习近平总书记深刻指出：“中华优秀传统文化已经成为中华民族的基因，根植在中国人内心，潜移默化影响着中国人的思想方式和行为方式。”①

中国共产党产生于中华民族，来自中国人民，党内政治文化也是建立于中华优秀传统文化的基础之上的。中国共产党是由中华民族的优秀儿女所组成，其血脉中流淌着中华优秀传统文化的优良基

① 习近平：《青年要自觉践行社会主义核心价值观——在北京大学师生座谈会上的讲话》（2014 年 5 月 4 日），《人民日报》2014 年 5 月 5 日。

因。中华优秀传统文化为党内政治文化建设提供了丰厚滋养，是推进党内政治文化建设的坚实支撑。所以，习近平总书记高度重视继承和弘扬中华优秀传统文化，强调“要努力从中华民族世世代代形成和积累的优秀传统文化中汲取营养和智慧，延续文化基因，萃取思想精华，展现精神魅力。要以时代精神激活中华优秀传统文化的生命力，推进中华优秀传统文化创造性转化和创新性发展”。①

3. 以革命文化为源头

对中国共产党人来说，中国革命历史是最好的营养剂，丰富灿烂的革命文化是我们党的强大精神力量和宝贵精神财富。革命文化包括党在革命战争时期形成的优良传统和作风，培育形成的伟大建党精神和各种革命精神，比如红船精神、井冈山精神、苏区精神、长征精神、延安精神、红岩精神、西柏坡精神等。习近平总书记在庆祝中国共产党成立 100 周年大会上的讲话中指出：“一百年前，中国共产党的先驱们创建了中国共产党，形成了坚持真理、坚守理想，践行初心、担当使命，不怕牺牲、英勇斗争，对党忠诚、不负人民的伟大建党精神，这是中国共产党的精神之源。”“一百年来，中国共产党弘扬伟大建党精神，在长期奋斗中构建起中国共产党人的精神谱系，锤炼出鲜明的政治品格。历史川流不息，精神代代相传。我们要继续弘扬光荣传统、赓续红色血脉，永远把伟大建党精神继承下去、发扬光大！”②

革命文化是中华民族特有的文化形态，集中体现了马克思主义指导下的中国近现代文化的发展及其成果，蕴含着党先进纯洁、团

---

① 《习近平在中共中央政治局第二十九次集体学习时强调　大力弘扬伟大爱国主义精神　为实现中国梦提供精神支柱》，《人民日报》2015 年 12 月 31 日。

② 习近平：《在庆祝中国共产党成立 100 周年大会上的讲话》（2021 年 7 月 1 日），《求是》2021 年第 14 期。

结凝聚、成功发展的秘诀，是党内政治文化的源头和红色基因。习近平总书记强调指出：“我们党在长期实践中形成的党内政治生活的光荣传统，不论过去、现在还是将来，都是党的宝贵财富。光荣传统不能丢，丢了就丢了魂；红色基因不能变，变了就变了质。”[①] 党内政治文化建设用革命文化塑魂铸魄，净化政治生态就会更有底气、更加自信。

4. 以社会主义先进文化为主体

新中国成立后，我们党带领全国各族人民通过社会主义改造确立社会主义基本制度，之后在社会主义建设和改革的伟大实践中形成并发展我国的社会主义先进文化。

党的十九大报告指出：“必须坚持马克思主义，牢固树立共产主义远大理想和中国特色社会主义共同理想，培育和践行社会主义核心价值观，不断增强意识形态领域主导权和话语权，推动中华优秀传统文化创造性转化、创新性发展，继承革命文化，发展社会主义先进文化，不忘本来、吸收外来、面向未来，更好构筑中国精神、中国价值、中国力量，为人民提供精神指引。”在当代中国，发展社会主义先进文化就是以马克思主义为指导，坚守中华文化立场，立足当代中国现实，结合当今时代条件，发展面向现代化、面向世界、面向未来的，民族的科学的大众的社会主义文化，推动社会主义精神文明和物质文明协调发展。要坚持为人民服务、为社会主义服务，坚持百花齐放、百家争鸣，坚持创造性转化、创新性发展，不断铸就中华文化新辉煌。社会主义先进文化是我们党思想精神上的旗帜，也是党内政治文化的主体。党内政治文化建设离开了社会

---

① 习近平：《严肃党内政治生活》（2016 年 10 月 27 日），《习近平谈治国理政》第 2 卷，外文出版社 2017 年版，第 183 页。

主义先进文化，就会成为无源之水、无本之木。

5. 充分体现中国共产党党性

中国共产党始终坚持对马克思主义的信仰、对社会主义和共产主义的信念，坚持全心全意为人民服务，坚持民主集中制和高度的组织纪律性。这是对中国共产党党性本质的深刻揭示，集中反映中国共产党的政治理想、政治信念、政治立场、政治情感等精神要素，充分体现党的先进性和纯洁性。这是党内政治文化的本质要求。

每个共产党人必须牢记自己的第一身份是共产党员，任何时候都同党同心同德，做到对党忠诚、为党分忧、为党担责、为党尽责，做到忠诚老实、公道正派、实事求是、清正廉洁，竭尽全力完成党交给的职责和任务，经受住历史和人民检验。

从根本上看，积极健康的党内政治文化以马克思主义为指导，融通了党的优良传统、中华优秀传统文化、革命文化、社会主义先进文化，集中体现了党的坚定信念、根本宗旨、优良作风等党性要求，凝聚着中国共产党人艰苦奋斗、牺牲奉献、开拓进取的高尚品格，深深融入中国特色社会主义事业的伟大实践，为我们党立党兴党强党提供了丰厚滋养。

（三）加强党内政治文化建设的基本要求

加强党内政治文化建设，让党所倡导的理想信念、价值理念、优良传统深入党员、干部思想和心灵，是一项庞大的系统工程，绝非一日之功、一蹴而就，需要全党上下绵绵用力、久久为功。

1. 弘扬共产党人价值观

价值观是人们对于价值的认识、判断和选择的根本观点和根本看法，既表现为价值取向、价值追求和价值目标，也表现为价值尺度和准则，成为人们判断价值的评价标准。习近平总书记指出：“价值观念在一定社会的文化中是起中轴作用的，文化的影响力首先是价值观念的影响力。世界上各种文化之争，本质上是价值观念之争，也是人心之争、意识形态之争。”①

共产党人的价值观承载着共产党员的精神追求，体现着共产党人评判是非曲直的价值标准，是最持久、最深层的党内政治文化，是党内政治文化的核心，影响人们正确处理公和私、义和利、是和非、正和邪、情和法、亲和清、俭和奢、苦和乐、得和失等问题。习近平总书记强调：“要坚持共产党人价值观，不断坚定和提高政治觉悟。修身立德是为政之基，从不敢、不能到不想，要靠铸牢理想信念这个共产党人的魂。面对公和私、义和利、是和非、正和邪、苦和乐的矛盾，是选择前者还是后者，靠的就是觉悟，最终检验的是对党和人民的忠诚。党的领导干部必须讲觉悟、有觉悟。觉悟了，觉悟高了，就能找到自己行为的准星。”②

《准则》对中国共产党人的价值观建设提出了明确要求：“全党同志必须把对马克思主义的信仰、对社会主义和共产主义的信念作为毕生追求，在改造客观世界的同时不断改造主观世界，解决好世界观、人生观、价值观这个‘总开关’问题，不断增强政治定力，自觉成为共产主义远大理想和中国特色社会主义共同理想的坚定信仰者和忠实实践者；必须坚定对中国特色社会主义的道路自信、理论自信、制度自信、文化自信。”

习近平总书记指出：“要注重加强党内政治文化建设，倡导和

---

① 习近平：《在十八届中央政治局第十二次集体学习时的讲话》（2013 年 12 月 30 日），《习近平关于社会主义文化建设论述摘编》，中央文献出版社 2017 年版，第 105 页。

② 《习近平在十八届中央纪委七次全会上发表重要讲话强调　全面贯彻落实党的十八届六中全会精神　增强全面从严治党系统性创造性实效性》，《人民日报》2017 年 1 月 7 日。

弘扬忠诚老实、光明坦荡、公道正派、实事求是、艰苦奋斗、清正廉洁等价值观，旗帜鲜明抵制和反对关系学、厚黑学、官场术、'潜规则'等庸俗腐朽的政治文化，不断培厚良好政治生态的土壤。"①忠诚老实、光明坦荡、公道正派、实事求是、艰苦奋斗、清正廉洁这24个字，是习近平总书记对共产党人的价值观的高度概括，是我们党在长期实践中形成的党内政治文化的精髓。

对马克思主义的信仰、对社会主义和共产主义的信念是共产党人的政治灵魂，也是共产党人价值观的灵魂，体现在政治文化上，就是革命理想高于天，勇于为共产主义远大理想奋斗，为共产主义事业献身；就是对中国特色社会主义共同理想的虔诚而执着、至信而深厚；就是坚持以人民为中心、全心全意为人民服务，并作为共产党人价值观的本质要求，就是坚持为实现中华民族伟大复兴而奋斗，作为共产党人价值观的行动体现，就是绝对忠诚于党，这是共产党人价值观的政治本色。

加强党内政治文化建设，弘扬共产党人价值观，应当着力开展以下工作。一是坚持"三严三实"，大力弘扬忠诚老实、公道正派、实事求是、清正廉洁等价值观，增强党员干部的政治定力、纪律定力、道德定力、拒腐定力。二是推动中华优秀传统文化创造性转化、创新性发展，培育党员干部政治气节、政治风骨。三是发扬革命文化，传承红色基因，弘扬伟大建党精神和革命精神，教育党员、干部正确处理公和私、义和利、是和非、正和邪、苦和乐的关系。四是弘扬社会主义先进文化，引导党员干部带头做社会主义核心价值观的坚定信仰者、积极传播者、模范践行者。五是坚决抵制庸俗腐朽的政治文化，自觉抵制商品交换原则对党内生活的侵蚀，狠刹权

① 习近平：《在党的十八届六中全会第二次全体会议上的讲话（节选）》（2016年10月27日），《求是》2017年第1期。

权交易、权钱交易、权色交易等不正之风，破除关系学、厚黑学、官场术等封建糟粕，坚决防止和反对个人主义、分散主义、自由主义、本位主义、好人主义，坚决防止和反对宗派主义、圈子文化、码头文化。

2. 倡导健康的同志关系

加强党内政治文化建设，应当倡导清清爽爽的同志关系、规规矩矩的上下级关系，弘扬正气、树立新风。

党内同志之间、上下级之间应当讲党性、讲原则、讲真理，不能拿原则做交易。邓小平曾经说过："我们的组织原则中有一条，就是下级服从上级，说的是对于上级的决定、指示，下级必须执行，但是不能因此否定党内同志之间的平等关系。"[①] 他还强调："上级对下级不能颐指气使，尤其不能让下级办违反党章国法的事情；下级也不应当对上级阿谀奉承，无原则地服从，'尽忠'。不应当把上下级之间的关系搞成毛泽东同志多次批评过的猫鼠关系，搞成旧社会那种君臣父子关系或帮派关系。"[②]

习近平总书记对党内同志之间的关系有深刻论述，既分析了存在的问题，又指明了原则和方向。他指出："不能把党组织等同于领导干部个人，对党尽忠不是对领导干部个人尽忠，党内不能搞人身依附关系。干部都是党的干部，不是哪个人的家臣。有的干部信奉拉帮结派的'圈子文化'，整天琢磨拉关系、找门路，分析某某是谁的人，某某是谁提拔的，该同谁搞搞关系、套套近乎，看看能抱上谁的大腿。有的领导干部喜欢当家长式的人物，希望别人都唯命是从，认为对自己百依百顺的就是好干部，而对别人、对群众怎

① 邓小平：《党和国家领导制度的改革》（1980 年 8 月 18 日），《邓小平文选》第 2 卷，人民出版社 1994 年版，第 331 页。

② 同上。

么样可以不闻不问，弄得党内生活很不正常。……党内决不能搞封建依附那一套，决不能搞小山头、小圈子、小团伙那一套，决不能搞门客、门宦、门附那一套，搞这种东西总有一天会出事！有的案件一查处就是一串人，拔出萝卜带出泥，其中一个重要原因就是形成了事实上的人身依附关系。在党内，所有党员都应该平等相待，都应该平等享有一切应该享有的权利、履行一切应该履行的义务。”①

《准则》明确规定：“坚持党内民主平等的同志关系，党内一律称同志。”“任何人都不准把党的干部当作私有财产，党内不准搞人身依附关系。领导干部特别是高级干部不能搞家长制，要求别人唯命是从，特别是不能要求下级办违反党纪国法的事情；下级应该抵制上级领导干部的这种要求并向更上级党组织直至党中央报告，不应该对上级领导干部无原则服从。规范和纯洁党内同志交往，领导干部对党员不能颐指气使，党员对领导干部不能阿谀奉承。”

“同志”称谓不仅是指志趣相同的人，而且是有着丰富政治内涵和革命情谊的精神纽带。互称“同志”是中国共产党的优良传统，也是重要政治规矩。形成清清爽爽的同志关系、规规矩矩的上下级关系，关键在于领导干部要以上率下、以身作则，平等对待同志，带头称呼“同志”，不断唤醒和强化共产党人志同道合的初心，激发共产党人的革命热情，持续营造平等和谐、昂扬向上的新风正气。

3. 构建亲清政商关系

加强党内政治文化建设，需要构建干干净净的政商关系。政商

① 习近平：《严明党的组织纪律》（2014 年 1 月 14 日），《论坚持党对一切工作的领导》，中央文献出版社 2019 年版，第 52 页。

关系是政府与市场、权力和资本相互关系的综合反映。

为了推动经济社会发展，党员、干部同非公有制经济人士的交往是经常的、必然的、不可避免的，也是必需的。但这种交往是有原则、有边界的，应当守住底线、把好分寸。2016 年 3 月 4 日，习近平总书记在参加全国政协十二届四次会议民建、工商联界委员联组会时指出："这种交往应该为君子之交，要亲商、安商、富商，但不能搞成封建官僚和'红顶商人'之间的那种关系，也不能搞成西方国家大财团和政界之间的那种关系，更不能搞成吃吃喝喝、酒肉朋友的那种关系。"他提出要构建"亲""清"的新型政商关系。"对领导干部而言，所谓'亲'，就是要坦荡真诚同民营企业接触交往，特别是在民营企业遇到困难和问题情况下更要积极作为、靠前服务，对非公有制经济人士多关注、多谈心、多引导，帮助解决实际困难，真心实意支持民营经济发展。所谓'清'，就是同民营企业家的关系要清白、纯洁，不能有贪心私心，不能以权谋私，不能搞权钱交易。"[①]

2020 年 7 月 21 日，习近平总书记在企业家座谈会上进一步强调构建亲清政商关系。他指出："各级领导干部要光明磊落同企业交往，了解企业家所思所想、所困所惑，涉企政策制定要多听企业家意见和建议，同时要坚决防止权钱交易、商业贿赂等问题损害政商关系和营商环境。要充分发挥市场在资源配置中的决定性作用，更好发挥政府作用。政府是市场规则的制定者，也是市场公平的维护者，要更多提供优质公共服务。要支持企业家心无旁骛、长远打算，以恒心办恒业，扎根中国市场，深耕中国市场。"[②]这些重要论述为构建新型政商关系指明了方向。

---

① 习近平：《推动广大非公有制经济人士做合格的中国特色社会主义事业建设者》（2016 年 3 月 4 日），《论坚持党对一切工作的领导》，中央文献出版社 2019 年版，第 132—133 页。

② 习近平：《在企业家座谈会上的讲话》（2020 年 7 月 21 日），《人民日报》2020 年 7 月 22 日。

亲，是亲切、亲和，意味着党员、干部对企业家要真诚、坦荡接触交往，特别是要靠前服务、积极作为、勤勉干事，依法保护企业家合法权益，为各类市场主体公平竞争打造市场化、法治化、国际化的营商环境。清，是清白、清正、清廉，意味着要厘清边界、公私分明，做到清清白白、干干净净，营造“清洁”的政商环境。构建亲清政商关系，党员、干部和企业家双方都坚持原则、恪守正道、依法依规办事，才能行稳致远，形成政商良性互动，更好地保护和激发市场主体活力，共促经济社会健康发展。

五、突出政治标准选人用人

（一）选人用人是政治生态的风向标

党员、干部作为我们党执政的骨干和中坚力量，身处政治生态环境之中，是政治生态环境中的一分子，不仅受政治生态环境的影响，其自身也在影响、塑造政治生态环境，是严格党内政治生活、净化政治生态的关键因素。衡量政治生态良好与否，关键就是看党员、干部的党性、觉悟、作风、精神状态和廉政、勤政、善政情况。

坚持正确选人用人导向，是净化政治生态的组织保证。吏治腐败是最大的腐败。净化政治生态，选人用人导向至关紧要。选什么人用什么人，就会有什么样的作风，乃至就有什么样的党风，就会孕育出什么样的政治生态。一个地方、一个部门或一个单位是否公正、是否廉政、是否务实，很大程度表现在选什么样的人、用什么样的干部上。好的政治生态与好干部相辅相成、相互促进。用一贤人则群贤毕至，选出公道正派、让人信服的人，党内政治生活就会风清气正、正气充盈，实现政通人和、安定有序，党员、干部就会见贤思齐、心齐气顺，就能激发、调动最大多数党员、干部的积极性、主动性和创造性。如果用人不公，就会挫伤一大批干部的积极性，就会邪气横生、人心涣散、潜规则盛行，甚至滋生权欲熏心、阳奉阴违、结党营私、团团伙伙、拉帮结派等一系列问题。

习近平总书记对于选人用人对政治生态的影响有深刻论述。他指出："这些年来，尽管我们不断大力整治用人上的不正之风，但从查处的案件看，任人唯亲、卖官鬻爵在一些地方、部门、单位还十分严重。有的拉关系、找靠山、攀龙附凤、跑官要官；有的明码标价、批发官帽；有的举大旗、拉山头，选边站队、拉帮结派；有的在用人问题上极其专权，对下属买官来者不拒，对组织部按正常程序研究的用人方案概不同意。有的人在忏悔录里讲，他们那个地方从政环境不好，特别是官场风气不好，跑官要官极为普遍，就是多数人并不看好的个别人，却常常成为杀出来的'黑马'。买官卖官为什么屡禁不止？一手交钱、一手交货，这多容易啊！一些德才平平、投机取巧的人屡屡得到提拔重用，踏实干事的干部却没有进步的机会。这是搞逆淘汰，伤害了多少好干部的心！"[①]他进一步指出："一个地方一个单位，如果群众公认的优秀干部长期被冷落、受排挤，一些投机钻营的人却屡屡得势、顺风顺水，那就肯定出了问题。正所谓公道自在人心。"[②]他强调指出："要大力整治选人用人上的不正之风，使用人风气更加清朗，坚决纠正'劣币驱逐良

---

① 习近平：《在第十八届中央纪律检查委员会第五次全体会议上的讲话》（2015 年 1 月 13 日），《习近平关于严明党的纪律和规矩论述摘编》，中央文献出版社、中国方正出版社，2016 年版，第 48 页。

② 习近平：《努力造就一支忠诚干净担当的高素质干部队伍》（2018 年 11 月 26 日），《求是》2019 年第 2 期。

币’的逆淘汰现象，以用人环境的风清气正促进政治生态的山清水秀。”[①]

（二）坚持政治标准选人用人

选人用人事关党的事业兴衰成败。习近平总书记鲜明提出了新时代党的组织路线，明确提出了好干部标准和忠诚干净担当等要求，为正确选人用人、涵养良好政治生态指明了方向。《党章》《准则》《党政领导干部选拔任用工作条例》《党政领导干部考核工作条例》等党内法规明确了突出政治标准选人用人的基本要求。

1. 坚持党管干部原则

党的领导在干部人事工作中的重要体现，就是把党管干部原则贯穿干部选拔任用全过程和各方面。这是坚持和加强党的全面领导、巩固党的执政地位、履行党的执政使命的根本保证。

要强化党委（党组）及其组织（人事）部门选拔任用和考察识别干部的责任。在分析研判和动议、民主推荐、考察、讨论决定、任职等环节，坚持党管干部原则，严格执行民主集中制的有关要求，把好选拔程序关、资格条件关、用人纪律关，坚决防止个人或少数人说了算，杜绝程序空转，切实发挥党的领导在干部工作中的把关定向作用。

2. 严格执行好干部标准

我们党历来把政治标准作为选人用人的首要标准。坚持德才兼

---

① 习近平：《在党的十八届六中全会第二次全体会议上的讲话（节选）》（2016 年 10 月 27 日），《求是》2017 年第 1 期。

备、以德为先，坚持五湖四海、任人唯贤，坚持事业为上、公道正派，把好干部标准落到实处。

贯彻新时期好干部标准，就要全面贯彻新时代党的建设总要求和新时代党的组织路线，坚持精准科学选人用人。要严把政治关、品行观、作风观、廉洁观，特别是要强化政治把关，将政治标准放在首位、贯穿始终。要强化自觉坚持以习近平新时代中国特色社会主义思想为指导、牢固树立“四个意识”、坚定“四个自信”、坚决做到“两个维护”等政治要求；对于“违反政治纪律和政治规矩的”，不得列为考察对象；在考察内容中，突出政治标准，注重了解政治理论学习情况，深入考察政治忠诚、政治定力、政治担当、政治能力、政治自律等方面的情况。要把政治纪律和政治规矩作为底线和红线，对那些视政治纪律和政治规矩为儿戏，我行我素、无所顾忌，违反“五个必须”要求、搞“七个有之”等政治不合格的干部实行“一票否决”，不但不能提拔还要严肃处理，已经在领导岗位的坚决调整。坚决把政治上的两面人挡在门外。

把好政治关并不容易，古人说“识人识面不识心”。党的十八大以来，受到查处的违纪违规的领导干部，大多是政治上的两面人，当面一套、背后一套，口头一套、行动一套。对此，习近平总书记深刻指出：“一些政治上的两面人，装得很正，藏得很深，有很强的隐蔽性和迷惑性，但并非无迹可寻。只要我们多用心多留心，多角度多方位探察，总能把他们识别出来。要高度警惕那些人前会上信誓旦旦讲‘四个意识’、高调表态，而私下里却妄议中央、不贯彻党中央路线方针政策的人；口口声声坚定‘四个自信’、信仰马克思主义，而背后在大是大非问题上态度暧昧、立场不稳的人；高谈阔论国家前途命运，而背地里却一遇到个人名誉地位就牢骚满腹、怨恨组织的人；领导面前卑躬屈膝、阿谀奉承、溜须拍马，而在下属和群众面前却趾高气扬、盛气凌人、不可一世的人。要透过现象看本质，既听其言、更观其行，既察其表、更析其里，看政治忠诚，看政治定力，看政治担当，看政治能力，看政治自律。”①

《准则》明确指出：“考察识别干部特别是高级干部必须首先看是否坚定不移贯彻党的基本路线。党员、干部特别是高级干部在大是大非面前不能态度暧昧，不能动摇基本政治立场，不能被错误言论所左右。当人民利益受到损害、党和国家形象受到破坏、党的执政地位受到威胁时，要挺身而出、亮明态度，主动坚决开展斗争。对在大是大非问题上没有立场、没有态度、无动于衷、置身事外，在错误言行面前不抵制、不斗争，明哲保身、当老好人等政治不合格的坚决不用，已在领导岗位的要坚决调整，情节严重的要严肃处理。”

3. 坚持严管和厚爱结合、激励和约束并重

正确的用人导向，是对干部最直接、最有效的激励，用好一个人就能激励一大片。党的十九大报告提出，坚持严管和厚爱结合、激励和约束并重，完善干部考核评价机制，建立激励机制和容错纠错机制，旗帜鲜明为那些敢于担当、踏实做事、不谋私利的干部撑腰鼓劲。各级党组织要关心爱护基层干部，主动为他们排忧解难。

要大力选拔敢于负责、勇于担当、善于作为、实绩突出的干部，尤其是关键时刻站得出来、顶得上去的干部。要大力营造为敢担当的干部担当、为敢负责的干部负责的浓厚氛围，对那些想干事、能干事、敢担当、善作为的干部要充分理解、大力支持和保护，理直气壮地为他们撑腰鼓劲，该褒奖的褒奖，该重用的重用。要对不担当、不作为、敷衍塞责的干部要严肃批评，对失职渎职造成严重后

---

① 习近平：《努力造就一支忠诚干净担当的高素质干部队伍》（2018 年 11 月 26 日），《求是》2019 年第 2 期。

果的要严肃问责，对不适宜担任现职的领导干部应当进行调整，坚决不用那些畏首畏尾、患得患失、溜奸耍滑的“骑墙派”、“官油子”。真正使敢担当、敢负责、敢作为在干部队伍中蔚然成风，形成能者上、庸者下、劣者汰的选人用人导向。要认真落实习近平总书记关于“三个区分开来”[①]的要求，加大正向激励力度，实施容错纠错机制，宽容干部在工作特别是改革创新中的失误，让广大干部安心、安身、安业。

4. 匡正选人用人风气

“人人好公，则天下太平；人人营私，则天下大乱。”选人用人上的不正之风同我们党的性质宗旨是格格不入的。经过党的十八大以来不断整治，选人用人风气有了明显好转，但选人用人上的不正之风并没有销声匿迹。习近平总书记指出：“有的依然相信‘不跑不送、原地不动’、‘又跑又送、提拔重用’那一套，变着法子拉关系、走门子；有的领导干部虽然调走了，却仍然干预曾经工作过的地方和单位的人事安排；有的人还在搞个人说了算，征求意见、集体讨论有名无实，组织程序只是走走过场，等等。对此，我们要采取有效措施，遏制住选人用人上的不正之风，做到善则赏之、过则匡之、患则救之、失则革之，把政治生态搞清明。”[②]

坚持不懈整治选人用人上的不正之风，对任人唯亲、说情打招呼、跑官要官、买官卖官、拉票贿选等行为发现一起查处一起，

---

① 2016年1月18日，习近平总书记在省部级主要领导干部学习贯彻党的十八届五中全会精神专题研讨班上的讲话中提出了“三个区分开来”，即：把干部在推进改革中因缺乏经验、先行先试出现的失误和错误，同明知故犯的违纪违法行为区分开来；把上级尚无明确限制的探索性试验中的失误和错误，同上级明令禁止后依然我行我素的违纪违法行为区分开来；把为推动发展的无意过失，同为谋取私利的违纪违法行为区分开来。

② 习近平：《努力造就一支忠诚干净担当的高素质干部队伍》（2018年11月26日），《求是》2019年第2期。

对“带病提拔”的干部实行倒查，对政治标准把关不严的严肃处理。严格执行干部选拔任用工作纪实制度，对私自干预下级或者原任职地方和单位选人用人的，记录在案并严肃追究责任。凡出现“带病提拔”、突击提拔、违规破格提拔等问题，都要对选拔任用过程进行倒查，一查到底、问责到人。

习近平总书记强调：“营造良好从政环境，要从各级领导干部首先是高级干部做起。”[①] 领导干部是党的执政骨干，是“关键少数”，在政治生态建设中发挥着示范引领作用，必须以身作则、从严律己，凡是要求别人做到的自己首先做到，凡是要求别人不做的自己首先不做，以自己的模范行为带动形成风清气正的良好政治生态。领导干部要带头执行党的干部政策，不准任人唯亲、搞亲亲疏疏，不准封官许愿、跑风漏气、收买人心，不准个人为干部提拔任用打招呼、递条子，不得干预曾经工作生活过的地方、曾经工作过的单位和不属于自己分管领域的干部选拔任用。

六、永葆清正廉洁的政治本色

（一）保持清正廉洁政治本色的重要意义

“礼义廉耻，国之四维。四维不张，国乃灭亡。”清正廉洁作为重要的从政品德和政治伦理，古往今来一直受到广泛推崇。

我们党的政治本色，是党的初心和使命的政治表达，集中体现

① 《习近平在中共中央政治局第十六次集体学习时强调　坚持从严治党落实管党治党责任　把作风建设要求融入党的制度建设》，《人民日报》2014 年 7 月 1 日。

为坚定政治信仰、践行立场宗旨、永葆清正廉洁、保持艰苦奋斗等精神特质。其中的清正廉洁，是融入中国共产党人血脉之中的恒久本色，是中国共产党人代代传承的红色基因，是立身之本、从政之要，也是党的事业兴旺发达的根脉。坚决反对腐败，建设廉洁政治，保持党的肌体健康，始终是我们党的优良传统和一贯坚持的鲜明政治立场。这是涵养政治生态的必要条件和重要任务。

保持清正廉洁的政治本色，是永葆党的先进性和纯洁性的内在要求，是巩固党的执政基础和长期执政地位的坚强保证。先进性和纯洁性是马克思主义政党的本质属性，清正廉洁是党的先进性的重要标志。习近平总书记把“清正廉洁”作为衡量“好干部”的重要标准之一。他强调指出：“为政清廉才能取信于民，秉公用权才能赢得人心，这个道理我们党早就明确提出来了。”[①]1949 年，当国民党政权崩溃之时，美国驻华大使司徒雷登对国民党的军官们说，“共产党战胜你们的不是飞机大炮，而是廉洁，是靠廉洁换得的民心”。[②]从历史和现实经验看，一些国家因长期积累的矛盾导致民怨载道、社会动荡、政权垮台，其中贪污腐败是一个很重要的原因。苏共垮台、苏联解体的历史悲剧警示我们，一个政党不管曾经多么辉煌，一旦腐败问题愈演愈烈，丧失政治本色、背离人民群众，就必然被历史所遗弃。

腐败如同毒瘤，侵蚀党的肌体，危害党的健康，损害党同人民群众的血肉联系，动摇党的执政基础，关系党的生死存亡。党的性质和宗旨决定了党和腐败水火不容。坚持不懈反对腐败，是坚持党

---

① 习近平：《在第十八届中央纪律检查委员会第二次全体会议上的讲话》（2013 年 1 月 22 日），《习近平关于党风廉政建设和反腐败斗争论述摘编》，中央文献出版社、中国方正出版社 2015 年版，第 5 页。

② 转引自：《十二届全国人大三次会议〈政府工作报告〉辅导读本》，人民出版社、中国言实出版社 2015 年版，第 443 页。

的性质和宗旨的必然要求，这是一场严肃的政治斗争，是人民群众关注、关系党和国家长治久安的重大政治问题。

我们党作为百年大党，必须一刻不停推进党风廉政建设和反腐败斗争，跳出治乱兴衰的历史周期率，永葆先进性和纯洁性、永葆生机活力。就每个党员、干部来说，必须把反腐倡廉当作政治必修课来认真对待，保持对“腐蚀”“围猎”的警觉，严于律己、廉洁奉公、一身正气、两袖清风，永葆共产党人清正廉洁政治本色和浩然正气。

（二）一体推进“三不”机制

反腐败斗争没有选择、没有退路，必须知难而进。习近平总书记在党的十九大报告提出“强化不敢腐的震慑，扎牢不能腐的笼子，增强不想腐的自觉”。2019 年 1 月，他在十九届中央纪委三次全会上进一步提出“一体推进不敢腐、不能腐、不想腐的机制”。2019 年 10 月，党的十九届四中全会通过的《中共中央关于坚持和完善中国特色社会主义制度　推进国家治理体系和治理能力现代化若干重大问题的决定》明确提出“构建一体推进不敢腐、不能腐、不想腐体制机制”。2020 年 1 月，习近平总书记在十九届中央纪委四次全会上强调指出：“一体推进不敢腐、不能腐、不想腐，不仅是反腐败斗争的基本方针，也是新时代全面从严治党的重要方略。不敢腐、不能腐、不想腐是相互依存、相互促进的有机整体，必须统筹联动，增强总体效果。要以严格的执纪执法增强制度刚性，推动形成不断完备的制度体系、严格有效的监督体系，加强理想信念教育，提高党性觉悟，夯实不忘初心、牢记使命的思想根基。既要把‘严’的主基调长期坚持下去，又要善于做到‘三个区分开来’；既要合乎民心民意，又要激励干部担当作为，充分运用‘四种形态’

提供的政策策略，通过有效处置化解存量、强化监督遏制增量，实现政治效果、纪法效果、社会效果有机统一。”[①] 2021 年 1 月，在十九届中央纪委五次全会上，习近平总书记再次强调：“要坚定不移推进反腐败斗争，不断实现不敢腐、不能腐、不想腐一体推进战略目标。”[②]

我们党对“三不”机制的认识逐步深化，体现了我们党对管党治党规律和党风廉政建设规律的深刻把握，彰显了我们党将自我革命进行到底的坚定决心。必须坚持一体推进不敢腐、不能腐、不想腐，综合发挥惩治震慑、惩戒挽救、教育警醒的功效，不断提升治理效能，持续净化政治生态。

1. 强化不敢腐的震慑

“不敢腐”旨在通过高压态势、铁腕手段、毫不容情的惩治震慑，让违法违纪的贪腐人员付出高昂代价，从而警钟长鸣、利剑高悬，进而让意欲贪腐的人员不敢越雷池半步。坚持反腐败无禁区、全覆盖、零容忍，坚持重遏制、强高压、长震慑，坚持受贿行贿一起查；运用监督执纪“四种形态”[③]，重点查处党的十八大以来不收敛、不收手，问题线索反映集中、群众反映强烈，政治问题和经济问题交织的腐败案件，严肃查处违反中央八项规定精神的问题，持续保持反腐败高压态势。坚决查处不收敛不收手的腐败分子，聚焦

---

① 《习近平在十九届中央纪委四次全会上发表重要讲话强调　一以贯之全面从严治党强化对权力运行的制约和监督　为决胜全面建成小康社会决战脱贫攻坚提供坚强保障》，《人民日报》2020 年 1 月 14 日。

② 《习近平在十九届中央纪委五次全会上发表重要讲话强调　充分发挥全面从严治党引领保障作用　确保“十四五”时期目标任务落到实处》，《人民日报》2021 年 1 月 23 日。

③ 《中国共产党纪律处分条例》第五条规定：运用监督执纪“四种形态”，经常开展批评和自我批评、约谈函询，让“红红脸、出出汗”成为常态；党纪轻处分、组织调整成为违纪处理的大多数；党纪重处分、重大职务调整的成为少数；严重违纪涉嫌违法立案审查的成为极少数。

政治问题和经济问题交织的腐败案件，严肃查处对党不忠诚、阳奉阴违的两面人，坚决斩断“围猎”和甘于被“围猎”的利益链，坚决破除权钱交易的关系网。

2. 扎紧不能腐的笼子

“不能腐”旨在通过健全监督体系、完善权力配置和运行制约机制，织密扎紧制度笼子，让拥有公权力的公职人员在严格监督中无机可乘。

完善党内监督体系，以党内监督为主导，推动各类监督有机贯通、相互协调，实现对所有党员、干部和行使公权力的公职人员监督全覆盖。落实各级党组织监督责任，保障党员监督权利。重点加强对高级干部、各级主要领导干部的监督，完善领导班子内部监督制度，破解对“一把手”监督和同级监督难题。强化政治监督，加强对党的理论和路线方针政策以及重大决策部署贯彻落实情况的监督检查。

完善权力配置和运行制约机制，督促公正用权、依法用权、廉洁用权，确保党和人民赋予的权力在正确轨道上规范运行。坚持权责法定，健全分事行权、分岗设权、分级授权、定期轮岗制度，明晰权力边界，规范工作流程，强化权力制约。坚持权责透明，推动用权公开，完善党务、政务、司法和各领域办事公开制度，建立权力运行可查询、可追溯的反馈机制。进一步加强反腐败法治建设，深化标本兼治，推动审批监管、执法司法、工程建设、资源开发、金融信贷、公共资源交易、公共财政支出等重点领域监督机制改革和制度建设，盯紧权力运行各个环节，压减权力设租寻租空间。

3. 增强不想腐的自觉

列宁指出："政治上有教养的人是不会贪污受贿的。"[①] 党员、干部出现贪腐问题，根源在于政治信仰不坚定或者丧失政治信仰。

"不想腐"旨在通过政治教育和党性教育，引导党员、干部和行使公权力的人员坚定理想信念宗旨、严守纪律规矩、严明公私界限，树立正确的世界观、人生观、价值观，培育高尚的政治气节和政治风骨。习近平总书记指出："清正廉洁作表率，重点是教育引导广大党员干部保持为民务实清廉的政治本色，正确处理公私、义利、是非、情法、亲清、俭奢、苦乐、得失的关系，自觉同特权思想和特权现象作斗争，坚决预防和反对腐败，清清白白为官、干干净净做事、老老实实做人。"[②]

党员、干部要注重加强党性修养，明法纪、知敬畏、存戒惧、守底线，坚决防范被利益集团"围猎"，持之以恒锤炼政德，明大德、守公德、严私德，养正气、祛邪气、固根本，努力达到"内无妄思、外无妄动"的境界。被康熙誉为"天下清官第一"的张伯行为谢绝各方馈赠，专门写了一篇《却赠檄文》，其中说道："一丝一粒，我之名节；一厘一毫，民之脂膏。宽一分，民受赐不止一分；取一文，我为人不值一文。谁云交际之常，廉耻实伤；倘非不义之财，此物何来？"这些廉政箴言，可以作为一面镜子。

习近平总书记对党员、干部提出谆谆告诫："当官要当舞台上端端正正的官，当清官，不要当庸官贪官，被人戳脊梁骨。第一步走错了就不行。如果抱着当官谋利的想法，那做的一切事情都不会对。为什么说当官是高危职业？就是说不仅主动以权谋私不行，而

---

① 列宁：《新经济政策和政治教育委员会的任务》（1921 年 10 月 17 日），《列宁选集》第 4 卷，人民出版社 1995 年版，第 588 页。

② 习近平：《在"不忘初心、牢记使命"主题教育工作会议上的讲话》（2019 年 5 月 31 日），《求是》2019 年第 13 期。

且要处处防备社会诱惑。诱惑太多了，处处是陷阱啊！所有自己认为是当官能享受的、产生快感的事情，背后都可能隐藏着罪恶，都可能是陷阱。有人说，天上掉馅饼之时，就是地上有陷阱之时。一旦突然凭空来了一个好处，一定要警惕。看到这些东西自己就要戒惧、退避三舍。咱们的门神要摆正，大鬼小鬼莫进来。一个要有情操，这是一道防线；一个要有戒惧，一定要有敬畏之心。一旦犯事，什么都没了，倾家荡产，甚至家破人亡。那些大贪巨贪，最后不就当了一个财物保管员吗？就是过了个手，最后还要还财于民、还财于公。不要做这些事情。”① 他在同中央党校县委书记研修班学员座谈会上的讲话中指出：“廉洁自律是共产党人为官从政的底线。我经常讲，鱼和熊掌不可兼得，当官发财两条道，当官就不要发财，发财就不要当官。要始终严格要求自己，把好权力关、金钱关、美色关，做到清清白白做人、干干净净做事、坦坦荡荡为官。要加强对亲属和身边工作人员的教育和约束，要求他们守德、守纪、守法。”② 这些告诫和警醒，需要每个党员、干部终身铭记和践行。

（三）坚决反对特权行为和特权现象

1. 党的性质决定必须反对特权

邓小平指出：“我们今天所反对的特权，就是政治上经济上在法律和制度之外的权利。”③ 特权就是搞特殊化，享有法律、制度规定之外的特殊权利。这不是个人合法正当的利益，不是法定职责或

① 习近平：《作风建设要立破并举、扶正祛邪》（2014 年 5 月 9 日），《习近平关于全面从严治党论述摘编》，中央文献出版社 2016 年版，第 182 页。

② 习近平：《做焦裕禄式的县委书记》（2015 年 1 月 12 日），《习近平关于“不忘初心、牢记使命”论述摘编》，党建读物出版社、中央文献出版社 2019 年版，第 158 页。

③ 邓小平：《党和国家领导制度的改革》（1980 年 8 月 18 日），《邓小平文选》第 2 卷，人民出版社 1994 年版，第 332 页。

正常工作职权，而是“法外之权”，利用权力搞特殊、谋私利。

我们党的性质、宗旨和初心使命，要求党员、干部不应该有任何特权，而且坚决反对特权思想和特权现象。《党章》规定：“中国共产党党员永远是劳动人民的普通一员。除了法律和政策规定范围内的个人利益和工作职权以外，所有共产党员都不得谋求任何私利和特权。”《关于党内政治生活的若干准则》明确指出：“各级领导干部都是人民的公仆，只有勤勤恳恳为人民服务的义务，没有在政治上、生活上搞特殊化的权利。按照工作需要，对领导人提供某些合理的便利条件并保证他们的安全是必要的，但绝不允许违反制度搞特殊化。在我们的国家中，人们只有分工的不同，没有尊卑贵贱的分别。谁也不是低人一等的奴隶或高人一等的贵族。那种认为自己的权力可以不受任何限制的思想，就是腐朽的封建特权思想，这种思想必须受到批判和纠正。共产党员和干部应该把谋求特权和私利看成是极大的耻辱。”

老一辈革命家在反对特权方面，为我们树立了光辉典范。《毛泽东年谱》记载，毛泽东于1937年11月27日写信给表兄文运昌，告他不宜来延安工作，因为无法解决他的家庭经济负担。信中说：“我们这里仅有衣穿饭吃，上自总司令下至伙夫，待遇相同，因为我们的党专为国家民族劳苦民众做事，牺牲个人私利，故人人平等，并无薪水。”“我为全社会出一些力，是把我十分敬爱的外家及我家乡一切穷苦人包括在内的，我十分眷念我外家诸兄弟子侄，及一切穷苦同乡，但我只能用这种方法帮助你们，大概你们也是已经了解了的。”[①] 这封信就是我们党与人民心连心、同呼吸、共命运的生动写照。

---

① 中共中央文献研究室编：《毛泽东年谱（1893—1949）修订本》中卷，中央文献出版社1993年版，第40—41页。

美国记者埃德加·斯诺1936年在陕甘宁根据地历经数月采访，生动描述延安时期老一辈革命家的生活情况：他看到毛泽东住在简陋的窑洞里，穿的是打了补丁的衣服，吃的是小米饭和辣椒土豆丝；周恩来睡在土炕上；彭德怀穿的背心是用缴获敌人的降落伞做的；林伯渠的耳朵上用线绳系着断了一只腿的眼镜；红军大学学员把敌人的传单翻过来当作课堂笔记本使用……所见所闻让斯诺得出结论，“读者可以约略窥知使他们成为不可征服的那种精神，那种力量，那种欲望，那种热情。——凡是这些，断不是一个作家所能创造出来的。这些是人类历史本身的丰富而灿烂的精华”。[①]

新中国成立后，毛泽东借鉴历代政权的兴亡教训，多次告诫全党要保持党的优良作风，党的领导干部要以认真平等的态度对待干部和群众。他强调：“人们的工作有所不同，职务有所不同，但是任何人不论官有多大，在人民中间都要以一个普通劳动者的姿态出现。决不许可摆架子。一定要打掉官气。”[②]

邓小平指出：“为什么过去很困难的局面我们都能渡过？根本的问题是我们的干部、党员同人民群众一块苦。”[③]“一块苦”，意味着党员、干部和人民群众平等相待、同甘共苦，想在一起干在一起，风雨同舟、血脉相通、生死与共，我们党才能赢得人民信任、得到人民支持，才能够克服任何困难，才能够无往而不胜。这是我们党长盛不衰的秘诀。对于党内特权现象的危害，邓小平深刻指出：“有些干部，不把自己看成是人民的公仆，而把自己看成是人民的主人，搞特权，特殊化，引起群众的强烈不满，损害党的威信，如

① ［美］埃德加·斯诺著，董乐山译：《红星照耀中国》，人民文学出版社2016年版，第8页。

② 毛泽东：《工作方法六十条（草案）》（1958年1月），《毛泽东文集》第7卷，人民出版社1999年版，第355页。

③ 邓小平：《高级干部要带头发扬党的优良传统》（1979年11月2日），《邓小平文选》第2卷，人民出版社1994年版，第217页。

不坚决改正，势必使我们的干部队伍发生腐化。”[①]“有一部分有功劳有职位的党员正是认为，他们的行为是不受约束的，这是他们的‘特权’。并且有一部分党的组织，也正是默认了他们的这种想法。事实上，任何抱有这种想法或者支持这种想法的人，就是帮助党的敌人腐蚀我们的党。”[②]

特权是最大的不公。习近平总书记在十八届中央纪委二次全会上的讲话中指出：“反腐倡廉建设，还必须反对特权思想、特权现象。”[③]他还指出：“人民群众最痛恨各种消极腐败现象，最痛恨各种特权现象，这些现象对党同人民群众的血肉联系最具杀伤力。”[④]他2021年3月1日在中央党校（国家行政学院）中青年干部培训班开班式上的讲话中强调：“共产党的干部要坚持当‘老百姓的官’，把自己也当成老百姓，不要做官当老爷，在这一点上，年轻干部从一开始就要想清楚，而且要终身牢记。”[⑤]

2. 坚持秉公用权，带头廉洁自律

反对特权行为和特权现象，既需要健全制度规则，加强监督，让党员、干部习惯在受监督和约束的环境中工作生活，让特权行为、腐败行为无处遁形；也需要党员、干部强化党性意识、宗旨意识、公仆意识、纪律规矩意识，发扬党的光荣传统和优良作风。

---

① 邓小平：《党和国家领导制度的改革》（1980年8月18日），《邓小平文选》第2卷，人民出版社1994年版，第332页。

② 邓小平：《关于修改党的章程的报告》（1956年9月16日），人民出版社1956年版，第60页。

③ 习近平：《依纪依法严惩腐败，着力解决群众反映强烈的突出问题》（2013年1月22日），《十八大以来重要文献选编（上）》，中央文献出版社2014年版，第136页。

④ 习近平：《在十八届中央政治局第五次集体学习时的讲话》（2013年4月19日），《习近平关于全面从严治党论述摘编》，中央文献出版社2016年版，第178页。

⑤《习近平在中央党校（国家行政学院）中青年干部培训班开班式上发表重要讲话强调　立志做党光荣传统和优良作风的忠实传人　在新时代新征程中奋勇争先建功立业》，《人民日报》2021年3月2日。

习近平总书记指出："要自觉同形形色色的特权思想、特权现象作斗争，习惯在受监督和约束的环境中工作生活。长征过雪山途中，有个同志穿着单薄的旧衣服被冻死，指挥员让把军需处长叫来，想问问他为什么不给这个被冻死的同志发棉衣，队伍里的同志含泪告诉他，被冻死的这个同志就是军需处长。管被装的宁可自己冻死也没有自己先穿暖和一点，这是多么崇高的思想境界！觉悟看似无形，关键时就会显现出强大力量。"[①]

党的十八大以来，中央政治局严格执行中央八项规定及其实施细则，以实际行动给全党做好表率。各级领导干部特别是高级干部要坚持立党为公、执政为民，坚持公私分明、先公后私、克己奉公，带头保持谦虚、谨慎、不骄、不躁的作风，保持艰苦奋斗的作风，带头执行廉洁自律准则，自觉同特权思想和特权现象作斗争，不准利用权力为自己和他人谋取私利，禁止违反财经制度批钱批物批项目，禁止用各种借口或巧立名目侵占、挥霍国家和集体财物，禁止违反规定提高干部待遇标准。

3. 加强家庭建设，树立良好家风

习近平总书记高度重视家庭、家教、家风问题。他在 2015 年春节团拜会上指出："不论时代发生多大变化，不论生活格局发生多大变化，我们都要重视家庭建设，注重家庭、注重家教、注重家风。"2015 年 2 月 27 日，在中央全面深化改革领导小组第十次会议上，他强调指出："领导干部的家风，不是个人小事、家庭私事，而是领导干部作风的重要表现。"2015 年 12 月 28—29 日，在中央政治局民主生活会上，习近平总书记再次指出："对亲属子女和身

---

① 习近平：《推进党的建设新的伟大工程要一以贯之》（2018 年 1 月 5 日），《习近平关于"不忘初心、牢记使命"论述摘编》，党建读物出版社、中央文献出版社 2019 年版，第 316 页。

边工作人员，要严格教育、严格管理、严格监督，发现问题及时提醒、坚决纠正。”2016 年 1 月 12 日，在十八届中央纪委六次全会上，他强调指出：“从近年来查处的腐败案件看，家风败坏往往是领导干部走向严重违纪违法的重要原因。不少领导干部不仅在前台大搞权钱交易，还纵容家属在幕后收钱敛财，子女等也利用父母影响经商谋利、大发不义之财。有的将自己从政多年积累的‘人脉’和‘面子’，用在为子女非法牟利上，其危害不可低估。古人说：‘将教天下，必定其家，必正其身。’‘莫用三爷，废职亡家。’[①]‘心术不可得罪于天地，言行要留好样与儿孙。’”[②]他要求：“每一位领导干部都要把家风建设摆在重要位置，廉洁修身、廉洁齐家，在管好自己的同时，严格要求配偶、子女和身边工作人员。在年前的中央政治局专题民主生活会上，我专门强调了这个问题。我说，我在这里跟大家语重心长嘱咐，要操这点心，家里那点事有时不经意可能就溜过去了，要留留神，防微杜渐，不要护犊子。干部子弟也要遵纪守法，不要以为是干部子弟就谁都奈何不了了。触犯了党纪国法都要处理，而且要从严处理，做给老百姓看。”[③]

领导干部特别是高级干部必须注重家庭、家教、家风，教育管理好亲属和身边工作人员。严格执行领导干部个人有关事项报告制度，进一步规范领导干部配偶子女从业行为。禁止利用职权或影响力为家属亲友谋求特殊照顾，禁止领导干部家属亲友插手领导干部职权范围内的工作、插手人事安排。各级领导班子和领导干部对来自领导干部家属亲友的违规干预行为要坚决抵制，并将有关情况报

① “莫用三爷，废职亡家”是清朝官场上流传的一句谚语。这里所说的“三爷”，并非一个人，而是指三种人：“子为少爷，婿为姑爷，妻兄弟为舅爷。”意思是指家风败坏，危害不可低估。

② 习近平：《在第十八届中央纪律检查委员会第六次全体会议上的讲话》（2016 年 1 月 12 日），《人民日报》2016 年 5 月 3 日。

③ 同上。

告党组织。要通过领导干部的好作风养成良好家风，用好的家风涵养和支撑好的社会风气，净化政治生态。

在培育良好家风方面，周恩来的“十条家规”、焦裕禄的《干部十不准》，为党员、干部做出了表率、树立了榜样。

周恩来的“十条家规”要求：晚辈不能丢下工作专程进京看望他，只能在出差路过时才可以去看看；外地亲属进京看望他，一律住国务院招待所，住宿费由他支付；一律到国务院机关食堂排队就餐，有工作的自付伙食费，没工作的由他代付；看戏以家属身份购票入场，不得享用招待券；不许请客送礼；不许动用公车；凡个人生活中自己能做的事，不要别人代劳，自我服务；生活要艰苦朴素；在任何场合都不能说出与他的关系，不要炫耀自己；不谋私利，不搞特殊化。

焦裕禄起草的《干部十不准》，规定干部在任何时候都不搞特殊化，比如：“不准用国家的或集体的粮款或其他物资大吃大喝，请客送礼”；“不准拿生产队现有的粮款或向社员派粮派款，唱戏、演电影办集体和其他娱乐活动，谁看戏谁拿钱，谁吃喝谁拿粮，一律不准向社会摊派”；“各机关、学校、企事业单位和党员干部都要以身作则，勤俭过年，一律不得请客送礼，一律不得拿国家物资，到生产队提取国家统购统派物资，一律不准用公款组织晚会，一律不准送戏票，十排以前戏票不能光卖给机关或几个机关经常包用，一律不准到商业部门、合作社部门要特殊照顾”；等等。当他得知儿子看“白戏”，立即拿出钱叫儿子到剧场补交了票钱。

周恩来的“十条家规”、焦裕禄的《干部十不准》，彰显了中国共产党人的政治品格、价值追求、精神境界、作风操守，是中国共产党人宝贵的精神财富，值得每个党员、干部学习并践行。

第七章

提高政治能力

党员、干部是我们党治国理政的骨干力量，是加强党的政治建设的中坚力量。提高党员、干部的政治能力是加强党的政治建设的关键。本章主要探讨政治能力是第一位能力、提高政治判断力、提高政治领悟力、提高政治执行力以及提高政治能力的路径等内容。

一、政治能力是第一位能力

（一）党员、干部应当政治过硬、本领高强

建设政治过硬、本领高强的高素质专业化领导干部队伍，是党和国家长治久安的根本大计。

毛泽东指出："政治路线确定之后，干部就是决定的因素。"[①] 他强调指出："指导伟大的革命，要有伟大的党，要有许多最好的干部……我们党的组织要向全国发展，要自觉地造就成万数的干部，

① 毛泽东：《中国共产党在民族战争中的地位》（1938 年 10 月 14 日），《毛泽东选集》第 2 卷，人民出版社 1991 年版，第 526 页。

要有几百个最好的群众领袖。”[①] 这就意味着，要想取得中国革命的胜利，必须拥有具备领导能力的好领袖和好干部。

邓小平指出：“政治路线确立了，要由人来具体地贯彻执行。由什么样的人来执行，是由赞成党的政治路线的人，还是由不赞成的人，或者是由持中间态度的人来执行，结果不一样。”[②] 他在 1992 年南方谈话中强调：“正确的政治路线要靠正确的组织路线来保证。中国的事情能不能办好，社会主义和改革开放能不能坚持，经济能不能快一点发展起来，国家能不能长治久安，从一定意义上说，关键在人。”[③] 他说，中国要出问题，还是出在共产党内部。所以，要把干部教育好。要注意培养人，要按照“革命化、年轻化、知识化、专业化”的标准选拔德才兼备的人进班子。“我们说，党的基本路线要管一百年，要长治久安，就要靠这一条。真正关系到大局的是这个事。”[④]

党员、干部是人民的公仆，是党的理论和路线方针政策的贯彻者、执行者，是经济、政治、文化、社会和生态文明建设等的组织者、管理者，肩负着把握方向、科学决策、领导发展等重任，是推动党和国家事业发展的中坚力量，也是加强党的政治建设的关键力量。党员、干部的能力水平直接影响着党的理论和路线方针政策的全面贯彻落实，直接关系着党和国家事业的发展。

党的高级领导干部在党和国家政治、经济生活中居于重要领导地位，发挥着关键性作用。他们既直接参与党和国家大政方针的制

---

① 毛泽东：《为争取千百万群众进入抗日民族统一战线而斗争》（1937 年 5 月 8 日），《毛泽东选集》第 1 卷，人民出版社 1991 年版，第 277 页。

② 邓小平：《思想路线政治路线的实现要靠组织路线来保证》（1979 年 7 月 29 日），《邓小平军事文集》第 3 卷，军事科学出版社、中央文献出版社 2004 年版，第 157 页。

③ 邓小平：《在武昌、深圳、珠海、上海等地的谈话要点》（1992 年 1 月 18 日—2 月 21 日），《邓小平文选》第 3 卷，人民出版社 1993 年版，第 380 页。

④ 同上。

定，又负责党和国家大政方针在本地区、本部门的贯彻执行的组织和实施，同时，因执掌一定权力而具有相当的影响力和示范效应。他们的政治能力直接关系到党和国家的前途命运。因此，对于高级领导干部的能力素质，应该有更高的标准和更严的要求。习近平总书记指出："作为党的高级干部，我们必须始终保持对马克思主义的坚定信仰、对共产主义和中国特色社会主义的坚定信念，按照马克思主义政治家的标准严格要求自己，始终把人民放在心中最高位置，把为党和人民事业贡献力量作为自己的最高追求，为坚持和发展中国特色社会主义不懈奋斗，以此来开阔胸襟和眼界，以此来增强政治定力和政治敏锐性，以此来提高抵御各种风险和经受住各种考验的能力。"①

在中国革命、建设和改革波澜壮阔的伟大进程中，中国共产党之所以能够不断取得一个又一个胜利，关键在于中国共产党不仅拥有一代又一代杰出的领袖人物和中央领导集体，还有一批又一批党员、干部立足岗位职责，奋发有为、担当进取，攻坚克难、砥砺前行。

党员、干部身处重要岗位，肩负重要使命，面临诸多压力、挑战以及各种风险和诱惑，要胜任所担负的工作任务，履行领导职责，开展领导活动，完成领导目标，必须具备良好的综合素质和过硬的领导能力。这些能力涉及政治、思想、心理、道德、学养等诸多因素，从总体上看应当包括三个层面。

一是信念品行层面。这主要包括党员、干部的政治素质、思想素质和道德品质，诸如政治信仰、政治立场、政治操守、意志品质，以及对组织的忠诚程度、使命感、价值观、事业心、奉献精神、乐

---

① 习近平：《在中共十八届一中全会上的讲话》（2012 年 11 月 15 日），《习近平关于党风廉政建设和反腐败斗争论述摘编》，中央文献出版社、中国方正出版社 2015 年版，第 137 页。

观主义精神、廉洁意识、纪律观念等内容。坚定的政治信仰和高尚的道德品行，是党员、干部素质能力的深层次、根本性的因素，反映党员、干部的格局和境界。

二是智能层面。这主要包括党员、干部的智商、情商、逻辑分析能力、认知能力、思维能力、学习能力、创新能力等，要求党员、干部应当有健康的心理素质，做到人格健全、心胸宽广、情绪稳定、人际关系融洽协调，能够在情绪情感上自我认识、自我调节、自我把握。这方面的素质能力受到遗传和社会环境的多重影响，是先天禀赋、社会历史和教育因素以及个人努力等多方面因素互相作用的结果，可以通过后天的学习培养和实践锻炼而不断完善。

三是知识层面。这主要包括党员、干部的知识广度、知识深度、知识结构，以及知识更新能力、信息获取能力等，要求党员、干部通过多种形式的学习，更新和健全知识体系，提高学习能力、理解能力、思考能力，以及在此基础上提高决策能力、统筹能力、应对突发事件能力等，以适应各方面挑战，完成相应的领导任务。

我们党对领导干部一直强调德才兼备、以德为先的标准，既重视领导干部的政治素质，也重视领导干部的专业能力，但政治素质是第一位的。

毛泽东指出："领导者的责任，归结起来，主要地是出主意、用干部两件事。"[①]"出主意"就是做决策。这意味着领导者必须能够通观全局、高瞻远瞩、做出科学决策，同时要有选贤任能的能力。毛泽东强调："共产党的干部政策，应是以能否坚决地执行党的路线，服从党的纪律，和群众有密切的联系，有独立的工作能力，积极肯干，不谋私利为标准，这就是'任人唯贤'的路线。"[②]对于什

① 毛泽东：《中国共产党在民族战争中的地位》（1938 年 10 月 14 日），《毛泽东选集》第 2 卷，人民出版社 1991 年版，第 527 页。

② 同上。

么是好干部，毛泽东认为，好的领袖和干部“应当是季米特洛夫论干部政策中所举的四条干部标准（无限忠心、联系群众、有独立工作能力，遵守纪律）”[①]。

邓小平指出：“叶剑英同志在国庆节讲话里，提出了三条标准：一是坚决拥护党的政治路线和思想路线；二是大公无私，严守法纪，坚持党性，根绝派性；三是有强烈的革命事业心和政治责任心，有胜任工作的业务能力。”[②]陈云指出，挑选干部的标准：要忠实于无产阶级事业，忠实于党；要与群众有密切联系；能独立决定工作方向并负起责任；守纪律。……“总之，用干部的标准，概括起来有二：政治、能力。两者不能缺一，以政治为主。”[③]

中国特色社会主义进入新时代，我们党要担当起新时代的历史使命，必须有新气象新作为，这对党员、干部的素质和能力提出了新的更高要求。习近平总书记在党的十九大报告中，要求我们党“既要政治过硬，也要本领高强”，要“全面增强执政本领”，包括八个方面的本领，即学习本领、政治领导本领、改革创新本领、科学发展本领、依法执政本领、群众工作本领、狠抓落实本领、驾驭风险本领。

2019 年 9 月 3 日，习近平总书记在中央党校（国家行政学院）中青年干部培训班开班式上发表讲话强调，广大干部特别是年轻干部要经受严格的思想淬炼、政治历练、实践锻炼，发扬斗争精神，

---

① 毛泽东：《关于领导方法的若干问题》（1943 年 6 月 1 日），《毛泽东选集》第 3 卷，人民出版社 1991 年版，第 899 页。

② 邓小平：《高级干部要带头发扬党的优良传统》（1979 年 11 月 2 日），《邓小平文选》第 2 卷，人民出版社 1994 年版，第 222 页。

③ 陈云：《关于干部工作的若干问题》（1940 年 11 月 29 日），《陈云文选》第 1 卷，人民出版社 1995 年版，第 212—213 页。

增强斗争本领。[1] 2019年10月，党的十九届四中全会通过的《中共中央关于坚持和完善中国特色社会主义制度　推进国家治理体系和治理能力现代化若干重大问题的决定》要求“各级领导干部增强学习本领、政治领导本领、改革创新本领、科学发展本领、依法执政本领、群众工作本领、狠抓落实本领、驾驭风险本领，发扬斗争精神，增强斗争本领”。

2020年10月10日，习近平总书记在中央党校（国家行政学院）中青年干部培训班开班式上讲话强调：“提高解决实际问题能力是应对当前复杂形势、完成艰巨任务的迫切需要，也是年轻干部成长的必然要求。面对复杂形势和艰巨任务，我们要在危机中育先机、于变局中开新局，干部特别是年轻干部要提高政治能力、调查研究能力、科学决策能力、改革攻坚能力、应急处突能力、群众工作能力、抓落实能力，勇于直面问题，想干事、能干事、干成事，不断解决问题、破解难题。”[2]

习近平总书记关于党员、干部能力建设的重要论述，其核心是要求党员、干部必须政治过硬、本领高强。政治过硬是党员、干部的首要政治品质和政治生命线。党员、干部必须政治合格、政治上靠得住，这是立身之本。党员、干部无论身处何地、承担何种职责，都是党派去工作的，要完成党交给的任务，讲政治都是第一位的。政治标准是衡量党员、干部的首要标准，政治素质是党员、干部的首要素质，政治能力是首要能力，政治责任是首要责任，政治表现是对党员、干部的首要考量。党员、干部干事创业、攻坚克难，

---

① 《习近平在中央党校（国家行政学院）中青年干部培训班开班式上发表重要讲话强调　发扬斗争精神增强斗争本领　为实现“两个一百年”奋斗目标而顽强奋斗》，《人民日报》2019年9月4日。

② 《习近平在中央党校（国家行政学院）中青年干部培训班开班式上发表重要讲话强调　年轻干部要提高解决实际问题能力　想干事能干事干成事》，《人民日报》2020年10月11日。

不仅必须政治过硬，也必须本领高强，要有践行忠诚、担当使命的真本领，掌握政治领导能力、管党治党能力、知人善任能力、法治建设能力、意识形态工作能力、社会治理能力、生态文明建设能力、维护国家安全能力、调查研究能力、科学决策能力、改革攻坚能力、应急处突能力、群众工作能力、抓落实能力等诸多能力，成为领导改革发展稳定的行家里手。

（二）政治能力的核心要义

所谓政治能力，是指党的各级组织和党员、干部对党的政治使命、政治目标、政治宗旨和政治纲领等的深刻领悟、由衷认同与坚定信仰的能力，是对党的基本理论、基本路线、基本方略和中央决策部署的自觉遵循、坚定践行和创造性贯彻落实的能力。这要求党员、干部必须在政治上站得稳、靠得住，对“国之大者”心中有数，善于从政治上观察和处理问题，做到观察分析形势要把握政治因素，筹划推动工作要落实政治要求，处理解决问题要防范政治风险，要身体力行“四个意识”“四个自信”，做到“两个维护”。

党的十八大以来，习近平总书记从党和国家事业发展全局的战略高度，对党员干部的政治能力建设做出系列重要论述，深刻阐释了为什么要提高政治能力、提高什么样的政治能力、如何提高政治能力等理论和实践问题，为党员、干部提高政治能力提供了基本遵循。

2015 年 12 月 28—29 日，习近平总书记在中央政治局“三严三实”专题民主生活会上指出，中央政治局担负着把握中国特色社会主义事业航船方向、统筹协调党和国家重大决策部署、组织应对国内外重大矛盾风险的重要职责。中央政治局的同志一言一行、一举一动都不只是个人的事，而是党和国家的事、人民的事、全局的事，必须模范遵守党章，在“三严三实”上有更高标准，努力成为高水平的马克思主义政治家，做政治上的明白人，政治能力要强，思想定力、战略定力、道德定力要特别过硬，经得起大风大浪考验。[①]

2017 年 2 月 13 日，习近平总书记在省部级主要领导干部学习贯彻十八届六中全会精神专题研讨班上的讲话，要求全党各级干部特别是党的高级干部“要注重提高政治能力，牢固树立政治理想，正确把握政治方向，坚定站稳政治立场，严格遵守政治纪律，加强政治历练，积累政治经验，自觉把讲政治贯穿于党性锻炼全过程，使自己的政治能力与担任的领导职责相匹配”[②]。

2017 年 10 月 18 日，习近平总书记在党的十九大报告中指出：“全党同志特别是高级干部要加强党性锻炼，不断提高政治觉悟和政治能力，把对党忠诚、为党分忧、为党尽职、为民造福作为根本政治担当，永葆共产党人政治本色。”

2017 年 10 月 25 日，习近平总书记在党的十九届一中全会上指出：“党中央权威和集中统一领导，最关键的是政治领导。看一名党员干部特别是高级干部的素质和能力，首先看政治上是否站得稳、靠得住。站得稳、靠得住，最重要的就是要牢固树立‘四个意识’，自觉在思想上政治上行动上同党中央保持高度一致，坚决维护党中央权威和集中统一领导，在各项工作中毫不动摇、百折不挠贯彻落实党中央决策部署，不打任何折扣，不耍任何小聪明，不搞任何小动作。”[③] 他强调：“中央委员会的每一位同志都要旗帜鲜明

---

① 《中共中央政治局召开专题民主生活会　对照检查践行“三严三实”情况　讨论研究加强党风廉政建设措施》，《人民日报》2015 年 12 月 30 日。

② 《习近平在省部级主要领导干部学习贯彻十八届六中全会精神专题研讨班开班式上发表重要讲话强调　以解决突出问题为突破口和主抓手　推动党的十八届六中全会精神落到实处》，《人民日报》2017 年 2 月 14 日。

③ 习近平：《在中共十九届一中全会上的讲话》（2017 年 10 月 25 日），《习近平谈治国理政》第 3 卷，外文出版社 2020 年版，第 83 页。

讲政治，自觉以马克思主义政治家的标准要求自己，找准政治站位，增强政治意识，强化政治担当。要注重提高政治能力，特别是把握方向、把握大势、把握全局的能力和保持政治定力、驾驭政治局面、防范政治风险的能力。”①

2018年6月29日，习近平总书记在十九届中央政治局第六次集体学习的讲话中指出：“党的政治建设落实到干部队伍建设上，就要不断提高各级领导干部特别是高级干部把握方向、把握大势、把握全局的能力，辨别政治是非、保持政治定力、驾驭政治局面、防范政治风险的能力。提高政治能力，很重要的一条就是要善于从政治上分析问题、解决问题。只有从政治上分析问题才能看清本质，只有从政治上解决问题才能抓住根本。各级领导干部特别是高级干部要炼就一双政治慧眼，不畏浮云遮望眼，切实担负起党和人民赋予的政治责任。”② 这段关于政治能力的论述与2017年2月13日的论述相比，增加了“辨别政治是非”。

2020年10月10日，习近平总书记在中央党校（国家行政学院）中青年干部培训班开班式的讲话中指出，年轻干部要提高政治能力。在干部干好工作所需的各种能力中，政治能力是第一位的。有了过硬的政治能力，才能做到自觉在思想上政治上行动上同党中央保持高度一致，在任何时候任何情况下都能“不畏浮云遮望眼”“乱云飞渡仍从容”。提高政治能力，要把握正确政治方向，不断提高政治敏锐性和政治鉴别力，必须对党的政治纪律和政治规矩怀有敬畏之心，要自觉加强政治历练，增强政治自制力，始终做政

① 习近平：《在中共十九届一中全会上的讲话》（2017年10月25日），《习近平谈治国理政》第3卷，外文出版社2020年版，第83—84页。

② 习近平：《增强推进党的政治建设的自觉性和坚定性》（2018年6月29日），《习近平谈治国理政》第3卷，外文出版社2020年版，第97—98页。

治上的“明白人”“老实人”。[1]

2020年12月24—25日，习近平总书记在中央政治局民主生活会上的讲话中强调：“我们党领导人民进行革命、建设、改革的历史进程反复证明了一个道理：政治上的主动是最有利的主动，政治上的被动是最危险的被动。”“我们党要始终做到不忘初心、牢记使命，把党和人民事业长长久久推进下去，必须增强政治意识，善于从政治上看问题，善于把握政治大局，不断提高政治判断力、政治领悟力、政治执行力。”[2]此后，习近平总书记在2021年1月11日省部级主要领导干部学习贯彻党的十九届五中全会精神专题研讨班、1月22日十九届中央纪委五次全会、1月28日中央政治局第二十七次集体学习、2月1日同党外人士共迎新春、2月19日中央全面深化改革委员会第十八次会议、2月20日党史学习教育动员大会以及3月1日中央党校（国家行政学院）中青年干部培训班等的讲话中，对不断提高政治判断力、政治领悟力、政治执行力提出明确要求。

习近平总书记在不同场合、从不同角度关于政治能力的重要论述，其核心要义都是在强调党员、干部要强化政治思维，善于从政治上观察和处理问题，把讲政治的要求既内化于心、坚定政治信仰，又外化于行、转化为实践中的政治担当和作为。

从政治能力的内在逻辑看，政治能力应当包括政治信仰力、政治判断力、政治领悟力、政治执行力、政治自制力。政治信仰力旨在树牢政治信仰，解决的是政治能力的灵魂问题；政治判断力旨在胸怀大局、明辨是非，解决的是从政治上看清楚、把准政

---

① 《习近平在中央党校（国家行政学院）中青年干部培训班开班式上发表重要讲话强调　年轻干部要提高解决实际问题能力　想干事能干事干成事》，《人民日报》2020年10月11日。

② 《中共中央政治局召开民主生活会强调　加强政治建设提高政治能力坚守人民情怀　不断提高政治判断力政治领悟力政治执行力》，《人民日报》2020年12月26日。

治方向的问题；政治领悟力旨在牢记“国之大者”，解决的是把党中央大政方针和中央精神想明白、领悟到位的问题；政治执行力旨在确保创造性贯彻落实中央决策部署，解决的是做得好、执行到位的问题；政治自制力旨在牢记初心使命，严以律己、自我控制，解决的是永葆政治本色、严守底线的问题。这五个方面内在关联、有机统一，共同构成党员、干部政治能力的基本内容。

政治信仰力是指对党的政治信仰和理想信念的矢志不移、坚贞不渝，并为之终身奋斗的能力。对马克思主义的信仰，对共产主义和中国特色社会主义的信念，是中国共产党人的政治灵魂。这是“照耀人生旅程的太阳”，是砥砺前行的强大精神动力，是经受考验的精神支柱，是政治能力的灵魂、核心和根基。党员、干部必须坚持马克思主义指导地位，坚持用习近平新时代中国特色社会主义思想武装头脑、指导实践、推动工作，牢固树立共产主义远大理想和中国特色社会主义共同理想，挺起共产党人的精神脊梁。

政治自制力既要求党员、干部始终保持政治定力，牢记初心使命，能够信仰坚定、稳如泰山、坚如磐石，严守政治纪律和政治规矩，永葆清正廉洁的政治本色，也要求能够自我克制、自我控制，对欲望诱惑具有强大的免疫力，能够控制自己思想感情和举止行为的能力，能够掌控自身言行、习惯、情绪和欲望。“猝然临之而不惊，无故加之而不怒”，就是关于自制力的生动诠释。自制力的反面就是任性、放任，对自己持放纵态度，对自己的言行不加约束，任意胡为，不考虑行为及其后果。政治自制力的核心要求就是党员、干部既要始终保持政治定力，能够信仰坚定、稳如泰山、坚如磐石，严守政治纪律和政治规矩，也要对欲望诱惑具有强大的免疫力。党员、干部必须修身律己，慎终如始，要时刻自重自省自警自励，在私底下、无人时、细微处做到慎独慎微，始终心存敬畏、手握戒尺、行有所止，始终不放纵、不越轨、不逾矩。要像珍惜生命一样珍惜自己的节操，做一个一尘不染的人。

本书的第五章“坚定政治信仰”对政治信仰力的相关内容进行了分析，第六章“净化政治生态”的相关部分对政治自制力进行了分析。本章的第二、第三、第四部分重点分析政治判断力、政治领悟力和政治执行力。

（三）政治能力的根本性质

在党员、干部的素质能力中，政治素养是最核心的素养，政治能力是第一位的能力。这意味着政治能力具有根本性质，是基础性、本源性能力。

政治能力“犹鱼之有渊”，是党员、干部其他能力的源头，是其他能力的灵魂、根基、底色和生命线，是管总、管根本、管方向的能力，对其他能力的性质和方向具有决定性影响，对其他能力发挥着统领作用。政治能力在党员、干部能力体系中处于核心地位，是党员、干部安身立命的根本。

政治能力不强，其他方面的能力再强，也是靠不住的。党员、干部其他方面的能力是把双刃剑，既可以服务于党和国家事业，也可能对党和国家事业造成损害。如果政治信仰迷失、政治方向有偏差、政治立场不稳、政治纪律失守，政治能力出了问题，其他能力越强，给党和国家事业带来的危害反而越大。这就是“政治能力的决定性作用”。政治能力能够填补党员、干部其他能力的缺陷，而其他能力却不能填补政治能力的缺陷。政治能力方面的缺陷是致命性、根本性的缺陷，不仅是其他能力所不能替代的，其他能力甚至可能放大政治能力的缺陷。正如习近平总书记强调指出的：“政治上有问题的人，能力越强、职位越高，危害就越大。”[①] 所谓“政治上有问题”，也就是政治能力不过关。

政治能力的根本能力性质，还意味着它能够衍生、扩展、激发、增强党员、干部其他方面的能力，充分挖掘人的诸多方面潜能。政治能力是基于坚定的政治信仰、强烈的使命担当等为内核的能力。为了维护党、国家和人民的利益不惜奉献自己、牺牲自己，由此产生的崇高道德感和神圣使命感，唤醒人们对终极价值和美好理想的热情和虔诚，激发人们内心深处向上向善求真求美的内生动力，催生出顽强的意志和强大持久的力量。

中华优秀传统文化的一个重要特点，就是善于抓住事物的本质、发现根本性问题，在人才培养使用以及治国理政方面，特别是在处理德与才、道与术、价值观与知识等的关系时，一直强调关注事物的本质、聚焦事物的灵魂、抓住事物的根基。比如，在教育方面，首要的是强调德的教育，其次才是知识层面的教育；强调教育的灵魂是价值观塑造和人文精神培养，教育不仅是为了增长知识、培养专业技能，更重要的是塑造人们的价值观，提高人们的价值判断能力和价值担当能力，激励人们追求崇高的人格境界，关怀人类生命价值、关怀家国天下、关怀人类命运。

孔子是中国教育的先驱。他教育弟子，内容包括五经六艺，六艺即礼、乐、射、御、书、数，分别是礼法、乐舞、射箭、驾车、书法和算术，其中射箭、驾车为军事技能。孔子把“仁”作为最高的德，孔子的教育观，最高目标是“成仁”，就是要塑造价值观、完善人格，培养大的格局和境界。正如萧公权先生所言：孔子的教育，“以培养个人之品格为目的，而不注重智识与技能。乃至射御诸术，亦所以陶融人格，而非健全身体或图谋生计之训练。此为孔

---

① 习近平:《在全国组织工作会议上的讲话》(2018 年 7 月 3 日),《党建研究》2018 年第 9 期。

子仁本政治之必然趋势，无足惊讶”[①]。

中国传统启蒙教材《三字经》有个重要结论，即“曰仁义，礼智信。此五常，不容紊”。仁是指仁爱，要有爱人之心；义是指正义、道义，要求人们公正合宜；礼是指礼仪，要求合乎规范；智是指明智，要求明辨是非；信是指诚信，要求专一守信。“仁义礼智信”是儒家倡导的做人做事的五条准则，是处理人与人之间关系的准则。所谓“五常”，是指这五条准则超越时空、经久不变，是永恒的、最重要的。五常的排列有内在的逻辑。仁义礼在先，之后是智和信。《三字经》为什么强调“不容紊”，五常的顺序不允许紊乱，这是因为，仁义礼事关做人做事的本质、方向、根本和原则，是人之为人的道德标准。智和信固然重要，但是必须以仁义礼为前提。如果没有仁义礼为前提，智和信将可能产生很可怕的后果。正如知识就是力量，但没有良知作为灵魂的知识，将可能迷失方向，对他人、社会具有极大的破坏力、杀伤力。所以良知决定方向，有良知作为灵魂的知识，才是真正的向上向善的力量，才可能塑造优秀品质。没有良知作为灵魂和内核的知识教育，可能培养出来的就是精致的利己主义者或者高学历的野蛮人。

选贤任能倡导德才兼备、以德为先，是中国传统人才观的精髓。孔子强调“为政以德”，他对执政者发出忠告：“德薄而位尊，知小而谋大，力小而任重，鲜不及矣。”就是说，一个人德行浅薄却占据高位，智慧有限却自作聪明地谋划大事，能力有限却要不自量力地承担重任，这三种情况很少有不引来灾祸的。我国历朝历代在选人用人方面大多重视德才，主张德才兼备方堪重任。

关于德和才的关系，中国历史上那些有作为的政治家有许多富有真知灼见的论述。比如，北宋司马光认为：“才者，德之资也；

---

① 萧公权：《中国政治思想史》，商务印书馆 2017 年版，第 71 页。

德者，才之帅也。”“是故才德全尽谓之圣人，才德兼亡谓之愚人，德胜才谓之君子，才胜德谓之小人。”“君子挟才以为善，小人挟才以为恶。挟才以为善者，善无不至矣；挟才以为恶者，恶亦无不至矣。”“自古昔以来，国之乱臣，家之败子，才有余而德不足，以至于颠覆者多矣。”司马光理想的用人标准是德才兼备、以德为先，有德无才者次之，无德无才者又次之，最不能用的就是有才无德的小人。用人当先求有德，若才德不能两全，“宁舍才而取德”。司马光认为，才胜德的人，对社会的危害，远比一个无才无德之人要严重得多。

“德者，本也。”蔡元培说过：“若无德，则虽体魄智力发达，适足助其为恶。”道德之于个人、之于社会，都具有基础性意义，做人做事第一位的是崇德修身。用人标准为什么强调德才兼备、以德为先，就是因为德是首要、是方向，一个人只有明大德、守公德、严私德，其才方能用得其所。

我们党选人用人的一贯方针和优良传统，就是坚持德才兼备、以德为先，把政治标准作为选人用人的首要标准。这里的“德”，第一位的是政治品德，是指党性要求、政治素质和政治能力要求。党员、干部的专业素养、专业能力固然重要，但政治素质、政治能力始终是摆在第一位的要求。

毛泽东反复强调，政治是主要的，是第一位的，干部要又红又专，好的干部是红与专的统一体，缺一不可。《关于党内政治生活的若干准则》明确规定：“‘红’就是具有坚定正确的政治方向，坚持四项基本原则；‘专’就是学习和掌握现代化建设的专业知识，成为本职工作的内行和能手。”

习近平总书记指出：“对领导干部而言，党性就是最大的德。现在干部出问题，主要是出在‘德’上、出在党性薄弱上。群众评价说：‘有德有才是正品，有德无才是次品，无德无才是废品，无德有才是毒品。'"[1]他强调："建立以德为先、任人唯贤、人事相宜的选拔任用体系。选什么样的人、从哪里选人、怎么用人是干部选拔任用的关键问题。选什么样的人？就是要坚持好干部标准，把政治标准放在第一位。政治标准是硬杠杠。这一条不过关，其他都不过关。如果政治不合格，能耐再大也不能用。"[2]"我们选用的干部必须是政治上过得硬、靠得住的干部。看一个干部政治素质高不高，主要看是否树立'四个意识'、坚定'四个自信'，是否坚决维护党中央权威和集中统一领导，是否全面贯彻执行党的理论和路线方针政策，是否积极贯彻落实党中央重大决策部署，是否忠诚干净担当。"[3]

党员、干部的政治能力与专业能力，是辩证统一、相辅相成的，二者缺一不可。政治能力是灵魂、方向，专业能力是基础、保证。政治上不合格，经不起风浪，这样的干部能耐再大也不是我们党需要的好干部。领导干部政治能力过硬，核心要求就是党员、干部必须不断坚守讲政治的正道，坚持吾"道"一以贯之，牢记党员干部的政治身份、政治使命、政治责任，做到"风雨不动安如山"。如果不走正道，就可能迷惑，成为毛泽东批评的"迷失方向的实际家"，这很危险。正所谓"世人多巧，心茫茫然"。

应当看到，不少党员、干部在政治能力方面还有亟待提高的地方。比如，有的政治信仰不坚定、政治意识不强、政治站位不高，不善于从政治上观察和处理问题，对"国之大者"不关心，对政治标准、政治要求、政治规矩、政治纪律不上心，不能自觉做到在大局下思考和行动；有的把政治和经济、政治和技术、政治和业务割

---

① 习近平：《在全国党校工作会议上的讲话》（2015 年 12 月 11 日），人民出版社 2016 年版，第 17 页。

② 习近平：《在全国组织工作会议上的讲话》（2018 年 7 月 3 日），《党建研究》2018 年第 9 期。

③ 同上。

裂开来甚至对立起来，只记得自己是部长、局长、董事长、总经理，却忘记自己的党员身份、党内职务以及肩负的管党治党政治责任；有的政治敏锐性不高，对政治上的苗头性倾向性问题不能见微知著、防患未然，对各种问题的政治危害性不走心，对贯彻落实党中央的大政方针不用心，讲政治只是停留在口头上，没有从外部要求转化为内在主动，贯彻落实中央决策部署做选择、搞变通、打折扣等。对于这些情形，必须高度警惕，坚决遏制。

当前，我们正在实施“十四五”规划、奋进全面建设社会主义现代化国家新征程上，正处于实现中华民族伟大复兴最为关键的历史时期。在新的历史起点上进行伟大斗争、建设伟大工程、推进伟大事业、实现伟大梦想，更需要党员、干部旗帜鲜明讲政治，不断提高政治能力，特别是政治判断力、政治领悟力、政治执行力，敢于斗争，善于斗争，攻坚克难，开拓创新，积极投身新时代中国特色社会主义伟大实践，更好展现作为、不辱使命。

二、提高政治判断力

（一）政治判断力的含义

所谓判断力，就是分析和决断的能力。政治判断力，就是判断政治方向的能力，是运用政治思维、从政治上透过现象看到事物的本质并做出决断的能力。这是党员、干部坚持马克思主义的立场观点方法，综合运用政治理念、政治素养、政治知识、政治智慧等，从政治维度分析和判断事物的能力，也就是把其政治信仰和价值观付诸事物上所呈现出来的能力。

列宁指出：“一个阶级如果不从政治上正确地看问题，就不能维持它的统治，因而也就不能完成它的生产任务。”[①] 毛泽东曾形象地说：“我们的眼力不够，应该借助于望远镜和显微镜。马克思主义的方法就是政治上军事上的望远镜和显微镜。”[②] 要善于运用马克思主义这个政治上的“望远镜”和“显微镜”，从政治上思考谋划，深入观察、分析和解决问题，既登高望远、把握趋势，又见微知著、洞察秋毫。

习近平总书记反复强调，党员、干部必须善于从政治上观察和处理问题，使讲政治的要求从外部要求转化为内在主动。他深刻指出：“增强政治判断力，就要以国家政治安全为大、以人民为重、以坚持和发展中国特色社会主义为本，增强科学把握形势变化、精准识别现象本质、清醒明辨行为是非、有效抵御风险挑战的能力。中央政治局的同志要善于思考涉及党和国家工作大局的根本性、全局性、长远性问题，加强战略性、系统性、前瞻性研究谋划，做到在重大问题和关键环节上头脑特别清醒、眼睛特别明亮，善于从一般事务中发现政治问题，善于从倾向性、苗头性问题中发现政治端倪，善于从错综复杂的矛盾关系中把握政治逻辑，坚持政治立场不移、政治方向不偏。”[③] 这些重要论述，从政治的实质和本源意义层面集中概括了政治判断力的丰富内涵，深刻揭示了政治判断力的基本要求，为党员、干部坚持正确政治方向、驾驭政治局面、防范政治风险提供了根本遵循。

政治判断力要求党员、干部必须具备敏锐的政治洞察能力，善

---

① 列宁：《再论工会、目前局势及托洛茨基同志和布哈林同志的错误》（1921 年 1 月 25 日），《列宁选集》第 4 卷，人民出版社 2012 年版，第 408 页。

② 毛泽东：《中国革命战争的战略问题》（1936 年 12 月），《毛泽东选集》第 1 卷，人民出版社 1991 年版，第 212 页。

③《中共中央政治局召开民主生活会强调　加强政治建设提高政治能力坚守人民情怀　不断提高政治判断力政治领悟力政治执行力》，《人民日报》2020 年 12 月 26 日。

于从政治上“识破真相”，洞察事物本质，把握事物发展的趋势、方向和规律。政治洞察能力要求党员、干部有远大的政治眼光、高明的政治见识、高度的政治警觉、明察秋毫的观察能力和鞭辟入里的分析能力，要有草摇叶响知鹿过、松风一起知虎来、一叶易色而知天下秋的见微知著能力，能够站在全局、整体的高度，广泛地收集和研究信息，精心地分析预测，敏锐地发现别人尚未意识到的问题，迅速而又准确地把握问题的根本和本质。

政治判断力要求党员、干部必须具备清醒的政治鉴别能力，这是指对于事关大局、事关根本、事关前途的大是大非问题的敏锐性和识别力，要求党员、干部善于在错综复杂的形势下保持清醒的政治头脑，能够辨明政治方向、站稳政治立场、掌握政治主动。政治鉴别力是党员、干部政治素养、理论思维、政治品质、政治格局、政治智慧和经验的综合运用。

政治判断力要求党员、干部必须具备果敢的政治决断能力。决断，就是指拿主意、做决定。政治决断能力是指在对事物本质及其发展趋势做出正确判断的基础上进行科学决策，制定并实施正确的路线方针政策和战略。敢于决断、善于决断是领导者担当尽责、成就事业的基础，是整个领导工作的关键与核心。在关键时刻，领导干部需要及时坚决地做出最后定论，以引导自己所在的组织夺取胜利或规避风险。政治洞察能力和政治鉴别能力是政治决断能力的前提和基础。任何决断都是针对特定形势做出的，对形势判断错误就难以做出正确的决断。

习近平总书记在“之江新语”专栏文章中曾经阐述领导干部领导艺术的三类不同境界。“第一类，眼光敏锐，见微知著，‘为之于未有，治之于未乱’，防患于未然，化解于无形，开展工作有板有眼，纵横捭阖，张弛有度，‘谈笑间，樯橹灰飞烟灭’，这是领导艺术的最高境界。第二类，工作勤勤恳恳、忙忙碌碌、夜以继日，天天加班加点，虽然工作的预见性、敏感性不足，但问题暴露后，尚能及时采取措施，妥善加以解决。虽不能举重若轻而显得举轻若重，但‘勤能补拙’，仍不失为勤政的干部。第三类，见事迟，反应慢，发现不了问题，出了问题后，或手足无措，或麻木不仁。我们每一个领导干部，都要努力学习，加强实践，不断提高领导水平，力求最高境界，力戒第三种情况。”[①] 党员、干部提高政治判断力，就是要追求最高境界。

在面对内部、外部压力以及各种不确定性的情况下，党员、干部在关键时刻做出正确决策，需要有强大自信和果敢魄力，要有勇气去承担决断后的各种结果。这要求党员、干部学会运用马克思主义立场观点方法，观察世情国情党情及其发展趋势，增强工作的原则性、系统性、预见性、创造性，既要高瞻远瞩，看到当前局面的性质，还要洞察秋毫，观察事物的关键变量及其结构和影响，在任何时候任何情况下都能做到不忘初心使命，始终保持政治信仰不变、政治立场不移、政治方向不偏、政治原则不弃。

政治判断力从着力点看，应当包括坚持正确政治方向、驾驭政治局面、防范政治风险三个方面。本章接下来逐一探讨这三个方面内容。

（二）坚持正确政治方向

方向涉及根本、关系全局、决定道路、影响长远。政治方向是一个政党所确立的奋斗目标，引领党的事业发展。这是党生存发展第一位的问题，事关党的前途命运和事业兴衰成败。这是党员、干

① 习近平：《要讲究领导艺术》（2004 年 1 月 13 日），《之江新语》，浙江出版联合集团、浙江人民出版社 2007 年版，第 27 页。

部政治判断力的基准，有了正确政治方向，政治判断、抉择才不会出错。

坚持正确政治方向，始终是我们党的光荣传统。在我们党的历史上，毛泽东亲自为中国人民抗日军事政治大学制定了著名的“三句话”的教育方针，即坚定正确的政治方向、艰苦奋斗的工作作风、机动灵活的战略战术，[①]而且把“坚定正确的政治方向”放在抗大教育方针的首位。他还要求，要有“富贵不能淫，贫贱不能移，威武不能屈”的骨气来坚持这个方向。毛泽东为了让学员们领会好抗大的教育方针，引用《西游记》中的人物深入浅出地给大家做比喻：“唐僧这个人，一心一意要去西天取经，遭受了九九八十一难，百折不回，他的方向是坚定不移的。但他也有缺点：麻痹，警惕性不高，敌人换个花样就不认识了。猪八戒有很多缺点，但有一个优点，就是能吃苦。臭柿胡同就是他拱开的。孙猴子很灵活、很机动，但他最大的缺点是方向不坚定，三心二意……”[②]

毛泽东 1938 年 3 月 19 日在抗大第四期第五大队开学典礼的讲话中指出：在抗大要学习打仗，也要学习政治，更着重于军事。政治是管着军事的，二者又要统一地配合起来。在抗大要学到正确的政治方向、艰苦奋斗的革命作风和灵活的战略战术。[③] 1938 年 4 月 1 日，他在陕北公学第二期开学典礼讲话中说：共产党之所以被人们信仰，是由于它的政治方向代表了全中国绝大多数人的意愿，它的工作作风继承了中华民族的光荣传统。他送给陕公同学两件礼物，第一件是坚定不移的政治方向，第二件是艰苦奋斗的工作作风。[④]

---

① 毛泽东：《抗大三周年纪念》（1939 年 5 月 26 日），《毛泽东文集》第 2 卷，人民出版社 1993 年版，第 188 页。

② 转引自王树人：《毛泽东善于古事新解》，《党史纵览》2016 年第 9 期。

③ 中共中央文献研究室编：《毛泽东年谱（1893—1949）修订本》中卷，中央文献出版社 1993 年版，第 59 页。

④ 同上，第 63 页。

毛泽东多次讲过“伙夫同志起床第一问”的故事：红军过草地的时候，伙夫同志一起床，不问今天有没有米煮饭，却先问向南走还是向北走。这看似不太容易引人注意的事情，但在毛泽东看来是件大事，即革命队伍的前进方向比吃饭睡觉更重要。毛泽东就此明确指出：“革命党是群众的向导，在革命中未有革命党领错了路革命不失败的。”[①] 革命的方向就是政治方向，如果在政治方向问题上出现偏离，就会犯颠覆性错误。

邓小平在谈到干部队伍革命化、年轻化、知识化、专业化要求时，高瞻远瞩地指出：“中青年干部接班，最重要的是接老同志坚持革命斗争方向的英勇精神的班。希望通过你们的努力，把党的好传统、好作风发扬起来。”[②] 1989 年 6 月，邓小平在同常委同志谈话时特别强调：“是否坚持社会主义道路和党的领导是个要害。整个帝国主义西方世界企图使社会主义各国都放弃社会主义道路，最终纳入国际垄断资本的统治，纳入资本主义的轨道。现在我们要顶住这股逆流，旗帜要鲜明。因为如果我们不坚持社会主义，最终发展起来也不过成为一个附庸国，而且就连想要发展起来也不容易。”[③]

习近平总书记指出：“党领导人民治国理政，最重要的就是坚持正确政治方向，始终保持我们党的政治本色，始终沿着中国特色社会主义道路前进。”[④] 他多次强调：“我国是一个大国，决不能在根本性问题上出现颠覆性错误，一旦出现就无法挽回、无法弥

---

① 毛泽东：《中国社会各阶级的分析》（1925 年 12 月 1 日），《毛泽东选集》第 1 卷，人民出版社 1991 年版，第 3 页。

② 邓小平：《在中国共产党全国代表会议上的讲话》（1985 年 9 月 23 日），《邓小平文选》第 3 卷，人民出版社 1993 年版，第 146 页。

③ 邓小平：《第三代领导集体的当务之急》（1989 年 6 月 16 日），《邓小平文选》第 3 卷，人民出版社 1993 年版，第 311 页。

④ 习近平：《总结党的历史经验　加强党的政治建设》，《求是》2021 年第 16 期。

补。”[①] 这就意味着，在道路、方向、立场等重大原则性问题上，旗帜要鲜明，态度要明确，不能有丝毫含糊。

我们党所坚持的政治方向是什么？习近平总书记对此有深刻论述。2018 年 6 月 29 日，他在十九届中央政治局第六次集体学习时的讲话中指出："我们所要坚守的政治方向，就是共产主义远大理想和中国特色社会主义共同理想、'两个一百年'奋斗目标，就是党的基本理论、基本路线、基本方略。"[②] 2020 年 10 月 10 日，他在中央党校（国家行政学院）中青年干部培训班开班式的讲话中强调："提高政治能力，首先要把握正确政治方向，坚持中国共产党领导和我国社会主义制度。在这个问题上，决不能有任何迷糊和动摇！"[③] 习近平总书记关于增强政治判断力"以国家政治安全为大、以人民为重、以坚持和发展中国特色社会主义为本"[④] 的重要论断，也强调了政治方向要求。

从总体来看，坚持正确的政治方向，核心要义就是要求党员、干部在举旗定向上做到"五个坚持"。一是坚持党的全面领导，增强"四个意识"，坚决做到"两个维护"。二是坚持全心全意为人民服务的根本宗旨，站稳人民立场。三是坚持党的科学理论指导，坚持马克思主义在意识形态领域的指导地位，坚持用马克思主义及其中国化理论成果，特别是习近平新时代中国特色社会主义思想武装全党。四是坚定马克思主义信仰，坚持共产主义远大理想和中国特色社会主义共同理想，坚定"四个自信"。五

---

① 习近平：《全面深化改革必须加强和改善党的领导》（2013 年 11 月 12 日），《论坚持党对一切工作的领导》，中央文献出版社 2019 年版，第 32 页。

② 习近平：《增强推进党的政治建设的自觉性和坚定性》（2018 年 6 月 29 日），《习近平谈治国理政》第 3 卷，外文出版社 2020 年版，第 93 页。

③《习近平在中央党校（国家行政学院）中青年干部培训班开班式上发表重要讲话强调 年轻干部要提高解决实际问题能力 想干事能干事干成事》，《人民日报》2020 年 10 月 11 日。

④ 习近平：《总结党的历史经验 加强党的政治建设》，《求是》2021 年第 16 期。

是坚持党的政治路线和党的基本方略。

以上“五个坚持”，最根本的是坚持党的领导和社会主义制度，凡是有利于坚持党的领导和我国社会主义制度的事就坚定不移地做，凡是不利于坚持党的领导和我国社会主义制度的事就坚决不做！党员、干部只有牢牢把握正确政治方向，才能不断增强政治信念的坚定性，不断增强政治鉴别的敏锐性，不断增强对党忠诚的绝对性，才能在波谲云诡的形势面前做到头脑清醒、明辨是非，才能在重大政治原则和大是大非问题上毫不含糊、毫不动摇。

中国共产党自成立以来，能够在关键之际绝处逢生、在挫折之后毅然奋起、在磨难面前百折不挠，能够战胜一切困难险阻，不断取得新胜利。新中国成立七十多年来，我们党领导人民创造了世所罕见的经济快速发展奇迹和社会长期稳定奇迹；党的十八大以来，我们党领导人民推进党和国家事业发生历史性变革、取得重大历史性成就，特别是新冠肺炎疫情防控取得重大战略成果，脱贫攻坚取得伟大历史性成就，解决了困扰中华民族几千年的绝对贫困问题，创造了人类减贫史上的奇迹。这些成就的取得，归根结底，就是因为中国共产党人始终坚持正确的政治方向，始终保持强大政治定力和战略定力。

（三）驾驭政治局面

驾驭政治局面，就是掌握、控制局面，使得局面能够按照自己的意志而发展。这是党员、干部政治能力的内在要求。

短绠难汲深井水，浅水难负载重舟。党员、干部要驾驭政治局面，战略预见、把握全局、谋划发展的能力十分重要。毛泽东在党的七大上指出：“预见就是预先看到前途趋向。如果没有预见，叫不叫领导？我说不叫领导。”[①]“坐在指挥台上，如果什么也看不见，就不能叫领导。坐在指挥台上，只看见地平线上已经出现的大量的普遍的东西，那是平平常常的，也不能算领导。只有当还没有出现大量的明显的东西的时候，当桅杆顶刚刚露出的时候，就能看出这是要发展成为大量的普遍的东西，并能掌握住它，这才叫领导。”[②]

驾驭政治局面，要求党员、干部能够把握大势、把握全局。“把握大势”要求党员、干部深刻体察世情国情党情，具有历史眼光和全球视野，自觉把本职工作放到党和国家发展的大局中来定位、放到历史长河和全球视野中来谋划，把握方向、掌握主动，抓住机遇、应势而动、顺势而为，更好地推动事业发展。这要求有敏锐的预见性，对问题要看得远看得准，对刚刚露头的苗头性、倾向性问题具有敏锐的识别力，能够善于发现政治端倪，善于从错综复杂的矛盾关系中把握政治逻辑、预见发展趋势。“把握全局”要求党员、干部坚持以全面、系统、联系的观点来认识问题、分析问题、处理问题，要有全局性的眼光，看问题不但要看到部分，而且要看到全体；通盘考虑各种问题，统筹谋划各项事业，不会因本位主义、局部利益、当前利益而损害全局、整体和长远利益。

驾驭政治局面，要求党员、干部具有宏伟的胆识和魄力，能够判断准确、谋划科学，站在党和国家的大局上思考和决策，在权衡利弊中趋利避害、做出最为有利的战略抉择，而且在实践中善于把控突发事件，赢得主动，既维护安定团结的政治局面，又能够高质量实现政治战略和政治意图。

驾驭政治局面，还要求党员、干部保持政治定力。《习近平的七年知青岁月》一书记录，与习近平同在梁家河插队的雷平生说：

---

① 毛泽东：《在中国共产党第七次全国代表大会上的结论》（1945 年 5 月 31 日），《毛泽东文集》第 3 卷，人民出版社 1996 年版，第 394 页。

② 同上。

习近平“曾几次与我说过他很喜欢曾国藩的一段话：愈是军情棘手，众议纷纭，愈要心明力定，从‘耐烦’二字痛下功夫”[①]。做大事者必须具备冷静的心态和自控能力，不论大事小事、急事缓事，都能冷静观察、谨慎从事、谋定而后动，始终保持清醒头脑、坚持以我为主，不为任何干扰所迷惑，不为各种错误观点所左右，牢牢把握战略主动权。

毛泽东、邓小平、习近平总书记都是驾驭政治局面的楷模，为党员、干部树立了榜样。

毛泽东的《星星之火，可以燎原》坚定党内和军内的革命信心。毛泽东为探索中国革命道路，克服党内和军内存在的对革命前途的悲观情绪，在 1930 年 1 月 5 日撰写《星星之火，可以燎原》。他以革命家磅礴的激情和火热的语言写道：“所谓革命高潮快要到来的‘快要’二字作何解释，这点是许多同志的共同的问题。马克思主义者不是算命先生，未来的发展和变化，只应该也只能说出个大的方向，不应该也不可能机械地规定时日。但我所说的中国革命高潮快要到来，决不是如有些人所谓‘有到来之可能’那样完全没有行动意义的、可望而不可即的一种空的东西。它是站在海岸遥望海中已经看得见桅杆尖头了的一只航船，它是立于高山之巅远看东方已见光芒四射喷薄欲出的一轮朝日，它是躁动于母腹中的快要成熟了的一个婴儿。”[②] 这篇文章揭示出中国革命胜利发展的必然趋势和客观规律。它一扫质疑革命的阴霾，打破了当时党内和军内对革命前途悲观和迷茫的情绪，坚定了党领导广大军民为理想信念继续奋斗的决心和信心。

毛泽东关于抗美援朝的历史性决策，彰显非凡胆略和卓越政治

---

① 中央党校采访实录编辑室：《习近平的七年知青岁月》，中共中央党校出版社 2017 年版，第 58 页。

② 毛泽东：《星星之火，可以燎原》（1930 年 1 月 5 日），《毛泽东选集》第 1 卷，人民出版社 1991 年版，第 106 页。

决策。胡乔木回忆说："我在毛主席身边工作 20 多年，记得有两件事是他很难下决心的。一件是 1946 年我们党准备同国民党彻底决裂，进行自卫战争；再就是派志愿军入朝作战，美国已经打到我们的国境线上了，不打怎么办？党中央多次讨论，在反复权衡利弊之后，毅然决定派遣中国人民志愿军参战，并做好应对最坏局面的准备。"①做出抗美援朝这一决策，对于刚刚建立的新中国来说，是一件生死攸关的大事，牵涉方方面面，既有对国家安全和主权的诸多考虑，又受制于朝鲜、苏联、美国等各种外部因素。当时在党内外，甚至党内高层中都存在着"抗美援朝是不是会影响和平建设"的顾虑。毛泽东对此深思熟虑，他说："如果我们对朝鲜问题置之不理，美国必然得寸进尺，走日本侵略中国的老路，甚至比日本搞得还凶。它要把三把尖刀插在中国的身上：从朝鲜一把刀插在我国的头上，从台湾一把刀插在我国的腰上，从越南一把刀插在我国的脚下。天下有变，它就从三个方向向我们进攻。那我们就被动了。所以，打得一拳开，免得百拳来。抗美援朝，就是保家卫国。"②毛泽东的"三把刀"比喻，形象地揭穿了美国亡中国之野心不死，显示出毛泽东高超的政治洞察能力。毛泽东和中央政治局扩大会议经过充分讨论，反复权衡利弊得失，在民主集中的基础上形成共识，最终以非凡气魄和胆略做出"抗美援朝，保家卫国"的历史性决策，毅然决然派遣中国人民志愿军赴朝作战。周恩来说："毛泽东下这个伟大的决心，是根据科学的预见、实际的分析。"③彭德怀说："这个决心不容易定下，这不仅要有非凡的胆略和魄力，最主要的是具有对复杂事物的卓越洞察力和判断力。历史进程证明了毛主席的英明

① 转引自：《新中国成立 70 年大家谈》，人民出版社 2019 年版，第 49 页。

② 转引自陈晋等著：《为了初心和使命——中国共产党一路走来的故事》，人民出版社 2019 年版，第 92 页。

③ 转引自杨晴：《毛泽东决策抗美援朝》，《决策探索》2020 年第 12 期上。

正确。”[1]习近平总书记深刻指出：“抗美援朝战争伟大胜利，是中国人民站起来后屹立于世界东方的宣言书，是中华民族走向伟大复兴的重要里程碑，对中国和世界都有着重大而深远的意义。”[2]毛泽东对抗美援朝的战略决策，将会永远铭刻在中华民族的历史上。

邓小平坚持科学地评价毛泽东和毛泽东思想，彰显高超政治智慧和巨大政治勇气。他曾深情地说：“毛主席一生中大部分时间是做了非常好的事情的，他多次从危机中把党和国家挽救过来。没有毛主席，至少我们中国人民还要在黑暗中摸索更长的时间。”[3]如何评价毛泽东同志的历史地位和毛泽东思想的科学体系，是十分严肃的重大政治问题。邓小平亲自主持起草、由党的十一届六中全会通过的《关于建国以来党的若干历史问题的决议》，全面科学地分析了建国以来党的历史，科学评价了毛泽东和毛泽东思想，维护了毛泽东的历史地位，肯定了毛泽东思想的指导作用，彻底否定了“文化大革命”，同时坚决顶住否定毛泽东同志和毛泽东思想的错误思潮。针对当时对毛泽东的不同评价，1980 年 10 月 25 日，邓小平同中央负责同志谈话，他坚定地表示：在科学评价毛泽东和毛泽东思想的问题上不能让步。他说：“不提毛泽东思想，对毛泽东同志的功过评价不恰当，老工人通不过，土改时候的贫下中农通不过，同他们相联系的一大批干部也通不过。毛泽东思想这个旗帜丢不得。丢掉了这个旗帜，实际上就否定了我们党的光辉历史。总的来说，我们党的历史还是光辉的历史。虽然我们党在历史上，包括建国以后的 30 年中，犯过一些大错误，甚至犯过搞‘文化大革命’

---

① 转引自杨晴：《毛泽东决策抗美援朝》，《决策探索》2020 年第 12 期上。

② 习近平：《在纪念中国人民志愿军抗美援朝出国作战 70 周年大会上的讲话》（2020 年 10 月 23 日），人民出版社 2020 年版，第 5 页。

③ 邓小平：《答意大利记者奥琳埃娜·法拉奇问》（1980 年 8 月 21、23 日），《邓小平文选》第 2 卷，人民出版社 1994 年版，第 344—345 页。

这样的大错误，但是我们党终究把革命搞成功了。中国在世界上的地位，是在中华人民共和国成立以后才大大提高的。只有中华人民共和国的成立，才使我们这个人口占世界总人口近四分之一的大国，在世界上站起来，而且站住了。”① “对毛泽东同志的评价，对毛泽东思想的阐述，不是仅仅涉及毛泽东同志个人的问题，这同我们党、我们国家的整个历史是分不开的。要看到这个全局。”② 他接着尖锐地指出：“决议稿中阐述毛泽东思想的这一部分不能不要。这不只是个理论问题，尤其是个政治问题，是国际国内的很大的政治问题。如果不写或写不好这个部分，整个决议都不如不做。”③ 他明确指出：“不把毛泽东思想，即经过实践检验证明是正确的、应该作为我们今后工作指南的东西，写到决议里去，我们过去和今后进行的革命、建设的分量，它的历史意义，都要削弱。不写或不坚持毛泽东思想，我们要犯历史性的大错误。”④ 他强调指出：“对于错误，包括毛泽东同志的错误，一定要毫不含糊地进行批评，但是一定要实事求是，分析各种不同的情况，不能把所有的问题都归结到个人品质上。毛泽东同志不是孤立的个人，他直到去世，一直是我们党的领袖。对于毛泽东同志的错误，不能写过头。写过头，给毛泽东同志抹黑，也就是给我们党、我们国家抹黑。这是违背历史事实的。”⑤

习近平总书记关于改革开放前和改革开放后两个历史时期关系的重要论述，彰显了马克思主义政治家的深刻洞察力、敏锐判断力和高超的政治智慧、坚强的政治定力。习近平总书记在 2013 年

---

① 邓小平：《对起草〈关于建国以来党的若干历史问题的决议〉的意见》（1980 年 3 月—1981 年 6 月），《邓小平文选》第 2 卷，人民出版社 1994 年版，第 298—299 页。

② 同上，第 299 页。

③ 同上。

④ 同上，第 300 页。

⑤ 同上，第 301—302 页。

1月5日新进中央委员会的委员、候补委员学习贯彻党的十八大精神研讨班上的讲话中深刻指出："我们党领导人民进行社会主义建设，有改革开放前和改革开放后两个历史时期，这是两个相互联系又有重大区别的时期，但本质上都是我们党领导人民进行社会主义建设的实践探索。"[①] 如何正确认识这个问题，习近平总书记从三个方面进行了阐释。一是要把握"两个如果没有"。如果没有1978年我们党果断决定实行改革开放，并坚定不移推进改革开放，坚定不移把握改革开放的正确方向，社会主义中国就不可能有今天这样的大好局面，就可能面临严重危机，就可能遇到像苏联、东欧国家那样的亡党亡国危机。同时，如果没有1949年建立新中国并进行社会主义革命和建设，积累了重要的思想、物质、制度条件，积累了正反两方面经验，改革开放也很难顺利推进。二是把握"两者不可割裂"。虽然这两个历史时期在进行社会主义建设的思想指导、方针政策、实际工作上有很大差别，但两者绝不是彼此割裂的，更不是根本对立的。我们党在社会主义建设实践中提出了许多正确主张，当时没有真正落实，改革开放后得到了真正贯彻，将来也还是要坚持和发展的。三是把握"两个不能否定"。对改革开放前的历史时期要正确评价，不能用改革开放后的历史时期否定改革开放前的历史时期，也不能用改革开放前的历史时期否定改革开放后的历史时期。改革开放前的社会主义实践探索为改革开放后的社会主义实践探索积累了条件，改革开放后的社会主义实践探索是对前一个时期的坚持、改革、发展。[②]

习近平总书记之所以突出强调改革开放前后两个历史时期的关

① 习近平：《关于坚持和发展中国特色社会主义的几个问题》（2013年1月5日），《习近平关于"不忘初心、牢记使命"论述摘编》，党建读物出版社、中央文献出版社2019年版，第68—69页。

② 同上，第69页。

系，主要是因为，这不只是一个历史问题，而是直接涉及党的领导、中国特色社会主义的坚持和发展、全党全国人民思想凝聚统一等问题，这是事关党、国家、人民前途命运的重大政治问题。这个重大政治问题处理不好，就会产生严重政治后果。习近平总书记从三个方面进行了透彻精辟论述。第一，从政治上看透“两个不能否定”问题的实质。古人说：“灭人之国，必先去其史。”习近平总书记深刻指出：“国内外敌对势力往往就是拿中国革命史、新中国历史来做文章，竭尽攻击、丑化、污蔑之能事，根本目的就是要搞乱人心，煽动推翻中国共产党的领导和我国社会主义制度。”[①] 多年来，国内外一些敌对势力搞历史虚无主义，妖魔化中国共产党和中国特色社会主义，歪曲历史事实，颠覆科学结论，制造思想混乱。他们“乱史”，是为了“改道”，目的是颠覆中国共产党的领导和中国社会主义制度。对此，必须高度警觉。第二，从苏联、苏共的历史中汲取深刻教训。前车之覆，后车之鉴。当年苏联、苏共垮台，“一个重要原因就是意识形态领域的斗争十分激烈，全面否定苏联历史、苏共历史，否定列宁，否定斯大林，搞历史虚无主义，思想搞乱了，各级党组织几乎没任何作用了，军队都不在党的领导之下了。最后，苏联共产党偌大一个党就作鸟兽散了，苏联偌大一个社会主义国家就分崩离析了。这是前车之鉴啊”[②]。第三，从邓小平科学评价毛泽东的政治智慧中坚定政治立场。习近平总书记高度评价邓小平科学对待毛泽东之事，认为“这就是一个伟大马克思主义政治家的眼界和胸怀。试想一下，如果当时全盘否定了毛泽东同志，那我们党还能站得住吗？我们国家的社会主义制度还能站得住吗？那就站不住

① 习近平：《关于坚持和发展中国特色社会主义的几个问题》（2013 年 1 月 5 日），《习近平关于“不忘初心、牢记使命”论述摘编》，党建读物出版社、中央文献出版社 2019 年版，第 70 页。
② 同上。

了，站不住就会天下大乱”[①]。习近平总书记的重要论述，对于廓清政治上、理论上的模糊、错误认识，进一步在坚定党的历史自信中坚定中国特色社会主义道路自信、理论自信、制度自信、文化自信，具有重大的政治意义、理论意义和实践意义。

（四）防范政治风险

政治风险直接威胁的是国家政治安全。习近平总书记2013年在全国组织工作会议的讲话中指出：“我一直在想，如果哪天在我们眼前发生‘颜色革命’那样的复杂局面，我们的干部是不是都能毅然决然站出来捍卫党的领导、捍卫社会主义制度？我相信，绝大多数党员、干部是能够做到的。”[②]这实质上是要求党员、干部必须提高防范政治风险的能力。

所谓政治风险，是指国家政权、政治制度、政治秩序、意识形态以及党的领导和长期执政地位受到各种侵袭、干扰、威胁和危害的可能性以及该危险事件发生后所产生的后果。政治风险存在于政治领域，以直接的、现实的、严峻的形态呈现出来，在所有风险中居于突出位置。但是，风险往往不是孤立出现的，各种风险最终会向政治领域传导。所以，政治风险绝不仅限于政治领域，来自经济、文化、社会、军事等领域的风险，如果得不到及时有效控制也有可能演变为政治风险。

“安而不忘危，存而不忘亡，治而不忘乱。”统筹发展和安全，增强忧患意识，做到居安思危，是我们党治国理政始终坚持的一

① 习近平：《关于坚持和发展中国特色社会主义的几个问题》（2013年1月5日），《习近平关于“不忘初心、牢记使命”论述摘编》，党建读物出版社、中央文献出版社2019年版，第71页。

② 习近平：《在全国组织工作会议上的讲话》（2013年6月28日），《十八大以来重要文献选编（上）》，中央文献出版社2014年版，第339—340页。

个重大原则。习近平总书记深刻指出："我们党在内忧外患中诞生，在磨难挫折中成长，在战胜风险挑战中壮大，始终有着强烈的忧患意识、风险意识。"[①]在实现中华民族伟大复兴的进程中，我国面临复杂多变的发展和安全环境，面临着前所未有的风险挑战，既有国内的，也有国际经济、政治、军事风险等；既有政治、经济、科技、文化、意识形态、社会等领域的，也有来自自然界的；既有传统的，也有非传统的；既有可以预见的，也有难以预见的。既要高度警惕"黑天鹅"事件，也要防范"灰犀牛"事件；既要有防范风险的先手，也要有应对和化解风险挑战的高招；既要打好防范和抵御风险的有准备之战，也要打好化险为夷、转危为机的战略主动战。[②]

防范政治风险，最为重要的就是维护国家政治安全。政治安全是国家安全的根本和首要问题，在国家安全体系中居于核心地位和最高层次。政治安全的核心是政权安全和制度安全，最根本的是坚持党的领导和中国特色社会主义制度不动摇，为国家安全提供根本政治保证。

维护国家政治安全，就是要使国家政权和政治制度等相对处于没有危险和不受内外威胁的状态，以及面对风险和挑战时能够及时有效应对，保障持续安全状态、确保国家良好政治秩序。这对于保障人民安全、维护国家利益，实现国家长治久安、社会和谐稳定、人民安居乐业，具有根本性、全局性的重大意义。

维护国家政治安全，必须敢于斗争、善于斗争。2019 年 9 月 3 日，习近平总书记在中央党校（国家行政学院）中青年干部培训班开班式上的讲话中明确指出："共产党人的斗争是有方向、有立场、有原则的，大方向就是坚持中国共产党领导和我国社会主义制度不

① 习近平：《增强推进党的政治建设的自觉性和坚定性》（2018 年 6 月 29 日），《习近平谈治国理政》第 3 卷，外文出版社 2020 年版，第 96 页。

② 习近平：《坚持底线思维，着力防范化解重大风险》（2019 年 1 月 21 日），《习近平谈治国理政》第 3 卷，外文出版社 2020 年版，第 220 页。

动摇。凡是危害中国共产党领导和我国社会主义制度的各种风险挑战，凡是危害我国主权、安全、发展利益的各种风险挑战，凡是危害我国核心利益和重大原则的各种风险挑战，凡是危害我国人民根本利益的各种风险挑战，凡是危害我国实现‘两个一百年’奋斗目标、实现中华民族伟大复兴的各种风险挑战，只要来了，我们就必须进行坚决斗争，而且必须取得斗争胜利。”这“五个凡是”明确了维护国家政治安全的关键所在，指明了正确斗争方向。

2020 年 9 月 3 日，习近平总书记在纪念中国人民抗日战争暨世界反法西斯战争胜利 75 周年座谈会的讲话，用“五个必须”“五个绝不答应”，对防范政治风险的有关要求做出了斩钉截铁、铿锵有力的强调：“实现中华民族伟大复兴，必须坚持中国共产党领导。……任何人任何势力企图歪曲中国共产党的历史、丑化中国共产党的性质和宗旨，中国人民都绝不答应！”“实现中华民族伟大复兴，必须坚持走中国特色社会主义道路。……任何人任何势力企图歪曲和改变中国特色社会主义道路、否定和丑化中国人民建设社会主义的伟大成就，中国人民都绝不答应！”“实现中华民族伟大复兴，必须坚持以人民为中心。……任何人任何势力企图把中国共产党和中国人民割裂开来、对立起来，中国人民都绝不答应！”“实现中华民族伟大复兴，必须坚持斗争精神。……任何人任何势力企图通过霸凌手段把他们的意志强加给中国、改变中国的前进方向、阻挠中国人民创造自己美好生活的努力，中国人民都绝不答应！”“实现中华民族伟大复兴，必须坚定不移走和平发展道路。……任何人任何势力企图破坏中国人民的和平生活和发展权利、破坏中国人民同其他国家人民的交流合作、破坏人类和平与发展的崇高事业，中国人民都绝不答应！”①

---

① 习近平：《在纪念中国人民抗日战争暨世界反法西斯战争胜利 75 周年座谈会上的讲话》（2020 年 9 月 3 日），人民出版社 2020 年版，第 10—13 页。

2021年7月1日，习近平总书记在庆祝中国共产党成立100周年大会上的讲话中旗帜鲜明、掷地有声地强调："中国共产党始终代表最广大人民根本利益，与人民休戚与共、生死相依，没有任何自己特殊的利益，从来不代表任何利益集团、任何权势团体、任何特权阶层的利益。任何想把中国共产党同中国人民分割开来、对立起来的企图，都是绝不会得逞的！9500多万中国共产党人不答应！14亿多中国人民也不答应！""中华民族拥有在5000多年历史演进中形成的灿烂文明，中国共产党拥有百年奋斗实践和70多年执政兴国经验，我们积极学习借鉴人类文明的一切有益成果，欢迎一切有益的建议和善意的批评，但我们绝不接受"教师爷"般颐指气使的说教！中国共产党和中国人民将在自己选择的道路上昂首阔步走下去，把中国发展进步的命运牢牢掌握在自己手中！""中国人民是崇尚正义、不畏强暴的人民，中华民族是具有强烈民族自豪感和自信心的民族。中国人民从来没有欺负、压迫、奴役过其他国家人民，过去没有，现在没有，将来也不会有。同时，中国人民也绝不允许任何外来势力欺负、压迫、奴役我们，谁妄想这样干，必将在14亿多中国人民用血肉筑成的钢铁长城面前碰得头破血流！"①

习近平总书记的这些重要论述为党员、干部防范政治风险指明了斗争的方向和着力点。防范政治风险，是每个党员、干部的政治责任，要努力在三个方面担当作为。

一是强化"守土有责、守土负责、守土尽责"意识，把防范化解政治风险工作做实做细做好。何谓守土有责？习近平总书记早年在浙江工作时曾专门撰文对此做出生动解释。他说："何其为领导

---

① 习近平：《在庆祝中国共产党成立100周年大会上的讲话》（2021年7月1日），《求是》2021年第14期。

干部？说得直白一点，组织上让我们当领导干部，就是派我们在这里站岗放哨，这叫守土有责。古时候，刘邦的《大风歌》说：‘大风起兮云飞扬，威加海内兮归故乡，安得猛士兮守四方！’意思就是说要有一批人来守土，负责站岗放哨。”[①] 党员、干部应有强烈的政治责任感，真正做到守土有责。

二是增强底线思维，强化政治风险意识，做到见微知著、未雨绸缪。“豫备不虞，古之善政；安不忘危，有国常典。”“明者防祸于未萌，智者图患于将来。”预判风险所在是防范风险的前提，把握风险走向是谋求战略主动的关键。防范政治风险，要求党员、干部“居安思危，思则有备，有备无患”，炼就一双政治慧眼，不畏浮云遮望眼。习近平总书记指出：“各种风险我们都要防控，但重点要防控那些可能迟滞或中断中华民族伟大复兴的全局性风险，这是我一直强调底线思维的根本含义。”[②]

坚持底线思维，就是要凡事从最坏处着眼，做最充分的准备，朝好的方向努力，争取最好的结果。不能只考虑有利、好的方面，还要考虑到不利、坏的方面。

要加强战略预判和风险预警，提高政治警惕性，定期对风险因素进行全面排查，对潜在的风险有科学预判，知道风险在哪里，表现形式是什么，发展趋势会怎样，对容易诱发政治问题特别是重大突发事件的敏感因素、苗头性倾向性问题，对意识形态领域各种错误思潮、模糊认识、不良现象，保持高度警惕，做到眼睛亮、见事早、行动快，及时消除各种政治隐患，特别是及早识别、防范、化解“蝴蝶效应”、“黑天鹅”事件、“灰犀牛”事件的冲击，力争把

① 习近平：《领导干部必须做到“守土有责”》（2005 年 2 月 16 日），《之江新语》，浙江出版联合集团、浙江人民出版社 2007 年版，第 115 页。

② 转引自中共中央宣传部：《习近平新时代中国特色社会主义思想三十讲》，学习出版社 2018 年版，第 334 页。

风险化解在源头，做到防患于未然、处置于未萌。

三是提高政治风险化解能力。透过复杂现象把握本质，抓住要害、找准原因、果断决策，善于整合各方力量、科学排兵布阵，有效予以处理。要及时阻断不同领域风险的转化通道，防止各种风险传导、叠加、演变、升级，避免各领域风险产生交叉感染，防止非公共性风险扩大为公共性风险、非政治性风险蔓延为政治风险。要增强斗争本领，永葆斗争精神，当战士不当绅士，敢于亮剑、敢于斗争、善于斗争，以“踏平坎坷成大道，斗罢艰险又出发”的顽强意志，应对好每一场重大风险挑战。坚决防止和克服嗅不出敌情、分不清是非、辨不明方向的政治麻痹症。

三、提高政治领悟力

（一）政治领悟力的含义

“一了千明，一迷万惑。”领悟力就是理解、领会、感悟的能力。领悟力强的人总是能够对某一件事物很快做出思考和理解。

政治领悟力，是指对党的理论、路线方针政策和重大决策部署的深入体会、融会贯通、举一反三，从政治上做到正确认识、准确把握和科学运用的能力。它综合反映的是党员、干部对党中央大政方针和中央精神的领会程度和贯彻落实的精神状态。政治领悟力的最高境界是在坚定政治信仰的前提下彻悟党中央大政方针和中央精神、掌握真谛要义、升华精神境界、彰显自觉担当。

习近平总书记指出：“讲政治必须提高政治领悟力。领导干部特别是高级领导干部担的是政治责任，必须对党中央精神深入学习、融会贯通，坚持用党中央精神分析形势、推动工作，始终同党中央保持高度一致。中央政治局的同志是贯彻落实党中央精神的重要组织者和推动者，更应该不断提高政治领悟力，对‘国之大者’了然于胸，明确自己的职责定位。”①

党员、干部是党的意志和党中央决策部署的贯彻执行者，只有深刻领悟党的理论、路线方针政策和重大决策部署，坚持用党中央精神分析形势、推动工作，始终同党中央保持高度一致，才能更好地指导自己的行为，将本职工作和组织期望有机结合。

习近平总书记早在浙江工作期间专门撰文深刻阐述如何吃透党中央精神。他指出：“坚决、认真、不折不扣地贯彻落实中央的精神，是我们党的组织原则和政治纪律的明确要求。在这方面，我们必须顾全大局，决不能阳奉阴违，另搞一套。同时，由于各地情况千差万别，贯彻中央的精神必须紧密结合实际，吃透精神而不照抄照搬，‘不唯上，不唯书，只唯实’，做到深化细化具体化，这才是真正与中央保持高度一致的具体体现。我们必须把中央的精神同浙江的实际紧密结合起来，创造性地开展工作。要注重在吃透上情、把握省情、熟悉下情、了解外情基础上，坚持上下结合、融会贯通、开拓创新，适时提出符合中央精神、切合我省实际的发展思路和决策部署。只有这样，才能以与时俱进、求真务实的精神，促进我省经济社会的全面协调可持续发展，把我省改革发展稳定的各项工作做得更好。”②这段重要论述为领导干部提高政治领悟力、创造性贯彻落实中央精神指明了方向。

党员、干部提高政治领悟力，必须对“国之大者”了然于胸，

---

① 《中共中央政治局召开民主生活会强调　加强政治建设提高政治能力坚守人民情怀　不断提高政治判断力政治领悟力政治执行力》，《人民日报》2020 年 12 月 26 日。

② 习近平：《吃透精神而不照搬照抄》（2004 年 11 月 22 日），《之江新语》，浙江出版联合集团、浙江人民出版社 2007 年版，第 85 页。

要时刻关注党中央在关心什么、强调什么，深刻领会什么是党和国家最重要的利益、什么是最需要坚定维护的立场；要明确自己的职责定位，全面准确理解和把握党中央的决策部署，自觉同党的理论和路线方针政策对标对表、及时校准偏差，决不能在政治信仰、政治方向、政治立场、政治价值、政治道路等根本性问题上出现颠覆性、致命性错误。

（二）牢记“国之大者”

“国之大者”，就是事关国家富强、民族振兴、人民幸福的最重要、最根本的事情、道理与大势。“国之大者”关乎方向、关乎全局、关乎根本、关乎长远。党员、干部无论在哪个领域从事何种工作，都是肩负党赋予的职责使命，都要完成党安排的工作任务，都必须对“国之大者”心中有数。这是党员、干部提高政治领悟力的基本要求。

老子说：“贵以身为天下，若可寄天下；爱以身为天下，若可托天下。”只有胸怀天下、心系天下、奉献天下的人，才能托付天下、治理好天下。中国共产党人肩负为中国人民谋幸福、为中华民族谋复兴、为世界谋和平与发展的崇高使命，自然应该有更高的站位、格局、境界和胸怀，要善于登高望远，观察大势、趋势，思考大局、全局，谋划大事、要事，立足岗位职责做好事、办实事、解难事，推进党和国家事业发展。

就当下而言，党员、干部牢记“国之大者”，必须坚持中国共产党坚强领导，增强“四个意识”、坚定“四个自信”、做到“两个维护”，必须坚持全心全意为人民服务的根本政治立场，团结带领中国人民不断为美好生活而奋斗，特别是要把握“两个大局”，即中华民族伟大复兴战略全局和世界百年未有之大变局。

古语云："先谋于局、后谋于略，略从局出。"意思是说，有怎样的"局"决定着采取怎样的"略"，"谋局"是"谋略"的基础和前提。习近平总书记指出："领导干部要胸怀两个大局，一个是中华民族伟大复兴的战略全局，一个是世界百年未有之大变局，这是我们谋划工作的基本出发点。"[①]

实现中华民族伟大复兴，是中华民族近代以来最伟大的梦想。中国共产党自成立以来，团结带领中国人民进行的一切奋斗、一切牺牲、一切创造，归结起来就是一个主题：实现中华民族伟大复兴。这是中国人民和中华民族的整体利益和最高利益所在。每个人的前途命运都同这个宏伟目标紧密相连。

党的十九大围绕新时代实现中华民族伟大复兴新的历史使命，提出到 21 世纪中叶，把我国建成富强民主文明和谐美丽的社会主义现代化强国。这就意味着，中华民族伟大复兴的战略全局，历经一代代中国共产党人矢志不渝、接续奋斗，而终成宏伟气象。我们比历史上任何时期都更接近、更有信心和能力实现中华民族伟大复兴的目标，现在正处于这一战略全局最为关键的历史时期。正如毛泽东在《论持久战》中的论断"中国是如日方升的国家"[②]。我国有独特的政治优势、制度优势、发展优势和机遇优势，经济社会发展有诸多有利条件。我们党领导中国人民为实现中华民族伟大复兴的磅礴气势，是势不可挡、势如破竹的。我们完全有信心、有底气、有能力实现这一伟大目标。

中华民族伟大复兴的战略全局，是在世界百年未有之大变局的大环境中形成和展开的。"两个大局"相互交织、相互激荡、相互影响、深度关联。中华民族伟大复兴是世界大变局的有机组成部分，

---

① 习近平：《胸怀两个大局，做好自己的事情》（2019 年 5 月 21 日），《习近平谈治国理政》第 3 卷，外文出版社 2020 年版，第 77 页。

② 毛泽东：《论持久战》（1938 年 5 月），《毛泽东选集》第 2 卷，人民出版社 1991 年版，第 449 页。

也是塑造这一大变局的重要力量。因此，必须在世界百年未有之大变局的背景下推进这一战略全局，既要把握世界大变局带来的条件和机遇，也要看到各种风险和挑战。

世界百年未有之大变局有四个显著特征。一是从形式上看，新一轮科技革命和产业变革深入发展，是大变局的重要推动力量，推动生产方式、社会结构和生活方式发生深刻变化，推动世界政治、经济、科技和军事等领域发生全球性变化。二是从实质上看，大变局是世界政治经济格局的重新塑造，是世界权力在国家和地区之间的重新分配，最显著的变化是新兴市场国家和发展中国家的群体性崛起、呈现加速发展态势，国际力量对比正在发生近代以来最具革命性的变化，推动全球治理体系出现深刻变革，西方垄断国际事务的局面难以为继，新兴市场国家和发展中国家的国际地位和话语权不断提升。三是从发展趋势看，和平与发展仍然是时代主题，人类命运共同体理念深入人心，同时国际环境日趋复杂，不稳定性不确定性明显增加，新冠肺炎疫情影响广泛深远，是大变局加速演进的催化剂，经济全球化遭遇逆流，世界进入动荡变革期，单边主义、保护主义、霸权主义对世界和平与发展构成威胁。四是从中国与世界关系的变化看，大变局最深刻的变化就是中华民族伟大复兴势不可挡的趋势。我国连续多年成为世界经济增长引擎，在国际格局中的份额和塑造力持续上升，成为世界格局演变的重要推动力量。中国日益发挥着世界和平建设者、全球发展贡献者、国际秩序维护者的重要作用。特别是由于中国特色社会主义的蓬勃发展，世界范围内两种意识形态、两种社会制度的历史演进和较量，发生了有利于马克思主义、社会主义的深刻转变，“中国模式”“中国制度”对越来越多发展中国家产生强大的感召力。与此同时，中华民族伟大复兴不可避免遭遇各种敌对势力的遏制、围堵、打压，要面对各种风险挑战和跌宕起伏。与各种敌对势力和各方面风险挑战之间的斗争将伴随中华民族伟大复兴的全过程，而且斗争只会越来越激烈、越来越尖锐、越来越复杂。必须保持清醒政治头脑，放弃幻想，做好“打硬仗”“打持久战”的充分准备。

把握“两个大局”，要求我们必须立足于实现中华民族伟大复兴的战略全局，着眼于科学把握和有效应对世界大变局，努力创造“两个大局”良性联动的局面。一方面，要顺应和平、发展、合作、共赢的时代大潮，积极参与全球治理，推动全球治理体系变革和建设，在国际话语权、规则制定权、机制创设权方面争取主动，努力创造有利于中华民族伟大复兴的外部环境，为推进人类命运共同体建设和人类发展进步事业不断做出中国贡献；另一方面，要认真做好我们自己的事情，增强风险忧患意识，坚持底线思维，妥善做好应对各种困难局面的准备，既要打好防范和抵御风险的有准备之战，也要打好化险为夷、转危为机的战略主动战。同时，增强历史机遇意识，善于看到并抓住机遇，努力在危机中转危为机、育新机，于变局中赢主动、开新局。

（三）深刻领悟新发展阶段、新发展理念、新发展格局

党中央精神，是指党的理论和路线方针政策、重大决策部署的实质和意义所在。这是党的性质、纲领、宗旨和行动方案的具体体现，是全党高度集中统一的共同思想政治基础。党员、干部提高政治领悟力，应当对党中央精神融会贯通，特别是要深刻领悟党中央重大决策部署的时代背景、问题导向、重大意义、方针原则、目标任务、重要论断、重大举措、实践要求等。这是贯彻执行党中央决策部署的前提。

党员、干部当前的重大政治任务是学习贯彻党的十九届五中全会精神。党的十九届五中全会是处在“两个一百年”奋斗目标历史

交汇点上召开的一次具有全局性、历史性意义的重要会议，是我们党的发展史、中华民族伟大复兴史、中国现代化建设史上的一个重大里程碑。全会审议通过的《中共中央关于制定国民经济和社会发展第十四个五年规划和二〇三五年远景目标的建议》（以下简称《建议》），是开启全面建设社会主义现代化国家新征程、向第二个百年奋斗目标进军的纲领性文件，是今后五年乃至更长时期我国经济社会发展的行动指南，是新发展阶段指引实现中华民族伟大复兴的行动指南，是再创“中国之治”新奇迹的任务书。

贯彻落实十九届五中全会精神，事关未来5年、15年乃至更长时期党和国家事业发展大局。习近平总书记在省部级主要领导干部学习贯彻党的十九届五中全会精神专题研讨班开班式上的讲话中指出：对党的十九届五中全会通过的《建议》，“各级领导干部特别是高级干部要原原本本学习、逐条逐段领悟，在整体把握的前提下，突出领会好重点和创新点，发扬理论联系实际的优良学风，立足当前、着眼长远，增强工作积极性、主动性、创造性”[①]。这段重要论述为学深悟透落实好全会精神指明了方向。

领悟全会精神的核心要义，关键是准确把握三个“新”，即进入新发展阶段、贯彻新发展理念、构建新发展格局。这也是习近平总书记反复强调的“国之大者”。进入新发展阶段明确了我国发展的历史方位，贯彻新发展理念明确了我国现代化建设的指导原则，构建新发展格局明确了我国经济现代化的路径选择。要不断提高把握新发展阶段、贯彻新发展理念、构建新发展格局的政治能力、战略眼光、专业水平，敢于担当、善于作为，自觉把全会精神体现到工作谋划、履行职能、自身建设等各个方面，把党中央决策部署贯彻落实好。

---

① 习近平：《把握新发展阶段，贯彻新发展理念，构建新发展格局》，《求是》2021年第9期。

1. 关于新发展阶段

《建议》指出：全面建成小康社会、实现第一个百年奋斗目标之后，全面建设社会主义现代化国家、向第二个百年奋斗目标进军的阶段，就是新发展阶段。这是以习近平同志为核心的党中央做出的重大战略判断。新发展阶段标注了党和国家事业所处的历史方位和发展阶段，为“十四五”时期经济社会发展目标和2035年远景目标提供了根本依据。

从历史维度看，新发展阶段是社会主义初级阶段中的一个阶段，是承载全面建设社会主义现代化国家目标的阶段，是实现中华民族伟大复兴最为关键的阶段，我国将完成从将强未强到真正强起来的历史性跨越。

从主题看，新发展阶段的突出主题是高质量发展。我国社会主要矛盾已经转化为人民日益增长的美好生活需要和不平衡不充分的发展之间的矛盾，发展中的矛盾和问题集中体现在发展质量上。这就要求必须把发展质量问题摆在更为突出的位置，着力提升发展质量和效益。

从导向看，新发展阶段的重要导向是共同富裕。共同富裕是中国特色社会主义的本质要求。《建议》提出2035年远景目标之一是“全体人民共同富裕取得更为明显的实质性进展”。新发展阶段是能够很好满足人民日益增长的美好生活需要的发展，在促进全体人民共同富裕的道路上不断向前迈进。

从落脚点看，新发展阶段的落脚点是全面建设社会主义现代化国家，届时将实现中华民族伟大复兴的中国梦。中国共产党自成立以来，团结带领中国人民所进行的一切奋斗，就是为了实现中华民族伟大复兴，把我国建设成为社会主义现代化强国。这是新发展阶段最鲜明、最核心、最具代表性的符号。在这个阶段，将实现把我国建成富强民主文明和谐美丽的社会主义现代化强国、实现中华民族伟大复兴的历史宏愿。

2. 关于新发展理念

新发展阶段的发展必须是贯彻新发展理念的发展。发展理念是管全局、管根本、管方向、管长远的东西，是发展思路、发展方向、发展着力点的集中体现。习近平总书记指出："理念是行动的先导，一定的发展实践都是由一定的发展理念来引领的。发展理念是否对头，从根本上决定着发展成效乃至成败。"①

党的十八大以来，以习近平同志为核心的党中央科学把握世界大势、时代发展潮流、中国发展条件、人民群众期待，对经济社会发展提出许多重大理论和理念，其中新发展理念是最重要、最主要的，引导我国经济社会发展发生了历史性变革、取得了历史性成就。

新发展理念坚持以人民为中心的发展思想，是创新成为第一动力、协调成为内生特点、绿色成为普遍形态、开放成为必由之路、共享成为根本目的，能够不断实现人民对美好生活向往的高质量发展。这是一个系统的理论体系，回答了关于发展的目的、动力、方式、路径等一系列理论和实践问题，阐明了我们党关于发展的政治立场、价值导向、发展模式、发展道路等重大政治问题。

如何完整、准确、全面贯彻新发展理念？习近平总书记在2021年省部级主要领导干部学习贯彻党的十九届五中全会精神专题研讨班上的讲话从三个维度进行了深刻阐述。一是从根本宗旨把握新发展理念。人民是我们党执政的最深厚基础和最大底气。为中国人民谋幸福、为中华民族谋复兴，既是我们党领导现代化建设的出发点和落脚点，也是新发展理念的"根"和"魂"。只有坚持以人民为中心的发展思想，坚持发展为了人民、发展依靠人民、发展

---

① 习近平：《把握新发展阶段，贯彻新发展理念，构建新发展格局》，《求是》2021年第9期。

成果由人民共享，才会有正确的发展观、现代化观。二是从问题导向把握新发展理念。我国发展已经站在新的历史起点上，要根据新发展阶段的新要求，坚持问题导向，更加精准地贯彻新发展理念，举措要更加精准务实，切实解决好发展不平衡不充分的问题，真正实现高质量发展。三是从忧患意识把握新发展理念。随着我国社会主要矛盾变化和国际力量对比深刻调整，我国发展面临的内外部风险空前上升，必须增强忧患意识、坚持底线思维，随时准备应对更加复杂困难的局面。①

贯彻新发展理念，要坚持以人民为中心的发展思想，把增进人民福祉、促进人的全面发展、朝着共同富裕方向稳步前进作为经济发展的出发点和落脚点；必须以推动高质量发展为主题，以深化供给侧结构性改革为主线，坚持质量第一、效益优先，切实转变发展方式，推动质量变革、效率变革、动力变革，实现更高质量、更有效率、更加公平、更可持续、更为安全的发展，使发展成果更好惠及全体人民，不断实现人民对美好生活的向往。

坚持创新发展。这是从发展动力上把握新发展理念。习近平总书记指出：创新能力不强，是我国这个经济大块头的"阿喀琉斯之踵"。"抓住了创新，就抓住了牵动经济社会发展全局的'牛鼻子'。"② 必须把创新作为引领发展的第一动力。要坚持创新在我国现代化建设全局中的核心地位，把科技自立自强作为国家发展的战略支撑，面向世界科技前沿、面向经济主战场、面向国家重大需求、面向人民生命健康，深入实施科教兴国战略、人才强国战略、创新驱动发展战略，完善国家创新体系，加快建设科技强国。要强化国家战略科技力量，健全社会主义市场经济条件下新型举国体制，打

① 习近平：《把握新发展阶段，贯彻新发展理念，构建新发展格局》，《求是》2021 年第 9 期。

② 习近平：《在省部级主要领导干部学习贯彻党的十八届五中全会精神专题研讨班上的讲话》（2016 年 1 月 18 日），人民出版社 2016 年版，第 9 页。

好关键核心技术攻坚战，提高创新链整体效能。

坚持协调发展，注重的是解决发展不平衡问题。开启全面建设社会主义现代化国家新征程，我国发展环境面临深刻复杂变化，经济社会发展中矛盾错综复杂，必须坚持从系统观念出发加以谋划和解决，全面协调推动各领域工作和社会主义现代化建设。协调既是发展手段又是发展目标，还是评价发展的标准和尺度。要学会运用辩证法，善于“弹钢琴”，处理好局部和全局、当前和长远、重点和非重点的关系，着力推动区域协调发展、城乡协调发展、物质文明和精神文明协调发展，推动经济建设和国防建设融合发展。要坚持统筹发展和安全，把安全问题摆在非常突出的位置，把安全发展贯穿国家发展各领域和全过程，有效防范化解各类风险挑战。要坚持总体国家安全观，坚持政治安全、人民安全、国家利益至上有机统一，既要敢于斗争，也要善于斗争，全面做强自己。

坚持绿色发展，注重的是解决人与自然和谐问题。生态环境没有替代品，用之不觉，失之难存。习近平总书记指出：“人类发展活动必须尊重自然、顺应自然、保护自然，否则就会受到大自然的报复，这个规律谁也无法抗拒。”[①] 人因自然而生，人和人类社会是自然界的一部分，人与自然是一种共生关系，对自然的伤害最终会伤及人类自身。坚持“绿水青山就是金山银山”理念，坚持节约资源和保护环境的基本国策，坚持尊重自然、顺应自然、保护自然，坚持节约优先、保护优先、自然恢复为主，守住自然生态安全边界。深入实施可持续发展战略，完善生态文明领域统筹协调机制，构建生态文明体系，促进经济社会发展全面绿色转型，推动形成绿色发展方式和生活方式，建设人与自然和谐共生的现代化。加快推动绿

① 习近平：《在省部级主要领导干部学习贯彻党的十八届五中全会精神专题研讨班上的讲话》（2016 年 1 月 18 日），人民出版社 2016 年版，第 16 页。

色低碳发展，持续改善环境质量，提升生态系统质量和稳定性，全面提高资源利用效率，协同推进人民富裕、国家强盛、中国美丽。

坚持开放发展，注重的是解决发展内外联动问题。开放是国家繁荣发展的必由之路。坚持实施更大范围、更宽领域、更深层次对外开放，依托我国大市场优势，促进国际合作，实现互利共赢。建设更高水平开放型经济新体制，推动贸易和投资自由化便利化，推进贸易创新发展，增强对外贸易综合竞争力。推动共建“一带一路”高质量发展，坚持共商共建共享原则，秉持绿色、开放、廉洁理念，深化务实合作，加强安全保障，促进共同发展。推进基础设施互联互通，拓展第三方市场合作。构筑互利共赢的产业链供应链合作体系，深化国际产能合作，扩大双向贸易和投资，推进战略、规划、机制对接，加强政策、规划、标准联通。积极参与全球经济治理体系改革，维护多边贸易体制，推动完善更加公正合理的全球经济治理体系。要提高把握国内国际两个大局的思想自觉和实践能力，提高对外开放质量和水平。

坚持共享发展，注重的是解决社会公平正义问题。发展成果由谁享有，体现了发展的价值取向。共同富裕是社会主义的本质要求，是人民群众的共同期盼。推动经济社会发展，归根结底是要实现全体人民共同富裕。习近平总书记指出：“进入新发展阶段，完整、准确、全面贯彻新发展理念，必须更加注重共同富裕问题。党的十九届五中全会向着更远的目标谋划共同富裕，提出了‘全体人民共同富裕取得更为明显的实质性进展’的目标。共同富裕本身就是社会主义现代化的一个重要目标。”[①] 实现共同富裕不仅是经济问题，而且是关系党的执政基础的重大政治问题。要统筹考虑需要和

① 《习近平在中共中央政治局第二十七次集体学习时强调　完整准确全面贯彻新发展理念　确保“十四五”时期我国发展开好局起好步》,《人民日报》2021 年 1 月 30 日。

可能，按照经济社会发展规律循序渐进，推动解决地区差距、城乡差距、收入差距等问题。要提高人民收入水平、强化就业优先政策、建设高质量教育体系、健全多层次社会保障体系、全面推进健康中国建设、实施积极应对人口老龄化国家战略、加强和创新社会治理等，推动社会全面进步和人的全面发展，促进社会公平正义，让发展成果更多更公平惠及全体人民，不断增强人民群众获得感、幸福感、安全感，在促进全体人民共同富裕的道路上不断向前迈进。

新发展理念是一个不可分割的有机整体，创新是引领发展的内在动力，协调是发展的原则要求，绿色是发展的必要条件，开放是发展的环境布局，共享是发展的根本目的。它们相互联系、相互贯通、相互促进，统一于“五位一体”总体布局和“四个全面”战略布局中。新时代新阶段，必须完整、准确、全面贯彻新发展理念，提高统筹贯彻新发展理念的能力和水平，做到崇尚创新、注重协调、倡导绿色、厚植开放、推进共享，奋力推进全面建设社会主义现代化国家新征程。

3. 关于新发展格局

习近平总书记指出：“构建新发展格局，是与时俱进提升我国经济发展水平的战略抉择，也是塑造我国国际经济合作和竞争新优势的战略抉择。”① 加快构建以国内大循环为主体、国内国际双循环相互促进的新发展格局，是根据我国发展阶段、环境、条件变化，特别是基于我国比较优势变化而做出的战略抉择，对于我国实现更高质量、更有效率、更加公平、更可持续、更为安全的发展，对于促进世界经济繁荣，都将产生重要而深远的影响。

---

① 习近平：《关于〈中共中央关于制定国民经济和社会发展第十四个五年规划和二〇三五年远景目标的建议〉的说明》，载《中共中央关于制定国民经济和社会发展第十四个五年规划和二〇三五年远景目标的建议》，人民出版社 2020 年版，第 52 页。

构建新发展格局，是着眼于我国长远发展和长治久安做出的重大战略部署，是事关全局的系统性深层次变革。这是主动选择，而不是被动应对，是长期战略，而不是权宜之计。一方面，我国作为全球超大规模经济体，具有国内大循环的条件和基础，并且能够提供巨大国内市场和供给能力，支撑并带动外循环。从需求能力看，我国拥有 14 亿人口，人均国内生产总值已经突破 1 万美元，拥有 4 亿多中等收入群体，正在向高收入国家行列迈进，这是全球最大和最有潜力的消费市场。基于国内大市场形成的强大生产能力，能够促进全球要素资源整合创新，发挥规模效应和集聚效应。从供给能力看，我国拥有全球最完整、规模最大的工业体系和完善的配套能力，拥有 1.3 亿户市场主体和 1.7 亿多受过高等教育或拥有各种专业技能的人才，研发能力不断提升。这些都是实现内部大循环、促进内外双循环的有利条件。另一方面，随着全球政治经济环境变化，近年来，西方主要国家民粹主义盛行、贸易保护主义抬头，经济全球化遭遇逆流。新冠肺炎疫情影响广泛深远，逆全球化趋势加剧，国际经济大循环动能弱化，全球产业链、供应链面临重大冲击，风险加大。在这种情况下，在努力打通国际循环的同时，必须把发展立足点放在国内，把国内大循环畅通起来，提升经济发展的自主性、可持续性，增强韧性，增强我们的生存力、竞争力、发展力、持续力，保持我国经济平稳健康发展。

构建新发展格局的关键在于经济循环的畅通无阻，实现经济循环流转和产业关联畅通。为此，习近平总书记指出："构建新发展格局，要坚持扩大内需这个战略基点，使生产、分配、流通、消费更多依托国内市场，形成国民经济良性循环。要坚持供给侧结构性改革的战略方向，提升供给体系对国内需求的适配性，打通经济循环堵点，提升产业链、供应链的完整性，使国内市场成为最终需求的主要来源，形成需求牵引供给、供给创造需求的更高水平动态平衡。”[①]

构建新发展格局最本质的特征是实现高水平的自立自强。加快科技自立自强是畅通国内大循环、塑造我国在国际大循环中主动地位的关键。要坚持创新在我国现代化建设全局中的核心地位，把科技自立自强作为国家发展的战略支撑，更加强调自主创新，全面加强对科技创新的部署，集合优势资源，尽快突破关键核心技术。要强化国家战略科技力量，发扬科学家精神，鼓励大胆探索和合理质疑，加强基础研究，注重原始创新。要坚持问题导向，面向国民经济和社会发展重大问题，加强应用研究。要强化企业创新主体地位，集中力量打好关键核心技术攻坚战，锻造产业链供应链长板，补齐产业链供应链短板，优化产业链供应链发展环境，强化要素支撑。加强国际产业安全合作，形成具有更强创新力、更高附加值、更安全可靠的产业链供应链。

应当从全局高度准确把握和积极推进构建新发展格局，不能误解误读中央重大决策部署，不能跑偏、走板。要着力纠正防范构建新发展格局的一些误区。

习近平总书记 2021 年 1 月 11 日在省部级主要领导干部学习贯彻党的十九届五中全会精神专题研讨班上的讲话强调指出，要注意防范一些认识误区：一是只讲前半句，片面强调“以国内大循环为主”，主张在对外开放上进行大幅度收缩；二是只讲后半句，片面强调“国内国际双循环”，不顾国际格局和形势变化，固守“两头在外、大进大出”的旧思路；三是各自为政、画地为牢，不关心建设全国统一的大市场、畅通全国大循环，只考虑建设本地区本区域小市场、搞自己的小循环；四是认为畅通经济循环就是畅通物流，

① 习近平：《关于〈中共中央关于制定国民经济和社会发展第十四个五年规划和二〇三五年远景目标的建议〉的说明》，载《中共中央关于制定国民经济和社会发展第十四个五年规划和二〇三五年远景目标的建议》，人民出版社 2020 年版，第 53 页。

搞低层次物流循环；五是一讲解决“卡脖子”技术难题，什么都自己干、搞重复建设，专盯“高大上”项目，不顾客观实际和产业基础，结果成了烂尾项目；六是讲扩大内需、形成国内大市场，又开始搞盲目借贷扩大投资、过度刺激消费，甚至又去大搞高能耗、高排放的项目；七是不重视供给侧结构性改革，只注重需求侧管理，无法形成供给创造需求的更高水平动态平衡；八是认为这只是经济科技部门的事，同自己部门关系不大，等等。这些认识都是片面的甚至是错误的，必须加以防范和纠正。①

要同时强调新发展格局的“两句话”，即“国内大循环为主体”“国内国际双循环相互促进”，不能只片面强调前半句或后半句。新发展格局是开放的国内国际双循环，以国内大循环为主体，绝不是自我封闭、自给自足的国内循环。我国深度融入世界经济，同世界经济的联系将更加紧密，不可能放弃国际分工与合作，不可能也不会关起门来封闭运行。必须坚持实施更大范围、更宽领域、更深层次对外开放，更好利用国内、国际两个市场两种资源，更好联通国内市场和国际市场，既为中国经济发展拓展空间，也为其他国家提供广阔的市场机会，为世界经济复苏和增长增添动力。当然，把握新发展格局，也不能只片面强调后半句，即“国内国际双循环”，固守市场和资源“两头在外”、大进大出的旧思路。要充分认识到，实现国内大循环是大国经济的重要特征，要推动以国内巨大市场和供给能力支撑并带动外循环。

新发展格局强调以国内大循环为主体，是以全国统一大市场为前提和基础的国内大循环。因此，国内大循环是针对全国而言的，各地方不能立足本地区搞自我小循环，不能画地为牢、搞地区封锁、实施地方保护主义、筑起区域市场壁垒，不能成为阻碍全国统

① 习近平：《把握新发展阶段，贯彻新发展理念，构建新发展格局》，《求是》2021 年第 9 期。

一大市场建设的堵点。这是与法制统一、政令统一、市场统一相违背的。必须坚持全国一盘棋，围绕畅通经济循环深化改革，主动把本地区的发展融入国内统一的市场建设，才能畅通全国大循环，也才能在“双循环”的大格局中发挥本地优势、实现更好发展。为此，十三届全国人大第四次会议通过的《中华人民共和国国民经济和社会发展第十四个五年规划和2035年远景目标纲要》指出，要“加快构建国内统一大市场，对标国际先进规则和最佳实践优化市场环境，促进不同地区和行业标准、规则、政策协调统一，有效破除地方保护、行业垄断和市场分割”①。

总之，要深刻领悟新发展阶段、新发展理念、新发展格局的精髓要义和实践要求，严格对标对表，确保精准领悟中央精神，决不能身体进入了新发展阶段，而思想观念还固守在“过去时”，还在原来的套路上“打转转”，让“套路”套住了“出路”而浑然不知甚至自我迷失。

四、提高政治执行力

（一）政治执行力的含义

所谓执行力，就是抓落实的能力，是贯彻落实既定决策部署、保质保量完成任务的能力。习近平指出：“抓落实，从各级党委、政府和领导干部工作方面讲，就是抓党和国家各项方针政策、工

① 《中华人民共和国国民经济和社会发展第十四个五年规划和2035年远景目标纲要》，《人民日报》2021年3月13日。

作部署和措施要求的落实。落实到哪里去？就是落实到实践中去，落实到基层中去，落实到群众中去，使之成为广大党员、干部、群众的自觉行动，以确保党和国家确定的目标任务顺利实现。”[①]

党中央制定的理论和路线方针政策，是全党全国各族人民统一思想、统一意志、统一行动的依据和基础。党员、干部尽管身处不同岗位、肩负不同职责，但本质上都是在完成党安排的工作，是党的政治使命、政治任务的具体承担者。因此，党员、干部的执行力就是政治执行力，表现为贯彻落实党的理论和路线方针政策以及决策部署、完成既定任务的能力。要立足本职工作岗位，通过有效动员、整合、利用各种资源，创造性地贯彻落实党中央精神，顺利实现确定的目标任务，让党中央各项决策部署落地生根、开花结果。

“空谈误国，实干兴邦。”这是古往今来人们从历史经验教训中总结出来的治国理政的一个重要结论。中华传统文化历来强调执行的重要性。《论语》说：“言必信，行必果。”《逸周书·文传》云：“令行禁止，王之始也。”《荀子·修身》提出：“道虽迩，不行不至；事虽小，不为不成。”《管子·立政》提出：“令则行，禁则止，宪之所及，俗之所破。如百体之从心，政之所期也。”张居正说过：“天下之事，不难于立法，而难于法之必行；不难于听言，而难于言之必效。”

“一个行动胜过一打纲领。”我们党的主要领导人关于着重落实、强调实干有很多精辟的论述。毛泽东要求共产党员一定要有“认真实干”的精神，强调“一件事不做则已，做则必做到底，做到最后胜利”[②]。“什么东西只有抓得很紧，毫不放松，才能抓

---

① 习近平：《关键在于落实》（2011 年 3 月 1 日），《求是》2011 年第 6 期。

② 中共中央文献研究室编：《建国以来毛泽东文稿》第 4 册，中央文献出版社 1990 年版，第 330 页。

住。抓而不紧，等于不抓。伸着巴掌，当然什么也抓不住。就是把手握起来，但是不握紧，样子像抓，还是抓不住东西。有些同志，也抓主要工作，但是抓而不紧，所以工作还是不能做好。不抓不行，抓而不紧也不行。”[①]看准的事情，一旦下决心抓，就要一抓到底，不能虎头蛇尾、不能走过场。毛泽东指出：方针决定了，指示发出了，“必须随时掌握工作进程，交流经验，纠正错误，不要等数月、半年以至一年后，才开总结会，算总账，总的纠正。这样损失太大，而随时纠正，损失较少……随时提醒下面，使之少犯错误。这都是领导方法问题”[②]。邓小平强调，“多做实事，少说空话”[③]，凡事都“要落在实处”[④]，“开会、讲话都要解决问题”[⑤]。邓小平指出：“世界上的事情都是干出来的，不干，半点马克思主义也没有。”[⑥]

习近平总书记反复强调“干在实处、走在前列”。“要以踏石留印、抓铁有痕的劲头抓下去，善始善终、善作善成，防止虎头蛇尾，让全党全体人民来监督，让人民群众不断看到实实在在的成效和变化。”[⑦]他反复告诫：“功成不必在我”“一张蓝图绘到底，一任接着一任干”“善作善成，久久为功”。他指出：“必须把抓落实摆上重

---

① 毛泽东：《党委会的工作方法》（1949 年 3 月 13 日），《毛泽东选集》第 4 卷，人民出版社 1991 年版，第 1442 页。

② 毛泽东：《关于工商业政策》（1948 年 2 月 27 日），《毛泽东选集》第 4 卷，人民出版社 1991 年版，第 1286 页。

③ 邓小平：《结束过去，开辟未来》（1989 年 5 月 15 日），《邓小平文选》第 3 卷，人民出版社 1993 年版，第 295 页。

④ 中共中央文献研究室编：《邓小平思想年编：1975—1997》，中央文献出版社 2011 年版，第 113 页。

⑤ 同上，第 296 页。

⑥ 转引自人民日报社评论部：《任仲平十年精选》，人民出版社 2016 年版，第 139 页。

⑦ 习近平：《在第十八届中央纪律检查委员会第二次全体会议上的讲话》（2013 年 1 月 22 日），《习近平关于党的群众路线教育实践活动论述摘编》，党建读物出版社、中央文献出版社 2014 年版，第 64 页。

要位置，做到落实、落实、再落实。实践表明，抓而不紧，等于不抓；抓而不实，等于白抓。抓好落实，我们的事业就能充满生机；不抓落实，再好的蓝图也是空中楼阁。”① 他还强调要发扬钉钉子的精神。“钉钉子往往不是一锤子就能钉好的，而是要一锤一锤接着敲，直到把钉子钉实钉牢，钉牢一颗再钉下一颗，不断钉下去，必然大有成效。如果东一榔头西一棒子，结果很可能是一颗钉子都钉不上、钉不牢。”② 做工作、干事业就是需要发扬钉钉子的精神，不折腾、不反复，真抓实干，做出实效。

我们党作为马克思主义政党，既注重理论武装、强调战略谋划，制定远大目标、奋斗纲领，形成正确的理论和路线方针政策，也强调把党的路线方针政策变成认识世界和改造世界的巨大精神力量与物质力量，坚持实事求是、脚踏实地、埋头苦干，一代接着一代、一步一个脚印地矢志不移践行党的初心使命、完成不同阶段的历史任务。

我们党在革命、建设、改革各个历史时期取得的伟大成就，都是党员、干部带领人民群众在实践中干出来的，都是党员、干部贯彻落实中央决策部署的具体成果体现。黄克诚在《关于党风问题》的文章中指出：抗战时期，毛主席就是用个电台，嘀嗒、嘀嗒地指挥我们。“嘀嗒、嘀嗒”就要无条件地执行。没有什么人来监督，也没有人来批评、斗争，大家都自觉地执行延安的“嘀嗒、嘀嗒”。③ 为什么仅凭“嘀嗒、嘀嗒”就能让全党全军行动如一人呢？根本原因在于党员、干部具有极强的政治执行力。我们党能够取得防控新

---

① 习近平：《抓而不实，等于白抓》（2004 年 2 月 26 日），《之江新语》，浙江出版联合集团、浙江人民出版社 2007 年版，第 32 页。

② 习近平：《发扬钉钉子的精神，一张好的蓝图一干到底》（2013 年 2 月 28 日），《习近平谈治国理政》，外文出版社 2014 年版，第 400 页。

③ 《邓颖超　黄克诚关于党风问题的讲话》，人民出版社 1981 年版，第 25—26 页。

冠肺炎疫情的重大战略成果、取得脱贫攻坚战的全面胜利，最根本的是以习近平同志为核心的党中央高瞻远瞩、统揽全局、坚强有力的领导，党中央的判断力、决策力、行动力发挥决定性作用；各级党组织和党员、干部坚决执行党中央各项决策部署，抓实抓细抓落地，彰显了政治领悟力、政治执行力的基础性作用。可以说，党的强大创造力凝聚力战斗力，最终需要通过党员、干部的坚定高效、不折不扣的政治执行力来展现。如果党员、干部政治执行力软弱、低下，再好的方针、政策、措施也只能成为“空中楼阁”，再伟大的目标、再宏伟的蓝图，也只是镜中花、水中月。

政治执行力不仅体现在思想政治层面，更体现在行动实践中。知行合一、言行一致，是最好的诠释。政治执行力必须是全心全意、不讲任何价钱、不打折扣的，必须是发自内心、坚定不移的。政治执行力是否过硬、到位，是衡量党员、干部世界观正确与否和党性强不强的一个重要标志，也是检验党员、干部政治判断力、政治领悟力的试金石。

强调党员、干部的政治执行力，一直是我们党加强党的政治建设的优良传统，也是我们党突出的政治优势。党的团结统一，党中央的权威和集中统一领导、保证全党令行禁止，都需要党员、干部通过政治执行力来最终实现。因此，政治执行力不仅是党员、干部领导工作中一个极为重要的环节，是一项重要的工作职责和工作要求，更是严肃的政治责任和政治纪律要求，是同党中央保持高度一致、维护党中央权威和集中统一领导的重大原则问题，是对党员、干部政治素养、政治立场、政治原则、政治本色的综合反映。习近平总书记指出：“各级党组织和领导干部都要牢固树立大局观念和全局意识，正确处理保证中央政令畅通与立足实际创造性开展工作的关系。任何具有地方特点的工作部署都必须以贯彻中央精神为前提。要防止和克服地方和部门保护主义、本位主义，决不允许‘上有政策、下有对策’，决不允许有令不行、有禁不止，决不允许在贯彻执行中央决策部署上打折扣、做选择、搞变通。”[①]

为此，《关于新形势下党内政治生活的若干准则》明确规定：“全党必须自觉防止和反对个人主义、分散主义、自由主义、本位主义。对党中央决策部署，任何党组织和任何党员都不准合意的执行、不合意的不执行，不准先斩后奏，更不准口是心非、阳奉阴违。属于部门和地方职权范围内的工作部署，要以贯彻党中央决策部署为前提，发挥积极性、主动性、创造性，但决不允许自行其是、各自为政，决不允许有令不行、有禁不止，决不允许搞上有政策、下有对策。”

习近平总书记强调：“中华民族伟大复兴，绝不是轻轻松松、敲锣打鼓就能实现的，实现伟大梦想必须进行伟大斗争。在前进道路上我们面临的风险考验只会越来越复杂，甚至会遇到难以想象的惊涛骇浪。我们面临的各种斗争不是短期的而是长期的，至少要伴随我们实现第二个百年奋斗目标全过程。”[②]党的十九大和党的十九届五中全会擘画了实现中华民族伟大复兴的时间表、路线图，做出一系列重大部署，统筹推进“五位一体”总体布局、协调推进“四个全面”战略布局、贯彻新发展理念、构建新发展格局等，都有许多实实在在的硬任务、硬指标。在中华民族伟大复兴最为关键的历史时期，在船到中流浪更急、人到半山路更陡的时候，在愈进愈难、愈进愈险而又不进则退、非进不可的时候，我们比历史上任何时期都更加需要全体党员、干部提高政治执行

---

① 习近平：《严明政治纪律，自觉维护党的团结统一》（2013 年 1 月 22 日），《论坚持党对一切工作的领导》，中央文献出版社 2019 年版，第 17 页。

② 《习近平在中央党校（国家行政学院）中青年干部培训班开班式上发表重要讲话强调　发扬斗争精神增强斗争本领　为实现“两个一百年”奋斗目标而顽强奋斗》，《人民日报》2019 年 9 月 4 日。

力，带领人民群众真抓实干、埋头苦干，干出成效、干出境界，彰显共产党人的政治本色。

习近平总书记深刻指出："讲政治必须提高政治执行力。领导干部特别是高级干部要经常同党中央精神对表对标，切实做到党中央提倡的坚决响应，党中央决定的坚决执行，党中央禁止的坚决不做，坚决维护党中央权威和集中统一领导，做到不掉队、不走偏，不折不扣抓好党中央精神贯彻落实。要把坚持底线思维、坚持问题导向贯穿工作始终，做到见微知著、防患于未然。要强化责任意识，知责于心、担责于身、履责于行，敢于直面问题，不回避矛盾，不掩盖问题，出了问题要敢于承担责任。"[①] 这段重要论述具有很强的针对性、指导性和实践性，为党员、干部砥砺党性修养、提高政治执行力指明了努力方向。

（二）创造性贯彻落实党中央精神

提高政治执行力，必须坚持不折不扣、创造性贯彻落实党中央精神，坚持把对上负责与对下负责统一起来，把贯彻落实工作做实、做细、做到位，确保党中央各项决策部署落地见效。

何谓创造性贯彻？这是指贯彻执行不是简简单单地照葫芦画瓢，需要吃透上情，全面领悟、准确把握党中央精神，同时要摸透下情，对本地区本部门本单位实际情况深入调查研究，知其可为并知其不可为，然后积极发挥主观能动性，把中央精神和本地区本部门本单位实际结合起来，形成工作思路和措施，明确工作抓手和着力点，在结合中干出特色、完成既定目标，而且能够"超额"完成任

---

① 《中共中央政治局召开民主生活会强调　加强政治建设提高政治能力坚守人民情怀　不断提高政治判断力政治领悟力政治执行力》，《人民日报》2020 年 12 月 26 日。

务，比党的组织期待的还要好。

1. 坚持不折不扣地贯彻落实党中央精神，做到令行禁止

执行贵在坚决。贯彻党中央精神，实现既定目标，必须不折不扣。这是对党员、干部的基本政治要求。要坚决维护党中央权威和集中统一领导，自觉同党中央精神对表对标，坚持用党中央精神分析形势、研判对策、推动工作，坚持真抓实干，把一切工作做实、做细，不能只满足于做了，更要强调做好、做出实效、做出品质、做出意义。要严明政治纪律和政治规矩，认真汲取秦岭北麓西安境内违建别墅问题的深刻教训，坚决防止和纠正落实党中央决策部署不用心、不务实、不尽力，口号喊得震天响、行动起来轻飘飘的问题，真正把树牢“四个意识”、坚定“四个自信”、做到“两个维护”的要求落到实处。

2. 坚持在大局中贯彻党中央精神

不谋全局者，不足谋一域。大局决定着事物存在发展的整个局面、整体态势。毛泽东说：“马克思主义者看问题，不但要看到部分，而且要看到全体。”[①]“说‘一着不慎，满盘皆输’，乃是说的带全局性的，即对全局有决定意义的一着，而不是那种带局部性的即对全局无决定意义的一着。”[②]他指出：“革命者就是要站得高、看得远，站在井冈山，不仅要看到江西和湖南，还要看到全中国、全世界。”[③]毛泽东强调：“没有全局在胸，是不会真的投下一着好棋

① 毛泽东：《论反对日本帝国主义的策略》（1935年12月27日），《毛泽东选集》第1卷，人民出版社1991年版，第149页。

② 毛泽东：《中国革命战争的战略问题》（1936年12月），《毛泽东选集》第1卷，人民出版社1991年版，第175页。

③ 转引自殷天杰：《黄洋界上看世界》，《人民日报》2013年5月11日。

子的。”[1] 他强调指出：“只有了解大局的人才能合理而恰当的安置小东西。即使当个排长也应该有全局的图画，也才有大的发展。”[2] 只有全局在胸，才能有把握地走好每一步棋。

邓小平指出：“个人利益要服从集体利益，局部利益要服从整体利益，暂时利益要服从长远利益，或者叫作小局服从大局，小道理服从大道理。”[3] 邓小平不仅这么说，也是这么做的。当年，刘伯承、邓小平率领的中原野战军为了解放战争的胜利，从千里跃进大别山到进行淮海战役，都付出了巨大牺牲，做出了重大贡献。刘邓大军千里跃进大别山，“恰似一把利剑插进蒋介石反动统治的心脏”，对于改变整个战争形势“起了决定性的战略作用”。[4] 这是解放战争从战略防御到战略进攻的一个伟大转折，拉开了解放战争战略进攻的序幕。邓小平在指挥中原野战军围歼黄维兵团时说过这样一段话：“只要歼灭了黄维兵团，只要歼灭了南线的敌军主力，中原野战军就是打光了，全国各路解放军还可以取得全中国的胜利，这代价是值得的！”[5] 宁可牺牲自己也要夺取全国的胜利，这就是邓小平的大局观念和全局意识。

习近平总书记在中央党校（国家行政学院）中青年干部培训班开班式上强调：“领导干部想问题、作决策，一定要对国之大者心中有数，多打大算盘、算大账，少打小算盘、算小账，善于把

---

① 毛泽东：《中国革命战争的战略问题》（1936 年 12 月），《毛泽东选集》第 1 卷，人民出版社 1991 年版，第 221 页。

② 转引自中共中央文献研究室编：《毛泽东传（1893—1949）》，中央文献出版社 2004 年版，第 539 页。

③ 邓小平：《坚持四项基本原则》（1979 年 3 月 30 日），《邓小平文选》第 2 卷，人民出版社 1994 年版，第 175 页。

④ 刘伯承：《千里跃进大别山》（1963 年 4 月 10 日），《刘伯承军事文选》，解放军出版社 1992 年版，第 580 页。

⑤ 转引自杨涛、张红静：《从打赢解放战争看中国人民解放军的“四铁”精神》，《国防参考》2016 年第 7 期。

地区和部门的工作融入党和国家事业大棋局，做到既为一域争光、更为全局添彩。”[①]大局意识要求党员、干部必须提高政治站位，善于从小中见大。自觉从大局看问题，把工作放到大局中思考、定位、摆布，做到正确认识大局、自觉服从大局、坚决维护大局。要立足党和国家事业发展的全局，立足中国人民和中华民族的根本、长远利益来思考问题、推进工作，处理好局部和全局、当前和长远的关系。“牢固树立全国一盘棋的思想，坚持局部服从整体、小道理服从大道理。对全局和长远有利的，即使吃亏，也应积极去做；而那些微观视之似有利、中观视之似有理、宏观视之实有害的，则坚决不做。注重防止和克服只见树木不见森林、只看当下不顾长远、只重局部忽视全局的‘短视症’，注重防止和克服无视各种隐患、沉溺于唱太平曲、热衷于吟欢乐颂的‘麻痹症’，把可能引发系统性全局性风险的矛盾和问题解决在基层、消弭于未萌。”[②]凡是对于那些有利于巩固党的长期执政地位、确保国家政权长治久安、保障人民群众根本利益的事情，就要坚决做、马上办、做到位。

3. 坚持把对上负责与对下负责统一起来

早在 2006 年，时任浙江省委书记的习近平就撰文《坚持对上负责与对下负责的一致性》，他指出：“所谓对上负责，就是对上级领导机关负责；所谓对下负责，就是对人民群众负责。对各级领导干部来说，对上负责与对下负责从来都是统一的、不可分割的，对党负责，就是对人民负责；对人民负责，就是对党负责。两者统一

---

① 《习近平在中央党校（国家行政学院）中青年干部培训班开班式上发表重要讲话强调　年轻干部要提高解决实际问题能力　想干事能干事干成事》，《人民日报》，2020 年 10 月 11 日。

② 田培炎：《常怀国之大者》，《学习与研究》2020 年第 7 期。

于对党和人民事业的高度负责之中。”[①]党员、干部既要“向上看”，坚决把党中央精神落实好，也要“向下看”，用群众的获得感和满意度检验工作成效。只有在工作中始终坚持对上负责与对下负责的一致性，才能真正尽到职、负好责。

但是在实践中，有些党员、干部片面理解“对上负责”，甚至人为地把“对上负责”与“对下负责”对立起来，眼睛只朝上不朝下，只唯上不唯实，只唯己不唯民，“不怕群众不答应，就怕领导不认可”。执行政策看似雷厉风行，实则只考虑领导满意、只顾自己方便，不管基层实际情况，不顾基层干部群众的意愿和感受。这些行为与其说是“对上负责”，不如说是“对上糊弄”。毛泽东在《反对本本主义》中深刻地指出：“盲目地表面上完全无异议地执行上级的指示，这不是真正在执行上级的指示，这是反对上级指示或者对上级指示怠工的最妙方法。”[②]那些自以为领导满意却让群众失望的蠢事，实质是对上级极不负责的做法，将从根本上损害群众利益、背离党的宗旨，并最终危害党执政的政治基础和社会基础。

把对上负责与对下负责对立的上述情况，都是形式主义、官僚主义的表现，归根到底是宗旨意识淡薄、权力观错位、政绩观方面出了问题。为此，中共中央办公厅于2019年3月印发《关于解决形式主义突出问题为基层减负的通知》明确要求：“教育引导党员干部牢记党的宗旨，坚持实事求是的思想路线，树立正确政绩观，把对上负责与对下负责统一起来。”2020年4月，中共中央办公厅印发《关于持续解决困扰基层的形式主义问题为决胜全面建成小康社会提供坚强作风保证的通知》明确指出，“教育引导党员、干部自觉加强

---

① 习近平：《坚持对上负责与对下负责的一致性》（2006年10月26日），《之江新语》，浙江出版联合集团、浙江人民出版社2007年版，第230页。

② 毛泽东：《反对本本主义》（1930年5月），《毛泽东选集》第1卷，人民出版社1991年版，第111页。

党性修养，坚持实事求是的思想路线，牢固树立正确政绩观，始终牢记人民利益高于一切，切实把对上负责与对下负责统一起来，决不做自以为领导满意却让群众失望的蠢事”，并提出要坚决纠治贯彻落实党中央决策部署中的形式主义问题。坚持从讲政治高度整治形式主义、官僚主义，从领导机关和领导干部抓起改起，深入查找贯彻落实党的理论和路线方针政策上存在的政治偏差，深化治理贯彻党中央决策部署只表态不落实、维护群众利益不担当不作为，特别是漠视人民群众生命安全和身体健康等突出问题，严肃查处不敬畏不在乎、空泛表态、敷衍塞责、弄虚作假、阳奉阴违等问题。

把对上负责与对下负责统一起来，最终都要统一到对人民负责上来。这不仅是一个方法、技术层面的问题，更是一个政治问题、理念问题。从价值取向来说，就是要坚持“以人民为中心”，牢记全心全意为人民服务的根本宗旨。从思想方法来说，就是要坚持实事求是的思想路线，坚持理论联系实际，吃透上情，摸清下情，正确处理宏观与微观、普遍与特殊、一般与个别等关系。从工作实践来说，就是要在正确领会党中央精神的前提下，充分发掘本地区、本部门的优势和潜力，自觉把本地区、本部门的实际置于党和国家事业发展全局、大局中去把握和谋划，找准贯彻落实党中央决策部署的结合点、着力点和有效工作抓手，富有成效地开展工作。从体制机制及组织保障来说，要坚持目标导向、问题导向和效果导向有机统一，把干部干事创业的手脚从形式主义、官僚主义的桎梏、“套路”中解脱出来，形成求真务实、清正廉洁的新风正气，激励干部担当作为，创造性贯彻落实党的路线方针政策和重大决策部署。

（三）发扬革命精神

中国共产党是马克思主义执政党，也是马克思主义革命党，是最有革命精神的党，不仅勇于领导人民进行伟大的社会革命，也敢于刀刃向内、勇于进行伟大的自我革命。这是我们党不断从胜利走向新的胜利的关键所在。

在革命时期，毛泽东曾经向世人宣告：“我们中华民族有同自己的敌人血战到底的气概，有在自力更生的基础上光复旧物的决心，有自立于世界民族之林的能力。”[①]他在党的七届二中全会上强调：“中国的革命是伟大的，但革命以后的路程更长，工作更伟大，更艰苦。这一点现在就必须向党内讲明白，务必使同志们继续地保持谦虚、谨慎、不骄、不躁的作风，务必使同志们继续地保持艰苦奋斗的作风。”[②]这就是要求全党继续保持和发扬革命精神。在建设时期，毛泽东号召：“要保持过去革命战争时期的那么一股子劲，那么一股子革命热情，那么一种拼命精神，把革命工作做到底。”[③]在改革开放时期，邓小平强调，“没有一种闯的精神，没有一点‘冒’的精神”，“就走不出一条好路，走不出一条新路，就干不出新的事业”。[④]

习近平总书记在庆祝中国共产党成立100周年大会上的讲话中深刻阐述了伟大建党精神，这是中国共产党的精神之源。他指出：“不忘初心，牢记使命，就不要忘记我们是共产党人，我们是革命者，不要丧失了革命精神。”[⑤]他在党史学习教育动员大会上的

---

① 毛泽东：《论反对日本帝国主义的策略》（1935年12月27日），《毛泽东选集》第1卷，人民出版社1991年版，第161页。

② 毛泽东：《在中国共产党第七届中央委员会第二次全体会议上的报告》（1949年3月5日），《毛泽东选集》第4卷，人民出版社1991年版，第1438—1439页。

③ 毛泽东：《坚持艰苦奋斗，密切联系群众》（1957年3月），《毛泽东文集》第7卷，人民出版社1999年版，第285页。

④ 邓小平：《在武昌、深圳、珠海、上海等地的谈话要点》（1992年1月18日—2月21日），《邓小平文选》第3卷，人民出版社1993年版，第372页。

⑤ 习近平：《坚持和发展中国特色社会主义要一以贯之》（2018年1月5日），《习近平关于“不忘初心、牢记使命”论述摘编》，党建读物出版社、中央文献出版社2019年版，第299页。

讲话深刻指出："一百年来，在应对各种困难挑战中，我们党锤炼了不畏强敌、不惧风险、敢于斗争、勇于胜利的风骨和品质。这是我们党最鲜明的特质和特点。在一百年的非凡奋斗历程中，一代又一代中国共产党人顽强拼搏、不懈奋斗，涌现了一大批视死如归的革命烈士、一大批顽强奋斗的英雄人物、一大批忘我奉献的先进模范，形成了井冈山精神、长征精神、遵义会议精神、延安精神、西柏坡精神、红岩精神、抗美援朝精神、'两弹一星'精神、特区精神、抗洪精神、抗震救灾精神、抗疫精神等伟大精神，构筑起了中国共产党人的精神谱系。我们党之所以历经百年而风华正茂、饱经磨难而生生不息，就是凭着那么一股革命加拼命的强大精神。"①

中国共产党正是依靠伟大建党精神，以及这种革命加拼命的强大精神，团结带领中国人民，创造了新民主主义革命的伟大成就、社会主义革命和建设的伟大成就、改革开放和社会主义现代化建设的伟大成就、新时代中国特色社会主义的伟大成就，书写了中华民族几千年历史上最恢宏的史诗。

推进中国特色社会主义伟大事业、实现中华民族伟大复兴，是中国历史上从未有过的一场深刻的社会革命。习近平总书记指出："要把新时代坚持和发展中国特色社会主义这场伟大社会革命进行好，我们党必须勇于进行自我革命，把党建设得更加坚强有力。"②党的自我革命是进行这场社会革命的先决条件，党的自我革命达到的历史高度和先进程度，决定伟大社会革命所能取得的历史进展和实践高度。

应当清醒看到，我们党长期执政，党员、干部中容易出现承平

① 习近平：《在党史学习教育动员大会上的讲话》（2021 年 2 月 20 日），《求是》2021 年第 7 期。

② 习近平：《推进党的建设新的伟大工程要一以贯之》（2018 年 1 月 5 日），《习近平关于"不忘初心、牢记使命"论述摘编》，党建读物出版社、中央文献出版社 2019 年版，第 302 页。

日久、精神懈怠的心态。习近平总书记谆谆告诫：“功成名就时做到居安思危、保持创业初期那种励精图治的精神状态不容易，执掌政权后做到节俭内敛、敬终如始不容易，承平时期严以治吏、防腐戒奢不容易，重大变革关头顺乎潮流、顺应民心不容易。我们千万不能在一片喝彩声、赞扬声中丧失革命精神和斗志，逐渐陷入安于现状、不思进取、贪图享乐的状态，而是要牢记船到中流浪更急、人到半山路更陡，把不忘初心、牢记使命作为加强党的建设的永恒课题，作为全体党员、干部的终身课题。”① 这“四个不容易”的重要论断精辟阐明了我们党面临的永恒考验，是深沉的忧思，更是尖锐的警示，击人猛醒。

推进伟大的社会革命和伟大的自我革命，都需要党员、干部提高政治执行力，既要求坚持全面从严治党，敢于刀刃向内，敢于刮骨疗伤，敢于壮士断腕，坚决同一切弱化党的先进性和纯洁性、危害党的肌体健康的现象做斗争，革除自身病症、解决自身问题，防止祸起萧墙，也要求我们始终保持革命斗志，发扬老一辈革命家“宜将剩勇追穷寇，不可沽名学霸王”的革命精神，发扬共产党人“为有牺牲多壮志，敢教日月换新天”的奋斗精神。习近平总书记强调指出：“要教育引导全党大力发扬红色传统、传承红色基因，赓续共产党人精神血脉，始终保持革命者的大无畏奋斗精神，鼓起迈进新征程、奋进新时代的精气神。”②

发扬将革命进行到底的精神，应当在贯彻落实党中央精神中做到信念如磐、意志如铁，在应对重大挑战、抵御重大风险、克服重大阻力、解决重大矛盾中，敢于坚持原则、敢于亮剑。在履行全面从严治党责任中，要真管真严、敢管敢严、长管长严，敢

---

① 习近平：《牢记初心使命，推进自我革命》（这是习近平总书记2019年6月24日在十九届中央政治局第十五次集体学习时的讲话），《求是》2019年第15期。

② 习近平：《在党史学习教育动员大会上的讲话》（2021年2月20日），《求是》2021年第7期。

于同一切弱化党的领导、动摇党的执政基础、违反党的政治纪律和政治规矩的行为做斗争，要做战士不做绅士。要坚持实践实干实效，不能把说了当作做了、把做了当作做好了，坚决反对形式主义、官僚主义，永远不能骄傲自满、永葆攻坚克难的锐气和斗志。

（四）强化责任担当

“知责任者，大丈夫之始也；行责任者，大丈夫之终也。”人总是要有责任感的。明代吕坤说得好：“做官都是苦事，为官原是苦人，官职高一步，责任便大一步，忧勤便增一步。”

中国共产党人肩负着对国家、民族和中国人民的崇高责任。提高政治执行力，就是要强化党员、干部的责任意识、担当精神，知责于心、担责于身、履责于行，自觉扛起使命责任，敢于直面问题，不回避矛盾，不掩盖问题，真正做到履职尽责、忠诚担当。

“文化大革命”结束后，邓小平再度出来工作，他表示：“我出来工作，可以有两种态度，一个是做官，一个是做点工作。我想，谁叫你当共产党人呢，既然当了，就不能够做官，不能够有私心杂念，不能够有别的选择。”[①] 这种“做点工作”的坚定立场，体现出强烈的责任担当意识。

古人说，“为官避事平生耻”，“任其职，尽其责；在其位，谋其政”。时任浙江省委书记的习近平于2006年发表《敢于负责　善于负责》一文，强调敢于负责，是领导干部必备的精神状态。“领导干部重任之下，必须能负重才能担当。负重就要敢于负责。敢于

① 习近平：《在纪念邓小平同志诞辰110周年座谈会上的讲话》（2014年8月20日），《人民日报》2014年8月21日；中共中央文献研究室编：《邓小平思想年编：1975—1997》，中央文献出版社2011年版，第52页。

负责，就要求我们的领导干部大胆工作，以敢抓敢管、尽职尽责、奋发有为为荣，以不负责任、不求有功、但求无过为耻，坚决克服事事求安稳、时时患得患失、处处畏首畏尾的消极心态，不怕担风险、不怕担责任、不怕得罪人、不怕遭非议，遇到问题不回避，遇到困难不躲避，遇到风险不逃避，而是敢于迎难而上，勇于承担责任，善于总结教训、纠正错误。"①

担当就是责任，责任就意味着尽心尽责干事。责任重于泰山，是党员、干部必备的基本素质。党的十八大以来，习近平总书记反复强调，有多大担当才能干多大事业，尽多大责任才会有多大成就。不能只想当官不想干事，只想揽权不想担责，只想出彩不想出力。②能否敢于负责、勇于担当，最能看出一个党员、干部的党性和作风。

强化责任担当，不仅需要增强责任意识、使命意识、进取意识，要有敢于负责、勇于担责的胆量和气魄，还要有善于负责的过硬本领，能够运用科学的思想方法和工作方法，用铁的肩膀肩负起该负的责任，做好该做的事，切实把工作责任、政治责任担起来，切实做到守土有责、守土负责、守土尽责。要敢于直面问题，不回避矛盾、不掩盖问题。在矛盾面前敢抓敢管、敢于碰硬，在难题面前敢闯敢试、敢为人先，对于大是大非问题，敢于亮剑、敢于斗争。面对失误、出了问题，勇于正视错误、敢于承担责任，不把问题矛盾上交给上面或推给下面。

强化责任担当，必须树立正确政绩观，解决好政绩为谁而树、树什么样的政绩、靠什么树政绩的问题。习近平总书记指出："多

---

① 习近平：《敢于负责　善于负责》（2006 年 10 月 24 日），《之江新语》，浙江出版联合集团、浙江人民出版社 2007 年版，第 229 页。

② 习近平：《做焦裕禄式的县委书记》（2015 年 1 月 12 日），《习近平关于"不忘初心、牢记使命"论述摘编》，党建读物出版社、中央文献出版社 2019 年版，第 155 页。

做打基础、利长远的事，不搞脱离实际的盲目攀比，不搞劳民伤财的形象工程、政绩工程，真正做到对历史和人民负责。要发扬求真务实、真抓实干的作风，以钉钉子精神担当尽责，树立‘功成不必在我’的境界，一件事情接着一件事情办，一年接着一年干，脚踏实地把既定的行动纲领、战略目标、工作蓝图变为现实。”[①]

五、提高政治能力的路径

党员、干部的政治能力不是天生的，不是后天自然而然地形成的，不会随着党龄的积累而自然提高，也不会随着职务的升迁而自然提高，更不可能是一劳永逸、一蹴而就的。这是一个终身课题，需要不断努力、迭代升级、持续扩容，须臾不可放松。

纪检监察部门立案查处的案件引起我们深思的是，出事的不少干部也曾经是好干部，为党和人民事业曾经做出贡献，但是随着职务的升迁，面对诱惑，心理失衡，放松要求，有的不仅经济上贪婪、生活上腐化，而且政治上野心膨胀，以至无所顾忌，最终付出惨痛代价。所以，过去政治能力强，不一定现在、将来政治能力也强。领导干部的政治能力有时是会沉睡的，需要唤醒、需要激发；有时是会夭折的，需要时刻养护、精心培育。

提高政治能力是一个长期的过程，既需要党组织的培养教育和严格的组织生活锻炼，也需要领导干部终身努力，不断加强政治历练，自觉在严格的党内政治生活中、在岗位职责担当奉献中进行锻

① 习近平：《推进党的建设新的伟大工程要一以贯之》（2018 年 1 月 5 日），《习近平关于“不忘初心、牢记使命”论述摘编》，党建读物出版社、中央文献出版社 2019 年版，第 310—311 页。

造，不断实现自我净化、自我完善、自我改造、自我提高。

习近平总书记在2019年春季学期中央党校（国家行政学院）中青年干部培训班开班式上的讲话强调，广大干部特别是年轻干部要在常学常新中加强理论修养，在真学真信中坚定理想信念，在学思践悟中牢记初心使命，在细照笃行中不断修炼自我，在知行合一中主动担当作为。[①] 这为党员、干部提高政治能力指明了方向、路径和着力点。

（一）坚持追求真理，坚定政治信仰

“种树者必培其根，种德者必养其心。”王阳明有言：“真，吾之好也。”认识真理、掌握真理、信仰真理、捍卫真理，是加强理论武装、坚定政治信仰的精神前提，是党员、干部提高政治能力的关键所在。

政治上的坚定、党性上的坚定都离不开理论上的坚定。政治能力的基础在于强化理论思维，学深悟透党的理论。恩格斯指出：“一个民族想要站在科学的最高峰，就一刻也不能没有理论思维。”[②] 习近平总书记指出：“中华民族要实现伟大复兴，也同样一刻不能没有理论思维。”[③] 他强调：“干部要成长起来，必须加强马克思主义理论武装。我们党在中国这样一个有着近十四亿人口的大国执政，面对十分复杂的国内外环境，肩负繁重的执政使命，如果缺乏理论思维，是难以战胜各种风险和困难的，也是难以不

---

① 习近平：《广大干部特别是年轻干部要做到信念坚、政治强、本领高、作风硬》（2019年3月1日），《习近平关于“不忘初心、牢记使命”论述摘编》，党建读物出版社、中央文献出版社2019年版，第384页。

② 恩格斯：《自然辩证法》，《马克思恩格斯全集》第20卷，人民出版社1971年版，第384页。

③ 习近平：《在纪念马克思诞辰200周年大会上的讲话》（2018年5月4日），人民出版社2018年版，第15页。

断前进的。”[①]

党员、干部必须认真学习马克思主义以及马克思主义中国化成果，掌握和运用辩证唯物主义和历史唯物主义，掌握贯穿其中的马克思主义立场、观点、方法，深入认识共产党执政规律、社会主义建设规律、人类社会发展规律，不断加强马克思主义理论武装。

要自觉把学懂弄通做实习近平新时代中国特色社会主义思想作为提高政治能力的首要任务和必修课，做习近平新时代中国特色社会主义思想的坚定信仰者和忠实实践者。习近平新时代中国特色社会主义思想是当代中国马克思主义、21 世纪马克思主义，是新时代中国共产党的思想旗帜，是党和国家必须长期坚持的指导思想。这是为人民代言、为人民立言的科学理论，是指导全党全国人民推进中国特色社会主义伟大事业、为实现中华民族伟大复兴而奋斗的科学理论，不仅包含着党治国理政的重要思想，也贯穿着中国共产党人的政治品格、价值追求、精神境界、作风操守的要求。

学习领悟习近平新时代中国特色社会主义思想，要认真读原著、学原文、悟原理，紧密结合新时代新实践，紧密结合思想和工作实际，深刻领悟习近平新时代中国特色社会主义思想的时代意义、理论意义、实践意义、世界意义，深刻领悟其核心要义、精神实质、丰富内涵、实践要求，做到知其言更知其义、知其然更知其所以然，深刻领悟蕴含其中的马克思主义立场观点方法、道理学理哲理，深刻领悟贯穿其中的坚定理想信念、鲜明人民立场、强烈历史担当、求真务实作风、勇于创新精神，深刻领悟其中蕴含的真理力量、信仰力量、实践力量和人格力量，坚持让真理武装头脑，让真理指引

① 习近平：《广大干部特别是年轻干部要做到信念坚、政治强、本领高、作风硬》（2019 年 3 月 1 日），《习近平关于“不忘初心、牢记使命”论述摘编》，党建读物出版社、中央文献出版社 2019 年版，第 384 页。

理想，让真理坚定信仰，自觉把真理认知成果转化为坚不可摧的政治信仰，转化为正确的世界观、人生观、价值观。用真理之力激扬使命，用信仰之光照亮奋斗之路，不断增强政治意识、保持政治定力、把握政治方向、承担政治责任、提高政治能力。

（二）坚持知行合一，加强政治历练

孟子说："故天将降大任于斯人也，必先苦其心志，劳其筋骨，饿其体肤，空乏其身，行拂乱其所为，所以动心忍性，曾益其所不能。"陆游有一句诗写道："人才自古要养成，放使干霄战风雨。"

英雄起于阡陌，壮士拔于行伍。毛泽东有句名言："从战争学习战争——这是我们的主要方法。常常不是先学好了再干，而是干起来再学习，干就是学习。工作本身就是学习。"[①] 邓小平强调军队要能打仗，靠提高政治觉悟、靠勤学苦练。"干部，包括各级领导干部，都要在苦练中增长指挥能力和管理能力。"[②] 早在 2003 年，时任浙江省委书记的习近平就指出："'千里马'要在大风大浪中经受考验，后备干部不能放在'温室'里去刻意培养。'天将降大任于斯人也'，必先以磨难历练他，这样才能'增益其所不能'。不经历风雨，怎能见彩虹？""对后备干部要注重在艰苦岗位、复杂的环境中去锻炼、识别。铺'路子'不如压'担子'，这才是培养干部的好办法。"[③]

马克思主义的精髓是坚持实事求是，强调理论联系实际。要

---

① 毛泽东：《中国革命战争的战略问题》（1936 年 12 月），《毛泽东选集》第 1 卷，人民出版社 1991 年版，第 181 页。

② 中共中央文献研究室编：《邓小平思想年编：1975—1997》，中央文献出版社 2011 年版，第 68 页。

③ 习近平：《不能在"温室"里培养干部》（2003 年 6 月 16 日），《之江新语》，浙江出版联合集团、浙江人民出版社 2007 年版，第 2 页。

坚持实践出真知，深入探求和掌握事物发展的规律，勇于实践、善于实践，在实践中积累经验、进行理论升华，再用以指导实践、推动实践。在实践中把改造客观世界同改造主观世界结合起来，不断地认识和改造主观世界，不断地深化对客观世界的认识和改造，这是干部成长进步的基本规律，也是党员、干部提升政治能力的基本规律。

1. 在火热的实践中加强政治历练

《传习录》记载了王阳明与弟子的这样一段对话。问："静时亦觉意思好。才遇事便不同，如何？"先生曰："是徒知静养而不用克己工夫也。如此临事，便要倾倒。人须在事上磨，方立得住；方能静亦定，动亦定。"不少人都有这样的体会，在无事时能保持内心平静，但一旦遇到问题就会内心慌乱。王阳明认为，历事才能练心，在事上磨炼，内心才会拥有强大力量，个人才能真正成长。

党员、干部提高政治能力，无捷径可走，既需要加强理论武装，也需要坚持"在事上磨"，在实践中不断加强政治历练、党性淬炼，真正锻造成为烈火真金。实践是把党的理论转化为政治能力的媒介，也是锤炼党性、检验政治能力的考场。政治经验和政治能力是在实践中砥砺磨炼出来的，只有经受大风大浪考验、经受急事难事锻炼，才能在历练中不断成熟、完善。

"路不险则无以知马之良，任不重则无以知人之德。"习近平总书记指出："要强化实践磨炼，把火热的实践作为最好的课堂，让干部经风雨、见世面、壮筋骨、长才干。对有潜力的优秀年轻干部，还要让他们经受吃劲岗位、重要岗位的磨炼，把重担压到他们身上，在难事急事乃至'热锅上蚂蚁'一样的经历中经受摔打。吃劲岗位、重要岗位磨炼，要有完整周期。年轻干部有培养前途的要放到基层去锻炼。下去要真下去，而不是去‘镀金’。有些年轻干部放下去了，不是挂职、兼职，就是到当地任职，行就行，不行就不行，赛场选马，优胜劣汰。速生树材质疏松，是做不了扁担的，做了就会把担子挑翻。对优秀年轻干部，组织上要注意跟踪，‘善则赏之，过则匡之，患则救之，失则革之’。”①

“热锅上蚂蚁”般的经历，是个生动形象的比喻。热锅上的蚂蚁处于险境之中，东奔西突寻找出路。那是怎样的境遇、怎样的考验、怎样的煎熬。如果在工作中不当几回热锅上的蚂蚁，没有在恶劣条件特别是极端困难条件下的摸爬滚打，没有九死一生的历练，不经受心理上的辗转反侧，不承受精神上的痛苦煎熬，不让内心磨出一层茧子，就很难让内心真正强大起来，也很难有明显的进步。正如毛泽东所说：“你要是没有碰到那个坏事，你就学不到对付那个坏事的本领，所以艰难困苦能使我们的事业成功。”②

苏东坡在《晁错论》中说道：“古之立大事者，不惟有超世之才，亦必有坚忍不拔之志。”越是条件艰苦、困难大、矛盾多的地方，越是形势严峻、情况复杂的时候，越能锤炼人，越能考验人的意志、耐心、定力，越能练胆魄、磨意志、长才干。要深入基层、深入实际、深入群众，加深对世情国情党情和社会的认识，增进同人民群众的感情、强化宗旨意识，砥砺服务群众的品质，提高解决实际问题的能力。要坚持在重大斗争中经风雨、见世面、加强磨砺，要主动投身到各种斗争中去，面对大是大非敢于亮剑，面对矛盾冲突敢于迎难而上，面对危机困难敢于挺身而出，面对歪风邪气敢于坚决斗争。要做起而行之的行动者、不做坐而论道的清谈客，当攻坚克难的奋斗者、不当怕见风雨的泥菩萨，在摸爬滚打中增长胆识

① 习近平：《在全国组织工作会议上的讲话》（2018 年 7 月 3 日），《党建研究》2018 年第 9 期。

② 毛泽东：《在中国共产党第七次全国代表大会上的结论》（1945 年 5 月 31 日），《毛泽东文集》第 3 卷，人民出版社 1996 年版，第 390 页。

和才干，在层层历练中积累经验和智慧，在应对各种困难和复杂局面中彰显沉着和坚忍，在实际行动和实际工作中展现过硬的政治能力。

2. 在严肃认真的党内政治生活中加强政治历练

党内政治生活是党员、干部锤炼党性、提高政治能力的“大熔炉”。

提高政治能力需要党组织的培养、教育、管理和监督。党的各级组织应当治理有方、管理高效、正气充盈、昂扬向上，增强党内政治生活的政治性、时代性、原则性、战斗性，为党员、干部提高政治能力营造好气候、创造好生态，要积极营造良好政治生态和政治能力建设的文化氛围、搭建政治能力的提升平台、开展富有成效的政治能力提升活动。习近平总书记指出：“干部素质培养是一个长期过程，不是朝夕之功。……要教育引导干部一开始就想明白当干部为什么、在岗位干什么，走好从政第一步。要教育引导干部加强党性修养、筑牢信仰之基，加强政德修养、打牢从政之基，严守纪律规矩、夯实廉政之基，健全基本知识体系、强化能力之基。要教育引导干部守纪律、讲规矩，不要跟组织玩小聪明，否则总有一天会毁了自己。组织上对干部不能‘放养’，而要及时掌握动态，有针对性地补短板、强弱项，帮助干部一步步成长起来。要增强干部素质培养的系统性、持续性、针对性，优化干部成长路径，积极创造条件、搭建平台，不能预设晋升路线图，把理想信念教育、知识结构改善、能力素质提升贯穿干部成长全过程。”[①] 这对各级党的组织提出了明确要求。

提高政治能力需要党员、干部勇于以自我革命精神锻造自己。

---

① 习近平：《在全国组织工作会议上的讲话》（2018 年 7 月 3 日），《党建研究》2018 年第 9 期。

要认真学习、严格执行党章、《关于新形势下党内政治生活若干准则》以及党内其他法规，自觉在严格的党内生活中反复锻炼，于点滴细微处锤炼党性、践行党性、坚强党性、百炼成钢，不断塑造理想人格、塑造政治信仰、提高政治能力。

要熟知善用党言党语，熟知善用党的政治生活的各项制度要求，严格执行“三会一课”制度、民主生活会和组织生活会制度、谈心谈话制度等组织生活制度，认真参加集中教育、主题党日、政治生日等活动，经常重学党章、重温入党誓词、重读革命烈士家书等，学习先进典型，汲取反面案例警示，不断加强政治历练，自觉把讲政治贯穿于提高政治能力全过程，增强“四个意识”、坚定“四个自信”、做到“两个维护”，自觉把对党忠诚、为党分忧、为党尽职、为民造福作为根本政治担当。

要认真开展批评和自我批评。“人非圣贤，孰能无过。”每个党员、干部都有这样那样的缺点和不足。不断反躬自省、检审修身，是提高政治能力的关键。毛泽东在《论联合政府》强调指出，有无认真的自我批评，是我们党和其他政党相区别的显著标志之一。他认为，共产党员的思想，也会沾染灰尘的，也应该打扫和洗涤。共产党员要经常地检讨工作，在检讨中推广民主作风，不要惧怕批评和自我批评，而应实行“知无不言，言无不尽”，“言者无罪，闻者足戒”，“有则改之，无则加勉”。[①] 习近平总书记指出：“要教育引导各级党组织和广大党员、干部经常进行思想政治体检，同党中央要求‘对标’，拿党章党规‘扫描’，用人民群众新期待‘透视’，同先辈先烈、先进典型‘对照’，不断叩问初心、守护初心，不断

① 毛泽东：《论联合政府》（1945 年 4 月 24 日），《毛泽东选集》第 3 卷，人民出版社 1991 年版，第 1096 页。

坚守使命、担当使命，始终做到初心如磐、使命在肩。”①

为此，党员、干部要善于运用自我批评武器，敢于刀刃向内，经常对照党章党规党纪，对照政治能力的核心要求，从党的性质和根本宗旨出发，从“国之大者”出发，经常检视自己、反省自己，不掩饰缺点、不回避问题、不文过饰非。要不断进行灵魂拷问：是否坚定不移听党话、跟党走，是否树牢“四个意识”，是否坚定“四个自信”，是否做到“两个维护”，是否全面贯彻执行党的理论和路线方针政策，是否积极贯彻落实党中央重大决策部署，是否严守政治纪律和政治规矩，是否忠诚干净担当，是否做到守土有责、守土负责、守土尽责，是否成为政治上的明白人、老实人，等等。在对照检查的基础上，坚持有缺点克服缺点，有问题解决问题，有错误承认并纠正错误。通过不断强化政治修炼，正心明道，防微杜渐，做到有原则、有担当、有底线、有规矩，真正成为忠诚干净担当的高素质专业化领导干部，无愧于共产党员这一神圣称号，永葆共产党人的政治本色。

① 习近平：《在“不忘初心、牢记使命”主题教育总结大会上的讲话》，《人民日报》2020 年 1 月 9 日。